创新与竞争：网络时代的知识产权

CHUANGXIN YU JINGZHENG：WANGLUO SHIDAI DE ZHISHICHANQUAN

中国社会科学院知识产权中心
中 国 知 识 产 权 培 训 中 心 编

知识产权出版社
全国百佳图书出版单位

图书在版编目（CIP）数据

创新与竞争：网络时代的知识产权/中国社会科学院知识产权中心，中国知识产权培训中心编. —北京：知识产权出版社，2018.10

ISBN 978-7-5130-5875-9

Ⅰ.①创… Ⅱ.①中… ②中… Ⅲ.①互联网络—应用—知识产权—研究—中国 Ⅳ.①D923.404

中国版本图书馆 CIP 数据核字（2018）第 223791 号

内容提要

“知识产权上地论坛”是中国社会科学院知识产权中心和中国知识产权培训中心为知识产权法学研究的理论界和实务界精英搭建的学术交流平台，“2017 知识产权上地论坛”的主题为“创新与竞争：网络时代的知识产权”。本书精选本届论坛收到的部分优秀论文结集成册，内容涉及网络时代的知识产权问题、著作权法相关问题、专利与竞争相关问题、商标法相关问题以及反不正当竞争法相关问题，有助于相关研究人员了解知识产权领域最新研究动态和研究成果。

责任编辑：王祝兰　　**责任校对**：潘凤越
封面设计：麒麟轩设计　　**责任印制**：刘译文

创新与竞争：网络时代的知识产权

中国社会科学院知识产权中心
中国知识产权培训中心　编

出版发行：知识产权出版社有限责任公司　　**网　址**：http：//www.ipph.cn
社　址：北京市海淀区气象路 50 号院　　**邮　编**：100081
责编电话：010-82000860 转 8555　　**责编邮箱**：wzl@cnipr.com
发行电话：010-82000860 转 8101/8102　　**发行传真**：010-82000893/82005070/82000270
印　刷：北京嘉恒彩色印刷有限责任公司　　**经　销**：各大网上书店、新华书店及相关专业书店
开　本：880mm×1230mm　1/32　　**印　张**：12.75
版　次：2018 年 10 月第 1 版　　**印　次**：2018 年 10 月第 1 次印刷
字　数：343 千字　　**定　价**：56.00 元

ISBN 978-7-5130-5875-9

人工智能与知识产权*
（代序）

人工智能（AI）技术近年来的发展令人瞩目。2016～2017年，谷歌公司研发的AlphaGo程序与中日韩数十位围棋高手进行快棋对决，连续60局无一败绩，战胜围棋世界冠军李世石和柯洁也不在话下；2017年10月，据称某个阿拉伯国家还授予了美国汉森机器人公司生产的机器人“索菲亚”公民身份。一时间，人工智能成为我国街头巷尾热议的话题，2017年被视为“AI应用元年”。当然，人工智能并不仅是媒体追踪的现象，也是科技界、产业界、法律界、经济界等社会各界关注的概念。2017年7月8日，按照党中央、国务院的部署和要求，我国开始实施《新一代人工智能发展规划》，更是基于AI技术的迅速发展将深刻改变人类社会生活、改变世界的这一预测，提出了抓住机遇、构筑优势发展AI技术，加快建设创新型国家和世界科技强国的决策。为此，我国主要的互联网企业都大力投身于AI产品和服务的应用与开发。

知识产权制度天生与高新科技发展密切相关，回顾近年来一再冲击眼球的AI事件，这一问题引起我国法学界、知识产权界的高度关注和回应并不难理解。事实上，AI的历史与计算机科学的历史一样长久。早在1950年，“AI之父”阿兰·图灵就在《计算机器与智能》一文中提出了著名的测试方法：在测试者与被测试

---

* 此文节选自管育鹰：《人工智能带来的知识产权新问题》，《贵州省委党校学报》2018年第5期。

者（一个人和一台机器）隔开的情况下，通过键盘等装置向被测试者随意提问；进行多次测试后，如果有超过30%的测试者不能确定被测试者是人还是机器，那么该机器就通过了测试，并被认为具有人类智能。❶ 简言之，当机器能够迷惑人类，让人类误以为它们是人类时就算智能了。根据这个设想，严格来说，至今并未有公认的能够通过图灵测试的AI产生：AlphaGo是不需要人机对话的对弈式纯运算程序，索菲亚的对答则被爆是场骗局；❷ 而在“2014图灵测试大会”上通过了测试的模仿13岁乌克兰男孩“尤金·古斯特曼”的AI软件，利用的是非成人思维、非英语母语表达障碍等非常规因素的干扰，以不直接回答问题的方式在5分钟内达到了通过测试的结果❸。从这些事例来看，AI机器人还远不能像人一样思考，将其拟人化目前仍是一种美好愿景。人的智能分为两部分，一部分是数学与科学的能力，另一部分是认知、语言等能力。科学、数学的计算和推演是有其内在规则的，小到九九乘法表，大到无人驾驶、载人航天，这类技术应用过程的每个环节虽然复杂，但可以用数学模型精确地计算和描述出来，特别是得益于大数据和深度学习、语音和图像识别以及通信和传感等技术突飞猛进的发展，机器对事实数据的采集（目前识别准确率达到90%以上）更加精确、解析也更加接近现实。在数学运算和精确度方面，与机械动力对比一样，机器打败人类是毫不意外的。另外，人类的认知、语言能力是否能用科学数据和数学模型精确描述

---

❶ TURING A M. Computing Machinery and Intelligence [J]. Mind, 1950, 49 (236): 433-460.

❷ 参见美国知名的财经科技新闻网站“Business Insider”报道：Facebook's AI boss described Sophia the robot as ‘complete bullsh * t’ and ‘Wizard-of-Oz AI’（据报道，Facebook公司的AI权威专家Yann LeCun称，机器人Sophia就是场骗局），网址：http://www.businessinsider.com/facebook-ai-yann-lecun-sophia-robot-bullshit-2018-1，2018年4月访问。

❸ 参见维基百科关于“尤金·古斯特曼”的解释，网址：https://en.wikipedia.org/wiki/Eugene_Goostman，2018年4月访问。

还处于多学科综合研究阶段。几十年来的 AI 研究证明，到目前为止，并未出现一个真正能与人对话的机器人，AI 机器人也无法拥有等同于人类的思维意识或“心智”，更不能说已经成为一种颠覆性的科技创新，成为足以参与社会经济文化和法律秩序重构的、与人类平起平坐的全新权利主体。应该说，在某种意义上，当下在媒体、产业和科技行业井喷的 AI 现象和 AI 拟人化诉求，既掺杂着人类普遍存在的科幻愿景，也带有一些经济利益体特有的价值取向。

当然，我们不应反对对科技发展的未来进行幻想，追踪社会热点话题并就此交流也无可厚非；但是，作为受过法律、法学思维训练的研究者，我们更需要冷静和理性地思考：人工智能究竟给现有法律制度带来了什么问题和挑战？

在处于人工智能技术发展前沿的国家和地区，尽管很多经济、技术界的专家惊呼 AI 给现有社会和法律秩序带来了巨大挑战，法学界也有些研究者将应对技术变革的、与机器人相关的法律和政策领域的学术研究概称为“机器人法”；[1] 但很少有为 AI 和机器人专门制定或改变现有法律的建议，正如有学者指出的，AI 机器人给法律带来的主要问题：其一是如何分配人与人之间因这些非人类事物之行为引起的权利义务关系，其二是让 AI 机器人在某些领域代替人类带来的不稳定和不确定性会在很长时期内使人们对相关领域法律的实施产生认识混乱。[2] 美国的 Easterbrook 法官曾批评创制专门网络空间法的观点，指出“立法常常会出现错误，尤其是技术快速发展的时候”；[3] 换句话说，立法相对于技术发展总是滞后的，应抛弃希望通过立法来制定新规则以解决技术发展带

---

[1] CALO R，FROOMKIN M，KERR I. Robot Law ［M］. Edward Elgar Publishing，2016.

[2] BALKIN J M. The Path of Robotics Law ［J］. California Law Review，2015，6（536）：45 - 60.

[3] EASTERBROOK F H. Cyberspace and the Law of the Horse ［J］. U. Chi. Legal F. 1996：207 - 216.

来的新问题之思维，互联网环境中的许多新问题只需将旧规则适用于新事实就可以解决。这一典型的美式司法思维持续影响着目前美国法律界对 AI 等新技术相关法律问题的看法，即在面对新技术的迅捷发展时，探讨不应该是去追寻技术的本质特征并为其制定专门法律，而是该技术给社会生活带来的明显变化以及由此引起的需要调节的人与人之间的关系问题。因此，我们看到，在此轮 AI 的讨论中，美国法律界对 AI 引起的人与人之间的利益分配规则需要调整的研究不多，而对如何创新法律服务，如何利用 AI、大数据分析等技术来辅助律师和法官的工作事务倒是更有兴趣。[1] 当然，AI 技术、大数据已经给相关法律规则的适用带来了挑战，尤其是在侵权责任分配方面，[2] 美国学界产生了许多 AI 相关侵权责任的研究，而近期多个州也已通过或正制定关于自动驾驶机动车道路交通安全的法案。[3] 在知识产权方面，自计算机技术发展以来，关于计算机生成物是否有版权、若有版权谁是作者等讨论在美国已经不是什么新问题了，学界和实务界乃至立法界都讨论过编程者、使用者、合作作者、无人是作者等方案，讨论并未能达

---

[1] SOBOWALE J. Beyond Imagination: How Artificial Intelligence Is Transforming the Legal Profession [J]. the ABA Journal.

[2] 比如要求某交友网站就其通过主机程序自动生成和发送信息欺骗用户承担责任的 In re Ashley Madison Customer Data Sec. Breach Litigation，148 F. Supp. 3d 1378，1380（JPML 2015）一案（该案是美国典型的大规模用户数据泄露集团诉讼，网站主机自动发送信息造成侵害仅是诸多指控之一）；另一案是关于驾驶软件系统有瑕疵致使司机无法刹车而应由厂商负责的 In re Toyota Motor Corp. Unintended Acceleration Mktg.，Sales Practices，& Prod. Liab. Litig.，978 F. Supp. 2d 1053，1100－01（C. D. Cal. 2013）一案。

[3] 参见“全美州议会会议”网站，网址：http://www.ncsl.org/，2018年4月访问。

成共识，[1] 至少在立法层面，1976年的美国版权法不承认计算机生成物是可获版权保护的衍生作品；[2] 可以想象，如果赋予其版权，则大量因程序运行和用户输入而能不断产生新数据信息的应用工具软件，包括文字写作、制表、绘图乃至辅助音乐创作的软件，都会卷入无穷尽的生成物版权纠纷。关于AI技术应用的生成物，如前所述，尽管AI产品智能化发展迅速，但至今并未改变其计算机程序的本质，因此，近年来美国有学者指出，“版权法不会，也不应认为计算机程序是作者，除非某一天其认为这样做有意义，不过如果那一天到来的话，版权恐怕就是人们最不必关心的事了”。[3] 另外，我们看到，美国版权局在其颁布的《版权概要》（2014年版）第300章“可获版权的作者”中，也明确排除了非人类的大自然、动植物、鬼怪神灵等超自然事物以及机器可成为享有版权的作者。[4] 我们看到，在美国的司法实践中，AI相关专利诉讼才是值得关注的新问题，比如汽车装载的在屏幕操作界面上检测酒驾的智能专家系统是否具有可专利性。[5] 在考虑AI技术专利保护的时候，值得关注的是美国对软件可专利性问题的司法判

---

[1] 相关讨论参见：SAMUELSON P. Allocating Ownership Rights in Computer - Generated Works [J]. U. Pitt. L. Rev., 1985, 47: 1185; SOLUM L B. Legal Personhood for Artificial Intelligences [J]. N. C. L. Rev., 1992, 70: 1231; MILLER A R. Copyright Protection for Computer Programs, Databases, and Computer - Generated Works: Is Anything New Since CONTU? [J]. Harvard Law Review, 1993, 106 (5): 977 - 1073; CLIFFORD R D. Intellectual Property in the Era of the Creative Computer Program: Will the True Creator Please Stand Up? [J]. TUL. L. REV., 1997, 71: 1675.

[2] GLASSER D. Copyrights in Computer - Generated Works: Whom, if Anyone, do we Reward? [J]. Duke L. & Tech. Rev., 2001: 24 - 42.

[3] GRIMMELMANN J. There's No Such Thing as a Computer - Authored Work - And It's a Good Thing, Too [J]. Columbia Journal of Law & the Arts, 2016, 39.

[4] The U. S. Copyright Office: Compendium, Chapter 300 "Copyrightable Authorship", Section 306&313. 2.

[5] Vehicle Intelligence & Safety LLC v. Mercedes - Benz USA, LLC, 635 F. App'x 917 (Fed. Cir. 2015).

例所显示出的问题。早期美国为了鼓励创新，对商业方法专利申请大量授权，在一定程度上导致了问题专利现象。直到 Bilski 案，美国联邦最高法院指出，属于“抽象概念”的商业方法专利不应给予专利权保护，但该案未阐明“抽象概念”之判定标准；[1] 到了 Alice 案，美国联邦最高法院才明确，仅利用计算机的一般功能执行抽象概念的情形不应授予专利、但对已有技术作出的改进以及对计算机功能本身作出的改进则属于“发明性概念”，据此涉案专利被宣告无效。[2] Alice 案强调商业方法专利的关键在于其技术方案是对现有技术的显著改进，这一思路影响了后来的一系列类似争议的解决，在很大程度上制止了美国的软件专利泛滥问题；但是，对于何为“抽象概念”和“发明性概念”，美国法院迄今尚未给出明确界定，实践中仍有很大争议。应该说，同样基于计算机软件的 AI 相关技术发明，是否属于“发明性概念”、是否具有可专利性，将存在同样的疑惑，获得保护的前景并不十分明朗。

欧洲各国在应对信息技术给法律制度带来的挑战方面向来敏锐而超前，在 20 世纪 90 年代后期数字技术兴起之际即已开始制定通向信息社会之路的计划，21 世纪互联网和通信技术广泛应用以来，更是陆续出台了一系列信息社会发展战略。特别地，与美国重视通过司法判例将传统的知识产权保护规则延伸到网络环境的选择相比较，欧洲更重视如何从立法方面对区别于传统的独创性作品的数据、信息等无形财产的法律地位及相关法律关系予以明确，比如 1998 年通过《欧盟数据库指令》，[3] 在对数据库进行版权保护的同时，对未达版权保护要求的数据库依然给予特殊权利（准版权）保护。不过，由于各成员国适用和解释数据库权没有统

---

[1] Bilski v. Kappos，561 U.S. 593（2010）.

[2] Alice Corporation PTY. LTD.，Petitioner v. CLS Bank International et al.，189 L. Ed. 2d 296.

[3] 欧盟数据库保护指令：Directive 96/9/EC of the European Parliament and of the Council of 11 March 1996 on the legal protection of databases，OJ L 77，27.3.1996.

一标准，该指令的实施状况未能取得理想成效，为此欧洲法院曾通过足球比赛、赛马等赛事信息数据库不受保护的案例对“副产品”理论加以阐明，即数据库之信息若非专门投资收集、查证和呈现，而仅是商业活动自然产生之副产品的不予以保护。❶ 当然，这些判决也未能明确数据库获得特殊权利保护的具体标准，因此欧盟 2005 年发布的评估报告称，特殊权利的设立旨在促进欧洲数据库生成、但没有证据表明其做到了这点。❷ 欧洲对数据库保护具体规则的疑惑尚未解答，AI 时代已然来临。不过，像美国一样，关于计算机技术对法律制度的挑战，特别是软件及其运行驱动之产品实施的侵害行为应由谁承担法律责任的问题，相关讨论很早已开始。有研究者总结了 1980～1990 年欧洲国家学者的相关探讨，指出：“总的来说，欧洲法律评论家们认同，软件本身或作为其他产品的组成部分，属于《欧共体产品责任指令》（Directive 85/374/EEC）所称的‘产品’”。❸ 近期，欧洲国家对与 AI 有关的法律问题之关注，也是围绕着产品安全（包括网络安全）与侵害责任、消费者保护、劳资关系、法律人格、知识产权、税收、保险、隐私等具体法律问题展开的。❹ 2017 年 2 月，欧洲议会通过决议，采纳其法律事务委员会（JURI）早先提交的《关于机器人民

---

❶ 参见欧洲法院案例：British Horseracing Bd. Ltd. v. William Hill Org.（BHB decision）[2005] E. C. R. 1，[80]（ECJ 2004）；Fixtures Mktg. Ltd. v. Oy Veikkaus Ab [2005] ECDR 2，[44]（ECJ）（Case C-46/02）.

❷ 欧盟委员会 2005 年 12 月关于数据库指令的评估报告：First evaluation of Directive 96/9/EC on the legal protection of databases”，O. J.（L77）20（EC）[EB/OL]. [2018-04-30]. http：//ec. europa. eu/internal_market/copyright/docs/databases/evaluation_report_en. pdf.

❸ ALHEIT K. The applicability of the EU Product Liability Directive to Software [J]. The Comparative and International Law Journal of Southern Africa，2001，34（2）：188-209.

❹ LEROUX C，LABRUTO R. D3. 2. 1：Suggestion for a Green Paper on Legal Issues in Robotics [EB/OL]. http：//www. eu-robotics. net/.

事法律规则的研究报告》❶，并建议欧盟委员会研究制定民事法律规则以规范机器人或人工智能之应用。❷ 该决议提出的 AI 相关法律制度建议主题包括环境、劳工、投资保护、民事责任、研究和专业从业人员伦理以及知识产权等。其中，最重要的是针对无人驾驶车辆发生事故之责任分配问题，因目前无法以现行民事规范处理，该建议引进了“电子人格”概念；同时，建议成立欧洲机器人和人工智能监管机构，建立机器人登记制度并引进机器人的强制性注册及纳入保险制度的措施，以处理机器人责任以及技术、伦理等监管方面的问题。值得注意的是，在知识产权方面，该决议指出：目前欧盟的法律并未对机器人技术进行立法，不过现有的法律制度和法理适用于机器人技术并无太大障碍、只需在某些规则适用时加以调整，特别是因目前缺乏数据保护的法律机制，需要阐明机器“创作”的生成物可获得版权保护的标准；如果坚持技术中立原则，则有关机器人技术领域的知识产权问题可获解决。❸ 当然，随着 AI 应用的发展，关于绘画、音乐、新闻、诗歌等内容的 AI 生成物之版权争议欧洲也在讨论；❹ 特别是英国，其对 AI 相关创新的知识产权问题更加关注也更加激进，这与其国内 AI 技术处于全球产业链上游紧密相关。事实上，英国是 AI 算法领域的国际领跑者，是被谷歌收购的著名 AI 公司 DeepMind 的发源地，不难理解目前英国在呼吁专利和信息数据保护的同时，大力倡导 AI 生成物的版权保护；英国对计算机生成物的版权保护早

---

❶ European Civil Law Rules In Robotics（Study）[EB/OL].[2018-04-30]. http://www.europarl.europa.eu/RegData/etudes/Stud/2016/571379/Ipol_STU（2016）571379_EN.pdf.

❷ Report with recommendations to the Commission on Civil Law Rules on Robotics [EB/OL].[2018-04-30]. http://www.europarl.europa.eu/sides/getDoc.do?type=REPORT&mode=XML&reference=A8-2017-0005&language=EN.

❸ 参见上注报告，第 18 项及附件说明的“知识产权、数据保护、数据所有权”部分。

❹ 典型的如荷兰 AI 公司与微软合作创作之“伦勃朗的新画作”（The Next Rembrandt）：[EB/OL].[2018-04-30]. https://www.nextrembrandt.com.

就体现在其1988年的《版权、设计和专利法》中，即第9条（3）规定的“在文学、戏剧、音乐或艺术作品产生自电脑的情况下，作者应当是对作品之创作作出必要安排的人”，这一立法也影响了英联邦国家❶。

作为曾经的“机器人王国”，日本在工业时代一直低调而先进。为迎接信息技术带来的变革，日本确立了“知识产权立国”的政策导向，在2002年制定和实施知识产权战略大纲，并设立知识产权战略本部统筹制订年度推进计划。2013年，日本敏锐地抓住世界产业全面升级的历史机遇，以引领全球第四次产业革命为目标，提出了“日本再兴战略”。该战略的2015版，明确将物联网、大数据、人工智能的应用作为重点发展领域。2016年1月日本又提出智能型“社会5.0”战略，认为“超智能社会”是虚拟空间与现实空间高度融合的社会形态，同时将人工智能作为实现该社会的核心❷。从相关政策文件看，近年来日本尤其关注AI相关的知识产权以及数据财产的保护问题。比如，其2016年、2017年的知识产权战略推进计划，十分强调物联网、大数据、人工智能技术的产业转化，并考虑为AI制定新的知识产权规则，全面提升日本的产业竞争力。关于AI生成物，政府将继续考虑赋予谁什么样程度的知识产权，特别是AI生成物难以与自然人、法人创作的音乐、文学、视听、设计等相区分的时候。同时，日本经济产业省委托专家小组研究因应第四次产业革命的知识产权制度，该研究报告指出：目前技术创新主要发生在物联网、大数据和人工智能领域，数据及其分析技术和利用这些数据的商业模式成为竞争力源头，需要一个既开放又封闭的“知识产权＋标准＋数据”的

❶ ANDRÉS G. Do Androids Dream of Electric Copyright? Comparative Analysis of Originality in Artificial Intelligence Generated Works [J]. Intellectual Property Quarterly, 2017 (2).

❷ 参见：漆菲，关珺冉. 日本如何全方位拓展机器人应用 [J]. 凤凰周刊，2017 (23).

三维综合战略。[1] 日本近期这些促进产业发展的政策文件也提出了一些法律制度设立或实施完善的方向，比如，其在数据保护方面，目前尚无有效阻止获取和不正当利用数据的法律机制，因此通过合同来约定保护的措施十分必要，为此相关部门应研究制定商业秘密管理指南等文件；另外，还应研究修改不正当竞争防止法以禁止非法获取数据、加大数据保密技术保护、减轻涉及商业秘密的数据分析方法之原告举证责任的可能性问题。在知识产权方面，因涉物联网的产品和服务发明必将大量增加，须考虑明确有关数据分析模型、商业模式的创新成果获得专利保护的标准，经济产业省为首的专家组建议 JPO 采取的措施包括发布此类客体可专利性的案例，提高可预见性，核查专利审查指南中计算机相关发明的内容，收集已获授权的商业方法专利实施情况，建立涉物联网发明新分类和跨部门专利审查小组，等等。另外，未来涉物联网的知识产权管理成本将大增，须参考美国正在研究的专利蟑螂问题以及中小企业和风险投资公司面对的知识产权诉讼瓶颈；对此，日本拟研究标准必要专利（SEP）的授权系统，考虑引入诉讼外纠纷解决机制（ADR）来应对 SEP 授权中不公平损害权利人利益的问题，并由政府通过 ADR 确定许可费率。基于上述分析，日本应考虑 2018 年启动特许法和不正当竞争防止法的修改，同时对将来可能出现的 AI 创造物涉及的工业产权议题、3D 打印的工业产权问题，以及设立 ADR 机制协助友好型中小企业应对专利许可谈判和侵权纠纷的问题（该 ADR 须与现有的“日本知识产权仲裁中心”等私立 ADR 相区分）加以研究。[2] 尽管日本经济产业省近些年来引导建立处于现有知识产权框架之外的数据财产保护制度，比如修改不正当竞争防止法，但其国内对此议题也存有争议。尽管日本政府和相关公司提出上述产业政策的关键理由是建立刺激

---

[1][2] 参见：日本経済産業省《第四次産業革命を視野に入れた知財システムの在り方について（検討会報告書概要）》，平成 29 年（2017 年）4 月 19 日发布。

投资和鼓励创新的权利平衡机制，但学术界和产业界也有人认为，在大数据的定义、哪些值得保护等基本问题都没有定论的情况下，不宜为尚处于兴起阶段的技术创设宽泛的法律规则；从可能的规则实施效果看，日本的公司都很遵从规则，过度保护数据可能限制公司的创新动力，对此可参照欧盟的数据库保护规则导致欧洲国家在信息流动自由方面受限、而美国硅谷在此领域则有了创新超越机会的国际经验；另外，日本中小企业在保护自己的商业秘密方面能力欠缺，大数据非法搜集、持有等可能带来的垄断问题也刚开始有研究[1]，这些都警示日本率先建立数据财产权保护须慎重，田村善之委员认为，应仅限于对恶意获取采取技术措施保护之大数据的不当行为的制止。[2] 此外值得注意的是，日本于2015年9月3日通过了《个人数据保护法》，今后经营者须留意隐私政策和个人数据、特别是敏感个人信息的收集和处理程序，以符合法律的要求。

可以肯定的是，AI不是第一个、也不会是最后一个让我们现有法律制度必须面对的“挑战”。民商事法律制度是经过长期实践形成的人与人之间、市场主体之间关系的基本规则，知识产权制度亦然；若因迅捷的技术发展轻易地推翻或重建知识产权法律制度基本规则，比如将机器人视为法律上的“人”或者无限地拓宽知识产权保护范围，无异于违背民法的基本常识，难言为理想的对策。从知识产权国际保护规则看，对于知识产权权利人，TRIPS第1条第3款规定，“成员应对其他成员的国民给予本协定规定的待遇”，此表述的脚注（1）指出，“本协议所称国民，是指

---

[1] 参见2017年6月日本公平交易委员会（JFTC）竞争政策研究中心发布的《数据与竞争政策专家组报告》。

[2] 参见“産業構造審議会知的財産分科会不正競争防止小委員会”相关材料：[EB/OL].［2018-04-30］. http://www.meti.go.jp/committee/sankoushin/chitekizaisan/fuseikyousou/006_haifu.html；另参见：上野達弘. 自動集積される大量データの法的保護［J］. パテント，2017，70（2）：34-35.

成员境内有效开展工商业活动的人，包括自然人和法人”。可见，动物、计算机程序、AI 机器人等本身不是可依据 TRIPS 获得保护的知识产权“人”；这意味着任何 WTO 成员若率先赋权给 AI 机器人，则应对进入本成员市场的其他成员的机器人提供同等的法律保护，反过来自己企业的 AI 机器人极有可能在其他成员境内得不到对等的保护。在国际层面对此议题达成共识建立相对统一的法律规则之前，我国是给予 AI 生成物类似知识产权的积极的垄断性的专有权保护模式，还是根据个案情形结合保密协议等措施采取消极的法律保护模式，的确值得进一步结合 AI 发展趋势谨慎审视考察。

另外，就如何鼓励创新，促进 AI、大数据等技术的应用来说，更需要关注和研究的反倒是如何化解数据获取、收集和使用中的知识产权侵权风险和其他法律责任问题。我国 2017 年通过的《民法总则》第 111 条专门规定了个人信息保护规则，即“自然人的个人信息受法律保护。任何组织和个人需要获取他人个人信息的，应当依法取得并确保信息安全，不得非法收集、使用、加工、传输他人个人信息，不得非法买卖、提供或者公开他人个人信息”；据此，凡是 AI 技术应用涉及个人信息的，均须遵守这一规则，此条款对信息社会网络环境下个人信息的保护极为重要，相信相关配套法律法规也会尽快出台。在知识产权风险方面，前述有观点呼吁赋予版权的 AI 生成物，恰恰可能是海量采用他人受保护作品通过 AI 技术分析处理转化出来的结果；而未经许可采用他人作品不属于现行《著作权法》第 22 条规定的例外情形的，无疑应当承担相应的法律责任。比如，目前已经开始兴起的文学、音乐、美术、视频、新闻等领域的所谓“机器人创作作品”，即使是采用古代的或已过保护期的作品也存在无法注明出处的问题，而不问权利状态直接全网收录所有相关主题的信息进而通过 AI 智能算法呈现“新”信息，其版权侵权风险不言而喻。笔者认为，此类机器人“创作”与著作权法鼓励的文学艺术科学作品之创作无法并肩而立、不是值得以法律去保护的“创作结果”、其隐含的侵权高风险更不宜以法律规则的“与时俱进”加以解脱；此类AI“创作成果”除了博取一笑，也难言对人类精神文明有贡献；再者，此类AI“创作”作为程序或技术运用方法，按照现有著作权法和专利法也是可以受到保护的。

需要不时应对技术发展带来的法律规则变革问题，是知识产权法律制度的宿命。应该说，目前人工智能、大数据等技术及其应用带来的商业模式创新，的确需要我们考虑现行知识产权法是否应该保护相关成果、保护到什么程度等问题。笔者认为，基于AI、大数据等技术的计算机程序本质属性，促进相关产业发展的知识产权政策和法律规则调整，首先主要体现在对应用AI技术的商业方法技术方案专利可专利性标准的把握上；我国的专利审查和司法部门，应当尽快协商相关领域的专利授权标准，在原则上不放弃对技术性、新颖性、创造性要求的基础上，适当降低和其他领域相比在创造性上的要求，从整体上把控涉AI技术方法专利的质量。同时，吸取美国经验，一方面应当鼓励对相关商业方法的专利申请与授权，另一方面还要避免大量低质量的、导致无效程序和侵权诉讼启动、耗费过多社会公共资源的纯AI软件方法专利产生。我国2017年修改《专利审查指南2010》增加的对“商业模式”创新的保护，由于尚无明确的审查标准，尤其是创作性标准，容易给产业界过高期望、引发申请案猛增；与其经过权衡社会整体利益对一些不宜给予垄断权的纯软件商业方法予以无效，不如会集产业界、学界、审查和司法部门的专业人员，尽快就相关授权标准事先进行讨论并达成一定共识，以免白白浪费社会资源。另外，基于物联网互联互通的发展趋势，AI相关的专利问题可能越来越多的与无线通信技术纠结在一起，尤其会带来SEP许可谈判和侵权判定的疑难问题，而我国目前《专利法》《民法总则》和《侵权责任法》对并非共同侵权和帮助侵权的行为尚无明确规定，使得相关纠纷的解决面临诸多不确定性和争议[1]，对此也需要研究相关法律和配套措施的制定和完善，美国、日本关于专利间接侵权的立法和日本提出的一些借助ADR解决相关争议的设想也许能给我们带来一些启发。其次，针对AI技术应用产生的大数据保护需求，则需要结合具体情形考虑以知识产权法或反不正当竞争法保护，在不违反其他相关法律规制的前提下，将不符合保护条件的数据信息放入公有领域以促进利用和公共福利。比如，利用AI技术产生的大数据，在实践中可能是由经营者收集、整理、分析形成并采取了保密措施的，无疑是具有经济价值的商业秘密，若被他人非法“扒取”，完全可以依法追究；未采取保密措施的，除了处理数据信息的AI软件本身可以获得保护外，经营者在应用AI技术收集、整理和处理的数据信息时，在选择、编排上体现了独创性的，也可构成汇编作品获得保护。不过，我国的《反不正当竞争法》目前未设立“不当侵占”他人合法利益的相关条款，因此，对那些虽然不符合商业秘密和作品保护条件，但是经营者也投入了大量资金与劳动形成的、能给经营者带来竞争优势的数据信息，若被不当“盗用”（Misappropriation）或“扒取”，则难以用具体的条款加以禁止；而动用该法第2条，则又可能再次引发长期以来我国学界对《反不正当竞争法》原则性条款滥用不利于促进竞争的忧虑。对此，鉴于《反不正当竞争法》刚刚修改，立法规制难以及时应对目前技术发展的情形，需要充分发挥司法的主导作用；事实上司法实践已经不得不面对这一《反不正当竞争法》的适用难题了。在新浪与脉脉的争议中，两级法院均认为被告未经新浪微博用户的同意及新浪微博的授权，获取、使用相关用户数据的行为，违反了诚实信用原则及公认的商业道德，

---

[1] 参见首次采用“间接侵权”理论的西电捷通诉索尼案判决书（北京知识产权法院（2015）京知民初字第1194号民事判决书、北京市高级人民法院（2017）京民终454号民事判决书）。

损害了互联网行业合理有序公平的市场竞争秩序，损害了原告的竞争优势及商业资源，应根据《反不正当竞争法》第 2 条加以禁止。[1] 在笔者看来，此案原告的利益其实可以通过追究违反“开发者协议”的违约责任获得赔偿；而适用《反不正当竞争法》第 2 条保护数据利益，不仅可能再次引发原则性条款滥用的疑虑，还可能引起运营商收集的数据是否可以作为合法的财产赢利、是否可以据此禁止他人使用、涉案的海量用户之个人信息如何得到恰当保护等问题的更大争议。这些争议涉及的除了《民法总则》明确的个人信息保护外，还有网络平台隐私政策中用户无法选择的个人信息商用格式条款以及平台合作协议中声明数据使用须经用户同意条款的合同法解释问题。当然，就目前而言，在我国个人数据保护法缺席的情况下，用户无法主张权利、法院也无法作出评判，本应属于用户的数据信息成为网络技术平台争抢的商业资源也就不奇怪了。

总之，AI 技术应用正全方位地介入我们的工作和生活，由此引起的法律争议也必然涉及广泛的领域。技术本身是中立的，我们在鼓励技术创新的同时也要保证其应用结果不会偏离人类最终福祉，法律在此应发挥相应的规范作用，关键在于如何设定或调整由技术发展引起的人与人之间各种权利义务关系的调整。知识产权制度是激励创新的基本制度，但我们在考虑是否赋予 AI 相关创新以知识产权保护、保护程度如何的时候，也须同时考察具体法律规则的改变或适用可能给其他合法权益带来的不利影响。对此议题，目前我国法学界和知识产权界的研究远远不够，期待有更多更深入的探讨出现。

管育鹰

2018 年 5 月 1 日

---

[1] 参见北京市海淀区人民法院 2015 年海民（知）初字第 12602 号民事判决书和北京知识产权法院（2016）京 73 民终 588 号民事判决书。

目　　录

“非公益必要不干扰原则”评述

俞风雷*

摘　要：随着网络科技企业不断试图颠覆商业模式以迎合用户需求，进而积累用户群体和培养用户黏性，导致行业内竞争乱象丛生，互联网不正当竞争纠纷日益突出。为了解决新型互联网市场纷争，有判例提出了“非公益必要不干扰原则”，引起了学界的注意和反思，但是学界对该原则的评判也莫衷一是。基于对学界研究成果的梳理及司法实践的思考，本文重新对“非公益必要不干扰原则”的合理性进行探讨。

关键词：非公益必要不干扰；新型互联网纠纷；不正当竞争

随着互联网产业在21世纪初的崛起，行业内呈现出巨头间跑马圈地的竞争局面，科技型初创公司也纷纷卷入竞争，争相成为业内黑马，企图在细分市场中积累竞争优势，在互联网行业与传统行业跨界融合的当下体现得尤为明显。一方面，日趋白热化的竞争倒逼互联网行业推陈出新，网络科技企业不断试图颠覆商业模式以迎合用户需求，进而积累用户群体和培养用户黏性，最终将“眼球经济”予以兑现。另一方面，商人逐利的天性使得互联网企业围绕用户群体展开了极为激烈的竞争，导致该行业内竞争

---

* 作者简介：天津大学法学院教授，天津大学知识产权法研究基地执行主任。

乱象丛生。然而，制定于 20 世纪 90 年代的《反不正当竞争法》[1]并未能预见互联网行业的革新，该法中并无任何具体规定网络不正当竞争的条文，导致法院在审理网络不正当竞争案件时常面临无法可用的尴尬，因此互联网平台上的不正当竞争案件近年来成为司法实践的难题。

司法实践中往往利用《反不正当竞争法》的弹性，将目光投向作为该法一般条款的第 2 条[2]，将其作为认定竞争行为正当与否的评价依据。从司法判例上看，法院大多将该一般条款作为判断涉案行为是否构成不正当竞争行为的标准；但司法依据《反不正当竞争法》一般条款判案时有些过分依赖"公认商业道德"去判断诉争行为的正当性。然而，互联网行业由于自身起步晚及发展日新月异的特点，行业内多方面尚未达成共识，难以为司法实践提供足够的道德资源，因此，导致法院判案时身陷无道德资源可以利用的困境，裁判文书明显说理不足。而学界也注意到了一般条款有"泛道德化"适用的倾向，[3] 但学者的研究成果多体现为对

---

[1] 本文首次发表于 2017 年 10 月 27 日北京"上地知识产权论坛"，修订后的《反不正当竞争法》已于 2018 年 1 月 1 日起施行。原《反不正当竞争法》是 1993 年 9 月 2 日第八届全国人民代表大会常务委员会第三次会议通过，自 1993 年 12 月 1 日起施行。如无特别说明，本文中所称《反不正当竞争法》指原法。

[2] 原《反不正当竞争法》第 2 条：经营者在市场交易中，应当遵循自愿、平等、公平、诚实信用的原则，遵守公认的商业道德。本法所称的不正当竞争，是指经营者违反本法规定，损害其他经营者的合法权益，扰乱社会经济秩序的行为。本法所称的经营者，是指从事商品经营或者营利性服务（以下所称商品包括服务）的法人、其他经济组织和个人。

[3] 相关研究成果参见孟雁北．反不正当竞争法视野中的商业道德解读：以互联网行业不正当竞争行为的规制为例证 [J]．工商管理研究，2012 (12)；蒋舸．关于竞争行为正当性评判泛道德化之反思 [J]．现代法学，2013 (11)；李生龙．互联网领域公认商业道德研究 [J]．法律适用，2015 (9).

法院已裁判案件的归类总结，[1] 未能就一般条款的司法适用提出科学而系统的解决方案。由于无法从学界获得足够的理论支持，司法实践发展出了评判竞争行为正当性的"非公益必要不干扰原则"，引起了学界的注意和反思，但是学界对该创新性原则的评判也莫衷一是。基于对学界研究成果的梳理及司法实践的思考，本文将重新对"非公益必要不干扰原则"的合理性进行探讨。

一、"非公益必要不干扰原则"的提出

"非公益必要不干扰原则"的提出，缘于北京百度网讯科技有限公司等（以下简称"百度方"）诉北京奇虎科技有限公司等（以下简称"奇虎方"）涉及安全软件的"插标"与"流量劫持"不正当竞争纠纷一案。该案历经北京市第一中级人民法院（以下简称"北京市一中院"）一审［(2012) 一中民初字第 5718 号案］、北京市高级人民法院（以下简称"北京市高院"）二审［(2013) 高民终字第 2352 号案］和最高人民法院再审［(2014) 民申字第 873 号案］的三级法院审理。在 2013 年 12 月 17 日的北京市高院该案二审民事判决书中首次出现了"非公益必要不干扰原则"的表述。

奇虎公司的 360 安全卫士在百度网（www. baidu. com）搜索结果页面上有选择地插入了红底白色感叹号图标作为警告标识，以警示用户该搜索结果对应的网站存在风险。奇虎公司通过插标逐步引导用户点击安装 360 安全浏览器，通过百度搜索引擎服务对其浏览器产品进行推广。奇虎公司在其网址导航网站（hao. 360. cn）网页上嵌入百度搜索框，改变了百度网在其搜索框上向用户提供的下拉提示词，引导用户访问本不在相关关键字搜索结果中靠前位置的甚至与用户搜索目的完全不同的奇虎公司经营的影视、游戏等

---

[1] 相关研究成果参见方晓霞. 网络不正当竞争行为的类型化分析［J］. 知识产权，2011 (8)；张钦坤. 中国互联网不正当竞争案件发展实证分析［J］. 电子知识产权，2014 (10)；李颖，陈敏. 浏览器不正当竞争案件调查报告［J］. 竞争政策研究，2015 (1).

页面，以获得更多的用户访问量，并且在网络用户仅设置搜索方向、并未输入相关关键词的时候也进入奇虎公司的相关网页。对此，百度公司向北京市一中院提起诉讼。一审法院判决认定，360卫士的插标行为和修改搜索框提示词的行为构成不正当竞争，北京市高院二审维持原判并提出“非公益必要不干扰原则”。

北京市高院在二审判决[1]中认为，对于互联网产品或服务的竞争，应当确定以下基本竞争规则：互联网产品或服务应当和平共处、自由竞争，是否使用某种互联网产品或者服务，应当取决于网络用户的自愿选择。互联网产品或服务之间原则上不得相互干扰。确实出于保护网络用户等社会公众利益的需要，网络服务经营者在特定情况下不经网络用户知情并主动选择，以及其他互联网产品或服务提供者同意，也可干扰他人互联网产品或服务的运行；但是，应当确保并证明干扰手段的必要性和合理性。否则，应当认定其违反了自愿、平等、公平、诚实信用原则，违反了互联网产品或服务竞争应当遵守的基本商业道德，应当承担相应侵权责任或不正当竞争责任。前述规则可以简称为互联网产品或服务竞争的“非公益必要不干扰原则”。

主审法官认为“非公益必要不干扰原则”应该明确以下几点。(1)“非公益必要不干扰原则”不以是否处于恶意为前提。无论是否出于恶意，只要不是为了保护公共利益之必需，互联网经营者不得干扰他人互联网产品或服务的正常运行。(2)客观原因导致的冲突应排除在“非公益必要不干扰原则”规制之外。如一台电脑上两个同时共存的杀毒软件互相干扰，不能正常运行。(3)用户知情并主动选择，并且该影响结果只能限于该用户，没有损害他人合法权益的情况下应排除“非公益必要不干扰原则”的适

---

[1] 参见北京市高级人民法院（2013）高民终字第2352号民事判决书。

用。[1] 例如，在3Q不正当竞争纠纷案中，由于"上诉人为达到其商业目的，诱导并提供工具积极帮助用户改变被上诉人QQ软件的运行方式，并同时引导用户安装其360安全卫士，替换QQ软件安全中心，破坏了QQ软件相关服务的安全性并对QQ软件整体具有很强的威胁性"，因此最高人民法院认为一审法院的判定并无不当，即360安全卫士并未给QQ用户提供技术中立的修改工具。(4) 用户不知情也未选择，但是为了保护以用户安全为例的公共利益所必需时可以对其他互联网产品或者服务进行干扰；例如计算机病毒的查杀。

二、关于"非公益必要不干扰原则"的争论

"非公益必要不干扰原则"被提出以后，在理论界和实务界均引起了热烈的讨论。赞成方认为该原则能够维护互联网领域内的竞争秩序，指引互联网企业在竞争过程中更好地遵守诚信原则，弥补了《反不正当竞争法》第2条确定性、稳定性、指引性不足的缺陷。反对方则认为，该原则脱离现有的法律框架，没有法律基础，一旦在司法实务中被广泛采用，势必导致法的干涉范围肆意扩张，从而扼杀市场的活力。

（一）支持说

"非公益必要不干扰原则"在提出之初，受到社会各界的关注。时任北京市高院法官的石必胜作为此原则的提出者，认为互联网产品或服务应当和平共处，自由竞争。是否使用某种互联网产品或者服务，应当取决于网络用户的自愿选择。互联网产品或服务之间原则上不得相互干扰。确实出于保护网络用户等社会公众的利益的需要，网络服务经营者在特定情况下不经网络用户知情并主动选择以及其他互联网产品或服务提供者同意，也可干扰

---

[1] 石必胜. 互联网竞争的非公益必要不干扰原则：兼评百度诉360插标和修改搜索提示词不正当竞争纠纷案［J］. 电子知识产权，2014 (4)：30.

他人互联网产品或服务的运行；但是，应当确保并证明干扰手段的必要性和合理性。因为互联网产品或服务之间相互干扰而引发的不正当竞争纠纷越来越多。对于这些不正当竞争纠纷，非公益必要不干扰原则具有较强的适用性，能够用于判断是否构成不正当竞争。

吴汉东教授认为“非公益必要不干扰”的提出，可以看作一次大胆尝试。[1] 一方面，它结合了涉及安全软件警示内容的不正当竞争案件频发的现实，对安全警示这一具有特殊属性的商业言论的规制提出了新的解决办法；另一方面，也充分认识到安全软件在现实生产、生活中的重要性，并没有“一刀切”地将安全软件警示内容等同于一般商业言论进行严格规制，而是创设性地在承认其“公益作用”之下对具有特定违法情节的安全警示予以惩戒。“非公益必要不干扰”的判断方法可以视为对公共利益、经营者利益和消费者利益进行有机结合、综合评判的一种有效审判方法。王春晖在《论互联网竞争中的“非公益必要不干扰原则”》一文中认为，“非公益必要不干扰原则”的确立，对规制互联网安全软件服务业的竞争秩序具有积极的指导作用，为审理同类互联网不正当竞争案件树立典范，具有里程碑意义。[2]

陶鑫良也认同此原则，但他认为公益优先原则其实是“非公益必要不干扰原则”的逻辑前提或者核心内容，只有在达到“为了保护公共利益之必需”的公益优先特定情形下，才能合理干扰他人的互联网产品或服务的运行。[3] 所以，公益优先原则不能丢，“非公益必要不干扰原则”的综合基础仍然应当包括公益优先原则

---

[1] 吴汉东，吴一兴. 安全软件警示内容的商业言论规制：兼评“非公益必要不干扰原则”[J]. 电子知识产权，2015 (3)：19-24.

[2] 王春晖. 论互联网竞争中的“非公益必要不干扰原则”[J]. 电子知识产权，2015 (3)：37-41.

[3] 陶鑫良. 非公益必要不干扰原则与反不正当竞争法一般条款适用 [J]. 电子知识产权，2015 (3)：25-30.

在内的全面五项基本原则。在以此为前提的情况下，在整体互联网市场环境中应当是以“非公益必要不干扰”为主要，为常态；而以“因公益必要进行干扰”为特定，为例外。

（二）质疑说

北京大学法学院薛军教授撰文对该原则提出质疑。[1] 在其文中他主要围绕“‘非公益必要不干扰’原则中的‘公益’标准，会导致不正当竞争案件司法裁判过程中价值判断和利益衡量方向的明显偏误”及“‘非公益必要不干扰原则’的‘干扰’这一表述，会导致一种不恰当的竞争行为性质的推定，造成不合理的实践层面上的后果，与我国鼓励竞争的立法、司法政策不相吻合”展开论证。

首先，薛军教授认为不正当竞争案件的本质是两个私主体之间的关系，与公权力运作无关，不存在公共机构限制私人权利的问题。相比之下，“非公益必要不干扰原则”则过于强调公益因素在判断中的主导地位。一方面，这一新的提法中对公益因素的强调，本身就是叠床架屋，因为诚实信用原则本身就已经具有了这种内涵；另一方面，这一新的提法赋予了公益因素一个不合理、不成比例的权重，与立法条文产生了直接的冲突。其次，竞争中的干扰行为不能等同于竞争中的不正当行为，如果认为干扰行为也具有不正当性的话，将违背《反不正当竞争法》的宗旨。此外，该原则的提出没有实体法层面上的依据和支撑。就其表述而言，仍然是一个一般条款性质的表述，即使提出了这一原则，它在适用于具体案件时，仍然面临许多操作性的问题。

对外经济贸易大学黄勇教授也提出了几个不同的视角。[2] 首先，不得草率依赖道德评价标准。互联网行业竞争形式多样，而法律规定相对呆板，需要法院对行业惯例给予充分的重视，且不

---

[1] 薛军．质疑“非公益必要不干扰原则”[J]．电子知识产权，2015（Z1）：66－70.

[2] 黄勇．论互联网不正当竞争的“新边界”[J]．电子知识产权，2015（Z1）：61－65.

能过分依赖行业管理，否则有可能扼杀创新。因此在法院判案时不能仅停留在考察行为是否违背商业道德和诚实信用原则上，更应关注对于市场效果的影响。其次，要认可商业模式上的微创新、累积性创新。法院需要区分单纯的抄袭和累积性创新之间的区别。当法院面对一些新的案件时，需要明晰新兴商业模式和固有商业模式之间的区别，在辨别技术手段之后，审慎地评价新兴商业模式究竟是否属于创新还是违法。最后，黄勇认为在社会公共利益的探讨上也存在不同的意见。社会公共利益是整体用户利益及市场相关参与者利益的总和。社会公众利益并不具有主体意义，或者因为过于宽泛而难以界定。

（三）优化说

有些学者认为“非公益必要不干扰原则”的提出有其进步意义，但是还存在实践和理论上的缺陷，应该通过相关理论的进一步提出达到优化“非公益必要不干扰原则”的目的。如周樨平赞同并认可“非公益必要不干扰原则”，但指出对干扰行为进行正当性判断是一个利益衡量的过程，目的、手段、损害后果应动态地被考量。[1] 消费者利益在互联网竞争中也是认定竞争行为是否正当的一个重要考量因素，能够形成对经营者权益的限制。完善司法规则，除承认公益目的的干扰行为正当性之外，还应赋予用户选择权，允许一定条件下基于用户选择的干扰行为正当化。刘建臣也认为在界定网络不正当竞争案件时应当考量各种利益，在利益衡量的基础上，得出诉争行为是否应当被认定为不正当竞争的结论。[2] 并且他认为在得出“互联网产品或服务之间原则上不得相互干扰”这一结论的过程中，主审法官虽未明确适用利益衡量方法，

---

[1] 周樨平．竞争法视野中互联网不当干扰行为的判断标准：兼评“非公益必要不干扰原则”[J]．法学，2015（5）：92－104．

[2] 刘建臣．利益衡量视角下《反不正当竞争法》一般条款的适用研究［D］．上海：华东政法大学，2016．

但该结论依然是在利益衡量的框架内所得出。主审法官采取“激励分析法”以确定个案中经营者利益与竞争者利益二者间哪种利益应当优先获得保护。

（四）相似案件判决

在审理优酷诉金山猎豹不正当竞争案过程中也适用了“非公益必要不干扰原则”。原告合一公司是优酷网的合法经营者，面向行业广告客户提供在线网络视频的广告制作和发布服务，同时也面向终端用户提供在线网络视频点播服务，网站列有电视剧、电影、综艺、音乐、动漫等栏目。用户想要跳过广告直接观看影视作品的方法只能是成为优酷网的付费会员，每月缴纳一定的会费。被告金山网络公司是猎豹浏览器的开发设计者，猎豹浏览器通过技术措施，修改并诱导用户修改优酷网或服务器数值、函数，向终端客户提供“页面广告过滤”功能。当网络消费者打开该功能然后访问优酷网的时候，该网站视频播放之前的广告将会被屏蔽，优酷遂以金山网络公司侵犯其合法权益为由提出了诉讼。

针对优酷诉金山猎豹浏览器不正当竞争一案，北京市海淀区人民法院作出一审判决，金山猎豹浏览器非法拦截优酷视频贴片广告的行为，构成不正当竞争，金山应承担优酷的经济损失、合理费用和全部的诉讼费用共 30 万元人民币。

本案中，被告金山公司屏蔽优酷合法投放的视频广告，影响了优酷网日常经营过程中所产生的广告收益，干扰到了“免费＋广告”的基本经营模式，按照非公勿扰的原则，猎豹浏览器的行为应当经过优酷网的同意，因为，优酷网所投放的视频广告和恶意广告之间存在着本质区别，用户的反感也不能认定为公共利益，猎豹浏览器不应随意干扰优酷网的运营模式。整个过程中，视频网站的经营者、网络用户、广告主这三方主体其实都在各取所需，已经形成了和谐有序的运作模式，并且这个运作模式是现阶段大部分互联网企业所采用的，已经被市场所普遍接受。

三、国外相关案例及观点

学界对此类问题莫衷一是，其他国家也给出了完全不同的解答。

（一）德国联邦最高法院屏蔽广告不正当竞争案

2004年德国联邦最高法院审理了一起因电视广告屏蔽仪引发的不正当竞争案。此案中原告是一个以广告收入为唯一经济支持的电视公司，被告生产并销售一种被称为“Fernseher - Fee”的仪器，可以自动阻拦广告信号。原告认为被告的行为违反了德国《反不正当竞争法》第1条，导致了一般的市场阻碍。德国联邦最高法院并未支持原告的诉讼请求，而是认为广告屏蔽器发射指令信号的行为没有构成非法的一般性阻碍市场，理由主要是：《反不正当竞争法》第1条意义上的反竞争之阻碍，始终以破坏竞争对手扩张竞争的可能性为前提。如果行为对竞争对手的产品产生了直接影响，如导致产品的消灭或实质损害，则构成不正当的产品阻碍。此案中被告提供屏蔽广告仪器的行为只是为电视消费者提供了一种可能性，是否使用广告屏蔽功能则由观众自行决定。

法院认为，广告屏蔽仪器虽使广告所能够到达的观众的数目下降，但无证据表明这能使通过广告获得收入的私人电视台的生存受到威胁。因此德国联邦最高法院认为被告行为未构成非法的一般性市场阻碍。法院还指出对于此类市场损害不应通过法律而应通过更积极的市场竞争方式来解决，传媒公司应该勇于面对来自经济活动自由和充满创新力量的市场的挑战，原告也应该通过与驱动广告的经济主体合作来唤醒和保持观众对广告节目的兴趣，或者通过技术创新来抵消广告收入下滑的影响，从而成功消弭被告产品及服务带来的破坏。[1]

---

[1] BGH. Zulägssigkeit von Fernseh - Werbeblockern [J]. NJW, 2004, 57 (42): 3032—3034.

（二）美国联邦最高法院对广告跳过工具侵犯版权案的态度

美国联邦最高法院审理广告屏蔽案件也是从电视广告屏蔽开始的。“索尼案”是广告跳过工具侵犯版权的起源性判例。20 世纪 70 年代，索尼公司开始在美国销售一种叫作“betamax”的录像机。该录像机可通过定时器对某一指定频道的节目进行录制，它还有“暂停”和“快进”功能，观众在边观看边录制时可以通过按下暂停键将广告录进去，在播放录像带时可以通过按下快进键跳过广告。1984 年美国联邦最高法院对该录像机“暂停”和“快进”功能是否侵犯版权作出判决。美国联邦最高法院认为在家庭中移时观看（time-shifting）构成对版权作品的“合理使用”，索尼公司出售具有“实质性非侵权用途”的录像机并不构成间接侵权。[1] 随着技术的迅速发展，人们以前所用的“索尼案”中的 VCR（磁带录像机）已经开始转变为 DVR（数码录影机）。这个技术对于广告跳过的效果更加明显，对于版权权利人的经济影响更为显著。与之相关的诉讼也已在美国发生过，最终以和解结案。[2]

（三）美国法院对赞古诉卡巴斯基案的态度

在美国法中，屏蔽互联网广告的另一诉因是干扰侵权。在 2009 年美国联邦第九巡回上诉法院审理的“赞古诉卡巴斯基案”中，法院认为被告的安全软件屏蔽和阻止原告广告软件的行为并不构成干扰侵权。该案原告赞古公司提供在线视频、游戏、音乐、工具访问软件，该软件以广告为其主要盈利模式。被告卡巴斯基

---

[1] Sony Corp. of America v. Unibersal City Studios, Inc. 464U. S. 417 (1984).

[2] See Paramount Pictures Corp. v. ReplayTV, Inc. 298F. Supp. 2d921, 923-924. (C. D. Cal. 2004)

公司提供的安全软件将原告的软件界定为一种广告软件(adware)[1]，一种恶意软件，屏蔽和阻止原告软件的使用。赞古以干扰合同的侵权行为违反华盛顿州消费者保护法案、商业诽谤、不当得利等诉因向华盛顿州法院请求禁令救济。卡巴斯基则主张其提供工具阻止恶意软件的行为可依《传播净化法案》第230（C）(2)（B）条款而免责。[2] 该案中华盛顿州法院和美国联邦第九巡回上诉法院均支持了卡巴斯基的主张，驳回了原告的请求。美国联邦第九巡回上诉法院认为，被告的安全件使消费者避免接触令人不快和不适的内容，为其提供免责符合第230条的立法政策。[3] 该案的费舍尔法官在并存意见中表达了对“任何其他令人反感的”这一词语存在不确定边界而被滥用的担忧。他认为如果什么是“令人反感的”可由法官界定的话，那么该条款就难免被滥用于反竞争目的或其他恶意，因此在适用时需加以限制。

对于附带屏蔽广告功能的浏览器是否能够构成干扰合同的侵权行为，法院还没有相应的判例，美国学者对此问题也有不同的见解。有学者综合了干扰合同的侵权认定的几个方面要素之后，认为能够构成干扰侵权。[4] 而有的学者则认为，原告是否能够成功证明屏蔽软件有恶意是不清楚的，屏蔽软件不过是提供了人们需要的东西，法庭会认为屏蔽没有侵害的意图；而且是否能够成功

---

[1] “Adware”是指一个附带广告的电脑程序，以广告作为盈利来源的软件。此类软件往往会强制安装并无法卸载；在后台收集用户信息牟利，危及用户隐私；频繁弹出广告，消耗系统资源，使其运行变慢等。

[2] 该条款为互联网服务提供者和使用者阻止和屏蔽淫秽、色情、暴力、骚扰等令人厌恶的网上信息和材料提供免责。该条款的初衷是保护青少年免于接触不良的网络信息，为屏蔽和过滤技术的发展和利用扫清法律上的障碍。在“赞古诉卡巴斯基案”中，美国联邦第九巡回上诉法院将该条款的适用扩展到商业侵权。

[3] See Zango. Inc. v. Kaspersky Lab，Inc. 568 F. 3d 1169（C. A. 9（Wash.)），2009.

[4] See SALUKE A. Ad - Blocking Software as Third - Party Tortious Interference with Advertising Contracts [J]. Florida State University Business Review，2008，Spring.

证明原告有利润损失也不清楚，无法证明原告收入的减少是屏蔽软件造成的，因此法院可能不会支持干扰侵权，通过法律途径解决此类问题可能不成功，只能有赖于发展新的广告接触消费者的方式。❶ 由上可见，美国法对于广告屏蔽的态度不能一概而论，屏蔽行为并非必然违法，是否合法需要在个案中根据原告的意图、所造成的损害等因素进行综合考察，对于美国法官来说这是一个利益衡量的过程。

四、“非公益必要不干扰原则”质疑的探讨

本文认为，这一原则的提出应该给予一定的认同，这将可能成为解决新型互联网不正当竞争案件的突破口，为互联网不正当竞争乱象丛生的现状寻求解决之道。

（一）对“干扰”一词的质疑

质疑者认为，“干扰”一词不能等同于“竞争”，也自然不能划归到不正当竞争之列，因此这个原则确立的基础被打破，该原则不成立。本文认为，“非公益必要不干扰原则”中的“干扰”也应该算作市场中的“竞争”。“竞争”所描述的应该是两个市场主体之间的关系，这与“干扰”所描述的内容相同，虽然“干扰”和“竞争”两词不能够完全等同，但也不能认为两者毫无关联。“干扰”行为其实就已经构成“竞争”中的不正当竞争，“非公益必要不干扰原则”的实质内涵为这种不正当的竞争划出了公益性的例外。

（二）对“公益”一词的质疑

质疑者认为，不正当竞争案件的本质是两个私主体之间的关系，与公权力运作无关，不存在公共机构限制私人权利的问题。但是质疑者同时也认为诚实信用原则本身就已经具有这种内涵，

---

❶ See ALLADE J. Adblock Plus and the Legal Implications of Online Commercial - Skipping [J]. Rutgers Law Review, 2009, 61 (3).

“非公益必要不干扰原则”的提出属于叠床架屋，多此一举。本文认为，不能因为不正当竞争案件是两个私主体之间的关系，就简单地认为其与公权力运作无关，不存在公共机构限制私人权利的问题。《反不正当竞争法》原本的立法目的就是利用公权力，鼓励和保护公平竞争，制止不正当竞争行为，保护经营者和消费者的合法权益，又怎么能说这与公共利益无关。另外，质疑者自相矛盾的是，否定了公权力的运作却又肯定了诚实信用原则本身的公益内涵。同时，本文也不赞同“非公益必要不干扰原则”与“诚实信用”原则有相同的内涵，这两个原则所体现的是两个完全不同的思路。

（三）质疑该原则的可操作性

质疑者认为，这一原则的提出指引性并不明确，在司法实践中同其他原则一样不具有可操作性。但质疑该原则的可操作性的声音忽视了该原则与传统原则的比较。传统《反不正当竞争法》第 2 条所提供的基本原则已经不能评判新型的互联网不正当竞争关系，而新原则的提出恰恰是为解决这一问题提出了新思路、新方法，更加有利于相关问题在实践中的解决。

（四）对该原则提出者身份的质疑

质疑者隐晦地提出，法官在某种程度上对司法实践有一定认识，但是理论基础相对薄弱，为了审判一个案件而如此贸然地提出这样一种审判原则可能有些不妥。本文认为法官也有提出自己观点并被理论界采纳的权利，不能以身份作为评价别人观点是否正确的依据。更何况法官在判决中明确或确立具体原则或规则是不可避免的。无论是在民法领域还是知识产权法领域，很多的规则和原则都是由判例确定的，说到底，就是由法官确立的。

（五）该原则的提出是对市场创新的一种扼杀

质疑者认为互联网行业竞争形式多样，而法律规定相对呆板，需要法院对于行业惯例给予充分的重视，且不能过分依赖行业管理，否则有可能扼杀创新。因此在法院判案时不能仅停留在考察行为是否违背商业道德和诚实信用原则上，更应关注对于市场效果的影响上。正如德国联邦最高法院提出的对于此类市场损害不应通过法律而应通过更积极的市场竞争的方式来解决。

本文认为，该原则的提出不是对市场创新的一种扼杀，切实区分出"正当竞争"和"不正当竞争"，并对"不正当竞争"予以制裁，对"正当竞争"予以合理保护，才能真正保证市场的健康发展，促进市场的欣欣向荣。市场创新或者说更新换代是应该建立在"正当竞争"的基础之上的，如果凭借"干扰"他人这种不正当竞争来获得在市场上的立足，那么市场秩序将更加混乱。

（六）质疑这个原则是外国来源还是中国来源

质疑者认为，这个原则是生造出来的，在外国找不到相同说法。由于在外国没有相同的规则或说法，因此，这个说法的使用会导致与其他国家司法界的同行交流时产生理解上的障碍。而且国外对于类似的判决都判定不构成不正当竞争，而我国却恰恰相反。比较法学者早就说过，不同法域的法官在思维方式上和具体规则上的实际相似性远远超出人们的想象。即使外国没有非公益必要不干扰原则这个概念，不等于外国没有与非公益必要不干扰原则的具体内容相同或实质相同的具体规则。正如在前文所提到的相关案例中，一方面，案例存在不同之处，法官因此给出了与我国相反的判决；另一方面，法官和学者也在意见中给出了与判决相反的思考，认为随着科学技术的进步，这种"干扰"理应排除。

诚然，对此原则的争论也是有必要的，该原则的提出也还存在缺陷和不足。利益衡量理论的观点，在本文看来是不无道理的。最明显的是对干扰行为进行正当性判断本身就是一个利益衡量的过程，目的、手段、损害后果皆应动态地被考量。在界定网络不正当竞争案件时应当考量各种利益，在利益衡量的基础上，得出诉争行为是否应当被认定为不正当竞争的结论。本文认为，虽然

“非公益必要不干扰原则”的提出确实是经过了利益上的衡量，但是原则提出之后在司法实践中如果还运用利益衡量的基本方法，而不是进行更细化的区分，则可能违背了原则提出的本意，依然会造成同案不同判的效果，那么原则的提出也就失去了它应有的适用意义。

论网络技术创新与不正当竞争

李　艳*

摘　要： 网络技术创新与禁止网络不正当竞争在某些情形下产生冲突，原因是网络技术创新与网络不正当竞争边界不清，网络不正当竞争行为不能明确界定。划定网络技术创新与不正当竞争的界限需要实施以下措施：不能机械地保护商业模式；技术问题由技术和市场解决，法律不应轻易定性；坚持技术中立原则，不对新技术的应用作出法律评价。

关键词： 网络技术创新；网络不正当竞争；边界

互联网技术的迅速发展与网络技术创新关系密切，正是对网络技术创新的鼓励才使得互联网繁荣蓬勃。保障网络技术创新的法律对技术创新的推动作用不言而喻，尤其是知识产权法，以及对知识产权法起补充作用的反不正当竞争法都给予技术创新法律层面的支持与保护。但是在某些情形下，网络环境下的技术创新却可能被认定为不正当竞争行为，那么保护技术创新与禁止不正当竞争行为就会产生一定的冲突。本文试图分析网络技术创新与禁止不正当竞争行为的冲突产生的原因，试图划定网络技术创新与不正当竞争行为的边界，从而营造一个良好的网络环境。

---

* 作者简介：李艳，西北政法大学副教授，博士。本文源自国家社科基金项目（15BFX134）“数字环境下，知识产权法与反不正当竞争法的冲突与协调”。

一、网络技术创新与禁止不正当竞争的冲突

（一）鼓励技术创新是知识产权法主要的立法目的

知识产权法的主要立法目的就是促进技术创新，保护技术创新的成果。对《著作权法》而言，著作权保护的作品的类型不断扩充就是技术创新的体现。例如，摄影技术的发明确定了用照相机所拍摄的照片被作为一种智力成果，作为摄影作品受到《著作权法》的保护。电影技术的出现产生了对影视作品保护的需求。著作权人的权利也因为技术的发展而增加。例如，随着网络技术的应用，作品在网络上的传播需要受到著作权人的控制，因此《著作权法》规定了信息网络传播权，即以有线或无线的方式传播作品，使公众可以在个人选定的时间和地点获得作品。[1]

《专利法》在立法目的条款中规定了鼓励技术创新。首先，《专利法》第 1 条规定了“为了保护专利权人的合法权益，鼓励发明创造，推动发明创造的应用，提高创新能力，促进科学技术进步和经济社会发展”，其中明确提出鼓励发明创造的目的就是提高创新能力。其次，我国《专利法》的具体条文也体现了这一立法目的，《专利法》第 22 条规定专利授权的条件，即“授予专利权的发明和实用新型，应当具备新颖性、创造性和实用性”。其中新颖性和创造性的规定有较高的条件要求，尤其对发明专利的条件更严格，说明发明专利和实用新型专利必须具有创新性。在专利审查过程中，发明专利由于具有更高的创新能力要求，因此审查程序必须经过形式审查和实质审查，审查过程更为复杂，以保证发明专利的创新性。相应地，发明专利取得较长的 20 年的保护期的，而创新性较弱的实用新型专利只有 10 年的保护期。因此《专利法》的核心就是为技术创新服务。

---

[1] 参见《著作权法》第 10 条第 1 款第（12）项。

（二）反不正当竞争作为知识产权的补充是否也保护技术创新

《反不正当竞争法》被认为对知识产权法起到了有力的补充作用，《反不正当竞争法》的主旨与知识产权法应当是一致的，因此，《反不正当竞争法》也应当具有促进技术创新的作用。例如，《反不正当竞争法》对商业秘密的保护，就是对技术创新的保护。因为商业秘密是“指不为公众所知悉，能为权利人带来经济利益，具有实用性并经权利人采取保密措施的技术信息和经营信息”[1]。据此，商业秘密可分为技术秘密和经营秘密两大类，其中技术秘密是经过商业秘密所有人通过自力保护的方式促进技术创新的体现。

（三）网络技术创新的保护与不正当竞争行为认定的争议

在网络环境下网络新技术的应用会对市场竞争产生冲击。受到损害的经营者认为网络新技术的应用者构成了对自己在网络经营中的不正当竞争行为，而应当受到法律的制裁。在我国的司法实践中发生了几例有影响的网络不正当竞争行为认定的案件，并且引发了技术创新与认定不正当竞争行为的冲突。

在优酷视频诉金山猎豹浏览器一案的判决中，因为猎豹浏览器是一款可以屏蔽视频网站广告的浏览器，供用户选择是否使用屏蔽的功能。法院认为浏览器开发商的行为会损害视频播放网站的“广告＋免费播放”的商业模式，是一种违背商业道德的行为，因此构成不正当竞争。这种浏览器是一种技术创新，那么是否会因为侵害了视频网站的商业模式而构成不正当竞争呢？与优酷视频诉金山猎豹浏览器相似的是遨游浏览器案。在该案中遨游浏览器不具有屏蔽视频广告的功能，而对视频广告有快进的功能。视频广告一般有长达几分钟的广告，遨游浏览器可以让用户在使用

[1] 参见《反不正当竞争法》第10条。

遨游浏览器观看视频时向其提供快进功能，使广告时长可以缩短至几十秒或几秒钟。

上述两个案件中涉及的两款浏览器提供的服务好像有所不同，猎豹浏览器是完全屏蔽了广告，而遨游浏览器只是快进了广告，有观点认为后者的做法更温和些，不会影响到视频网站的利益，而猎豹浏览器则对视频网站的利益构成损害，因此猎豹浏览器构成不正当竞争行为而遨游浏览器则不构成不正当竞争行为。本文不同意此种看法，因为这两种浏览器服务商的做法对于视频网站来说都会构成损害，因为广告的实质是向消费者宣传商品或服务，如果通过快进功能消费者根本不了解广告的内容，广告的作用不能得到发挥，提供广告的视频网站受到损失是不言而喻的。另外，猎豹浏览器和遨游浏览器的服务商在提供屏蔽或快进服务时，是给浏览器用户以选择权的。所以用户选择这项服务，就应当为选择的后果负责。因此本文认为猎豹浏览器和遨游浏览器的服务提供商的行为性质是一样的，对于屏蔽广告或者快进广告的浏览器而言，相较于未有此项功能的浏览器是技术的创新，而这种技术创新是否可能损害被屏蔽或者被快进的视频服务商的利益存在争议，视频服务商当然会认为这是一种不正当竞争行为。

同理，在百度诉搜狗输入法不正当竞争案[1]中，搜狗的“输入法＋搜索引擎”是相对于单纯的输入法或者搜索引擎而言也是一种技术进步。搜狗利用技术手段使用户在百度的搜索框内输入搜索关键词时，因输入法是搜狗的，搜狗自动将其导引入搜狗的搜索引擎中，此行为是否构成不正当竞争？

上述的例证都涉及技术创新与商业模式的冲突。法院对于这三种情形都认定为是不正当竞争行为，似乎网络技术创新与禁止不正当竞争行为的理念发生冲突了。法院的做法与前文论述的观点出现相悖之处，因为一般来说知识产权法鼓励技术创新，而作

---

[1] 北京市海淀区人民法院（2015）海民（知）初字第4135号案。

为知识产权法重要补充的《反不正当竞争法》也应当是鼓励技术创新的。但是在司法实践中却出现了技术创新导致的不正当竞争的判决，原因何在呢？

二、网络技术创新与禁止不正当竞争冲突的原因

（一）网络技术创新与不正当竞争的边界不清

网络技术创新伴随着互联网的发展在不断地变化，而且技术创新的速度惊人，往往一种技术才应用不久，就很有可能被新技术所替代。例如P2P网络传输技术的发展就日新月异，从开始需要存储的平台变为不需要平台作为传输的中介，直接可以在两台电脑之间实现资源的传输。网络服务商利用新技术往往在网络市场的竞争中能占据优势的竞争地位，对竞争对手进行压制并从中获利。对于竞争对手而言，这种新技术带来的冲击巨大，对其网络经营的损失也较大。为了弥补损失，该经营者认为竞争对手带来的新技术违背了商业道德，用不正当手段损害了其经济利益，故将竞争对手告上法庭，提出不正当竞争之诉。但是问题在于由于技术创新带来的新技术的使用是否构成不正当竞争并没有在《反不正当竞争法》中有明确的规定。在《反不正当竞争法》中规定的11种不正当竞争行为中没有网络不正当竞争行为，涉及技术创新引发的不正当竞争行为在这11种行为中也没有可参照的类型。法院一般适用的是第2条的所谓的一般条款[1]。根据《反不正当竞争法》第2条的规定判定技术创新引发的网络不正当竞争行为有不当之处。理由有以下几点：第一，一般条款是对具体的11种情形的概括，而非直接适用，因为根据条文的表述，一般条款指代的是这11种情形。第二，即使直接适用一般条款，仍然有障碍，因为第2条中规定的商业道德和诚实信用原则过于原则化，这些是民法的基本原则在《反不正当竞争法》中的强调。因为民

[1] 《反不正当竞争法》第2条。

法的基本原则只是宣示性的，必须只能适用体现民法基本原则的具体条款，对于基本原则不能直接适用。同理，《反不正当竞争法》第 2 条所指的诚实信用和商业道德也是宣示性的，必须在具体条款中体现。第三，我国《反不正当竞争法》的第 2 条的一般条款是借鉴大陆法系国家的立法尤其是德国的立法。德国 1909 年的反不正当竞争法中对一般条款赋予较为重要的作用，但是随着 2004 年《反不正当竞争法》修定，一般条款的地位下降了，在具体界定不正当竞争行为时，以具体条款的规定为准。因此，法院在判决由于技术创新引发的不正当竞争的案件时，技术创新与网络不正当竞争的行为边界是不清楚的，而且也是难以界定的，因为网络不正当竞争行为本身没有具体的条款可以援引，凭借《反不正当竞争法》第 2 条会有很多的不确定性。

（二）网络不正当竞争行为不能明确界定

目前网络不正当竞争行为在法院判决的案件中进行界定，但是引起很大的争议，例如优酷视频诉金山猎豹浏览器案、遨游快进案等案件。之所以引发争议，原因在于上述情形在《反不正当竞争法》中没有明确规定网络不正当竞争的条款，适用《反不正当竞争法》第 2 条又会带来问题。那么能否在《反不正当竞争法》修订时加入网络不正当竞争的具体条款呢？本文认为不可。因为网络不正当竞争行为涉及的是网络技术，针对某项技术的应用带给竞争者的损害，这种行为能否被定性为不正当竞争行为具有很大的不确定性。因为技术的应用一时难以判定是否违背了诚实信用原则，在行业中因为是新的应用也难以称为对商业惯例的违反，而此时商业惯例还未完全建立。“网络不正当竞争行为”这个称呼本身就不是一种确定的不正当竞争行为。再者，技术的更新非常迅速，而法律具有较强的稳定性。将带有技术性的内容规定在《反不正当竞争法》中，技术的更新会带来该条款的适用性的丧失。《反不正当竞争法》面临需要不断修改的情形，这在立法实践中是不现实的。例如《反不正当竞争法》的修正草案中增加了一条网络不正当竞争的条款。[1] 在该条款中所涉及的技术问题一旦被新技术替代，该条款的适用性价值还有多少呢？因此，鉴于网络不正当竞争行为不适宜规定在《反不正当竞争法》中，技术创新与禁止不正当竞争行为难免会产生冲突。

三、对技术创新与知识产权法的关系处理的借鉴

在知识产权法领域，技术创新与知识产权保护也会发生冲突，尤其在著作权领域，美国法院通过几个典型的案件表明了如何处理技术创新与著作权保护的关系，而且这种处理方式的态度也发生了较大的变化。对于这种变化应持何种态度，是应该肯定还是否定，本文认为对处理技术创新与不正当竞争的关系具有重要的借鉴意义。

（一）索尼案[2]

索尼案确立了非实质不侵权原则。在该案中，索尼出产的录像机增加了录制功能，家庭主妇不能在电视上观看的电视剧可以通过录像机录制下来，方便家庭主妇有空时再观看。电视节目的版权人起诉索尼公司著作权侵权。法院认为，录像机的功能不仅能录制侵权节目，也可以录制非侵权节目，这就是著名的非实质不侵权原则，也被称为技术中立原则。该案确定的意义重大，对以后的判例起着重要的影响。该案反映了技术创新与著作权的关系，技术创新在著作权侵权判定中不作为侵权的要素判定，即保持技术的中立，不因为利用新技术制造的产品能带来侵权而直接

---

[1] 《中华人民共和国反不正当竞争法（修订草案送审稿）》第13条：（一）未经用户同意，通过技术手段阻止用户正常使用其他经营者的网络应用服务；（二）未经许可或者授权，在其他经营者提供的网络应用服务中插入链接，强制进行目标跳转；（三）误导、欺骗、强迫用户修改关闭卸载或者不能正常使用他人合法提供的网络应用服务；（四）未经许可或者授权，干扰或者破坏他人合法提供的网络应用服务的正常运行。

[2] Sony Corp. of America v. Universal City Studios, Inc.，464. U. S 417（1984）.

认定该技术成为侵权认定的要素予以否定。尽管有学者[1]对索尼案提出的非实质侵权原则表示质疑，认为应当以间接侵权的构成要件为逻辑起点，当直接侵权构成时，就要考虑间接侵权是否构成，而索尼案显然没有对此进行分析。但是本文则认为索尼案讨论的并非单独的著作权侵权问题，而是技术创新对于著作权影响的态度，因此不应引入间接侵权判定此案。而非实质不侵权的原则的判定对于界定技术创新与著作权法的关系则具有非常重要的意义。

（二）Netcom 案[2]

该案继承了索尼案的原则，提出实质性参与原则，即在著作权侵权间接责任认定中如果提供商品或服务的第三者对于使用其商品或是服务进行侵犯著作权的活动没有主动地介入和帮助的话，将不对此承担间接侵权责任。[3]

Netcom 公司提供的是网上信息通道服务，当用户 Erlich 将他人具有著作权的作品上传到 Netcom 公司提供的公告板上后，其他用户下载这部作品时，Netcom 公司的系统自动生成复制件供用户下载。法院认为系统的自动生成服务不是 Netcom 公司主动参与的，按照著作权间接侵权理论，只有当第三者实质性参与了侵权时才会认定为间接侵权，而 Netcom 公司并未参与，因此不承担间接侵权责任。

（三）Napster 案[4]

该案是对著作权法上的通知删除程序的发展，认为服务商知道侵权行为的存在，所以应当承担间接侵权责任。在该案中，Napster 经营的音乐共享平台采用 P2P 技术，使用户共享的音乐资

---

❶ 张今. 版权法上的“技术中立”反思与评析［J］. 知识产权，2008（1）：74.

❷ Religious Technology Center v. Netcom Communication Services，Inc. 907F. Supp. 1361（ND Cal. 1995）.

❸ 武万芳. 论技术中立原则［D］. 武汉：中南民族大学，2015.

❹ A&M Records，InC. v. Napster InC. 239F3d1004（2001）.

源只保存在用户自己的电脑硬盘中，并未存在 Napster 自己的平台中，因此不能进行实质性审查。但是作为原告的唱片公司起诉，认为 Napster 通过在平台上发布可以使用户找到需要的音乐这样的广告，证明 Napster 知道用户侵犯原告对音乐享有的著作权。法院支持原告的主张认为 Napster 作为平台服务商知道用户 P2P 方式下载的音乐是侵权的，因此 Napster 应当承担间接侵权责任。

（四）Grosker 案[1]

该案的意义在于引入引诱侵权的原则。在该案中，Grosker 是二代 P2P 服务商，二代 P2P 技术无须通过中介平台的中转服务，用户在各自的计算机上用 P2P 软件即可实现资源的共享，因此 Grosker 作为服务商，只提供了 P2P 软件的下载而对用户的共享文件不能实现审查和筛选。Grosker 被 28 家影视公司起诉帮助侵权，在一、二审判决中，法院援引索尼案的非实质不侵权原则判定被告 Grosker 不侵权，但是美国联邦最高法院则认为被告提供产品的目的在于帮助他人侵权，因此不能适用索尼案所确定的原则，而以诱导侵权理论判定被告构成引诱侵权。

（五）对于美国关于技术创新与著作权保护发展的思考

上述几个案件反映了美国对技术中立的态度的演变。从索尼案来看，美国法院提出了非实质不侵权原则，认为技术中立应为判定是否构成著作权侵权的要素，当所生产的产品没有专门用于侵权时，该产品的生产者不构成版权侵权。Netcom 案坚持了这一原则，并提出了实质性参与原则，认为当网络服务平台没有实质性参与版权侵权时，不构成侵权。但是其后的 Napster 案和 Grosker 案都将网络服务平台认定为帮助或者引诱侵权，尤其 Grosker 案与索尼案最为相似，Grosker 公司只是提供了 P2P 下载软件，对共享文件不具有审查的条件，仍然被认为引诱用户侵权。

---

[1] MGM Studios，Inc. v. Grosker，Ltd. 545 U. S. 913（2005）.

该案是对索尼案提出的非实质不侵权原则的全盘否定，说明美国法院从对技术创新者的保护逐渐倾向于对著作权人保护。技术创新与著作权保护在美国法院的判决中同样出现冲突。本文认为，应当坚持适用索尼案所建立的技术中立原则，对新技术的使用尤其是网络新技术的使用持宽容的态度。原因如下：

第一，起诉服务商损害技术创新。P2P 文件共享技术也是一种技术创新，但是当 P2P 不需通过平台直接使用户之间传输文件时，即使传输的文件有未经授权的作品（例如影视作品），P2P 平台不应承担作品的间接侵权责任。但是这种情形在美国未被纳入避风港规则中免责的情形，P2P 平台仍有可能承担间接侵权责任。

起诉服务商对技术创新有损害，就技术创新的本质而言，这种损害难以量化。但是这种损害肯定是存在的，允许起诉服务商无疑会加重这种损害。如果直接禁止计算机程序的销售就会限制创新，会带来技术创新社会价值的减少。如果法院认为 P2P 技术本身违法，社会收益的损失不仅包括使用 P2P 技术，还包括未来可预期的潜在成本。经济学分析的结果表明这种预期收益即溢出效应比新技术刚适用时获得的利益还多。VCR 技术刚开始被著作权人要求禁止使用，因其损害著作权人的利益，但后来以出人意料的方式迅速发展，带给著作权人巨大的经济利益。收音机早期的使用历史也说明这一点。如果起诉服务商，就会打击程序编写者，会使他们担心程序的使用被诉侵权。尽管起诉直接侵权人会延长诉讼时间，但是不会对创新造成实质性负面影响。如果起诉服务商就使得对创新的威胁更系统化，因此法院应该看到创新带来的优势，即使创新会带来侵权。

第二，新技术无力及时应对法律的变化。一方面，人们还不能确定创新带来的最后的价值是什么，例如 VCR 的使用；另一方面，新技术不会对现有技术带来实质性的损害性影响，当法院否定新技术时，世界从表面上看来并不觉得失去什么。传统的著作权法处理有可能损害技术的危险的方式与专利法一样，著作权人可以起诉技术的发明者。索尼案确定了处理这类诉讼的比较明确的标准，即使技术的销售者是共同侵权人，只有当技术不具有实质性的非侵权用途时，法院才能禁止这种技术。近来的发展却损害了这一原则。DMCA 反技术措施条款为了给著作权人以更大的保护，明确拒绝了这种实质性非侵权用途的判定标准。Napster 案否定了索尼案确定的标准，结果是在很多数字版权案件中法院毫不犹豫地禁止了有些社会价值的技术。

第三，对于著作权的过度保护，有可能对新技术带来致命打击。网盘存储作为一种新技术，在存储的内容涉及著作权人的利益时，对于存储服务商课以过重的法律责任，无疑会对新技术的发展造成不良影响。网盘存储服务带来了信息存储的革命性变化，因为网盘存储的信息量可以构成海量信息。大数据分析与网盘存储的技术发展也具有密切关系，因为只有实现了信息的海量存储，才能做到对信息的技术性分析即大数据分析。因此网盘存储对于网络技术发展影响巨大。但是，网络存储带来了权利保护问题：在用户使用网盘存储时会上传或下载没有获得著作权的作品，网盘服务商是否为此承担侵权责任，承担多大的侵权责任？由于快播案[1]中提供网盘服务的快播网盘的服务商被追究刑事责任，其他网盘服务商担心触碰法律红线，纷纷终止对网盘存储提供服务，可见对于网络服务商追究过于严格的法律责任（例如快播案追究服务商的刑事责任）会产生对技术创新的阻碍作用。

四、划定不正当竞争与技术创新的合理边界

（一）不能机械地保护商业模式

商业模式在互联网的应用广泛，成为互联网经济增长的主要形式。但是商业模式是市场竞争的产物，在网络环境下亦是如此。

[1] 快播王欣刚刚被从轻判刑 3 年半，涉黄案终于落定［EB/OL］.（2016-09-03）［2017-10-11］. http：//www.chinaz.com/news/2016/0913/580650.shtml.

既然是竞争，就应当符合市场竞争的规律，即优胜劣汰的法则，这样的市场才有活力。在网络环境下的“广告＋免费”的商业模式固然是现在互联网经济中的主要商业模式，大约占互联网经济的60％，但是这样的商业模式也不是一成不变的，如果因为担心新技术对这种商业模式的冲击导致这种商业模式的使用者生存面临困境，就有些杞人忧天了。因为当一种商业模式由于新技术的介入不再适合市场时，商业模式的使用者自然地会选择其他商业模式，这样才会促进竞争，保持企业竞争的活力。例如现在需要视频网站从“广告＋免费”的商业模式转化为会员收费制，而在优酷视频热播的高晓松的脱口秀节目“晓说”却是在新节目刚播出的一两天内采用会员收费制，然后才用“广告＋免费”的商业模式。将由于新技术的使用而对商业模式造成损害的行为认定为不正当竞争行为有悖市场公平竞争的理念，另外对消费者保护也不利。对消费者来说，如果只能接受越来越长的广告，就会降低观看视频节目的热情，这样对视频运营商长远利益而言也会有损害。

因此通常情形下，法律不应介入商业模式的市场竞争中，只在特殊情形下才可以介入，如商业模式本身就违法（例如传销），或者商业模式对公共利益造成损害（例如倾销）。由于技术进步带来的对商业模式的损害不应在法律的调整范围之内。

（二）技术问题由技术和市场解决，法律不应轻易定性

在处理技术创新与不正当竞争的边界问题时，要建立技术问题由技术解决、市场问题由市场解决的理念，法律不宜轻易介入。例如，广告免费是技术进步的成果，随着互联网时代的到来，边际成本越来越低，几乎为零。免费是技术进步为消费者带来的福利。要考虑用户的需求是互联网的一个显著特点，因此免费的商业模式并非单纯的法律问题，还涉及经济学和管理学。法院在处理这类案件时，也应遵循这样的理念，以考虑消费者的需求为出

发点。美国法院的判例值得借鉴。在美国某法院审理的卡巴斯基案[1]中，卡巴斯基因为使用了屏蔽功能使视频播放时广告被屏蔽，被某公司起诉并要求发布临时诉前禁令。法院裁决认为应该赋予消费者选择权，让消费者决定选择屏蔽功能与否，这样如果消费者认为不应当屏蔽，就可以不再使用卡巴斯基软件另选其他软件，法院在此没有直接评判屏蔽技术的优劣，而是认为技术问题应由市场作出决定，从而驳回了诉前禁令的申请。法院在对待技术问题时，不作直接评判而采用迂回的方式交由消费者选择，不将技术创新行为直接认定为不正当竞争行为是一种比较合适的做法。在德国法院遇到同类案件时采用的态度也是技术问题由技术专家分析或者由技术引发的市场问题由市场解决。本文认为美国和德国两国的做法值得我国法院借鉴。

（三）坚持技术中立原则，不对新技术的应用作出法律评价

由索尼案提出的技术中立原则，在处理技术创新与不正当竞争的关系时仍有重要的意义。索尼案提出的技术中立的实质在于非实质不侵权原则，即一项具有新技术的产品的主要作用并非为了侵权生产，还有更普遍的非侵权的用途，那么这项新技术就不应被认定为侵权。技术中立应用到反不正当竞争法的领域，即如果一项技术带来的后果可能对其他经营者造成损害，这项技术研发的目的是改进互联网技术，因此不应直接将对新技术的应用定性为不正当竞争行为，而应给以技术发展的空间，法律特别是反不正当竞争法不应过分介入调节技术创新带来的发展给予市场的冲击。

上述提到的优酷视频诉金山猎豹浏览器案、遨游快进案和百度诉搜狗案说明，在网络环境下技术创新与不正当竞争的界定产

---

[1] 参见：黄武双．网络技术创新用户权益维护与不正当竞争的边界［N］．中国工商报，2014－05－06．

生冲突时，就应当坚持技术中立还是应当认定为不正当竞争存在争议。对优酷视频诉金山猎豹浏览器案，有学者指出[1]视频网站的商业模式并不属于商业惯例或者商业道德的范畴，认为浏览器开发商不构成对视频网站的不正当竞争。本文赞成该观点。正当的商业竞争也会构成一方对另一方利益的损害，这是市场经济优胜劣汰的结果。同理，遨游浏览器也不应当构成不正当竞争行为。

百度诉搜狗案中，搜狗方的技术创新值得保护，那么，搜狗利用新的输入法与搜索引擎结合的技术，将百度搜索转入搜狗搜索引擎中的做法，法律是否应介入评判呢？这种新技术带来的问题应该交由技术本身的发展来解决，如百度可以研制反制搜狗输入法的转入技术，从而通过技术的超越解决竞争对手带来的经营利益的损失。法律不介入的态度是对技术创新持宽容的态度，而法院裁决对于技术创新会带来负面的影响，而宽泛的不正当竞争行为的认定对于互联网技术的创新和竞争也会造成不利的后果。

本文的观点是技术创新应优先得到保护。尤其在互联网技术下，技术创新带来经营模式的变化，不能仅仅因为损害了一方的经营利益而被认定为不正当竞争。德国的关于屏蔽电视广告的判例可作为佐证。在该判例中，制造商推出一种仪器可以使用户规避广告，自动转入其他频道的节目，广告结束后再转回原来的频道，此种做法与猎豹浏览器案相似，但是德国法院作出了相反的判决。这种技术创新不因为会有损电视台的广告收益而被认定为不正当竞争行为，法院的理由是只要不会造成电视台生存的危机，就不会构成不正当竞争行为。

五、结论

技术创新是知识产权法鼓励并且给予保护的，但是在数字环

---

[1] 参见：黄武双．网络技术创新用户权益维护与不正当竞争的边界［N］．中国工商报，2014－05－06．

境下，由于新技术的应用会影响到网络商业竞争，进而可能导致技术创新与不正当竞争的边界不清，引发对于技术创新是应当予以保护还是作为不正当竞争予以制止的争议。本文认为应以保护技术创新为首要，对于网络不正当竞争行为的认定不应过早下结论，而应当交由技术的发展和市场处理这类行为，给予技术创新更多的空间。《反不正当竞争法》不应对网络不正当竞争行为作出规定，因为网络技术发展会使这种认定很快失去作用。法院也不应当直接根据《反不正当竞争法》第 2 条的一般条款认定技术创新行为属于不正当竞争行为。总之，技术的归技术，市场的归市场，《反不正当竞争法》不应直接介入判定技术创新行为属于网络不正当竞争行为。

知识产权法和反不正当竞争法的关系探究

——以《反不正当竞争法》第2条的解释为中心

丁文杰*

摘　要：《反不正当竞争法》第2条的解释问题，并不仅仅涉及《反不正当竞争法》一般条款的解释问题，更关系到立法（个别领域的知识产权法，如《著作权法》《专利法》等）和司法（《反不正当竞争法》第2条之解释）之间的职能分配。不受个别领域知识产权法所规范的利用行为，若能借由《反不正当竞争法》第2条的解释构成不正当竞争，这意味着法院创设了知识产权法规定之外的新的知识产“权”。对于法院而言，从大局观出发对政策作出判断绝非易事，更何况法院也无须对此承担政治责任。由此看来，在个别知识产权法中没有明文规定的情况下，法院应尽量避免对一般条款的过度适用；而当智力成果适度创出所需的激励明显不足时，则应认同法院对一般条款的例外适用。

关键词：一般条款；法官造法；激励机制；竞争行为；合法权益

---

* 作者简介：丁文杰，复旦大学法学院讲师。本文系2017年度日本文部科学省青年学者基金项目（JSPS：17K1366107）的阶段性成果。

一、问题的提出

本文主要对知识产权法和反不正当竞争法的关系进行探讨，并针对其交叉领域的问题，即在个别知识产权法中没有明文规定的情况下，是否可以适用《反不正当竞争法》第2条的一般条款，若可以适用，应在什么要件下予以适用等问题进行具体分析。

我国《反不正当竞争法》第2条第1款规定，“经营者在市场交易中，应当遵循自愿、平等、公平、诚实信用的原则，遵守公认的商业道德”，第2款则明确了“本法所称的不正当竞争，是指经营者违反本法规定，损害其他经营者的合法权益，扰乱社会经济秩序的行为”❶。《反不正当竞争法》第2条的特征在于，并不事先确定“权利”侵害的类型，而是设定了“诚信原则”“商业道德”“合法权益”等抽象的要件，将具体的判断交由法院进行自由裁量。如果按照法学与经济学中的规则（Rules）和标准（Standards）进行分类❷，《反不正当竞争法》第2条规定了抽象的要件，属于标准，需通过司法将规范进行具体化。以此条文构造为前提，如果不考虑知识产权对他人行动具有广泛制约性这一特征的话，在个别领域的知识产权法中没有明文规定存在的情况下，法院适

---

❶ 由第十二届全国人民代表大会常务委员会第三十次会议于2017年11月4日修订通过的《反不正当竞争法》第2条第1款规定：“经营者在生产经营活动中，应当遵循自愿、平等、公平、诚信的原则，遵守法律和商业道德。”第2款则规定，“本法所称的不正当竞争行为，是指经营者在生产经营活动中，违反本法规定，扰乱市场竞争秩序，损害其他经营者或者消费者的合法权益的行为。”

关于《反不正当竞争法》第2条可否作为一般条款适用，我国学界存在“法定主义说”（如：孙琬钟. 反不正当竞争法实用全书［M］. 北京：中国法律年鉴社，1993：29；种明钊. 竞争法［M］. 北京：法律出版社，2008：112.）、“一般条款说”（如：蒋舸. 反不正当竞争法一般条款的形式功能与实质功能［J］. 法商研究，2014（6）：140－148.）和“有限一般条款说”（如：孔祥俊. 反不正当竞争法的适用与完善［M］. 北京：法律出版社，1998：53－56.）三种理论。

❷ KAPLOW L. Rules Versus Standards：An Economic Analysis［J］. Duke Law Journal，1992，42（3）：557－629.

用《反不正当竞争法》第 2 条也可谓有据可依。

但是，在个别知识产权法对某种利用行为没有明文规定的情况下，也依然认同其违法性，实际上意味着，法院在知识产权法所承认的范围之外创设了新的知识产“权”。虽然将其归类于标准型规范——《反不正当竞争法》第 2 条的解释论也并非不可能；但是，这样的判断到底应该交由立法程序经民主手续实现，还是由不承担政治责任的司法来作出，该问题的解答还需要慎重的考虑和讨论。[1] 此外，从司法和立法的职能分配的角度来看，[2] 即使法院在知识产权法所承认的范围之外创设新的知识产“权”这一情况能够被认可，但就结果而言，无视知识产权所固有的内在制约和外在制约，单纯对《反不正当竞争法》第 2 条进行独立的解释，又是否妥当呢？[3] 本文将针对该核心问题进行具体分析。

二、日本的司法实践

与我国不同，由于日本的反不正当竞争法中并没有类似的一般条款，[4] 知识产权法相关的补充保护问题主要通过知识产权法和民法之间的关系予以解决。日本民法第 709 条规定，“因故意或过失侵害他人的权利或者法律所保护的利益的，应对因此而产生的损害承担赔偿责任”，将“权利或者法律所保护的利益”确定为侵

---

[1] 参见：丁文杰．知的財産権・不法行為・自由領域：日韓両国における規範的解釈の試み［J］．AIPPI，2016（5）：13.

[2] 参见：田村善之．知的財産法からみた民法 709 条：プロセス志向の解釈論の探求［J］．NBL，2010，936：54.

[3] 参见：丁文杰．知的財産権・不法行為・自由領域：日韓両国における規範的解釈の試み［J］．AIPPI，2016：6－12.

[4] 设立一般条款的优点在于，不需要特别的立法措施即可将新类型的不正当竞争行为列入其规范范围。但是相对的，因其运用方法而异，其结果也可能是，不经法院判决就难以确定什么行为是被禁止的，从而导致竞争萎缩等问题。日本在 1993 年的修订中，由于对于这些问题抱有较大的担忧，最终并未导入一般条款。参见：李明德．关于《反不正当竞争法》修订的几个问题［J］．知识产权，2017（6）：20.

权行为的保护对象。其中，“法律所保护的利益”这一表述，是在2004年民法典修订时，为了将“已经确立的判例、通说的解释等在条文的语句中未予明确的内容加入规定中”[1]，而增加到该条文中的。在这个意义上，可以说日本民法第709条已经成为标准型的规定。

（一）日本的最高裁判决

对于知识产权法中没有明文规定的利用行为，是否可以适用日本民法第709条的一般侵权行为规定予以规制，日本法院的判决中涉及这一问题的案例虽多，但最高审级阶段的判例却相对较少。其中，从大正时期的“桃中轩云右卫门大审院判决”[2]到“大学汤大审院判决”[3]，判例经历了从严格解释到相对灵活解释的转换。但是，近期的最高裁判决则是倾向于采取较为严格的解释。

1. 疾速赛马最高裁判决[4]

近年来的判例虽然并未完全否定“大学汤大审院判决”的灵活解释，但大都认为，应该限制侵权行为法对知识产权法的补充保护。涉及物的公开权（the right of publicity）的“疾速赛马最高裁判决”就是其中一例，以下对该案进行简要介绍。

该案中，被告在其制作销售的游戏软件中未经许可擅自使用了赛马的名称，赛马的所有者认为，赛马的名称中具有顾客吸引力等经济价值，而被告的行为侵害了其对于该经济价值进行独占支配的财产权（物的公开权），要求被告停止侵权，以及基于侵权行为的损害赔偿。最高裁认为，在对物的名称等与其无形的一面相关的利用行为进行判断时，应当考虑到，著作权法等与知识产

---

[1] 参见：法務省民事局参事官室．民法現代語化案補足説明［J］．NBL，2004：87.

[2] 日本早期的判例法理，尤其是大判大正3.7.4刑录20辑1360页［桃中轩云右卫门（桃中軒雲右衛門）］一案中，将“权利”的意义进行了较为狭义的解释。

[3] 大审院在大判大正14.11.28民集4卷670頁［大学汤（大学湯）］一案中，对其在桃中轩云右卫门判决中所采用的权利侵害的严格解释进行了变更。

[4] 最判平成16.2.13民集58卷2号311页［疾速赛马（ギャロップレーサー）］。

权相关的法律在保护权利的同时，也对排他性使用权的范围及界限作出了明确的规定，以使得其赋予的使用权不至过度限制国民的经济及文化活动的自由。鉴于此，虽然赛马的名称具有顾客吸引力，但是在缺乏法令等依据的前提下，承认赛马的所有者拥有排他性的使用权并不妥当。

如果对该判决进行严格解读，也可以理解为，最高裁否定了侵权行为法对知识产权法的补充保护。[1] 但是，根据本案的调查官濑户口壮夫的解说，最高裁所判决的仅仅是在本案这样的案情中，即使就所有权或物的公开权作出主张，侵权行为也无法成立。该判决并没有完全否定在其他法律构成中侵权行为成立的可能性[2]。

2. 朝鲜电影最高裁判决[3]

另一值得讨论的判例是“朝鲜电影最高裁判决”。该案的主要争议点在于，朝鲜的作品是否受日本著作权法的保护，如果不受保护的话，对于该作品的利用行为是否应构成民法上的侵权行为。

具体案情如下：在临近朝鲜战争开战日时，朝鲜的电视中播放了以强调朝鲜军人比韩国军人更强大勇敢为内容的电影《命令027号》，被告在其电视新闻节目中，未经原告许可播放了其作品的一部分内容（共计2分11秒），对此，原告根据著作权法要求被告停止侵权，并基于侵权行为要求被告进行损害赔偿。最高裁认为，由于朝鲜是未被日本承认的国家，虽然日本和北朝鲜都加入了《伯尔尼公约》，但是日本不负有保护朝鲜作品的义务。[4] 在否定了著作权法保护的基础上，对于未承认国家的作品的利用行为

---

[1] 参见：木村和成. 物のパブリシティ権侵害に基づく差止請求・損害賠償請求の可否［J］. 法律時報，2004，26（11）：90. 木村和成认为，最高裁判决完全否定了不法行为法的适用余地。

[2] 参见：濑户口壮夫. 判解［M］//最高裁判所判例解説民事篇平成16年度（上）. 法曹会，2007：118－119.

[3] 最判平成23.12.8民集65卷9号3275页［朝鲜电影（北朝鲜映画）］。

[4] 详见：丁文杰. 未承認国の著作物の保護範囲（1）：北朝鮮映画放送事件［J］. 知的財産法政策学研究，2013（41）：325－357.

和一般侵权行为之间的关系，最高裁作出了较为限定的解释：由于著作权法明确了权利范围的界限，对于不符合著作权法第6条规定的作品，如果其利用行为中并没有侵害到与知识产权法所规范的对象利益具有不同趣旨的合法权益等特殊情况，那么该行为并不构成侵权行为。

该判决与前述的“疾速赛马最高裁判决”一样，都认为，在知识产权法的保护被否定的情况下，应尽量对侵权行为法的补充保护进行限制。但是，本案明确了如果存在“特殊情况”时可以例外地肯定侵权行为的成立，而对于在何种情况下侵权行为可以成立这一问题，则是提出了“与知识产权法所规范的对象利益具有不同趣旨的合法权益”这一要件。

（二）与知识产权法所规范的对象利益具有不同趣旨的合法权益

1. 市场先发利益

“朝鲜电影最高裁判决”的调查官在其解说中指出，“本判决仅只是明确了在本案的具体情况下侵权行为并无成立之可能，而对于妨碍营业的侵权行为成立与否的范围标准，本判决并未作出指示”[1]。由此可见，最高裁把营业利益视为“与知识产权法所规范的对象利益具有不同趣旨的合法权益”的典型例子，如果营业活动中的利益因他人妨碍营业而被侵害，侵权行为仍有可能成立。

在“仿木纹墙纸”一案中[2]，被告将他人制作销售的仿木纹墙纸影印复制后，制成花纹完全相同的仿木纹墙纸并在同一竞争区域里廉价销售，对于此行为，法院肯定了侵权行为的成立。由于仿木纹墙纸的原画不能被视为纯粹美术，日本法院否定了其作品性，在此基础上论述道，“被告将原告产品的花纹丝毫未变地完全照搬制作出被告产品，并在与原告具有竞争性的区域内廉价销售

---

[1] 参见：山田真纪. 北朝鲜著作権事件 [J]. Law & Technology，2012 (56)：86.

[2] 东京高判平成3.12.17判时1418号120页［仿木纹墙纸（木目化粧紙)］。

其产品，导致原告难以维持其销售价格，被告的此类行为，已经远远脱离了交易中公正及自由竞争所能允许的范围，侵害了理应受到法律保护的原告的营业利益，构成侵权行为”，并支持了原告基于日本民法第709条的损害赔偿请求。

该判决是在日本反不正当竞争法第2条第1款第3项新设之前，对于个别知识产权法未予规范的行为，承认了一般侵权行为成立的案例。有学者认为，该判决将营业利益或经济活动的利益理解为日本民法第709条的“法律所保护的利益”，从知识产权法之外的观点出发，将侵害了该营业利益或经济活动的利益的行为视为侵权行为，并据此将利益主体所产生的损害作为赔偿对象予以了认定。[1]但是，从该案的具体案情来看，该判决真正考量的是，被告将仿木纹墙纸的花纹原样复制（Dead copy）后制作出被告产品，并在与原告具有竞争性的区域内廉价销售该产品，从而导致原告难以维持其销售价格这一系列的情况。即使该案中不存在廉价销售的情节，被告通过对原告产品原封不动地复制，节省了被告产品商品化的时间，使得原告损失了其“市场先发利益”，仅以此进行考虑，也足以将被告的行为认定为侵权行为。

当然，在并非原样复制他人商品的情况下，即使思想构思被盗用，原则上模仿仍是自由的。将单纯对思想构思的模仿与原样复制进行区别，并对原样复制的情况进行规制的原因在于，如果放任原样复制及竞争的产生，仿制者制造商品并将其投入市场的过程，即商品化所需要的时间、劳动力、费用等都会大大节约，结果，市场先发者相应地损失了其先发利益。由于当时对市场先发利益进行保护的专门立法尚未完成，为保护商品开发所需的激励机制，有必要从知识产权法之外的趣旨出发对原样复制进行规范[2]。

---

[1] 参见：潮見佳男．不法行為法Ⅰ［M］．2版．東京：信山社，2009：92-93.

[2] 参见：田村善之．知的財産法［M］．5版．東京：有斐閣，2010：30-32.

作为商品开发的激励因素，“市场先发利益”实际上已经超越了知识产权法的保护范围。为了保护“市场先发利益”，即使基于日本民法第709条的侵权行为对原样复制行为进行规制，由于该利益属于“与知识产权法所规范的对象利益具有不同趣旨的合法权益”，并不会构成对知识产权法趣旨的直接规避。值得注意的是，以“仿木纹墙纸”一案为契机，1993年的日本反不正当竞争法修订时，新增了对商品形态原样复制进行规制的第2条第1款第3项，专门对“市场先发利益”进行保护，至此，“市场先发利益”也成为了个别知识产权法所规范的对象利益。

2. 创作投资相关的利益

在“汽车数据库”一案❶中，原告投入5亿余日元开发了面向汽车修理业者的数据库，并且每年花费4000万日元对此数据库进行维护管理，对于被告大量复制该数据并在竞争地区内销售数据的行为，日本法院肯定了侵权行为的成立。法院认为，由于在汽车的选择、数据项目的选择以及数据库的体系构成方面缺乏独创性，该数据库不属于著作权法所保护的作品。但是，“企业投入费用和劳力收集整理信息后建成数据库，通过对数据库的制作销售来进行其营业活动，在此情况下，将该数据库中的数据大量复制后制作成新的数据库，并在与前者数据库具有竞争性的地区内进行销售，根据公正自由的竞争原则，此类行为通过明显不公正的手段，侵害了他人理应受到法律保护的营业活动利益，构成了侵权行为”。

原则上，著作权法并不保护在表达形式上具有唯一性的内容（《日本著作权法》第2条第1款第10项之3、第12条之2第1款）。数据库若要受到著作权法的保护，其在素材的选择及排列上应具有独创性。但是，现实中，数据库的价值主要体现在其大量

---

❶ 东京地判平成13.5.25判时1774号132页［汽车数据库（スーパーフロントマン中间判决）］。

的信息积累上，而信息的收集往往需要较大的投资，因此，开发者通常希望数据库能获得更为实质性的保护，相比之下著作权法所能提供的保护就显得鞭长莫及了。[1] 就经过大量投资所开发出来的数据库而言，如果不对他人的“搭便车”行为加以限制的话，无疑会对开发投资数据库的激励作用造成负面影响。鉴于此，考虑到数据库开发对于社会的有益性，若因为他人的擅自利用行为，导致数据库的开发不能或难以实现，在此情况下，有必要对数据库予以一定的法律保护。[2]

综上所述，从减少投资阻碍的观点来看，为确保数据库开发所需要的创作投资的激励作用，在投资回收所需要的一定期间内，即使通过侵权行为法对竞争行为进行必要的限制，但由于对创作投资的保护属于对“与著作权法所规范的利益所不同的合法权益”的保护，该限制并不会构成对著作权法趣旨的规避。

三、韩国的司法实践

现行韩国民法典第750条规定，“因故意或过失的违法行为，给他人带来损害的，应对该损害承担赔偿责任”，将加害行为的违法性作为侵权行为责任的成立要件之一予以了明确。加害行为的违法性指的是，以违法的方式侵害了他人受法律保护的利益，其中的利益即使没有以权利的形式明文规定，也可以成为侵权行为的对象。[3] 从这个意义上来说，韩国民法典第750条也属于标准型的规定。

---

[1] 参见：田村善之．著作権法概説［M］．2版．東京：有斐閣，2001：27；山根崇邦．著作権侵害が認められない場合における一般不法行為の成否［J］．知的財産法政策学研究，2007（18）：255．

[2] 参见：蘆立順美．データベースの保護［J］．著作権研究，2010（36）：79．

[3] 参见：郭潤直．民法注解債權（11）（第ⅩⅧ卷）［M］．博英社，2005：205－227；權龍雨．不法行爲論［M］．新阳社，1998：69－71；金疇洙．債權各論［M］．2版，三英社，1997：648－650；金相容．債權各論［M］．改订版．法文社，2003：661－662．

（一）韩国的大法院判决

对于知识产权法中没有明文规定的利用行为，是否可以适用民法中的一般侵权行为规定予以规制，日韩两国的判例对此问题采取了不同的态度。日本的最高裁判决无一例外地对此予以了否认；与此相对，韩国的大法院判决则是积极地承认了侵权行为的成立。[1]

1. 网络广告大法院判决

在大法院判决中，涉及拦截他人网络广告是否构成侵权行为这一问题的“网络广告大法院判决”[2] 就是极具代表性意义的判例。

该案中的原告是运营韩国最大网络搜索门户网站“世联”（Naver）的公司，通过招揽广告主在其门户网站投放条幅广告、提供按优先顺序呈现搜索结果的服务等方法获得广告收入。被告则是开发了一个可以使用户在访问原告门户网站时电脑上直接显示被告所提供广告的程序，并通过被告运营的网站发布了该程序。原告将被告诉至法院，要求被告停止该广告程序的销售及发布。与采用了限定解释的日本最高裁判决不同，韩国大法院认为，“为了自身的经营，违反商业道德及公平竞争的秩序，未经授权擅自将竞争者投入了大量劳力与投资构筑出的成果予以利用，坐享竞争者劳力及投资之益，不当获利且侵害了竞争者受法律保护的利益，此行为视为不正当的竞争行为，属于民法上的侵权行为”。在

---

[1] 韩国的地方法院中也有对不法行为予以承认的案例，例如，首尔中央地方法院2007.6.21宣告2007가합16095判决［整形外科主页（성형외과홈페이지）］一案中，法院认定，整理外科主页上登载的患者照片及咨询内容不属于著作权法所保护的作品，但是，未经授权使用这些内容的行为应属不法行为。又如，首尔高等法院2012.11.29宣告2012나31842判决［都罗山站壁画（도라산역벽화）］一案中，对于“艺术创作者的人格利益”这一著作人身权范围之外的作者人格利益，法院认同了其基于不法行为法的保护。

[2] 大法院2010.8.25자2008마1541决定[网络广告（인터넷광고）]。

此基础上，大法院判定，被告向用户提供网络广告程序，使得安装了该程序的用户在访问原告运营的门户网站时，网站画面上显示被告替换插入的广告，被告的行为不仅是对原告门户网站的信誉及顾客吸引力的擅自利用，而且妨碍了原告的正常营业，是将原告理应获得的广告营业利益擅自盗取的不正当竞争行为，从而构成民法上的侵权行为。

换言之，大法院认为，在妨碍他人的营业从而侵害了其“广告营业利益”的情况下，侵权行为是有可能成立的。在韩国，有学者认为应从用户的广告选择自由角度进行考虑，认定被告营业行为的正当性。[1] 但是，该判决关注的焦点并不在于被告对顾客吸引力的“搭便车”行为或者用户拥有的广告选择自由等方面的问题，实际上，对门户网站等服务提供商的广告机制的保护才是该案的决定性因素。

百度（Baidu）、雅虎（Yahoo）、谷歌（Google）及世联（Naver）等服务提供商主要通过广告收入的形式进行投资回收，并在此基础上花费大量费用构建起其门户网站，如果容许被告对原告门户网站的信誉及顾客吸引力“搭便车”，将原告的条幅广告拦截替换为被告广告并发布等行为，这无疑将会对门户网站的运营动力及激励造成过度的损害。由于与门户网站构建所必需的激励因素密切相关的“广告营业利益”并不属于著作权法所保护的对象利益，考虑到门户网站免费向用户提供搜索、新闻、在线词典、邮件等各种服务于社会而言是有益的，以此价值判断为前提，应当认定被告的上述行为构成了对门户网站广告活动的妨害，并据此肯定其构成侵权行为。

综上所述，从确保门户网站构建所必要的激励因素这一观点来看，将被告的行为评价为侵权行为的大法院判决是正确的。

---

[1] 参见：林相珉．지적재산법상보호되지아니하는지적성과물에대한무단이용과일반불법행위의성부[J]. 저스티스，2012（132）：163.

2. 凯蒂猫大法院判决

另一值得讨论的判例则是“凯蒂猫大法院判决”[1]。该案在否定了知识产权法保护的情况下，对于坐享他人商品化事业之利的“搭便车”行为，积极认定了韩国侵权行为的成立。

该案被告鉴于《冬季恋歌》《黄真伊》《朱蒙》《大长今》等韩剧所拥有的高人气，将凯蒂猫换上各韩剧主角的服装，制作出能让人联想到韩剧情景的角色商品，并面向外国游客为主的消费者进行销售。原告以被告侵犯了其商标权及著作权、被告行为构成不正当竞争行为及民法上的侵权行为为理由，将被告诉至法院并请求损害赔偿。韩国大法院驳回了原告关于商标权侵权、著作权侵权以及不正当竞争行为的诉讼请求，但是对于侵权行为是否成立，韩国大法院论述道，“为了自身的经营，违反商业道德及公平竞争的秩序，未经授权擅自将竞争者投入了大量劳力与投资构筑出的成果予以利用，坐享竞争者劳力及投资之益，不当获利且侵害了竞争者受法律保护的利益，此行为视为不正当的竞争行为，属于民法上的侵权行为”。在此基础上韩国大法院判定，被告在将韩剧内容进行商品化这一事业领域中与原告存有竞争关系，被告的行为是对原告大量劳力和投资的“搭便车”行为，侵害了原告受法律保护的商品化活动的营业利益，据此，韩国大法院支持了原告基于韩国民法典第750条的损害赔偿请求。

简言之，韩国大法院的判决表明，由于他人妨碍营业的行为导致“商品化活动的营业利益”受到侵害时，可以就该营业妨碍成立侵权行为。那么，韩国大法院又是基于何种理由承认对“商品化活动的营业利益”的法律保护呢？

如果依照前述判例的理由进行分析，电视台在大量劳力及投资的基础上制作出《冬季恋歌》《黄真伊》《朱蒙》《大长今》等电视剧，依据各剧的名气及顾客吸引力，将电视剧相关商品化的权

---

[1] 大法院2012.3.29宣告다20044判决[凯蒂猫（헬로우키티）]。

限授权给他人，并获得回报。如果允许被告对电视剧角色商品化活动的“搭便车”行为，其结果将对韩剧制作的激励因素造成损害。而且，与前述“网络广告大法院判决”一案类似，由于对韩剧制作起到激励作用的“商品化活动的营业利益”并不属于知识产权法所保护的对象利益，肯定韩国民法典第750条侵权行为的成立并无不妥。

的确，近年来角色的重要性日愈见长，使用了高人气角色的商品销售额增长更是明显。此外，动漫制作中，也大多会以角色的商品化作为前提进行企划制作。但是，与本身围绕着角色商品化活动而展开的动漫制作不同，就韩剧而言，肯定对其“商品化活动的营业利益”的法律保护，究竟能给电视剧制作带来怎样的激励，韩国大法院判决对此并没有明确说明。其理由在于，韩剧制作确实需要投入大量费用、时间和劳力，对于韩剧制作者来说，其主要通过有线电视播放中的广告收入、电视剧授权费等方式回收投资，而角色商品化活动的收益可能只占据了其中的一小部分。[1] 如果认同此案件事实，即使否定对角色“商品化活动的营业利益”的法律保护，电视剧制作者仍可获得广告收入及电视剧授权费，可以说，其制作电视剧所必需的激励仍是充分存在的。换言之，该案是否符合“有必要对‘搭便车’行为予以禁止以确保对成果开发的激励”的情况，法院应当就包括韩剧制作及商品化活动之间的因果关系等问题作出更为具体的判断。若对此问题不予明确，应认定其对电视剧角色商品化活动的“搭便车”行为在原则上是自由的。由此看来，虽然法院承认了被告侵权行为的成立，但其判决理由缺乏说服力。

综上，从确保制作韩剧所必需的激励因素这一观点来看，“凯

---

❶ 该案中，原告要求被告就其商品销售利益的159332906韩币及1122576935韩币进行损害赔偿，法院实际判决的金额合计仅为30000000韩币，对于各剧的收益规模及角色商品化活动的收益规模，法院并未作出说明。

蒂猫大法院判决”将被告以服装、配件、背景等对凯蒂猫进行装饰，制作出能让人联想到韩剧情景的商品并予以销售的行为认定为不正当的竞争行为，并肯定了侵权行为的成立，该判决多少有些牵强之处，略显不妥。

（二）反不正当竞争法一般条款的导入

以上述“网络广告大法院判决”及“凯蒂猫大法院判决”为契机，韩国在 2013 年的反不正当竞争法修订中增设了一般条款，即第 2 条第 1 款第 10 项规定，“为了自身的经营目的，以违反公正的商业交易习惯或竞争秩序的方式，未经授权擅自使用他人投入了大量劳力与投资作成的成果，侵害了他人经济利益”的行为属于“不正当竞争行为”。该条款的修订改变了对不正当竞争行为的成立采取限定列举主义的立场，此后，适用一般条款对不公正的竞争行为进行概括性规制成为可能。

1. 采用限定解释的案例

对于修订后的韩国反不正当竞争法第 2 条第 1 款第 10 项的适用范围，有的案例采用限定解释，认为对于没有满足个别知识产权法要件的利用行为，若无特殊情况，不应适用反不正当竞争法的一般条款。[1] 以下以“耐克”一案为例进行简要说明。

该案中主要的争议点在于，原告销售的运动鞋形状的保护期过期后，被告对该商品形状的模仿是否构成反不正当竞争法中商品形状模仿行为及一般的不正当竞争行为。法院在斟酌了韩国反不正当竞争法一般条款（第 2 条第 1 款第 10 项）的立法目的、同法第 2 条第 1 款的规定体系以及该条款增设以前的案例对上述法理非常限制地进行适用的情况，同时考虑到外观设计法及反不正当竞争法为达成其立法目的，仅在必要的范围内对外观设计予以保护、对不正当竞争行为予以禁止，在此范围之外的领域则是原则

❶ 首尔中央地方法院 2014. 8. 28 宣告 2013 가합 552431 判决［桃子（모모코）］；首尔中央地方法院 2015. 6. 10 宣告 2013 가합 558587 判决［耐克（나이키）］等。

性地认可对外观设计的自由利用及自由竞争的情况后，法院对该条款的规范对象，即符合其适用范围的行为类型作出了解释，即该行为应为在过去的知识产权相关制度内未能预想到、而既存法律也无法预测到的类型的行为，并且，该行为应类似于过去的反不正当竞争法所规范的不正当竞争行为（韩国反不正当竞争法第2条第1款第1～9项）。据此，法院认为，被告在原告商品运动鞋形状的3年保护期过期后，模仿制作并销售运动鞋的行为并不构成不正当竞争行为。

韩国反不正当竞争法第2条第1款第9项中将商品形状的保护期间设定为3年的目的在于，一方面，从与外观设计法的关系上考虑，并不能通过缓和要件获得较长时间的保护；另一方面，即使仅在较短期间内提供保护，也已足够就外观设计开发的投资费用进行回收并充分获取市场先发利益。鉴于韩国的反不正当竞争法中已专门就商品形状的原样复制行为作出了规定，市场先发利益也属于个别知识产权法所规范的对象利益，如果适用一般条款对保护期过期后的模仿行为进行规范，那原样模仿的个别条款的存在意义就产生了问题。从这个意义上来说，上述判决否定了不正当竞争行为的成立，其判断是妥当的。

2. 采用灵活解释的案例

也有案例认为，修订后的韩国反不正当竞争法第2条第1款第10项的适用范围应予以灵活解释，对于没有满足个别知识产权法要件的使用行为，可以适用一般条款肯定不正当竞争行为的成立[1]。例如，“蜂巢冰淇淋”一案中，法院认定，对于商业外观（Trade Dress）的“搭便车”行为属于不正当竞争行为。

该案中，原告经营甜品店，并销售装饰有自然状态蜂巢的冰

[1] 首尔中央地方法院 2014.11.27 宣告 2014 가합 52471 判决［蜂巢冰淇淋(SOFTREE)］；首尔中央地方法院 2015.1.29 宣告 2014 가합 552520 判决［爱马仕(Hermes)］；首尔地方法院 2015.7.10 宣告 2014 가합 529490 判决［红豆小面包(단팥빵户)］等。

淇淋，被告则是以直营或者加盟的形式经营着与原告有着类似室内装潢的甜品店，原告以被告店铺的室内装潢违反了反不正当竞争法一般条款的规定为理由，将被告诉至法院，要求被告停止侵权。法院认为，韩国法律中虽然没有特别规定对商业外观的保护，但是综合考虑在反不正当竞争法中导入一般条款的目的及商业外观的意义，即使组成店铺外观的个别要素不受知识产权相关法律的保护，但当各个要素结合为整体时则可以将其视为商业外观予以保护。被告对原告店铺的构成要素进行模仿，将商号名称、标志等进行部分改变，给消费者带来与原告店铺同一或类似店铺的印象。被告为了自身的经营，未经授权擅自利用了原告的顾客吸引力，其行为是对原告大量劳力及投资的“搭便车”行为，属于一般条款所规范的不正当竞争行为。

当然，根据一般条款规定，对于个别知识产权法规范对象之外的利用行为，肯定其不正当竞争行为的成立，同时也意味着对他人行为自由及经济活动自由的限制。如果仅仅因为顾客吸引力的“搭便车”行为，就对他人的行为自由予以广泛的限制，这样的限制是缺乏正当性的。在此情况下，应从激励的观点对他人自由限制的正当化理由进行考虑，即为确保对社会所必需的成果开发的激励因素，有必要对“搭便车”行为予以一定的规制。❶ 上述判决并没有从激励的观点考虑案情，而是简单地以被告搭了原告商业外观的顾客吸引力的便车为理由，认定被告行为违反了《不正当竞争法》，其判断仍有存疑之处。

四、我国的司法实践

在我国的司法实践中，对于知识产权法中尚未明文规定的新型竞争行为，通常适用《反不正当竞争法》第 2 条进行规制，而非适用《侵权责任法》中的一般规定。

---

❶ 参见：田村善之. 知的財産法［M］. 2 版. 東京：有斐閣，2010：7－9.

（一）最高人民法院判决

1. 海带配额案[1]

最高人民法院在山东省食品进出口公司等诉青岛圣克达诚贸易有限公司一案（以下简称“海带配额案”）中，以再审裁定的形式确立了《反不正当竞争法》第 2 条一般条款的地位，并明确了独立适用第 2 条的严格条件。[2]

该案中，被告马达庆在离职前出资设立新公司，离职后利用其在原单位多年积累的知识技能与工作经验，帮助新公司获取本属于原单位的对日出口海带配额，但并未违反竞业禁止义务也未侵犯商业秘密，双方就被告的行为是否构成不正当竞争行为产生了争议。最高人民法院认为，“适用反不正当竞争法第 2 条第 1 款和第 2 款认定构成不正当竞争应当同时具备以下条件：一是法律对该种竞争行为未作出特别规定；二是其他经营者的合法权益确因该竞争行为而受到了实际损害；三是该种竞争行为因确属违反诚实信用原则和公认的商业道德而具有不正当性或者说可责性，这也是问题的关键和判断的重点。一、二审法院的有关论述，虽不尽全面，但基本正确。”职工在工作中掌握和积累的知识、经验和技能，除属于单位的商业秘密的情形外，构成其人格的组成部分，职工离职后有自主利用的自由；在既没有违反竞业限制义务，又没有侵犯商业秘密的情况下，劳动者运用自己在原用人单位学习的知识、经验与技能为其他与原单位存在竞争关系的单位服务的，不宜简单地以《反不正当竞争法》第 2 条的原则规定认定构成不正当竞争。

此案中，最高人民法院确立了独立适用《反不正当竞争法》第 2 条的三个具体条件：第一，法律对该种竞争行为未作出特别规定；第二，其他经营者的合法权益确因该竞争行为而受到了实

---

[1] 最高人民法院（2009）民申字第 1065 号民事裁定书。

[2] 吴峻. 反不正当竞争法一般条款的司法适用模式 [J]. 法学研究，2016（2）：139.

际损害；第三，该种竞争行为因确属违反诚实信用原则和公认的商业道德而具有不正当性或者说可责性。具体而言，在知识产权法中没有明文规定的情况下，适用《反不正当竞争法》第2条的一般条款进行规制的前提是，竞争者通过其“竞争行为”侵害了经营者的“合法权益”。此处的问题在于，对于何种“合法权益”的侵害行为，可以被认定为违反了“诚实信用原则”及“公认商业道德”的“不正当竞争”。竞争行为必然性地会给他人的经营带来一定的不利影响，而凭借“诚实信用原则”及“公认商业道德”的抽象要件，实际上很难确定什么类型的行为应属于“不正当竞争”。例如，在具有竞争性的公司新开业的影响下，其他公司产生了经营困难，但公司新开业的行为本身并不会因此成为“不正当竞争”。鉴于此，在考虑何种“合法权益”被侵害时，相关的侵权行为应当被视为“不正当竞争”予以规范这一问题时，有必要跳出“诚实信用原则”及“公认商业道德”的循环论法，寻找更为具体的论据。[1]

2. 扣扣保镖案[2]

最高人民法院在腾讯科技（深圳）有限公司等诉北京奇虎科技有限公司等一案（以下简称“百度插标案”）中，独立适用《反不正当竞争法》第2条认定被告屏蔽QQ软件广告的行为构成不正当竞争。

在该案中，被告以对原告QQ软件的安全升级为名提示用户下载扣扣保镖，下载之后扣扣保镖即对原告QQ软件进行自动扫描并显示系统安全系数很低甚至为零，当用户按照扣扣保镖的提示进行相关的操作，将会导致原告QQ软件的功能键全部或者部

---

[1] 例如，可以在确认是否存在以下具体情况后，再对争议行为是否构成不正当竞争行为进行判断：不法占据公司工厂并妨害其经营的行为（营业自由及所有权的侵害）、信用损毁行为（不当地刺激需求）、以垄断地区市场为目的的折价销售的行为（减少竞争）、商业秘密的不当使用行为（盗用成果）、违反竞业禁止义务开业的行为等。

[2] 最高人民法院（2013）民三终字第5号民事判决书。

分无法使用，双方就被告行为是否使原告丧失增值业务的交易机会和广告收入从而构成不正当竞争行为产生了争议。最高人民法院认为，“被上诉人为谋取市场利益，通过开发 QQ 软件，以该软件为核心搭建一个综合性互联网业务平台，并提供免费的即时通信服务，吸引相关消费者体验、使用其增值业务，同时亦以该平台为媒介吸引相关广告商投放广告，以此创造商业机会并取得相关广告收入。”“上诉人专门针对 QQ 软件开发、经营扣扣保镖，以帮助、诱导等方式破坏 QQ 软件及其服务的安全性、完整性，减少了被上诉人的经济收益和增值服务交易机会，干扰了被上诉人的正当经营活动，损害了被上诉人的合法权益，违反了诚实信用原则和公认的商业道德，一审判决认定其构成不正当竞争行为并无不当。”

对于扣扣保镖案，有学者认为，“最高人民法院在终审判决中突破了其通过海带配额案所确立的第 2 条独立适用的三条件，并没有认定是否存在现有权益的损害，而是通过第 2 条创设了‘正当商业模式’这一权益，然后基于该权益被侵害而认定行为之不当”[1]。但是，与韩国的“网络广告大法院判决”类似，实际上，该案的判决重心在于对服务提供商的广告机制的保护。即原告通过开发 QQ 软件，以该软件为核心搭建一个综合性互联网业务平台，并提供免费的即时通信服务。同时，原告主要通过“增值业务的交易机会”和“广告收入”的途径回收巨额投入资本。原被告之间存在着竞争关系，如果允许被告对原告的信誉及顾客吸引力“搭便车”，将原告软件的部分功能屏蔽等行为，这无疑将会对提供免费即时通信服务的激励因素造成过度的损害。而且，对综合性互联网业务平台的构建起到激励作用的“广告营业利益”并不属于知识产权法所保护的对象利益。考虑到原告 QQ 软件所提

---

[1] 参见：吴峻．反不正当竞争法一般条款的司法适用模式［J］．法学研究，2016（2）：141.

供的免费即时通信服务符合消费者需求及社会利益，以此价值判断为前提，应当认定被告的上述行为妨害了面向免费通信服务用户进行的广告活动，构成了违反“诚实信用原则”及“公认商业道德”的不正当竞争行为。

3. 百度插标案[1]

北京市高级人民法院和最高人民法院在北京百度网讯科技有限公司等诉北京奇虎科技有限公司一案（以下简称“百度插标案”）中基于《反不正当竞争法》第 2 条确立了“非公益必要不干扰原则”。

该案中，被告在其网址导航网站网页上嵌入百度搜索框，改变了百度网在其搜索框上向用户提供的下拉提示词，引导用户访问本不在相关关键字搜索结果中靠前位置的，甚至与用户搜索目的完全不同的被告公司经营的影视、游戏等页面，已获得更多的用户访问量，并且在网络用户仅设置搜索方向、并未输入相关关键词的时候也进入奇虎公司的相关网页，双方就被告的插标行为和修改搜索框提示词的行为是否构成不正当竞争行为产生了争议。首先，最高人民法院对北京市高级人民法院所确立的“非公益必要不干扰原则”进行了阐述：“网络服务提供者在特定情况下可以不经网络用户知情并主动选择以及其他互联网产品和服务提供者同意，干扰他人互联网产品或服务的运行，但必须限于保护网络用户等社会公共利益的需要，并且应当确保干扰手段的必要性和合理性，即‘非公益必要不干扰原则’。”其次，关于被告在百度搜索引擎部分搜索结果中添加警示图标的行为，被告“并未证明该行为的必要性和合理性，不能因为该行为具有一定的公益性而反推‘不允许该行为就有害于公共利益’的结论”。最后，关于在网址导航站的百度搜索框中设置直接指向被告相关网页内容的下

[1] 北京市高级人民法院（2013）高民终字第 2352 号民事判决书、最高人民法院（2014）民申字第 873 号民事裁定书。

拉提示词等行为，被告的行为“干扰了百度网站正常的搜索服务以及用户对百度搜索结果的正常使用，有可能引导用户访问与其搜索目的无关的网站，而且该行为不出于任何公共利益的需要，仅仅是为奇虎公司网站获取更多用户访问量的手段，超出了正当的商业竞争的限度”。因此，被告的行为构成不正当竞争。

在百度插标案中，北京市高级人民法院所提出的“非公益必要不干扰原则”，对于确立《反不正当竞争法》一般条款的适用模式是一次有意义的尝试。但是，该原则缺乏适用第 2 条所必要的逻辑前提，即法院并没有深入论述被告的插标行为和修改搜索提示词行为损害了原告的何种“合法权益”❶。如前所述，百度（Baidu）、雅虎（Yahoo）、谷歌（Google）及世联（Naver）等服务提供商主要通过广告收入的形式对其投下的巨额资金进行回收，并在此基础上花费大量费用构建起其门户网站。如此一来，除非其“广告营业利益”因竞争者的不正当竞争行为受到侵害，构建门户网站所必需的激励可以说是充分存在的。因此，对于被告的竞争行为是否违反了“诚实信用原则”及“公认商业道德”并构成“不正当竞争行为”这一问题，应当在充分考虑“对构建门户网站起到必要激励作用的广告营业利益”及被告的“插标行为和修改搜索提示词行为”之间的因果关系后，再作出具体判断。在此问题未被明确之前，认定被告行为构成不正当竞争的法院判决缺乏说服力。

（二）“合法权益”的解释

如前所述，当知识产权法没有作出明文规定时，适用《反不正当竞争法》第 2 条的前提是竞争者通过其“竞争行为”侵害了经营者的“合法权益”。对于该条款中“合法权益”的理解，笔者认为，其内容与《侵权责任法》第 2 条第 1 款所指的“合法权益”

---

❶ 参见：吴峻．反不正当竞争法一般条款的司法适用模式［J］．法学研究，2016(2)：149.

有所不同[1]，此处的“合法权益”应结合知识产权法的制度宗旨进行理解。换言之，《反不正当竞争法》第2条中的“合法权益”应解释为“与知识产权法所规范的对象利益具有不同趣旨的合法权益”。

针对“与知识产权法所规范的对象利益具有不同趣旨的合法权益”这一要件的意义，“朝鲜电影最高裁判决”的调查官作了如下说明。即，“决定何种行为可以构成特别法中的侵权行为时，需要在特别法的规范对象的范围内，就具有利害关系的当事人的权利及利益、公共的利益等进行考虑后，再判断哪些行为类型可以构成侵权行为。在这个过程中，侵权行为的类型被最终选择及决定，并不存在规范的欠缺，因此，通过选择矛盾的一般侵权行为法进行补充保护，原则上是不应被认可的。若存在其他方面的法益，乃至产生了预想之外的事态且确实存在规范的欠缺时，可以例外地承认一般侵权行为法的补充保护”[2]。

诚然，个别知识产权法为了保护特定的法益，以民主的方式决定了何种行为应属于违法行为，而如果出于保护同样法益的目的，将知识产权法没有规范的行为也认定为违法行为，这显然超出了法院的职权范围。鉴于此，现行知识产权法中没有明文规定的情况下，原则上法院应该尊重个别知识产权法的立法决定，并尽量避免对《反不正当竞争法》一般条款的过度适用。但是，如果问题的竞争行为可以基于现存的知识产权法之外的目的进行规范，而且法律对该行为是否构成不正当竞争也未作出民主决定，那么对于该竞争行为，则没有必要过于限制法院在此问题上的自由裁量权，可以例外地肯定不正当竞争的成立。

---

[1] 我国《侵权责任法》第2条第1款规定：侵害民事权益，应当依照本法承担侵权责任。

[2] 山田真纪．北朝鲜著作権事件［J］．Law & Technology，2012（56）：86．与此相关的潮见佳男教授的论述，参见：潮見佳男．不法行為法Ⅰ［M］．2版．東京：信山社，2009：91－94．

五、知识产权与不正当竞争

在探究个别知识产权法中没有明文规定的情况下，是否可以适用反不正当竞争法一般条款这一问题时，有必要探讨知识产权该种权利被认可的理论依据。

（一）知识产权法的制度宗旨

1. 知识产权的本质特征

知识产权区别于所有权的本质特征是其权利客体的非物质性[1]，而权利客体的非物质性主要体现在如下两个方面：

首先，知识产权客体的非物质性表现为消费的非竞争性（non-rivalous）。[2] 权利客体具有非竞争性是指只要不存在排他性权利，多数人可以在不同地点同时进行消费。也就是说，如果知识产权客体不被赋予法律保护，则该客体即可作为公有财产被任何人自由利用。这就意味着，知识产权的本质是通过法律对自由人的行为模式从物理上进行人为制约的一种特权（privilege）。[3]

其次，知识产权客体的非物质性表现为界限的模糊性（ambiguity）。[4] 所有权以对特定有体物实施物理性接触的利用行为作为其权利内容，因此，所有权对他人行为进行广泛制约的情形会受到限制，该权利也不会无限扩大。但是，知识产权则因其客体界限的不明确性，针对权利扩大的问题，通过物理上的禁止无法达到相应效果。其结果是，知识产权在权利的设定方式上没有限定，

---

[1] 参见：吴汉东．关于知识产权本体、主体与客体的重新认识：以财产所有权为比较研究对象［J］．法学评论，2000（5）：3-13.

[2] 参见：山根崇邦．知的財産権の正当化根拠論の現代的意義（1）［J］．知的財産法政策学研究，2010（28）：214；野口悠纪夫．情報の経済理論［M］．东洋经济新报社，1974：40-65.

[3] 参见：田村善之．知的財産法政策学の試み［J］．知的財産法政策学研究，2008（20）：3.

[4] DRAHOS P. A Philosophy of Intellectual Property［M］. Farnham：Ashgate Publishing Limited，1996：155-156.

能够人为创设广泛制约他人行为的权利。[1] 而且，由于能在国际范围内对他人的行为进行制约，知识产权具有超越国界无限制扩大的可能性。[2]

2. 知识产权的内在制约

为何国家将具有公有财产性质的智力成果作为私有财产进行保护，设定权利对人的自由利用行为进行制约，并人为制造稀有状态？对于知识产权为何会被认可，即知识产权的正当性，存在两种理论。一种是着眼于个人权利的自然权论，另一种是着眼于通过赋予权利给全体社会带来利益的激励理论。前一种理论认为，人对于自己创作的智力成果当然地享有权利；而后一种理论则认为知识产权是为了对发明或作品的创作普及进行适当激励，并在一定程度上防止“搭便车”行为而设定的政策性权利。[3] 笔者认为，从与“公共利益”要件的关系来考虑的话，应该采用后者的激励理论。[4]

以著作权法为例，我国的《著作权法》第 1 条规定：“为保护文学、艺术和科学作品作者的著作权，以及与著作权有关的权益，鼓励有益于社会主义精神文明、物质文明建设的作品的创作和传播，促进社会主义文化和科学事业的发展与繁荣，根据宪法制定本法。”[5] 即基于促进文化、科学事业的发展与繁荣的立法目的，以及为了调整权利人与利用者的平衡关系，国家制定了著作权法

---

[1] 参见：山根崇邦. 情報の不法行為を通じた保護［M］//吉田克己，片山直也. 財の多様化と民法学. 商事法务，2014：359－361.

[2] 参见：田村善之. 未保護の知的創作物という発想の陥穽について［J］. 著作権研究，2010（36）：5.

[3] 参见：森村进. 財産権の理論［M］. 東京：弘文堂，1995：168－171.

[4] 参见：丁文杰. 知的財産権・不法行為・自由領域：日韓両国における規範的解釈の試み［J］. AIPPI，2016（5）：7.

[5] 我国《宪法》第 47 条规定：“中华人民共和国公民有进行科学研究、文学艺术创作和其他文化活动的自由。国家对于从事教育、科学、技术、文学、艺术和其他文化事业的公民的有益于人民的创造性工作，给以鼓励和帮助。”

并将其作为社会生活中的一种规则。确立著作权法的相关规则，不仅有利于“文化”及“科学事业”等社会全体利益的发展，也赋予了人们可享受公共幸福的机会。从这一角度出发，著作权是为了让我国公民享受科学文化事业的发展成果（即公共幸福）而采取的政策性权利。此种权利并不是为了保障个人自律的人权，而应该理解为在符合“公共利益”的限度内受到保护的政策性权利。

所以，在考虑知识产权法的制度宗旨时，有必要注意知识产权的内在制约，即法院等国家机关对知识产权相关权利人与利用者的均衡关系进行调整时，该调整行为是否符合“公共利益”这一要件。

3. 知识产权的外在制约

即使在法院等国家机关的行为符合“公共利益”这一要件的情况下，知识产权仍可能存在自由领域的确保问题、政策形成过程中的偏向问题、技术判断的适格问题、政治责任问题等外在制约。

首先，知识产权是对自由人的行为模式从物理上进行人为制约的排他权，故对他人行为自由进行制约的程度较高。[1] 因此，有必要采取一定措施以防止知识产权对他人行为自由的过度干涉。在此种情况下，在就何种限度内权利人的利益应予优先、何种限度内应确保利用者行为自由的问题进行讨论时，应当在给予创作者激励与确保他人行为自由这两种价值之间寻找平衡点。[2]

其次，知识产权即便是达成了民主的决定，这也并不意味着其全部都已正当化。因为在知识产权法的立法过程中，相比起普遍广泛但难于组织化的多数人利益，集中且易于被组织化的少数

---

❶ 参见：丁文杰. 知的財産権・不法行為・自由領域：日韓両国における規範的解釈の試み［J］. AIPPI，2016（5）：9.

❷ 参见：田村善之. 市場・自由・知的財産［M］. 東京：有斐阁，2003：110－124.

人利益更容易被反映出来，这就是其局限性所在。❶ 当然，集中于少数人的利益如果十分庞大，其总量大于广泛普遍的多数人利益的总量时，从“公共利益”的观点来看对其进行保护可以说是具有正当性的。但是，从社会全体角度来看，集中于少数人的利益通常并非如此庞大，况且，即使扩散于多数人的利益总量更大，在政策形成的过程中往往存在优先少数派利益的倾向。在此情况下，“公共利益”有所偏离，知识产权的正当化理由不能从“公共利益”的观点上得到支持❷。

（二）司法和立法的职能分配

以知识产权的内在制约和外在制约为前提来考虑的话，《反不正当竞争法》第 2 条的解释问题就不再单纯是反不正当竞争法范围内一般条款的解释问题了。在个别知识产权法对某种利用行为没有明文规定的情况下，也依然适用反不正当竞争法的一般条款来判定构成不正当竞争，意味着法院创设了目前知识产权法并不认同的新的知识产“权”。虽然将其归类于标准型规范的解释论也并非不可能，但是，这样的判断到底应该交由立法程序经民主手续实现，还是由不承担政治责任的司法来作出，该问题的解答还需要慎重地考虑和讨论。

1. 二元解释论的导入

日本的田村善之教授认为，关于个别知识产权法和日本民法第 709 条的关系，应该从立法和司法的职能分配的角度去理解，“对于容易组织化的群体，即使其利益保护存在不足，迟早也会通过政策形成的途径被纳入保护范围。因此，考虑到技术判断的适格问题和政治责任问题，对于知识产权的权利创设，原则上理应委任给立法或是以放任自由的形式交给市场来解决，而对于以司

❶ 参见：田村善之. 知的財産法［M］. 5 版. 東京：有斐閣，2010：10.

❷ 参见：丁文杰. 知的財産権・不法行為・自由領域：日韓両国における規範的解釈の試み［J］. AIPPI，2016（5）：11.

法途径创设权利这一问题应谨慎对待”。但是，“也存在例外的情况，即若对于某种‘搭便车’行为放置不管，将会明显影响激励，进而使得成果开发的投资减少时，并且法院能够很明确地对社会所需的成果供给存在不足的事实作出判断的情况下，则应该允许司法的介入”。❶

也就是说，个别知识产权法中没有明文规定的情况下，法院应尽量避免对一般条款的过度适用，其理由归根结底还是受限于自由领域的确保、政策形成过程中的利益偏向问题、技术判断的适格问题以及政治责任问题等知识产权的外在制约。但是，如果将某种“搭便车”行为放置不管，将会明显影响激励，进而使得成果开发的投资减少时，并且法院能够很明确地对社会所需的成果供给存在不足的事实作出判断的情况下，则应该允许司法的介入，而这一价值判断应以符合“公共利益”为前提，其受限于知识产权的内在制约。

2. 不正当竞争行为的“类型化”

我国有学者认为，以激励理论为基础，可以进一步将《反不正当竞争法》第 2 条适用范围内的不正当竞争行为进行“类型化”。即“通过将不正当竞争行为的个案进行整理归类，确立不同的案件类型，并为每一个类型设立构成要件和法律后果，以此为新案件的裁判提供指引，从而最大限度地保证反不正当竞争法一般条款具体化的客观性和正确性”。❷

但是，从司法和立法职能分配的观点来看，不正当竞争行为

---

❶ 参见：田村善之．知的財産権と不法行為：プロセス志向の知的財産法政策学の一様相［M］//田村善之．新世代知的財産法政策学の創生．東京：有斐閣，2008：42－43．

❷ 卢纯昕．反不正当竞争法一般条款在知识产权保护中的适用定位［J］．知识产权，2017（7）：59．另参见：朴成浩．지적재산법의비침해행위와일반불법행위：불법행위법리에의한지적재산법의보완문제를중심으로[J]．정보법학T，2011，15（1）：225－226．

的“类型化”任务是否应当交给司法，这一问题还值得商榷。其理由在于，虽然法院能够在个案中将激励机制的保护作为判断是否构成不正当竞争的依据，但考虑到法院在个案当中从大局观出发对政策作出判断绝非易事，并且法官也不会直接参与知识产权法的立法过程，因此，将不正当竞争行为“类型化”的具体工作交给立法或学者来完成应更为妥当[1]。与此同时，在法院不难判断若不规制某种“搭便车”行为，将会明显影响成果开发所需激励的情况下，并不需要等待立法的决定，而应当期待法院的快速对应。而此类案例的积累，将会为以后的立法过程提供重要的参考资料。

六、结语

《反不正当竞争法》第 2 条的解释问题，并不仅仅涉及反不正当竞争法一般条款的解释问题，更关系到立法（个别领域的知识产权法，如著作权法专利法等）和司法（《反不正当竞争法》第 2 条之解释）之间的职能分配。并且，从司法和立法的职能分配的角度来看，即使法院在知识产权法所承认的范围之外创设新的知识产“权”这一情况能够被认可，就结果而言，仍需考虑知识产权所固有的内在制约和外在制约。在个别知识产权法中没有明文规定的情况下，法院应尽量避免对一般条款的过度适用。但是，如果将某种“搭便车”行为放置不管，将会明显影响激励，进而使得成果开发的投资减少时，并且法院能够很明确地对社会所需的成果供给存在不足的事实作出判断的情况下，则应该允许司法的介入。而这一价值判断应以符合“公共利益”为前提，其受限于知识产权的内在制约。

---

[1] 参见：丁文杰. 知的財産権・不法行為・自由領域：日韓両国における規範的解釈の試み [J]. AIPPI，2016 (5)：17.

再论网络虚拟财产的法律性质*

——以玩家对网络游戏装备享有的权利性质为视角

邓社民** 李炳录***

摘　要：网络游戏装备作为网络游戏的重要组成部分，是玩家获取的主要对象。随着网络游戏产业的发展，司法实践中因盗取或者转让网络游戏装备的纠纷经常发生，法院对于此类纠纷的判决也无统一标准，学者们关于玩家对网络游戏装备享有权利的法律性质亦存在不同认识。从著作权法的角度来看，网络游戏是计算机软件，属于作品，网络游戏创作者对其享有著作权，该专有权自然及于作为网络游戏组成部分的网络游戏装备。玩家基于游戏服务协议，对网络游戏及其装备享有在一定期限和条件下的非排他性许可使用权。

关键词：网络虚拟财产；网络游戏装备；服务协议；许可使用权

---

* 本文系2016年中国法学会部级研究课题自选项目"民法典编纂与知识产权法入典方式问题研究"［项目编号：CLS（2016）D136］之阶段性成果。

** 作者简介：邓社民，武汉大学法学院副教授，法学博士，知识产权法博士后。

*** 李炳录，武汉大学法学院2016级法律硕士研究生。

一、引言——众说纷纭的“网络虚拟财产”[1]

自从2003年的李宏晨诉北极冰科技公司案[2]开始，学术界和实务界对“网络虚拟财产”性质的讨论至今，一直没有形成统一的认识。除了网络游戏装备以外，网络服务账号、网络游戏创作者为玩家提供的虚拟货币和互联网域名等也被纳入讨论之中。特别是2017年3月15日全国人大通过的《民法总则》第127条规定：“法律对数据、网络虚拟财产的保护有规定的，依照其规定。”这表明我国民事立法反映了时代特征，重视对网络虚拟财产的保护，但要保护网络虚拟财产就必须在理论上厘清其法律性质。

网络虚拟财产存在于互联网空间，网络用户通过访问互联网，既可以进行信息交流，也可以购买商品和服务。随着互联网经济的兴起，网络空间里呈现的商品不仅包括日常所见的有体物的数字化形式，也包括大量数字化的知识产品。针对网络空间的交易，如何对各个主体的行为进行规制，如何救济利益受损的权利人，

---

[1] 通常所说的“网络虚拟财产”，是指存在于网络空间的各种物的财产信息、个人信息以及非物质的知识财产的信息。最早欧美国家将金融服务称为“虚拟经济”。“网络虚拟财产”的说法，容易使人们产生此类财产是“转瞬即逝或者根本不存在”的错觉。实际上“网络虚拟财产”并不是虚拟的，而是现实世界的物或者知识产权客体在网络空间的数字化存在形式。

[2] 参见北京市朝阳区人民法院（2003）朝民初字第17848号民事判决书。2003年李宏晨诉北极冰科技发展有限公司娱乐服务合同纠纷案。李宏晨是北极冰公司运营的网络多人游戏“红月”的玩家，2003年2月17日，李宏晨在登录自己游戏账号时，发现其账号中的大量网络游戏装备丢失，他随即与北极冰公司联系，北极冰公司查询到其账号中的网络游戏装备已经流向另一玩家。李宏晨索要该玩家的信息时，北极冰公司则以保护玩家隐私为由拒绝。李宏晨认为北极冰公司宣称的玩家自行承担盗号损失的条款系无效条款，遂向北京市朝阳区人民法院起诉要求北极冰公司承担网络游戏装备丢失的损害赔偿责任。朝阳区人民法院认为被告经营网络游戏，原告是参与该游戏的玩家之一，被告为玩家提供网络游戏服务，双方形成消费者与服务者的关系。虽然被告丢失的网络游戏装备是无形的，且存在于特殊的网络游戏环境中，但并不影响虚拟物品作为无形财产可以获得法律上的适当评价和救济，遂判决北极冰公司恢复李宏晨账号中的网络游戏装备。本案上诉时，二审法院维持了朝阳区人民法院的判决。

成为一个亟待解决的问题。[1]网络虚拟财产不同于有体物，其本质是以“0101”组成的字符串为形式存储于互联网空间的信息。[2]由于网络游戏装备是最重要的一类网络虚拟财产，且在实务中发生的纠纷最多，本文拟从各种理论学说和司法判例入手，探究玩家对网络游戏装备享有何种性质的权利。

二、玩家对网络游戏装备享有的权利性质的学说和司法判例

（一）玩家对网络游戏装备享有的权利性质的学说

玩家对网络游戏装备所享有的权利性质，学界目前有否定说、知识产权说、债权说、物权说、准物权说、无形财产权说和新型财产权说七种学说。

（1）否定说认为以网络游戏装备为代表的网络虚拟财产，不过是计算机网络中所存储的数据，即“0101”的组合，只存在于网络虚拟空间，对人没有价值，因而不是财产。[3]

（2）知识产权说认为玩家在利用网络服务的过程中，花费了大量的时间、金钱和智力，比如随着玩家长时间使用，游戏账户的级别会提高，其功能也会随之增多，故而该账户所蕴含的“价值”将会大为提升，因此玩家取得的是知识产权。[4]

（3）债权说认为玩家通过和网络游戏创作者签订协议，使其享有向网络游戏创作者请求提供特定服务的请求权，玩家和网络游戏创作者是合同法律关系，因此玩家享有的是债权。[5]

---

[1] PASSMAN M H. Transactions of Virtual Items in Virtual World [J]. Albang Law Journal of Science and Technology，2008，18（1）：259－292.

[2] 参见：石杰. 论网络“网络虚拟财产”的法律属性［J］. 政法论丛，2005（4）.

[3][4] 参见：刘惠荣.“网络虚拟财产”法律保护体系的构建［M］. 北京：法律出版社，2008：73.

[5] 参见：钱明星，张帆. 网络“网络虚拟财产”民法问题探析［J］. 福建师范大学学报，2008（5）.

(4) 物权说认为网络游戏装备实际上是数据，玩家通过支付对价或付出时间、精力获得此种数据，自然拥有对该数据的所有权，数据在这里可以认为是“无形物”，玩家所取得的是对特定数据的所有权。[1]

(5) 准物权说认为网络游戏装备不是传统民法理论上的物，因而玩家对其不享有所有权。但是为了保障玩家的利益，关于网络游戏装备的权利变动、风险负担、责任承担、损害赔偿都可以准用物权的规则。[2]

(6) 无形财产权说认为网络游戏装备不是物，亦不是知识产品，但其价值又不可否认，因其具有无形性，玩家对其享有的权利为无形财产权，李宏晨一案两审法院均持此观点。[3]

(7) 新型财产权说认为网络游戏装备兼具物权和债权属性，实际上是一种具有财产价值的权利凭证。这种权利凭证可以证明玩家所拥有财产的价值，但由于具有独立性，因此是一种不同于传统民事权利的新型财产权。[4]

(二) 玩家对网络游戏装备享有的权利性质学说的评价

否定说认为互联网上的各种数字化信息不是财产，无视知识经济时代数据信息的价值。财产的价值不取决于其表现形式，网络游戏装备不会因为仅仅存在于网络世界或者依存于“字符串”的表达形式而不具有价值。事实证明，进入知识经济时代以来，人类社会的大量财富的表现形式正是非物质化的财产。譬如知识产权客体就是非物质性的，其在知识经济时代已经成为人类社会最重要的财富之一。

---

[1] 参见：房秋实. 浅析网络“网络虚拟财产”[J]. 法学评论，2006 (2).

[2] 参见：钱明星，张帆. 网络“网络虚拟财产”民法问题探析 [J]. 福建师范大学学报，2008 (5).

[3] 参见北京市朝阳区人民法院 (2003) 朝民初字第 17848 号民事判决书。

[4] 参见：刘惠荣. “网络虚拟财产”法律保护体系的构建 [M]. 北京：法律出版社，2008：89.

知识产权说混淆了玩家对网络游戏的使用行为和网络游戏开发者对网络游戏的创造行为之间的区别。众所周知，网络游戏是计算机软件。根据我国现行《著作权法》第3条第8项规定，计算机软件属于作品，网络游戏作品的著作权归属网络游戏开发者。玩家在使用网络账号、进行网络游戏的过程中，尽管付出了大量的时间、精力和金钱，但其玩游戏的过程并非开发软件的过程，而是在计算机终端根据网络游戏许可协议复制网络游戏进行娱乐的过程，并没有参与网络游戏的开发，当然没有享有著作权的任何合同或者法律依据。

物权说将网络游戏装备与“数据”相等同，混淆了物与各种信息的数字化。数据是计算机专业术语，不是法律术语。数据是各种信息在数字网络环境下数字化的结果，数据可能是对物的描述，但其本身不是物，不能成为物权的客体。传统民法理论上的物是指“可满足人类社会生活需要的有体物和自然力”。[1]数据和物在分类依据、公示方法和保护手段等方面存在很大差异，调整方法自然不可采用物权的方法。

准物权说认识到了数据和物的区别，但是既然网络游戏装备不是物，亦不得随便套用物权的救济方法，且玩家对网络游戏装备所享有的权利同物权相差甚远。

无形财产权说认为网络游戏装备是无形财产，玩家对其享有无形财产权。无形财产权本身并不是一个科学的概念，权利都是法律创制的，属于意识形态的范畴，任何权利都是无形的。关于有形和无形在知识产权法学界多是针对知识产权的客体而言。“知识产权的客体究竟是无形的，还是有形的，还是非物质性的，还是无体的，知识产权学者有不同理解。有学者认为，知识产权是‘无形’的，但知识产权的客体不一定是无形的；有学者认为知识产权的客体是无形的，是区别于有形物所有权的本质属性；还有

---

[1] 王泽鉴．民法物权［M］．北京：北京大学出版社，2009：40.

学者认为，知识产权的客体不是有形与无形的问题，而是物质性与非物质性的问题。在此，争论各方在一个最基本的概念上使用了不同的语义，实际上是偷换了概念，即‘形’这个概念。‘无形’‘有形’中的‘形’是针对物质形态之结构和形状而言。当我们说‘有形物’时，是指这样的物具有固定的原子结构、分子结构，从而形成了一个固定的形状或形态，占有一定的物理空间，可能通过触觉感知到它的存在。不要说桌椅板凳有其固定结构、并占有一定的物理空间，就是光、电、气、声也都是由电子、原子和分子组成的，也有其固定的结构，并占有一定的物理空间，尽管它们所占的物理空间很小。而知识产权客体——智慧创作物则不具有固定的电子结构、原子结构或者分子结构。附载知识产权客体的物质载体，不是知识产权的客体。”[1] 知识产权客体的物质载体是物，具有物质性，其上负载的知识产权客体——知识产品与物相比较具有非物质性、创造性、非消耗性和公共产品性等特点。网络游戏装备是网络游戏这个作品的组成部分，是著作权的客体，具有非物质性，但不是无形的。因此，无形财产权说不足以准确概括有关非物质性的知识产品的权利性质。

新型财产权说糅合了债权说和物权说，但玩家对网络游戏装备所享有的权利不会因为物权和债权的折中而变得明晰，反而使人们的认识更加混乱，因此亦不足取。

债权说较为合理，但不够具体明确。网络游戏作为作品，其著作权属于网络游戏创作者。任何人使用网络游戏财产权必须征得其著作权人的许可，否则就构成侵权。玩家之所以获得网络游戏装备，是因为玩家通过与网络游戏创作者签订复制权许可使用合同，获得了在一定期限和条件下使用网络游戏的许可使用权，其对网络游戏装备同样享有的是非排他性的许可使用权，而不可

---

[1] 曹新明．知识产权与民法典连接模式之选择：以《知识产权法典》的编纂为视角［J］．法商研究，2005（1）．

能享有著作权。虽然玩家在使用游戏时付出了时间、精力或者投资，但其使用行为不是创作行为。虽然不同的玩家在操作游戏的过程中会产生不同的画面，但这种不同不是玩家操作的结果，而是游戏创作者早已设定好的程序，不是玩家在游戏之外的创作。❶

（三）司法实践中玩家对网络游戏装备享有权利性质的认定

随着网络游戏产业的发展，司法实践中关于网络游戏装备的纠纷案件也逐渐增加。司法判例对玩家和网络游戏创作者之间关于网络游戏装备的纠纷多数认定为网络服务合同纠纷，以双方在先存在的服务协议为各自权利救济的基础。但是对于网络游戏的法律性质以及玩家对网络游戏装备所享有的权利性质，各个判例的判决结果差异较大。我们对北大法宝数据库中 2003～2016 年的 62 个玩家和网络游戏创作者之间关于网络游戏装备纠纷的案例❷进行了整理，发现此类纠纷有以下四个特点：

（1）案件原被告类型固定（玩家是原告，网络游戏创作者是被告）。在所有案例之中，除 2014 年发生的网之易公司诉曾俊财产损害赔偿案❸以外，其余发生在玩家和网络游戏创作者之间的纠纷皆是玩家起诉网络游戏创作者。网络游戏创作者拥有强大的技术支持和运营团队，针对违反游戏服务协议的玩家，网络游戏创作者可以根据不同情形采取收回游戏虚拟物品、封停账号、删除

---

❶ 参见上海知识产权法院（2016）沪 73 民终 190 号民事判决书（上诉人广州硕星信息科技有限公司、广州维动网络科技有限公司与被上诉人上海壮游信息科技有限公司等著作权侵权及不正当竞争纠纷案）。

❷ 在北大法宝数据库中以“网络游戏装备”为关键词，搜索到的民事案例共计 90 例，我们逐一整理之后排除与研究主题无关的案例 28 个，最后采用剩下的 62 个案例作为分析对象。参见网址：http：//www.pkulaw.cn/Case/，2017 年 1 月 10 日访问整理。

❸ 参见北京市（2014）一中民终字第 1674 号民事判决书。本案中行为人曾俊通过对网之易公司《梦幻西游》游戏中的数据进行修改、增加等操作，使其获取大量游戏币，并通过游戏平台进行销售获利。客观上造成了网之易公司的经济损失，故网之易公司诉请曾俊予以赔偿。法院认定曾俊构成侵权，判决曾俊赔偿网之易公司 323 万余元。

档案等措施。所以，与玩家相比，网络游戏创作者处于优势地位，在提供游戏服务时，容易滥用自己支配网络游戏环境的权利，导致玩家的利益受损，故而这类纠纷网络游戏创作者一般为被告。

（2）案件纠纷以玩家装备被盗和网络游戏创作者封停玩家账号为主。在装备被盗或者丢失后，玩家以网络游戏创作者未尽到安全保障义务为由提起诉讼的案件有 18 例，占比 29%；在网络游戏创作者以玩家开启外挂程序等违反服务协议为由封停账号、冻结装备以后，玩家提起违约之诉的案件有 44 例，占比 71%。针对玩家网络游戏装备被盗的案件，法院有两种裁判模式：一种是由玩家举证证明网络游戏创作者对装备丢失存在过错，如 2015 年的吴伟诉上海盛大网络公司案[1]中，上海市浦东新区人民法院认为吴伟未能举证证明盛大公司存在过错，故而驳回了吴伟的诉讼请求；另一种是由网络游戏创作者举证证明自己尽到了安全保障义务，玩家只需证明自己对账号内装备的安全保障采取了必要的措施，如 2011 年张某诉某网络公司网络服务合同纠纷案[2]中，上海市第一中级人民法院认为网络游戏创作者相对于玩家更有举证优势，因此应当由其承担举证责任，否则须承担败诉后果。针对玩家违反游戏服务协议遭网络游戏创作者封号的案件，法院的观点则较为一致，皆是从双方签订的服务协议出发来判断是否存在违约情形。

---

[1] 参见上海市第一中级人民法院（2015）沪一中民一（民）终字第 932 号民事判决书。本案中吴伟在盛大公司运营的游戏《热血传奇》中的装备被盗后，诉请盛大公司继续履行网络服务合同，恢复其装备。一审法院认为吴伟未提供证据证明盛大网络公司对其装备被盗存在过错，因而驳回其诉讼请求。二审法院认为盛大公司对吴伟正常使用装备负有安全保障义务，判决盛大公司恢复装备。

[2] 参见上海市（2011）沪一中民一（民）终字第 2499 号民事判决书。张某系某网络公司运营游戏玩家，在账户内元宝被盗后，诉请该网络公司恢复其账户内的元宝。二审法院认为网络游戏经营者负有安全注意义务，应保证其网络系统、服务器和程序的安全性能不低于一般安全技术保障水平或服务合同约定水平。但该公司未举证证明自己尽到安全保障义务，因此判决该公司恢复张某游戏中的元宝。

（3）法院认定纠纷的类型以合同纠纷为主。法院认定的纠纷类型可以分为三类：合同纠纷、侵权纠纷和物权纠纷。各类纠纷的分布如图 1 所示，其中合同纠纷共计 54 例，占比 87%；侵权纠纷共计 6 例，占比 10%；物权纠纷共计 2 例，占比 3%。由此可见，对于玩家和网络游戏创作者之间的纠纷，我国司法实践中已经确立了以游戏服务协议为基础的裁决模式。

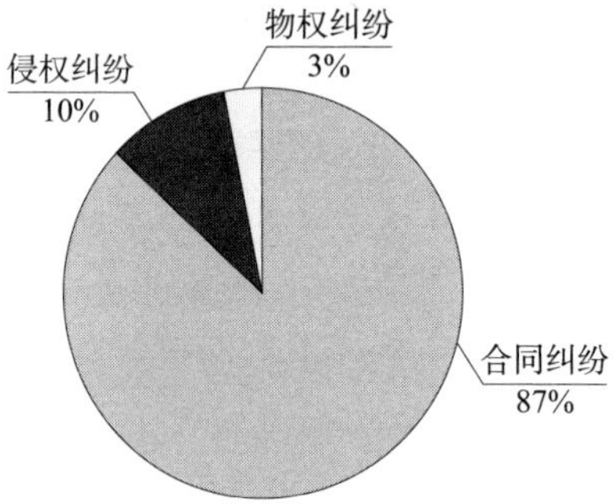

图 1　法院认定玩家和网络游戏创作者之间纠纷类型

玩家进入游戏之前必须同意游戏服务协议，服务协议对玩家和网络游戏创作者之间的权利义务进行了全面而细致的约定，所以法院倾向于直接确认服务协议的效力，然后根据服务协议进行裁决。目前游戏服务协议已经比较成熟，基本囊括了游戏中所有可能出现的纠纷情形，这种裁决模式可以有效地减轻法院的负担。但是由于网络游戏创作者主导服务协议的制定，玩家没有参与的余地，因此部分服务协议的条款可能不利于玩家利益的保护。所以，法院如何对游戏服务协议进行合理解释，排除对玩家明显不利的格式条款的适用，是保障司法公正的一个重要问题。

（4）法院对玩家享有网络游戏装备的权利性质认识分歧较大。法院对玩家享有网络游戏装备的权利性质的认定有四种类型：物权、无形财产权、债权和使用权，也有法院直接不予认定。如表 1 所示。

表 1　法院认定玩家对网络游戏装备享有的权利类型

法院认定玩家权利类型	物权	无形财产权	合同权利	使用权	未认定
案例数量/件	5	3	42	2	10
具体案例	如宋涛诉金山公司网络服务合同纠纷案❶	如李宏晨诉北极冰科技发展有限公司案❷	如蔡权彬诉腾讯公司网络服务合同纠纷案❸	如吴伟诉盛大公司网络侵权责任纠纷案❹	如黄某诉上海某网络发展有限公司案❺

根据以上 2003～2016 年法院认定玩家对网络游戏装备享有的权利性质类型的统计数据，制作统计图（见图 2）。

❶　参见陕西省渭南市（2014）渭中民二终字第 00060 号民事判决书。宋涛在金山公司推出的《仙剑情缘》（三）游戏中注册了约 2000 个账号，金山公司检测到宋涛因使用辅助程序修改客户端数字签名，遂将宋涛全部账号冻结。法院认为宋涛对游戏账号及账号内的装备享有的权利属于物权范畴，金山公司可依照合同约定冻结违约账号，但冻结宋涛其他账号则属于侵权行为。因此判决金山公司解冻其他账号并恢复账号内的游戏数据。

❷　参见北京市朝阳区人民法院（2003）朝民初字第 17848 号民事判决书。

❸　参见深圳市南山区（2014）深南法知民初字第 519 号民事判决书。蔡权彬系腾讯旗下《地下城与勇士》（以下简称 DNF）的玩家，原告因使用外挂程序致使被封号。法院认为 DNF 网络游戏玩家协议合法有效，玩家对网络游戏及其中的装备享有合同约定的权利。原告使用外挂程序的行为违反玩家协议，腾讯公司有权按照协议封停账号。

❹　参见（2015）沪一中民一（民）终字第 932 号民事判决书。上海市第一中级人民法院认为吴伟作为网络游戏的玩家对其通过合法途径购买网络游戏装备享有使用权。

❺　参见上海市（2010）浦民一（民）初字第 34363 号民事判决书。上海市浦东新区人民法院认为玩家黄某对网络游戏装备可以善意取得，但未认定具体属于何种权利。

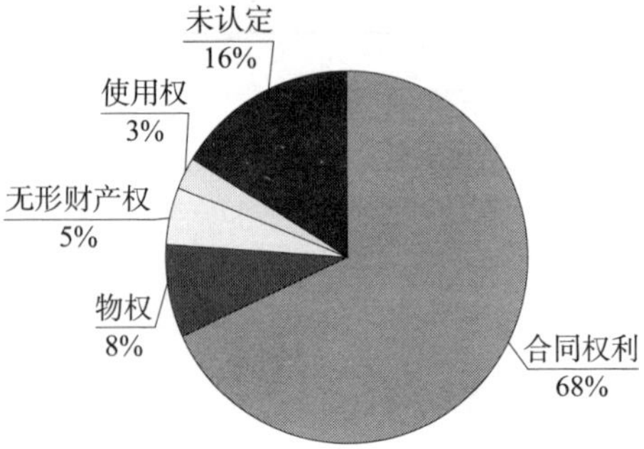

图2　法院认定玩家对网络游戏装备享有的权利类型

根据表1和图2可知，68%的判例将玩家对网络游戏装备享有的权利认定为债权，即根据玩家和网络游戏创作者签订的服务许可协议的约定来确定其享有具体权利内容。但没有进一步明确这种债权究竟是何种性质的权利，仅有3%的判例明确认定玩家对网络游戏装备享有使用权，另外还有部分判例认定为物权、无形财产权或者直接不予认定。这表明司法实践中玩家对网络游戏装备法律性质的认识还处于模糊状态，也充分说明了在理论上研究清楚其法律性质的必要性。

从域外司法实践来看，美国的主流网络游戏创作者所制定的《终端玩家许可协议》（EULA）同样约定玩家对游戏中的道具或装备只享有使用权，不享有著作权或者所有权等绝对权，而且这一约定在美国司法判例中得到了认可。在 Midway Manufacturing Co. v. ArtieInternational，Inc. 案中，首席法官 Cummings 认为玩家对游戏中出现的场景没有控制权，玩家不能根据自己的意志创作出可以储存在电路板中的游戏画面，玩家所能做的只不过是对游戏中给定场景序列的一种选择而已，同游戏中设计文字或者画面的作者不同，玩家所做的只是选择存储在网络中的文字或者画面。[1]虽然有不同观点认为对玩家权利的保护仅采用《合同法》上的救济模式不甚圆满，但是在司法实践中，法院基本上还是按照《合同法》的基本精神和原则进行裁判。[2]甚至有学者认为对以网络游戏装备为代表的网络虚拟财产进行保护并不需要创制新的法律，法院适用普通法完全可以对玩家和网络游戏创作者的利益在不同的层面上予以保护，而且根据双方的服务许可协议也完全可以达到平衡各方利益的目的。[3]

综合我国和外国的司法实践，以服务协议的模式调整玩家和网络游戏创作者之间的权利义务关系是目前通行的做法。而且司法实践倾向于尽可能地对游戏服务协议作出合理的解释来平衡玩家和网络游戏创作者的利益关系。

三、玩家对网络游戏装备享有权利的性质

（一）网络游戏是网络游戏创作者创作的作品

网络游戏是大型计算机软件，其法律属性是著作权法上的作品，网络游戏装备则是网络游戏的构成元素或者游戏角色。网络游戏创作者在创作网络游戏过程中，需要经过美术设计、数值策划和代码开发等阶段，只有完成整个创作过程之后，玩家才可以在游戏中经过相应的操作获取网络游戏装备的使用权。“在网络游戏的著作权保护中，作品类型可从多种角度进行界定，从游戏引擎也即计算机程序和文档的角度，属于计算机软件作品；从屏幕端呈现的视听界面的角度，则有可能构成文字作品、音乐作品、

---

[1] See Midway Manufacturing Co. v. ArtieInternational, Inc., 704 F. 2d 1009 (7th Cir. 1983).

[2] See PASSMAN M H. Transactions of Virtual Items in Virtual World [J]. Albany Law Journal of Science and Technology, 2008, 18 (1): 259-292.

[3] See CROWNE E A, KAPLOUN M. From Blackacre & Whiteacre to Greyacre: Three Models for Ascribing Virtual Property Rights in Cyberspace [J]. University of Baltimore Intellectual Property Law Journal, 2010, 19 (1): 1-15.

美术作品、类电影作品等。”❶ 网络游戏创作完成之后，由该网络游戏作品的创作者享有著作权，其权利内容包括署名权、发表权、修改权和保护作品完整权等著作人身权和复制权、出租权、信息网络传播权和广播权等著作财产权。网络游戏创作者可以许可他人行使网络游戏著作财产权，也可以向他人转让网络游戏著作财产权。玩家通过付费的方式使用网络游戏以及其中的网络游戏装备，是网络游戏创作者将其作品的复制权许可玩家使用的结果。

目前互联网上较为流行的网络游戏是大型多人在线游戏（Massively Multiplayer Online games，MMOs），MMOs 是网络游戏创作者开发出的用以模拟真实世界的网络虚拟环境，网络游戏创作者通过控制游戏软件的底层数据来运行这一网络虚拟环境。网络游戏创作者开发一款网络游戏需要耗费大量的人力、物力和财力，例如腾讯公司为开发网游《天涯明月刀》，组建了 150 人的研发团队，历时 5 年，采用了 500 万文字素材、超 50000 个声音素材和超过 1000G 的美术素材，总耗资达 10 亿元。在开发 MMOs 时，需要对游戏系统、剧情、关卡等宏观架构进行整体策划，还需要对服务器、客户端、开发引擎、数据系统进行设计，最后还要对游戏中的 3D 建筑、3D 角色、游戏图标、人物动作等进行美术创作。网络游戏中的内部元素诸如音乐、美术画面、故事情节、人物形象、网络游戏装备在具备独创性的前提下可作为著作权法保护的客体。❷网络游戏的著作权则归属于创作游戏的网络公司。

由于 MMOs 有强大的技术支持和运营团队，所以可以支持全球数百万名玩家同时在线游戏。玩家在 MMOs 中可以通过化身（Avatars）争夺各种资源，而这一过程可以持续数月甚至数年。在 MMOs 中，目前最流行的是大型多人在线角色扮演游戏（Mas-

---

❶ 上海市浦东新区人民法院（2015）浦民三（知）初字第 529 号民事判决书（上海壮游信息科技有限公司诉广州硕星信息科技有限公司等侵害商标权及不正当竞争纠纷案）。

❷ 参见：郝敏．网络游戏要素的知识产权保护 [J]．知识产权，2016（1）．

sively Multiplayer Online Role Playing Games，MMOPRGs）。[1]譬如目前国内流行的英雄联盟、DNF 都是这种游戏。一旦玩家进入 MMORPGs 之中，他们便可以通过化身与全球的玩家进行交流、合作和竞技，游戏运营团队则负责对整个游戏环境进行管理和监督，并且通过及时更新游戏系统来使得玩家获得更好的游戏体验。[2] MMOs 不同于传统小游戏，因为其可以构筑数百万 Avatars“居住”的“虚拟世界”，但这并不改变其作为计算机软件的本质。玩家通过付费或者免费的方式进入 MMOs 中进行游戏，网络游戏创作者则为玩家提供各色各样的网络游戏装备。毫无疑问，这些网络游戏装备都是游戏著作权人提前设定好的，玩家只能在网络游戏创作者设定的范围内进行使用，它们并不是因为玩家水平高而创作出的另外的作品，更不同于现实世界中客户在商场购买的商品。所以，只有从作品的角度来认识 MMOs，才可以理解为什么同一时空之下，可以有数以百万计的玩家同时在 MMOs 中进行游戏，这正是由知识产权客体的非物质性所决定的，这一特性决定了知识产权客体的使用具有了分身术，在同一时空下，知识产权人可以将同一个作品分别许可多个人以相同或者不同的方式使用。

（二）网络游戏装备是网络游戏的构成元素或者游戏角色

网络游戏装备是指玩家通过网络游戏创作者指定的平台所获取的装备，其本质的特征是由网络游戏创作者创作而成。网络游戏装备是网络游戏的构成元素，玩家通过付费购买优质的装备，从而在游戏中占据优势，获胜和升级的概率大为提高，因此更容

---

[1] See CROWNE E A，KAPLOUN M. From Blackackacre & Whiteacre to Greyacre：Three Models for Ascribing Virtual Property Rights in Cyberspace [J]. University of Baltimore Intellectual Property Law Journal，2010，19 (1)：1 - 15.

[2] See BARFIELD W. Intellectual Property Rights in Virtual Environments：Considering the Rights of Owners，Programmers and Virtual Avatars [J]. Akron Law Review，2006，39 (3)：649 - 700.

易获得满足感和愉悦感。网络游戏装备不能脱离网络游戏，网络游戏装备之于网络游戏，诚如特定角色之于文学创作作品。玩家和网络游戏创作者签订协议，玩家负有遵守游戏规则、按时付费的义务，享有进入游戏、享有合同约定的服务的权利。网络游戏创作者有保障游戏规则执行、维护游戏正常运行的义务，同时享有收取约定服务费的权利。玩家可通过付费方式获取网络游戏中的各种装备，如“英雄联盟”中的“无尽之刃”“饮血剑”“幻影之舞”等装备。网络游戏装备是网络游戏作品的组成元素，玩家对其获取的装备享有的是对网络游戏作品的许可使用权。

玩家在游戏过程中，为了获胜或者追求刺激，往往会选择购买网络游戏装备，增强自己游戏中的“战斗力”。[1]从表面看来是玩家向网络游戏创作者购买了网络游戏装备，实际上玩家所取得的不是对网络游戏装备的所有权。因为针对相同的网络游戏装备，网络游戏创作者可以许可众多玩家同时使用。准确地讲，网络游戏创作者不是将网络游戏装备“卖”给玩家，而是许可玩家在约定的期间内使用网络游戏装备，玩家取得的是对网络游戏装备的许可使用权。游戏装备作为游戏作品中重要的构成元素或者角色，而不是物，玩家对购买的网络游戏装备既不享有所有权，也不享有著作权，而是按照游戏服务协议约定享有许可使用权。

四、网络游戏装备纠纷中玩家的权利救济

我们认为，玩家对网络游戏装备享有的权利性质，是对网络游戏作品著作财产权的许可使用权，以下我们将从游戏服务协议、网络游戏装备“盗窃”纠纷和网络游戏装备“买卖”纠纷三个方面探讨网络游戏装备纠纷中玩家的权利救济方式。

---

[1] See ENG K W. Content Creators, Virtual Goods: Who Owns Virtual Property [J]. Cardozo Arts & Entertainment Law Journal, 2016, 34 (3): 259.

（一）游戏服务协议约定玩家对网络游戏装备的许可使用权

网络游戏创作者向玩家提供网络游戏服务，双方是游戏服务合同关系，网络游戏创作者负有提供技术支持、保证游戏正常运行和妥善保管玩家账户信息的义务，玩家负有遵守游戏操作规则、按时交纳服务费、禁止使用开挂程序和不侵犯网络游戏知识产权的义务。[1]玩家在注册游戏账号之时，必须同意网络游戏创作者的服务协议，否则不能进入游戏。游戏服务协议对玩家和网络游戏创作者的权利和义务进行了详尽的规定，如账号的注册和使用、知识产权声明、资费政策、虚拟物品的归属[2]、不正当游戏行为、服务的中断、中止与终止等条款。

网络游戏创作者在其服务协议中一般都会约定玩家对网络游戏装备享有许可使用权，如腾讯公司在其《游戏许可及服务协议》中规定："游戏道具、网络游戏装备、游戏币等是腾讯游戏服务的一部分，腾讯在此许可您依本协议而获得其使用权。"[3] 2015 年全国排名前五的网络游戏创作者的游戏服务协议，皆有类似规定。[4]那么，以上对网络游戏装备权利归属约定的效力如何呢？是否属于明显排除玩家权利的条款呢？美国有学者认为玩家对网络游戏装备的权利若采用合同法上的保护，则不利于玩家权利的救济，

---

[1] 参见：刘惠荣．"网络虚拟财产"法律保护体系的构建［M］．北京：法律出版社，2008：23.

[2] 《网易游戏使用许可及服务协议》第 6 条第 1 款规定："游戏虚拟物品（或简称'虚拟物品'）包括但不限于游戏角色、资源、道具（包括但不限于游戏中的武器、坐骑、宠物、装备等）等，其所有权归网易公司，用户只能在合乎法律规定的情况下，根据游戏规则进行使用。"［EB/OL］．［2016－12－11］．http：//game.163.com/sy/client/userAgreement.html.

[3] 参见：腾讯游戏许可及服务协议［EB/OL］．［2016－12－11］．http：//game.qq.com/contract.shtml.

[4] 除了腾讯游戏以外，网易游戏、盛大游戏、搜狐畅游、完美世界等游戏运营商都有在服务协议中规定网络游戏装备属于网络游戏中的一部分，玩家仅仅享有使用权。

因此可以适当延伸版权制度来保护玩家的权利——为玩家在网络游戏装备上创设邻接权。[1]但是邻接权作为传播者权，是作品传播者在传播作品的过程中就其所付出的创造性劳动或投资所享有的专有权利，玩家并非网络游戏的传播者，其在玩游戏的过程中付出的时间和精力也不足以享有邻接权。网络游戏装备作为游戏的构成要素，玩家取得的当然只是许可使用权，故而我们认为游戏服务协议中玩家对网络游戏装备享有许可使用权的约定符合《著作权法》第 10 条第 2 款有关著作财产权许可使用的规定。

玩家行使游戏许可使用权时必须基于双方的游戏许可协议，在使用网络游戏装备之时也必须在网络游戏创作者设定的权利范围内使用。虽然 MMOs 的运行是网络游戏创作者和玩家进行交互的结果，但是游戏的底层数据和代码都是开发者研发的产物，玩家在游戏过程中如果侵入或者破坏游戏的底层程序，则毫无疑问侵犯网络游戏创作者的游戏作品著作权。此外，由于网络游戏创作者享有游戏的著作权，故而无须征得玩家的同意，即可以随时对游戏的底层代码进行修改，进而改造整个游戏环境。在网络游戏创作者升级游戏的过程中，如果网络游戏装备的功能发生变化，或者出现新型网络游戏装备，玩家不能以其损害自己的在先权利为由反对网络游戏创作者的修改行为，因为网络游戏创作者修改游戏是行使其著作修改权的应有之义。

（二）网络游戏装备被盗属于第三人破坏网络游戏作品的技术措施

玩家的网络游戏装备被盗可以分为两种情形：第一种是因为玩家自己的原因，比如过失将自己的游戏账号、密码透露给第三人，从而给第三人可乘之机，致使装备丢失的，不可归责于网络游戏创作者，此时玩家可向第三人主张著作权许可使用权的侵权

---

[1] See ENG K W. Content Creators, Virtual Goods: Who Owns Virtual Property [J]. Cardozo Arts & Entertainment Law Journal, 2016, 34 (3): 259.

责任。玩家对网络游戏装备享有的许可使用权本质上属于债权，通常情况下由于债权具有相对性，受害人不可直接向侵害债权的第三人主张侵权责任。但是在第三人盗窃网络游戏装备的情形下，第三人的行为属于“故意以背于善良风俗之方法，加害于他人”，玩家可以向该侵权人主张侵权责任。[1]

第二种是第三人采用技术手段入侵游戏系统从而盗取网络游戏装备的行为，玩家可以向该第三人主张侵权损害赔偿请求权。但是此种情形下，玩家很难找到具体的侵权人，所以为了更加周延地保障玩家的权益，玩家可以向网络游戏创作者主张违约请求权，要求网络游戏创作者继续履行其对玩家的许可使用合同之债，恢复玩家已失去的装备。从网络游戏装备“被盗”的归责事由来看，既然网络游戏创作者负有维护游戏系统的义务，就应当保证游戏环境的安全，若第三人侵入系统导致网络游戏创作者违约，致使玩家失去装备，则网络游戏创作者即存在可归责的事由——未尽到游戏平台中的安全保障义务。对玩家而言，我们认为采用违约责任的救济模式更为便宜，因为网络游戏创作者恢复玩家系统中的网络游戏装备不费吹灰之力，而且网络游戏创作者一般都会要求玩家在游戏系统中注册真实的个人信息，相较于丢失装备的玩家，网络游戏创作者也更有能力追究到具体的侵权人（往往是另外的玩家）。所以，当网络游戏装备“丢失”之时，赋予玩家请求网络游戏创作者继续履行合同的债权请求权是合法的。网络游戏创作者则可以第三人破坏技术措施为由，依据《著作权法》第 48 条第 6 项的规定追究其侵犯著作权的责任。

---

[1] 我国台湾地区“民法典”第 184 条规定：“因故意或过失，不法侵害他人之权利者，负损害赔偿责任。故意以背于善良风俗之方法，加损害于他人者亦同。”至于何种行为属于违背善良风俗，应考虑该行为和法律共同体中的基本价值和基本制度是否相符合，还需考虑不同行业的具体情形。对于网络游戏装备而言，盗取他人网络游戏装备显然有损于玩家利益，且有违诚实信用等民法基本原则，可以认定属于违背善良风俗的行为。

（三）玩家“买卖”网络游戏装备属于许可使用权的转让行为

关于网络游戏装备交易的纠纷最早发生在2000年，索尼公司运营的网络游戏EverQuest玩家在eBay、Yahoo等网站上拍卖EverQuest中的装备。为此，索尼公司更改了EverQuest的服务协议，禁止玩家交易游戏账户内的装备。索尼认为装备自由交易让那些没有付出足够时间的玩家也能够获得技能和装备，这对于那些认真玩游戏的人是不公平的，也是为了避免网络游戏装备交易过程中的欺诈行为。[1]但是，大量的玩家抗议索尼的这种行为，因为他们认为自己有权进行装备交易，而且eBay上的类似游戏交易行为在此之后仍在持续进行。事实上，关于网络游戏装备交易所引起的玩家和网络游戏创作者之间的纠纷并不多见，因为网络游戏创作者多是采取技术手段而不是法律手段来约束玩家的装备交易行为。比如在微软公司的网络游戏Asheron's Call 2中，级别比较高的装备会自动降级，部分装备只有达到一定级别的玩家才可以使用，而且最强大的装备则被禁止交易。[2]

实际上，网络游戏创作者制定的服务协议是否允许装备交易或者允许什么样的装备进行交易，一方面是游戏公司根据市场状况自主作出决定，另一方面是游戏公司和玩家之间博弈的一个过程。如果游戏服务协议全面禁止装备交易，这一过于苛刻的要求也可能会导致玩家抛弃该游戏，而转向其他游戏。这在网络游戏市场繁荣的当下，玩家也享有很大的选择权。但是，从著作权法和合同法的角度来看，司法裁判还是需要在网络游戏创作者的著作权和其服务协议的基础上来判断各个主体之间的法律关系。如

---

[1] GARLICK M. Player, Pirate or Conducer? A Consideration of the Rights of Online Games [J]. Yale Journal of Law & Technology, 2004-2005, 7: 422-464.

[2] Stanford Law Class, Law in a Virtual World, Presentation: Asheron's Call 2, Apr. 2003 (on file with the Yale Journal of Law & Technology).

果游戏服务协议禁止游戏内的装备交易，则玩家若擅自买卖，毫无疑问构成违约。在游戏服务协议允许的情形下，玩家之间可以进行不同装备之间的“买卖”，也可以进行装备互换。网络游戏装备不是物，玩家对网络游戏装备所享有的权利是许可使用权，不是物权，所以玩家之间的装备“买卖”并非日常生活中物的买卖，其本质是不同玩家之间对网络游戏装备许可使用权的转让。如果网络游戏创作者在服务协议中明示或者默示装备可以“买卖”的话，其实质是允许玩家可以将其许可使用权转让给其他玩家，此时是合同的概括移转，只是被许可人的变更，即一方债权主体（玩家）变更，并没有改变网络游戏装备许可使用权的本质。因为玩家之间的网络游戏装备的“买卖”仍是在整个游戏规则之下进行的，若没有网络游戏创作者的技术支持，这种“买卖”亦无实现的可能。

五、结语

人类社会的发展进程是自由扩展、权利伸张的过程，而财产权作为个人自由的基础，无疑也随着科技的发展从传统的实物空间扩展到网络空间。随着互联网技术的发展，特别是人机交互、虚拟现实、人工智能等技术的开发和应用，如何规制由之产生的法律问题对传统的法律体系是一个巨大的挑战。但是对于新出现的事物是否属于新型财产，还需要认真研究其本质所在，需要检讨现有法律体系是否可以规制，需要探究其基础法律关系，不可一味追逐语词的新奇或者照搬外国法律制度，这是保持法律体系稳定性、可预测性和一致性的内在要求。就网络游戏装备而言，其本质上是网络游戏的构成元素，玩家对网络游戏创作者提供的网络游戏作品及其中的角色——网络游戏装备享有非排他性的许可使用权，本质上是债权债务关系，完全可以适用《合同法》和《著作权法》的有关规定。

游戏用户界面的知识产权立体保护路径

姚晶鑫*

摘　要： 网络游戏所使用的图形化用户界面作为计算机程序的一个分类，在为其提供知识产权保护时，应该根据其功能性与艺术性兼备的特征，确定恰当的立法与司法政策。本文列举了著作权、专利、反不正当竞争三个领域的用户界面案例，分析了各个部门法在保护力度、广度上的优劣，提出了立体保护方面的立法构想与司法建议。

关键词： 计算机程序；图形化用户界面；GUI；用户界面的知识产权保护

虽然世界立法趋势以及我国司法实践均将计算机程序纳入著作权法的保护范畴，但多数人也承认，该做法仅仅只是在当时的历史时期与经济地位对比之下比较适合，随着科技的发展，版权法与计算机程序保护之间的冲突不断呈现，一直有声音呼吁为后者单独立法。在立法的经济条件尚未成熟之前，通说认为需要运用知识产权内的各个部门法对计算机程序予以立体的保护。网络游戏已经成为计算机程序的一个重要分类，经济产值可观。游戏用户界面是其提高用户沉浸与交互体验的设计手段，对于产业而言具有维持、提升用户黏性的重要意义，是评价网络游戏优劣的

---

* 作者简介：广州博鳌纵横网络科技有限公司（汇桔网）法务总监。

重要指标，是网络游戏比普通计算机程序发展得更深远的领域，存在法律保护的价值。本文尝试从游戏用户界面的角度切入，论述如何以多种民商事法律手段对前者予以保护的问题。

一、计算机程序用户界面的内涵及网络游戏对其的发展

本文所称的用户界面，系从英语 user interface（以下简称 UI）翻译而来，界面指的是一项计算机程序可以使该程序同外界实现相互连接、相互作用、相互交换数据信息的部分，包括该程序同其他程序之间的界面、该程序同计算机硬件之间的界面以及该程序同操作人员之间的界面。[1] 用户界面指的就是前述第三类界面。通俗地说，它是一套由操作命令、菜单、图标、鼠标显示、鼠标运用方法等元素所组成的人机通信方式。

早期的计算机程序用户界面，强调的是用户友善性，即便于用户理解与使用。为了实现以上目的，用户界面发展出以图形表达操作命令的一种类别，名为图形化用户界面（graphic user interface，GUI）。当代的网络游戏为了延长在线时间，强调移动端的用户使用体验，在手机有限的屏幕内运行游戏应用，图形化用户界面的设计重要性愈发凸显，设计者至少要令界面满足友善性、趣味性、易用性、差异性这些苛刻的要求，才能在竞争中脱颖而出。

二、对游戏用户界面所具备的知识产权客体特征的分析

（一）表达方式的抽象性

图形化用户界面固然是使用计算机编程语言撰写而成，作为程序，其表达可以分为两个层次，一是纯粹作为代码的文字成分，二是以一定设计元素在程序运行后对外呈现的非文字成分。表达方式的抽象特征，不易被普通大众阅读理解，大大增加了司法者

---

[1] 应明，孙彦．计算机软件的知识产权保护［M］．北京：知识产权出版社，2009.

判断是否抄袭的难度。

（二）独创性

在前述的用户界面（UI）设计时代，就菜单下拉、鼠标点击操作等用户界面是否构成有限表达、是否具备创作高度还存有争议，但是到了网络游戏对于图形化用户界面（GUI）大量运用的当代，各类图形、动画运用在图形化用户界面中，这类认为构成有限表达的意见较难形成有效的抗辩。以搜狗拼音输入法为例，该程序以自定义皮肤的功能吸引并维护用户，进入其官方网站，可以发现皮肤类型分为卡通动漫、静物风景、时尚酷炫、游戏地带、动态皮肤、明星影视、简约主义、体育专区。[1] 在另外一个 UI 设计网站“UI 中国”（www. ui. cn）里，以“输入法”三字作为关键词予以搜索，可以得到 1864 件输入法自定义皮肤设计作品，数量可观。

（三）内容兼具实用性与艺术性（工业设计性）

图形化用户界面对于界面中各种元素的综合运用，有设计、创作智力成果存在其中，通常因为存在新颖的构思，成为值得评价的艺术种类，使用户在互动中对游戏程序产生好感，具备达到以上效果的实用性功能。

（四）人格体现

用户界面是在计算机软件产业发展背景下的一种设计产品，并无普通文字或美术、影视作品所具备的作者思想，但同样体现了设计开发人员对简约、神秘等风格的追求，凝结了设计开发人员市场导向和个人趣味相结合的审美观。

正因为游戏用户界面的上述特征，使其兼具可版权性与可专利性。其所具备的上述艺术性特征，也足以使其从普通计算机程序中相对独立出来，适用不同的法律规则来保护。下文从著作权

---

[1] [EB/OL]. [2017－10－03]. http：//pinyin. sogou. com/skins/.

法、专利法和反不正当竞争法（商品装潢）的角度分别予以论述。至于商业秘密和商品化权利等法律保护、游戏用户界面所面临的情况，与普通计算机程序并无太大差别，本文不再详细讨论。

三、版权保护方法

（一）思想与表达的区分

笔者认为，思想与表达的区分判断标准，是理论学界争论至今的问题，其中涉及的是司法界的价值取向、政策选择。美国联邦第二巡回法院 1992 年针对 Altai 案[1]作出的判决里，建立了一个被广为接受的方法："抽象—过滤—比较"。此后，法院在 Gates Rubber Co. v. Bando Chemical Industries，Ltd. 一案[2]中，提出计算机程序可以进行六个层次的抽象：①主要目的；②程序结构或框架；③模块；④算法和数据结构；⑤源代码；⑥目标代码。可以被版权法保护的表达，只有第⑤项和第⑥项，尽管如此，该两项仍有可能受到"唯一表达"原则的抗辩而不被保护。[3]

（二）视作美术作品

在深圳市普联技术有限公司诉深圳市吉祥腾达科技有限公司、张亚波侵犯计算机用户操作界面著作权纠纷一案[4]中，原告普联公司提起本案诉讼主张保护一种路由器用户界面的著作权。法院并没有当然地将用户界面视作作品，而是认为"是否构成我国著作

---

❶ Computer Associations International，Inc. v. Altai，Inc.，982 F. 2d 693（2nd Cir. 1992).

❷ Gates Rubber Co. v. Bando Chemical Industries，Ltd.，9 F. 3d 823，836（10th Cir. 1993).

❸ 崔国斌. 著作权法：原理与案例［M］. 北京：北京大学出版社，2014：197－204. 该书对 Altai 和 Gates Rubber 两案进行了详细的介绍。

❹ 广东省高级人民法院（2005）粤高法民三终字第 92 号民事判决书（深圳市普联技术有限公司诉深圳市吉祥腾达科技有限公司、张亚波侵犯计算机用户操作界面著作权纠纷案）。

权法所保护的作品，应当根据诉争用户界面具体组成予以客观分析”。具体到本案，法院认为该程序用户界面中的功能菜单与按钮，“是用户操作路由器程序的方法，这些操作方法具有纯粹的实用性。”至于执行用户界面有关命令后显示的对话框、窗口等要素，以及各构成要素的选择、编排、布局，均是路由器程序设计者在设计用户界面时共同使用的要素，仅仅是一种简单的排列组合，并无明显区别于一般路由器用户界面的独特之处，这些要素不具有独创性，也不应获得《著作权法》保护。另外，法院还认为为了达到一定功能（尽可能地符合用户使用习惯、方便用户使用）而设计的用户界面属于公有领域的表达，对此提供保护的话，会“违背著作权法鼓励作品的创作和传播的立法目的，从而损害公众的利益”。

上述判决的思路是，承认用户界面属于可被保护的著作权客体范围之内，但是对其施以弱保护原则，即课以较高的独创性要求，侵权比对的原则更加苛刻。这种司法上的价值取舍一直维持至今。

（三）视作实用艺术品（works of applied art）

有观点认为在外观设计专利之外提供实用美术作品的保护，将使“绝大多数外观设计所有人感到没有必要费力去申请专利，外观设计专利制度将形同虚设；而如果外观设计所有人大都求助于著作权保护，则本来以保护文化领域中的创作成果的版权法的重心将会转移”。[1] 但最新的《著作权法（修改草案送审稿）》（以下简称“送审稿”）基于已签订的国际条约[2]而对此类客体进行了规定，实用艺术作品被定义为“具有实际用途并有审美意义的作

---

[1] 郑成思．版权法（修订本）［M］．北京：中国人民大学出版社，1997．

[2] 《伯尔尼公约》第2条第7款规定：“本联盟成员国得以立法规定涉及实用美术作品及工业设计和模型的法律的适用范围，并规定此类作品、设计和模型的保护条件。在起源国单独作为设计和模型受到保护的作品，在本联盟其他成员国可能只得到该国为设计和模型所提供的专门保护。但如在该国并不给予这类专门保护，则这些作品将作为艺术品得到保护。”

品”（送审稿第二稿第3条第2款第9项）、“玩具、家具、饰品等具有实用功能并有审美意义的平面或立体的造型艺术品”（送审稿第三稿第3条第2款第9项）。

游戏所使用的图形用户界面，存在被视作实用艺术品的可能性。由于尚未通过立法，至今未有国内案例。国外对于实用艺术品的认定，大多集中在玩具、服装类别里。由于该类作品在国际条约中的保护年限比美术作品要低，未来网络游戏发生国际贸易摩擦时，实用艺术品的保护路径，可能会成为降低国外竞争对手保护力度的一种手段。

（四）评价

使用著作权保护的优点在于获得权利时无须登记，保护期限大大长于专利（对处于已经处于垄断优势地位的国外知名企业有利）。由于游戏用户界面的艺术性没有得到充分的肯定，前文提及的案例显示法院对其版权采用“弱保护—高标准”的侵权审查原则，用户界面容易被视作操作方法、工艺流程而不受著作权法保护，试图在各种冲突的利益中探索寻求平衡的路径。在著作权侵权比对时，权利人需要提供原本属于秘密的源代码，这也是大多数权利人所不情愿的。尽管如此地不情愿，由于“思想表达两分”原则的存在，著作权法还是无法完善地保护用户界面里真正有创意的部分。

四、专利保护方法

（一）视作外观设计

用户界面本身具备实用性的特征，令使用外观设计保护图形用户界面的方法具备可行性。我国国家知识产权局2014年3月专门针对图形用户界面修改了《专利审查指南2010》，开放了对图形用户界面的保护。“就包括图形用户界面的产品外观设计而言，应当提交整体产品外观设计视图。图形用户界面为动态图案的，申请人应当至少提交一个状态的上述整体产品外观设计视图，对其余状态可仅提交关键帧的视图，所提交的视图应当能唯一确定动态图案中动画的变化趋势。”但是在不授予专利的情形里，规定为“游戏界面以及与人机交互无关或者与实现产品功能无关的产品显示装置所显示的图案，例如，电子屏幕壁纸、开关机画面、网站网页的图文排版”，明确地将游戏界面排除在外。

现实中不少人希望通过迂回办法取得游戏用户界面专利授权，包括直接申请发明、以非游戏程序名义申请、与装置绑定，等等。值得注意的是，北京市高院在苹果诉专利复审委一案[1]里，直接否定了当时《专利审查指南 2010》的内容，明确了当事人的一项涉案图形用户界面申请虽然是“在产品通电状态下才能显示的图形用户界面，但其仍是对便携式显示设备在产品整体外观方面所进行的设计，亦能满足外观设计专利在工业应用和美感方面的要求，可以成为我国外观设计专利权的保护客体”。该判例突破了《专利审查指南 2010》的前述除外条款，直接适用《专利法》作为确权类行政案件的法律依据，影响了《专利审查指南 2010》条款的稳定性。

（二）视作发明

《专利审查指南 2010》对计算机程序作为发明的可专利性以及审查判断标准已有较为详细的规定。笔者认为游戏用户界面在申请发明专利时，与普通计算机程序相比，并无特殊性可言。《专利法》主要评价一项智力成果的功能性，发明审查时尤其不会对游戏用户界面的艺术元素进行评价。

（三）评价

外观设计专利适合用于保护功能性强于艺术性的用户界面，目前游戏用户界面被明确否定了外观设计的授权可能性，但经济

---

[1] 北京市高级人民法院（2014）高行（知）终字第 2815 号民事判决书。

条件允许、游戏企业国际优势地位建立时，修改《专利审查指南2010》里的除外条款，才是更符合经济利益的政策走向。

五、《反不正当竞争法》的商品装潢

我国《反不正当竞争法》所禁止的混淆行为，包括“擅自使用与他人有一定影响的商品名称、包装、装潢等相同或者近似的标识”。该条款禁止的是对商业外观的混淆，在讨论游戏用户界面时需要厘清其中商品与外观的区别。按照网络游戏广泛推行的程序下载运行免费、内购付费的模式，笔者认为一部游戏商品的外观，应该是能够让消费者通过免费运行程序感性接触到的图片、动画和界面，用户界面是可以构成商品装潢的。不过，只有使消费者在商品与界面之间建立识别上唯一联系的用户界面，即作为知名商品的装潢受到混淆威胁时，才值得适用该法条保护相应的权益。

六、分别保护的困境

前文提到我国并没有工业产权或者计算机程序的独立立法，所以外观设计专利与版权在适用保护时，几乎是天然地存在重叠。我国司法界倾向认为两者是并行不悖的。江苏省高级人民法院认为“法律并不禁止权利人在同一客体上享有多种民事权利。在作品基础上获得的外观设计专利，权利人同时拥有专利权和著作权，两种权利并行不悖。当外观设计专利权终止后，权利人丧失的仅仅是专利法保护的相关权利，而其享有的著作权依然存在，应受到著作权法的保护”。[1] 更早前的最高院也表达了类似的观点：“在知识产权领域内，一种客体可能同时属于多种知识产权的保护对象，其中一种权利的终止并不当然导致其他权利同时也失去效力。

---

[1] 北京特普丽装饰装帧材料有限公司诉常州淘米装饰材料有限公司著作权纠纷案，参见江苏省高级人民法院（2015）苏知民终字第00037号民事判决书。

同时，反不正当竞争法也可以在知识产权法之外，在特定条件下对于某些民事权益提供有限的、附加的补充性保护。”[1]

分别保护的优点在于可以针对不同的客体，施以相应的侵权判断标准，做到精准比对。不过被肢解的各种元素，使裁判者从整体上把握涉诉知识产权侵权情况的难度增加，赔偿数额根据分别侵权情况计算后再累加的做法，也是赔偿数额偏低的原因之一。以暴雪、网之易公司诉游易公司侵犯著作权纠纷、不正当竞争纠纷案件[2]为例：权利人分别提起了著作权和不正当竞争两个案由，法院审理著作权纠纷时，明确了权利人的诉求，前者针对游戏中14个场景的界面提出了保护请求。这其中的逻辑是，假如14个界面里有10个被认定侵权成立，赔偿额是基于10个“作品”的分别判断酌定后再简单相加而得（该案著作权侵权纠纷酌定的赔偿额是5万元）。而不正当竞争纠纷案件中，法院“综合被告积极主动地实施抄袭行为，并且以此作为营销手段，极力渲染的事实；两原告对产品的投入较大、原告产品的商业价值和知名度较高的事实；被告行为造成影响的程度和范围较大等因素”酌情确定赔偿额为30万元。

七、立体保护的内涵与构想

所谓立体保护，应该是对于网络游戏图形化用户界面提供行政确权与立法、司法三个领域统一的、协调的保护，避免保护政策以及观点上的割据。在法律规范及其实施手段上，争取达到全

---

[1] 宁波微亚达制笔有限公司与上海中韩晨光文具制造有限公司、宁波微亚达文具有限公司、上海成硕工贸有限公司擅自使用知名商品特有装潢纠纷案，参见最高人民法院（2010）民提字第16号民事裁定书。

[2] 暴雪娱乐有限公司、上海网之易网络科技发展有限公司诉被告上海游易网络科技有限公司著作权侵权纠纷、擅自使用知名商品特有装潢纠纷、虚假宣传纠纷、其他不正当竞争纠纷案，参见上海市第一中级人民法院（2014）沪一中民五（知）初字第22号、第23号案民事判决书。

面覆盖、利益平衡的效果。

（一）立法

笔者认为理想的状态是能够为包括用户界面在内的计算机程序单独立法保护，不应该停止单独立法的理论探索。在经济形势与社会发展条件尚未允许的情况下，以现有的法律加上已列入修法议程的实用艺术品，也可以初步形成关于计算机程序用户界面的保护体系。退一步来讲，即使实用艺术品未被《著作权法》新法吸收，目前存在的著作权、外观设计、商业秘密、反不正当竞争法律，对于用户界面保护来说也已足够。可供选择适用的法律种类增加，给权利人带来的困难是构建完善的保护方案，司法界面临的困境是如何切合实际地恰当适用法律以达到平衡法益的效果。

（二）统一司法政策

1. 专利行政工作

笔者认为应该坚持以我国实际国情为基础，结合国际技术发展趋势，进行确权与维权。目前各国的计算机软件专利审查标准的不断修订、放宽，软件专利数量的不断增加，充分反映这样一个历史的发展趋势：越来越多的国家，特别是工业发达国家倾向于积极采用专利制度来保护计算机软件。加大利用《专利法》保护计算机软件的力度。游戏用户界面的外观设计专利授权，应当在条件成熟时予以放开。

2. 行政、民事与刑事的协调

除了前文案例提到过法院直接否定专利行政授权的决定，法院内部知识产权审判部门与刑事审判部门之间也曾发生过意见不一的情况。如果出现在先的刑事判决认定被告人侵权并构成犯罪，而在后的民事审判中却认为被告的行为不构成侵权的情况，势必造成生效判决之间的矛盾。

3. 统一版权侵权判断的司法尺度

包括游戏用户界面的计算机程序版权侵权认定，在司法过程中并没有形成成熟的判断标准，多为个案评判，令公众对于法律的适用没有心理信赖或期待，无法合理地评估行为后果。使某个不被法律认可的行为的法律后果可以轻易地被预见、违法成本确定且高昂，这原本是成文法相比判例法较有优势的特征，但是在包括游戏用户界面在内的计算机程序版权侵权纠纷审判中却变得不稳定。

（三）公平而恰当地司法

网络游戏产业在互联网产业领域已占有一席重要的地位。网络游戏相比普通的计算机程序，甚至与单机游戏相比，都有自己的鲜明特点。国内企业、国际巨头、最终用户、竞争秩序、公平正义等利益，都对网络游戏司法提出了挑战，亟待平衡。法院对于《反不正当竞争法》的扩大适用问题，不时有反对声音，笔者认为，《反不正当竞争法》的原则性条款、地位与帝王条款相似，应该谨慎引用。为了实现保护目的而需要扩大适用时，首先应当考虑的是对部门法裁判规则的扩大适用，其次才是《反不正当竞争法》。该规则甚至应当上升到司法解释或者立法的层面。

总之，笔者认为，理论界与司法界均应重新审视图形化用户界面应用在互联网领域时所产生的新特征，运用多种手段提供保护，以达到利益平衡。

美国版权法中网络传播音乐的强制许可制度研究

张伟君*

摘　要： 虽然美国版权法对网络环境下传播音乐作品的行为进行了一些规范，但是在各种利益的博弈和牵制下，最后形成的相关规则是非常复杂和繁琐的。对网络环境下的音乐传输，美国版权法并非一律实施了强制许可制度，事实上，依然存在独家许可或受排他权控制的情形，而且，其存在的问题和争议也依然多多。我国是否需要以及能够借鉴美国法规定的法定许可或强制许可制度，来消除我国的网络平台对网络音乐的独家授权，应谨慎下结论。

关键词： 音乐作品；录音制品；网络传播；强制许可

最近，一篇既没有作者署名也没有原始出处的标题为《独家版权下蒙眼狂奔，中国在线音乐进入“生死劫”时刻》的文章经人民网转发后广为流传。该文指出：美国环球音乐通过在中国独家授权音乐版权的方式，直接让中国在线音乐的几家“大佬”——腾讯、阿里、网易、百度，拿着数亿美金相互对抗，在环球音乐面前，

---

* 作者简介：同济大学法学院教授。

失去理性地疯狂抬价。为什么一家海外唱片公司就能够如此左右中国在线音乐产业的格局？问题根源在于，唱片公司利用中国的法律漏洞和政策缺失，在中国采取了独家版权授权模式，完全不同于美国的音乐录音版权的法定许可和限定授权的模式。在美国，为防止垄断、保障用户的权益，通过立法来禁止或限制录音的独家授权行为。以美国1995年颁布的《录音数字表演权修正案》规定为例，交互式的流媒体服务所需的录音许可可以直接从唱片公司获得。权利人对任何交互式服务（商）进行的数字音频传播录音表演权的独家许可期限均不得超过12个月。[1] 2017年8月24日，在人民教育出版社与沪江教育联合主办的“互联网环境下的知识产权共享与版权保护”论坛上，中国版权协会理事长阎晓宏在主题发言中指出，音乐版权不能太过于独家，腾讯音乐娱乐集团拿着独家版权不给网易云音乐用，这是需要思考的问题。[2]

但是，也有学者不同意这样的观点。比如，熊琦教授在《让听歌变得简单——网易腾讯之争，音乐版权到底该不该独家?》一文中指出：在现行《著作权法》禁止权利专有的限制制度中，涉及录音和音乐作品的部分，主要为制作、发行录音为目的使用音乐作品，以及广播电台电视台播放录音两类，但法律之所以规定上述限制不适用于任何网络环境下的使用，原因就在于网络环境下不存在前网络时代存在的“市场失灵”，无论是权利来源的确认还是使用频率的调查，在网络时代都能以极低的成本实现，因而无论是权利人还是使用者，都不会因上述交易成本过高而导致交易失败。如果强制性地将数字音乐授权设定为非专有许可，不但会弱化各平台之间的竞争，更会因数字音乐传播渠道的单一化而损害著作权人的利益。数字音乐的跨平台获取看似增加了数字音

---

[1] 独家版权下蒙眼狂奔，中国在线音乐进入“生死劫”时刻［EB/OL］.（2017-08-22）. http：//www.thepaper.cn/newsDetail_forward_1771100.

[2] 国家版权局前副局长阎晓宏：独家版权不可取［EB/OL］.（2017-08-24）. http：//www.cnipr.com.cn/sy/201708/t20170825_220544.htm.

乐传播的受众规模，但对著作权人而言其收益反而减少。[1]

对作品的网络传播法定许可（也称强制许可）制度的设计，并不是一个新问题或新观点。在我国，最高人民法院的司法解释曾经试图借用文字作品转载摘编法定许可制度来处理网络环境下的一部分文字作品的转载和传播问题[2]，但后来该规定被废除。而对于网络传播音乐作品是否应采用法定许可，这么多年来似乎学界讨论不多。直至这两年，随着网络音乐正版化的进程加快，所谓的“独家版权”问题才似乎凸显出来。于是，有人就认为我国《著作权法》也应该借鉴美国版权法规定有关的强制许可来制止网络音乐版权的独家授权行为。美国版权法中与音乐作品有关的强制许可制度是否值得我国借鉴？这是一个复杂的问题。在回答这个问题之前，也许首先该搞清美国的相关制度究竟是怎么回事。

美国版权法中的强制许可（compulsory license）与法定许可（statutory license）几乎是同义词。但有时“强制许可”是指需要向法院提出申请的才能使用，而“法定许可”则是只要满足法律规定的条件（如通知、支付费用）就可以直接使用，无须个案申

---

[1] 熊琦．让听歌变得简单：网易腾讯之争，音乐版权到底该不该独家［EB/OL］．(2017-08-25)．http：//www.sohu.com/a/167286541_152615.

[2] 2000年11月最高人民法院《关于审理涉及计算机网络著作权纠纷案件适用法律若干问题的解释》第3条规定：“已在报刊上刊登或者网络上传播的作品，除著作权人声明或者上载该作品的网络服务提供者受著作权人的委托声明不得转载、摘编的以外，网站予以转载、摘编并按有关规定支付报酬、注明出处的，不构成侵权。但网站转载、摘编作品超过有关报刊转载作品范围的，应当认定为侵权。”但是2001年修改后的《著作权法》保留了原《著作权法》第32条的规定，仍然将作品转载的法定许可限定于传统报刊媒体之间。2003年12月最高人民法院修正了上述司法解释，但坚持将《著作权法》第32条第2款的规定适用于网络转载的立场。但是2006年7月1日起施行的《信息网络传播权保护条例》则将作品网络转载的类似法定许可制度的范围严格限定于为了发展义务教育和扶助贫困需要。基于此，2006年12月最高人民法院再次修改了上述司法解释，取消了网络转载法定许可。

请。[1] 所以，前者是一种个案的强制使用（与专利强制许可类似），而后者是一种普遍的强制许可。版权强制许可主要是一种法定许可。版权强制许可的缘由在国际上相差很大，比如，对于发展中国家，国际版权公约允许其规定为教学需要复制、翻译外国作品的强制许可；[2] 有的国家为了教育等社会公共利益的需要而对版权作品实施强制许可；[3] 也有的国家规定了因为滥用版权的强制许可。[4] 但是，从20世纪50年代开始，更多针对特定作品的特定使用方式的版权强制许可在国内和国际版权制度中不断出现，这主要与技术进步导致了作品的新的使用方式（比如录音、广播、电视等）有关：一方面，新的使用方式需要有新的独占权（版权）来保护，而这又将与公众对其使用发生冲突；另一方面，旧的版权许可方法的效率低下、成本高昂，难以适应新的版权使用方式。[5] 版权强制许可就成为解决这两个矛盾和冲突所采用的一种办法。美国版权法有关音乐作品的强制许可制度就是在各种利益的博弈中产生的。[6]

---

❶ STERLING J A L. World Copyright Law [M]. London: Sweet & Maxwell, 1999: 358.

❷ 参见《伯尔尼公约》（1971年巴黎文本）附件 Art. I；《世界版权公约》（1971年巴黎文本）Art. Vbis (1).

❸ DRATLER J. Licensing of Intellectual Property: Volume 1 [M]. New York: Law Journal Press, 2005: 3-25.

❹ STERLING J A L. World Copyright Law [M]. London: Sweet & Maxwell, 1999: 400-401.

❺ RINGER B. Copyright in the 1980s [J]. Bulletin of the copyright society of the U. S. A., 1976, 23: 303.

❻ 本文中，音乐作品是指受美国版权法保护的 musical work；录音是指受美国版权法 sound recording，这是指版权保护的客体，而不是物质载体，类似于我国《著作权法》中享有邻接权保护的录音制品；而本文中的录音制品是指美国版权法中的 phonorecord，这是承载着音乐作品和录音的物质载体。

一、使用音乐作品制作录音强制许可制度的由来

版权强制许可制度的设想最早起源于音乐作品的录音权问题的争论。

直到19世纪中叶，音乐作品主要是被演奏家和歌唱家使用。因此，各国法律仅通过禁止未经音乐作品作者的同意来复制其作品或公开表演其作品，来保护作曲家的版权，而对于诸如音乐盒、音乐报时钟等音乐装置，法律和作曲家们都没有在意。[1] 但是，到了19世纪后半叶，随着用于音乐表演的现代机械设备（比如pianola、phonograph等）和录音（比如perforated rolls[2]、phonograph cylinders[3]等）的发明，音乐可以通过这些设备完美地展现，而且可以通过这些设备无限制地再现，于是这些音乐器材变得非常流行。[4] 这样一来，一方面，大量的资本投入这些新兴产业，制造商获取了丰厚的利润；另一方面，对于作曲家们来说，这也不再是无足轻重的事情了。于是，新的法律问题产生了：机械音乐装置的制造和销售是否是对音乐作品的复制呢？作曲家们当然认为那些rolls、disks、sheets、cylinders等录制了音乐的制品中就已经复制了他们的作品；而制造商们则认为这些东西仅仅

---

[1] LADAS S P. The International Protection of Literary and Artist Property，Volume 1：International Copyright and Inter - American Copyright [M]. New York：The Macmillan Company，1938：410.

[2] 美国1908年的White - Smith Music Pub. Co. v. Apollo Co.，209 U.S. 1 (1908) 案件就与此有关。[EB/OL]. http：//caselaw.lp.findlaw.com/cgi - bin/getcase.pl? navby=volpage&court=us&vol=209&page=19.

[3] [EB/OL]. http：//en.wikipedia.org/wiki/Phonograph_cylinder.

[4] LADAS S P. The International Protection of Literary and Artist Property，Volume 1：International Copyright and Inter - American Copyright [M]. New York：The Macmillan Company，1938：411.

是机械装置，与版权法律无关。[1]

1908年，就在美国1909年版权法即将通过前不久，美国联邦最高法院在White-Smith Music Pub. Co. v. Apollo Co.案中认为美国当时的版权法并不保护版权作品制作录音的权利。[2] 这时，一家美国录音公司确信新的版权法将增加这项权利，于是它与几乎所有著名的音乐出版商订立了录音的独占许可合同。[3] 这样，美国国会就面临着一个两难的选择：如果在新的版权法中创设一个录音权，那么，就意味着那家录音公司将在美国垄断制作录音的权利；如果不创设这个权利，那么对于音乐创作者来说又不公平。为了避免上述垄断的危险，1909年版权法就规定了一个强制许可制度。[4]

该法授予音乐作品的版权人将其作品首次制作录音的独占权或将该权利许可给他人的权利；但是，一旦首次录音已经制作完成或第一个录音许可已经颁发，版权人就不再享有制作录音的独占权，任何人只要通知版权人他要使用其音乐进行录音（notice of intention to use），且将该通知副本递送给版权局（copyright office），并按照每首音乐每个录制件2美分[5]的费率向其支付使用费，就无须经过版权人同意就可以制作录音。[6] 而音乐作品的著作

---

[1] LADAS S P. The International Protection of Literary and Artist Property, Volume 1: International Copyright and Inter-American Copyright [M]. New York: The Macmillan Company, 1938: 411.

[2] [EB/OL]. http://caselaw.lp.findlaw.com/cgi-bin/getcase.pl?friend=nytimes&court=us&vol=209&invol=1.

[3] 一种观点认为：这个说法并不符合实际，有史料证明，当年的Pianola公司的市场份额还不到一半。

[4] H. R. Rep. No. 2222, S. Rep. No. 1108, 60th Cong., 2d Sess. 4-9 (1909)，转引自：RINGER B A, GITLIN P. Copyright [M]. revised edition. New York: Practising Law Institute, 1965: 29；同时参见RINGER B. Copyright in the 1980s [J]. Bulletin of the copyright society of the U. S. A., 1976, 23: 304.

[5] 现在的费率应该有变化。

[6] RINGER B A, GITLIN P. Copyright [M]. New York: revised edition. New York: Practising Law Institute, 1965: 29-30.

权人在其作品已经被使用后，也应及时向版权局提交已经“使用的通知”（notice of use），如果延迟提交这个通知，那么，对在提交该通知前发生的侵权录音行为将无权主张权利。[1]

录音的强制许可制度既保护了音乐著作权人的利益，又使得录音的独占许可合同变得没有任何价值，任何人都可以按法定的2美分的费率支付录音使用费而取得录音的许可。美国1909年版权法的上述规定立即被其他国家所拷贝。[2] 1910年德国版权法第22（1）条规定，音乐作品的作者享有独占的机械复制权，但是，如果作者已经授权他人机械复制该作品（录音），就必须允许任何其他人机械复制该作品，即便被第一个授权的人获得了独占许可；该作者有权取得公平的报酬。如果双方不能达成公平的报酬，法院在专家协助下可以作出决定。[3] 此后，英国（Copyright Act of Dec. 16，1911，section 19）、奥地利（Law of July 13，1920，article 13）、瑞士（Law of Dec. 7，1922，article 17）等国家都规定了相同的制度。

美国1909年版权法关于音乐作品制作录音（sound recording）的强制许可制度并没有直接导致大量的强制许可申请；相反，绝大多数的音乐作品录音是通过非独占的录音许可合同来进行的。[4] 直到20世纪60年代末期，由于录音带（tape）盗版（对录音带的

---

[1] Norbay Music，Inc. v. King Record，Inc.，290 F. 2d 617（2d Cir. 1961），转引自：RINGER B A，GITLIN P. Copyright [M]. revised edition. Practising Law Institute，1965：30.

[2] RINGER B. Copyright in the 1980s [J]. Bulletin of the copyright society of the U. S. A.，1976，23：304. 但是，事实上，关于版权强制许可的建议则是德国在《伯尔尼公约》1908年修订大会上提出来的。这两者之间是否存在直接的影响或联系，笔者无法找到文献予以佐证。

[3] HENN H G. The Compulsory License Provision of the U. S. Copyright Law，July 1956 [M] //FISHER A. Studies on Copyright. Fred B Tothman & Co.，1963：916.

[4] RINGER B A，GITLIN P. Copyright [M]. revised edition. New York：Practising Law Institute，1965：30.

复制而不是对音乐作品的录制）的猖獗，“盗版者”纷纷向版权局递送通知，许多通知都含有数以百计的歌曲。但是，音乐出版商拒绝接受这种通知及其任何预先支付的使用费，因为他们不认为这种复制已有的录音的行为属于强制许可的范围。在这个强制许可的申请浪潮过去后，强制许可又变为几乎不存在了，直到现在，向版权局提出的申请极为少见。❶

美国1909年版权法关于机械录制的强制许可（mechanical license）经过1976年版权法的修订，进一步严格了强制许可的条件（仅限于录音已经向公众发行后才能实施），而且强制许可的使用费开始由独立的版权使用费裁判团（CRT）进行调整。❷ 在随后的20年中，这个强制许可制度运作良好。

但是，从20世纪90年代开始，数字录音技术和数字传输技术不断发展，向公众提供音乐的方式不再限于通过零售渠道销售录音带、CD等录音，而可以通过互联网直接向公众提供（传输）数字音乐。

这引出了新的法律问题：如果版权法不创设网络传输作品的新权利，数字传输音乐是否构成对音乐作品复制权、发行权的侵权？由于新的音乐提供和营利模式的出现，是否应该对通过传统发行销售录音营利的录音制作者提供新的版权保护，等等。

为了解决上述问题，美国1995年的《录音数字表演权法案》（*Digital Performance Rights in Sound Recordings Act*）以及1998年的《数字千年版权法案》，对1976年版权法作出了修改，在确认了音乐作品作者和录音制作者的有关权利的同时，也规定了强制许可制度来限制这些权利。

---

❶❷ Marybeth Peters, Section 115 Compulsory License, Statement of Marybeth Peters the Register of Copyghts before the Subcommittee on Courts, The Internet and Intellectual Property of the House Committee on the Judiciary, United States Senate 108th Congress, 2nd Session, March 11, 2004. http://judiciary.house.gov/media/pdfs/peters031104.pdf.

二、对录音的数字音频传输的强制许可

为了制止对录音（sound recording）的盗版，1971年的美国《录音法案》给予录音以版权保护，但是录音的版权人（录制者）并没有获得完整的版权，只享有复制（reproduction）、发行（distribution）、改编（adaptation）的权利，并没有获得公开表演（public performance）的权利。[1] 随着数字音频传输（digital - audio transmission）[2] 录音成为一种普遍的现象，并对传统的录音制品的销售构成了威胁，美国国会于1995年制定了《录音数字表演权法案》，授予录音制作者有限的"向公众表演权"，即通过数字音频传输的方式公开表演作品的权利。[3] 这说明，这个"向公众表演权"仅仅指的是"传输"，而不是现场表演，也不是对录音的机械表演；而且它仅限于数字传输，而不包括其他的类似传输，比如传统的无线电广播传输[4]。

与音乐作品的公开表演不适用强制许可不同，对于录音的数字音频传输这种"向公众表演"，美国版权法规定在属于交互式服务的传输情况下依然受排他权的控制，但根据该法第114（d）（2）

---

[1] 参见美国 Senate Report 104 - 128 - Digital Performance Right In Sound Recordings Act of 1995，104th Congress，1st session [EB/OL]. http：//thomas. loc. gov/cgi - bin/cpquery/？&dbname=cp104&sid=cp1040xAG5&refer=&r_n=sr128. 104&item=&sel=TOC_43325&.

[2] 根据17 USC 101（6），A "digital transmission" is a transmission in whole or in part in a digital or other non - analog format. A "digital audio transmission" is a digital transmission as defined in section 101，that embodies the transmission of a sound recording. This term does not include the transmission of any audiovisual work（不包括视听作品的传输）. 参见17 USC 114（j）（5）.

[3] 17 USC 106（6）. in the case of sound recordings，to perform the copyrighted work publicly by means of a digital audio transmission.

[4] 传统的广播机构（over - the - air broadcasting industry）一直强烈反对赋予录音（sound recording）广播权，连音乐作品著作权也反对，因为担心一旦赋予录音广播的权利，其原来可以收取的版权使用费会被录音制作者分享。

条的规定，如果是非交互式服务，并且以下列方式对录音进行公开表演的，应适用强制许可：[1]（1）不享有侵权豁免[2]的、预订的数字音频传输。所谓预订传输（subscription transmission），根据美国版权法第 114（j）（14）条的定义，这种传输是受控制的、限于对特定接收者的传输，并要求收到传输的接收者支付或给予对价。这种通过预订而提供的非交互式节目，非常类似于有线电视提供的数字音频节目。（2）符合要求的（eligible）非预订的传输。所谓符合要求的（eligible）非预订的传输，根据美国版权法第 114（j）（6）条的定义，这是一种非交互式的数字音频传输，并无须为接收该传输而进行预订。这种传输必须是提供音频节目服务的组成部分，这种节目包含了全部或部分录音的表演，其目的在于提供音频或娱乐节目而不是为了销售、广告、或提升特定的商品或服务。比如通过互联网（webcast）传输录音。[3] 另外，如果传统的广播电台将节目同步在网络广播的话，也需要向录音的版权人支付法定许可的费用。[4]（3）不享有侵权豁免的、由已有的卫星数字音频广播服务进行的传输。所谓“已有的卫星数字音频广播服务”，根据美国版权法第 114（j）（10）条的定义，这种服务是一种预订的卫星数字音频广播服务，它是根据联邦通讯委员会在 1998 年 7 月 31 日以前颁发的卫星数字音频广播服务许可证提供的服务。这种服务也可能包括为了提高预订服务的质量以非预订模式提供的、数量有限的预订服务的样本频道。上述第（2）、（3）

---

[1] 17 USC 114（d）（2）.

[2] 所谓豁免，是指美国版权法第 114（d）（1）条规定的一些不构成侵权的情形，比如，属于非预定的广播传输、非预定的广播传输的再传输、企业内部的传输、再传输者的进一步传输、对企业的传输（用于普通业务过程）等。

[3] 参见 17 USC 114（f）（4）（E）（iii）. 以及 LEACH E. Do the Right Thing [EB/OL]. http：//emusician. com/mag/emusic_right_thing/.

[4] LEAFFER M A. Understanding Copyright Law [M]. 5th edition. New York：Lexis Nexis，2010：394.

种情形的强制许可是 1998 年的数字千年版权法案扩充的。❶ 需要强调的是，并非所有对录音的非交互传输都可以适用上述强制许可的限制，美国版权法对此有非常严格和繁杂的限制，比如，这种传输不能超出“对录音表演的补充”（sound recording performance complement）的限制，所谓“对录音表演的补充”，根据美国版权法第 114（j）（13）条的定义，是指在 3 个小时的长度内对录制的音乐的精选（selections）进行传输的数量限于同一个专辑中的 3 首或者同一个艺术家或同一个合集的 4 首。

至于交互式服务的传输，根据美国版权法第 114（j）（7）条的定义，这种服务能够使公众接收到特意为接收者创建的或者是应要求创建的节目的传输时，接收到由接收者或代表接收者选择的特定录音的传输，不管这种录音是否属于一个节目的一部分。对于以交互式服务的方式进行数字音频传输的公开表演行为，虽然并不受上述强制许可规则的约束，但是，美国版权法依然对权利人颁发独家许可作出了许可期限上的一定限制。根据美国版权法第 114（d）（3）（A）条规定，录音的权利人独家许可他人公开表演其录音的期限不得超过 12 个月——这就是本文开篇引用的有关人士所称的“美国 1995 年颁布的《录音数字表演权修正案》规定交互式的流媒体服务所需的录音许可可以直接从唱片公司获得，权利人对任何交互式服务（商）进行的数字音频传播录音表演权的独家许可期限均不得超过 12 个月”的出处。❷ 那么，应该如何看待这个规则呢？首先，必须强调的是，从美国对录音的数字音

❶ 参见 Library of Congress Copyright Office. Digital Performance Right in Sound Recordings and Ephemeral Recordings [Docket No. 2004-1 CARP DTRA4] [EB/OL]. Federal Register, 2004, 69 (3): 689. http://www.copyright.gov/fedreg/2004/69fr689.html.

❷ 不过，按照该条规定，如果许可人只拥有不超过 1000 首录音的版权的，上述独家许可的期限允许最多达到 24 个月，前提是：被许可人在前一个独家许可期满后不得再次就同一录音取得长达 13 个月的独家许可。

频传输权（表演权）所制定的规则来看，这个规定并非针对全部的数字音频传输的行为，而只是针对以交互式服务的方式进行数字音频传输的行为，而非交互式的数字音频传输（比如网络广播行为），则适用前面所说的强制许可。其次，与强制许可相比，对独家许可期限的限制其实是对版权人权利更为微弱的限制，也就是说，他人进行交互式的数字音频传输，依然需要取得录音版权人的许可，而且录音版权人依然享有12个月期限的独家许可权利。即使如DPRA法案发起人之一的Moorhead议员在其就此向美国国会提交的报告中解释的那样，第114（d）（3）条的目的在于消除独家许可“可能限制音乐作品的传播和阻碍交互式服务的发展”的顾虑，防止录音版权人成为音乐作品表演的“守门人”[1]，但是，美国版权法并没有对此采取更为强硬的“强制许可”措施——虽然这个措施可以更有效地绝对消除“独家许可”的存在。另外，美国版权法第114（d）（3）（B）条还进一步规定了不受上述独家许可期限限制的两个例外情形：①许可人已经且仍保持向至少5家不同的交互式服务提供者授予以数字音频传输方式公开表演录音的许可，且每家许可的录音数量不少于许可人拥有版权的全部录音的10%且绝对数量不少于50首；或②该独家许可仅用于完全为录音的发行或表演进行推广之目的而进行的最长45秒的公开表演。这进一步说明，对于录音的交互式数字音频传输的许可，美国版权法还是在一定范围内允许存在无期限的独家许可的，而并非我国有学者所称的不允许独家许可的存在。

三、对录音的数字音频传输时临时复制的强制许可

美国1998年的数字千年版权法案还对于数字录音传输录音时

---

[1] 转引自：时建中．著作权内在利益平衡机制与反垄断法的介入：美国录音制品数字表演权制度的启示［J］．法学杂志，2018（2）．（2018年2月28日转载于“法学杂志”微信公众号）

的临时复制行为规定了强制许可。[1]

根据美国版权法第 114（d）（1）（c）（iv）条的规定，通过数字音频传输录音给一个企业，用于其业务的一般过程的，不构成对录音公开表演权的侵权。一个传输机构根据上述规定，以及根据美国版权法第 114（f）条规定的数字音频传输强制许可的规定，依法（豁免或通过强制许可）通过数字音频传输公开表演录音的，该机构可以根据美国版权法第 112（e）条规定的条件对该录音制作不超过 1 份的录音，用于以后的传输。[2]

这个规定说明，一方面，在上述两种情形下的数字音频传输中，如果传输机构要临时复制录音，属于录音的复制权所控制的范围，并不能享受豁免；另一方面，只要支付了版权使用费，就可以进行这种临时复制，无须事先经过录音版权人的许可，即属于强制许可。

四、对音乐作品的数字录音制品发行的强制许可[3]

在数字技术时代，音乐作品的发行和通过数字传输的方式进行传播（即美国版权法中的公开表演）之间的界限变得越来越模糊。特别是，交互式的数字音频传输技术使得可以根据消费者的需要向其发送录音的复制件。

在制定 1995 年的《录音数字表演权法案（DPRA）》时，美国国会也认识到了数字音乐传输同样会影响到音乐作品作者的利益，因此该法案还确认了数字传输音乐可以构成音乐作品的复制、发

---

[1] 参见：Library of Congress Copyright Office. Digital Performance Right in Sound Recordings and Ephemeral Recordings [Docket No. 2004 - 1 CARP DTRA4] [EB/OL]. Federal Register，2004，69（3）：689. http：//www.copyright.gov/fedreg/2004/69fr689.html.

[2] 17 USC 112（e）（1）.

[3] 这里把 Phono record 翻译成“录音制品”，是为了区别“sound recording”（录音）。我国《著作权法》中的录音制品，更接近 sound recording（录音）的意思。

行行为，并规定：如果向公众发行出于私人使用的需要，“数字录音制品发行”（digital phonorecord delivery）者可以获得制作和发行音乐作品录音的强制许可。[1] 总之，1995 年的 DPRA 把制作发行音乐作品的录制品的强制许可扩大到了“数字录音制品发行”（DPDs）行为，即为了“数字录音制品发行”的目的，可以未经音乐作品著作权人许可使用其音乐作品进行录音并进行数字发行。

根据美国 1976 年版权法第 115（d）条的定义，所谓“数字录音制品发行”（digital phonorecord delivery），属于数字传输音乐的方式，它是指一个录音制品（phonorecord）的每次独立传送，这种传送是以一个录音（sound recording）的数字传输方式进行的。对录音制品（phonorecord）传输接受者来说，每一次传送都导致了对该录音（sound recording）的“特定可辨的复制”（specifically identifiable reproduction），不考虑数字传输是否也构成对录音或其中的音乐作品的公开表演。对于“特定可辨的复制”的含义，美国国会司法委员会在向国会提交的报告中解释到：在传输时进行复制的传输接收者能够辨认这种复制，但是，仅仅以传输接收者能够进行复制和辨认复制的事实，并不足以认定这种传输就属于数字录音制品发行。[2] 可见，该法案试图将“数字录音制品发行”与“公开表演”加以区分，前者会导致一个复制，而后者实行的非交互的传输，不会产生复制。根据美国 1976 年版权法第 115（d）条的定义，数字录音制品发行不包括一个录音的实时（real - time）、非交互的（non - interactive）预订（subscription）传输，因为从传输开始直到接受者收到，并没有为了听到该录音而进行复制。比如，一个非交互的预订传输服务如果实时传送了

---

[1] 17 USC 115（a）.

[2] 参见美国 Senate Report 104 - 128 - Digital Performance Right in Sound Recordings Act of 1995，104th Congress，1st session [EB/OL]. http：//thomas. loc. gov/cgi - bin/cpquery/？&dbname = cp104&sid = cp104HCkFL&refer = &r_n = sr128. 104&item = &sel=TOC_130547&.

一个连续的音乐节目，该音乐是由传输机构选择的，但消费者支付了月租费，那么，只要在传输的任何节点上都没有进行复制，这样的传输就不是数字录音制品发行，尽管该录音是能够被听到的。而且，即使预订者通过他们自己采取的行动可以录制上述传输服务中的全部或部分节目，上述这种传输也不属于数字录音制品发行。[1] 根据美国1976年版权法第115（c）（3）（A）条，强制许可的被许可方享有通过“数字录音制品发行”的数字传输方式发行或授权发行音乐作品录音的权利，无论数字传输是否也构成对录音或其中的音乐作品的公开表演。[2]

从上述定义可以看出，“数字录音制品发行”（DPDs）行为必须存在对音乐作品的复制，因此，数字录音制品发行可以适用音乐作品复制、发行的强制许可。美国国会作出这个规定的本意是为了在新的数字技术背景下确认音乐作品作者在数字音乐传输中的权利，并通过强制许可制度方便、促进数字音乐的传输。

上述强制许可规则的运行可以通过一个例子来加以说明：假如音乐作品的作曲者丙授权甲公开表演和销售其歌曲的复制件。于是乙就可以通过强制许可组织音乐家们录制其自己版本的歌曲，但应该按传统的录音强制许可规则向丙支付报酬。假如丁希望依照该强制许可进行“数字录音制品发行”，就必须向丙支付其使用音乐的法定报酬。丁可以使用甲或者乙制作的录音，但必须获得他们的同意。如果丁无法得到甲或者乙的许可，他也可以自己组织音乐家来重新录制该歌曲，以用于数字录音制品发行。这里，丁必须向作曲者丙支付法定的许可费，但无须向录音版权人甲或者乙支付报酬。假设甲和乙同意丁使用其录音向消费者进行数字录音制品的发行，这时，丁就能够自己利用上述强制许可规则，

---

[1] 参见美国 Senate Report 104－128.

[2] 17 USC 115（c）（3）（A）.

但前提是该作品的所有数字编码信息连同该作品一起传输出去。[1]

可以看出，根据美国版权法，虽然对音乐作品的“数字发行”可以适用法定许可，但是其前提是该音乐作品已经被录制和出版了，而且，未经原录制者的授权，并不能直接对该录音制品进行数字发行，而只能自己重新录制后才能进行数字发行。所以，我们并不能从上述强制许可的规则中得出在美国不经授权就可以直接对已经制作完成的录音制品进行数字发行的结论。此外，数字录音制品发行的强制许可取得的仅仅是对音乐作品的复制发行权利，而不包括对音乐作品的公开表演的权利，要公开表演音乐作品（包括数字音频传输），仍然需要取得音乐作品版权人的授权。

五、美国有关音乐作品和录音的强制许可制度存在的问题

就音乐作品而言，美国版权法第 115 条只是规定了制作以及复制发行录音制品的强制许可制度，虽然美国版权法将这个制度进一步覆盖到了所谓的“数字录音制品发行”（DPDs）行为，但依然无法涵盖那些实时（real - time）非交互的（non - interactive）的数字音乐传输行为。就录音而言，美国版权法第 114 条则就非交互式的（包括预订的和非预订的）数字音频传输以及数字音频传输中的临时复制规定了强制许可，而数字音频传输属于公开表演的范畴，并不产生复制。这就产生了一系列的问题。

首先，如果以“数字录音制品发行”——产生了复制的方式传播录音制品，“数字发行者”不仅需要得到录音版权人的授权，而且录音版权人也需要得到音乐作品版权人的许可才可以授权他人以“数字录音制品发行”的方式进行传输。只不过 1995 年的《录音数字表演权法案》豁免了录音版权人的责任，“只要录音版

---

[1] LEAFFER M A. Understanding Copyright Law [M]. 5th edition. New York: Lexis Nexis, 2010: 321.

权人没有授权他人发行音乐作品的录音制品，那么，录音版权人就可以不对那些未经授权的数字录音制品发行行为承担间接侵权责任（secondary liability）”[1]。

其次，由于音乐作品的版权强制许可仅适用于音乐的录制和发行（包括录音制品的数字发行），而不适用于音乐的公开表演，如前所述，数字录音制品发行的强制许可取得的仅仅是对音乐作品复制发行权利，而不包括对音乐作品的公开表演的权利，要公开表演音乐作品，仍然需要取得音乐作品版权人的授权。但是，事实上，数字音乐传输中可能既包含有复制、发行的因素，还包含有公开表演的因素，或者只包含有公开表演的因素而不存在复制的因素——美国版权法第 115 条的规定已经承认了这个事实[2]，这意味着，仅仅取得数字录音制品发行的强制许可，仍不一定能合法地进行数字音乐的传输。在线音乐服务提供商如果希望提供既包含复制又包含公开表演的服务，就需要给同一个版权人（音乐作品作者）向两个不同的机构支付两笔版权使用费（复制的强制许可费和公开表演权使用费）。[3] 先不论这里是否存在“两笔小费”（double - dip）即双倍使用费的问题，这样的许可方式显然是很没有效率的。

再次，由于获取音乐作品录制的强制许可需要就每一首音乐

---

[1] LEAFFER M A. Understanding Copyright Law [M]. 5th edition. New York: Lexis Nexis, 2010: 320.

[2] Marybeth Peters, Section 115 Compulsory License, Statement of Marybeth Peters the Register of Copyghts before the Subcommittee on Courts, The Internet and Intellectual Property of the House Committee on the Judiciary, United States Senate 108th Congress, 2nd Session, March 11, 2004. http://judiciary.house.gov/media/pdfs/peters031104.pdf.

[3] Marybeth Peters, Music Licensing Reform, Statement of Marybeth Peters the Register of Copyghts before the Subcommittee on Courts, The Internet and Intellectual Property of the House Committee on the Judiciary, United States Senate 109th Congress, 1st Session, June 21, 2005. http://www.copyright.gov/docs/regstat062105.html.

的使用履行通知（notice of intention）程序，音乐作品的版权人也需要履行通知（notice of use）手续，这在传统的音乐作品录制中还是可行的，但是在数字音乐传输的环境下就成了麻烦，因为数字音乐服务提供商需要获得成千上万条的录音以便提供给消费者，20 世纪初产生的强制许可制度已经难以胜任 21 世纪的要求，这使得双方都要求简化法律程序来适应变化了的音乐传输模式。而且，美国音乐复制发行权的主要代理机构——国家音乐出版者协会（NMPA）的分支机构 Harry Fox 代理公司（HFA），无法像美国表演权协会（ASCAP、BMI、SESAC）一样提供几乎所有的音乐作品。[1] 这样，在数字音乐传输时要取得音乐作品录制的许可就出现了困难。

最后，1995 年的 DPRA 虽然把制作发行音乐作品的录制品的强制许可扩大到了“数字录音制品发行”（DPDs）行为，并对什么是“数字录音制品发行”进行了定义，但是，对于什么样的行为构成“DPDs”，却成为争议的一大热点。2001 年，美国录音工业协会（RIAA）要求版权局解决什么样的数字传输构成一般的数字录音制品发行（general DPD），而什么样的数字传输属于附随的数字录音制品发行（incidental DPD）的问题，尤其是两种数字音乐服务——“按需流式传输”（on - demand streams）和“有限下载”（limited download）。[2] 对于“on - demand streams”，美国录音工业协会指的是“采用诸如 Real Audio 之类的流媒体技术、根据需要进行的实时传输，它允许用户在希望听音乐时，传输过来音乐，

---

[1] PETERS M. Music Licensing Reform [EB/OL]. http: //www. copyright. gov/docs/regstat062105. html.

[2] Library of Congress Copyright Office 37 CFR Part 255 [Docket No. RM 2000 - 7A] http: //www. copyright. gov/fedreg/2001/66fr64783. html. 以及 Marybeth Peters, Section 115 Compulsory License, Statement of Marybeth Peters the Register of Copyghts before the Subcommittee on Courts, The Internet and Intellectual Property of the House Committee on the Judiciary, United States Senate 108th Congress, 2nd Session, March 11, 2004. http: //judiciary. house. gov/media/pdfs/peters031104. pdf.

以听到他们想听的音乐”。[1] 而“limited download”，是指“根据需要传输一种有限制的或者其他使用限制的（比如非永久性的）下载，存储于当地储存装置（比如用户计算机的硬盘），并使用一种技术，使该下载的文件仅仅在有限制的时间（比如，一个确定的时间或根据支付的款项所预订的时间）内或一定数目的次数内进行欣赏”[2]。由于美国版权法第 115 条并没有界定什么是“附随的数字录音制品发行”（incidental DPD），因此，什么样的行为构成“附随的数字录音制品发行”（incidental DPD）一直难以说清楚。对此，音乐出版商认为，无论是按需流式传输还是有限下载都属于其机械录制权的范围，因此，无论是数字流式传输还是DPD 方式的传输都属于强制许可的范围。录音工业部门也支持这个观点，而且认为除了版权法第 112（a）条规定的临时复制的豁免外，其他的复制行为都不能予以豁免，因此它们要求将版权法第 115 条规定的强制许可覆盖到在提供数字音乐传输服务时存在的所有的复制音乐作品的行为。[3]

由于上述问题以及其他一些问题的存在，修改版权法第 115 条已经成为美国各界的共识。美国曾在 2006 年试图借鉴第 114 条而修改第 115 条，将第 115 条规定的强制许可进一步扩展到数字音乐传输行为，但最终并未实现这一目标。[4]

---

[1] 关于流媒体技术，参见：彭兰．什么是流媒体技术［EB/OL］．［2004－11－17］．http：//news. xinhuanet. com/newmedia/2004－11/17/content_2228652. htm.

[2] Library of Congress Copyright Office 37 CFR Part 255［Docket No. RM 2000－7A］http：//www. copyright. gov/fedreg/2001/66fr64783. html.

[3] Marybeth Peters，Section 115 Compulsory License，Statement of Marybeth Peters the Register of Copyghts before the Subcommittee on Courts，The Internet and Intellectual Property of the House Committee on the Judiciary，United States Senate 108th Congress，2nd Session，March 11，2004. http：//judiciary. house. gov/media/pdfs/peters031104. pdf.

[4] 据刘家瑞教授的介绍，后来，美国法院通过判例和版权局的有关规定，将这个强制许可也适用于不产生复制件的流媒体传播，尤其是交互性的流媒体传播。

六、结论

对于网络传播音乐作品，我国是否需要借鉴美国法规定的法定许可或强制许可制度，应谨慎下结论。从上文介绍的美国相关制度来看，虽然美国版权法对网络环境下数字音乐的传播进行了一些规范，但是在各种利益的博弈和牵制下，最后形成的相关规则无疑是非常复杂和烦琐的，即便是研究美国版权法的专业人士对此也是望而生畏，而且，其存在的问题和争议也依然很多。在我们尚未对美国相关规则及其实施效果有清晰而深入的掌握和了解前，轻言借鉴是盲目和危险的。

需要强调的是，美国版权法的规则并非如我国有关人士所想象的那样：对网络环境下的音乐传输都实施了强制许可制度而不存在独家许可或受排他权控制的情形。美国版权法既保护音乐作品，又同时保护录音（sound recording，类似我国著作权法中的录音制品）。就录音而言，美国版权法对录音的数字音频传输只规定了在提供非交互式服务（包括预订或非预订的传输）时才适用法定许可，而对于录音的交互式传输并不适用法定许可——只是独家许可期限受到了限制而已（但也还有例外）。对于音乐作品而言，则不存在数字传输的法定许可制度，美国版权法只是规定在“数字录音制品发行”的情形才适用强制许可（且仅限于按照强制许可录制的录音制品），这也许可以涵盖部分构成临时复制的流媒体传播行为（特别是交互式传输），但非交互式的实时的数字音乐传输依然难以适用强制许可。这样的话，对于数字音乐的网络传播，起码在非交互式传播的情形下，仍然会受制于著作权人享有的排他权，无法排斥独家许可行为的存在；而在交互式传输的情形下，也依然要受制于录音的版权人所享有的排他权利，仍然不足以导致独家授权在美国的消失。

而在我国《著作权法》中，录音制作者并不像在美国那样享有非交互式传输（预订的网络传输、网络广播等）的权利，而只享有交互式传输的权利（信息网络传播权）。而这个权利在美国恰恰并不受法定许可规则的限制。所以，那些希望借鉴美国版权法规则来消除我国的网络平台对网络音乐的独家授权的人士，恐怕是缘木求鱼了。

加拿大专利链接制度最新修改及对我国的启示

邱福恩*

摘　要：2017年10月8日，中共中央办公厅、国务院办公厅印发《关于深化审评审批制度改革鼓励药品医疗器械创新的意见》，其中第十六项明确提出要“探索建立药品专利链接制度”。加拿大是继美国之后第二个建立药品专利链接制度的国家，并在经过20余年的实践后，于2017年对该制度进行了较大幅度的修改完善。本文在对美国、加拿大药品专利链接制度进行介绍的基础上，重点对加拿大2017年对相关具体制度设计的修改进行了分析，并就我国将来药品专利链接制度的设计提出了建议。

关键词：药品专利链接制度；加拿大

一、引言

2017年10月8日，中共中央办公厅、国务院办公厅印发《关于深化审评审批制度改革鼓励药品医疗器械创新的意见》（以下简称《意见》），其中第十六项明确提出要“探索建立药品专利链接制度”。该规定对我国即将探索实施的药品专利链接制度的框架作出了顶层设计，但有关制度细节内容仍有待进一步细化。

---

* 作者简介：武汉大学国际法研究所博士生。本文仅代表作者个人观点。

专利链接制度起源于美国，其后加拿大、韩国等根据与美国的自贸协定也引入了这一制度。加拿大等国在制定本国链接制度时，除了移植美国相关制度外，也根据本国法律制度和产业发展需求在美国制度的基础上进行了修改和调整。加拿大作为继美国之后第二个建立专利链接制度的国家，在实践中积累了较多的经验。2017 年 9 月，加拿大对其链接制度进行了全面修改，本文通过对这一最新修改进行介绍和分析，以期对我国将来的相关制度设计提供参考和借鉴。

二、药品专利链接制度介绍——以美国为例

药品专利链接制度是指将药品上市审批程序与药品专利侵权判断程序相衔接的制度。这一制度的核心是，在仿制药上市审批过程中，专利权人认为正在申请上市审批的仿制药落入其专利保护范围的，可以向法院提起诉讼，药品审批部门将中止审批直至法院作出终审判决或中止期届满。药品链接制度的目的是，在仿制药上市之前及时解决潜在的专利侵权纠纷，这既有利于维护专利权人的合法权益，也有利于仿制药生产者规避药品上市后的侵权风险、提高上市仿制药的法律确定性。

以美国药品专利链接制度为例，其包括桔皮书、仿制药专利声明、审批“停摆期”和首仿药市场独占期制度。

1. 桔皮书制度

桔皮书制度是美国药品专利链接制度的基础。原研药企业在申请新药上市时，需要向美国食品药品监督管理局（FDA）提供与其申请上市药品有关的专利信息。FDA 根据提交的资料将该药物有关的专利信息登记在桔皮书上。美国建立专利链接制度起初，未对可以登记在桔皮书中的专利类型作出限制，这在此后的实践中导致了原研药企业对桔皮书制度的滥用。为此，美国于 2003 年对专利链接制度进行修改，其中对可以列入桔皮书专利的类型进行了严格限制，仅包括化合物、配方、组合物和药品用途等专利。

2. 仿制药专利声明

仿制药申请人通过简略新药申请程序申请仿制药上市时，需要核对原研药企业登记在桔皮书上的专利信息，并按照规定向FDA提出以下四种专利声明其中之一：一是没有相关专利登记在桔皮书上；二是桔皮书上登记的专利已过期；三是仿制药申请人将在桔皮书所列专利到期后才开始制造、销售仿制药；四是桔皮书中所列专利无效、不可实施或仿制药企业申请的仿制药并不侵犯桔皮书中所登记的专利权。前述第四类声明也称为“专利挑战”。除了前述四种专利声明外，仿制药申请人还可以提出所谓的“小viii项”声明，即在仿制药申请中删除原研药受专利保护的适应症，并据此声明其不再侵犯相关专利权。

3. 仿制药审批“停摆期”

对于提交前述第一类声明、第二类声明及“小viii项”声明的仿制药申请，FDA将在审查其符合安全性、有效性等要求后直接批准上市；对于提交第三类声明的仿制药申请，FDA将等到专利到期后予以批准。而如果仿制药企业提出专利挑战，则应向FDA提出其未侵权或原研药企业专利无效的声明及相关证明资料，并通知专利权人及新药上市许可持有人。专利权人可在获得通知后45日内提起专利侵权诉讼。专利权人提出侵权诉讼的，FDA将停止批准仿制药上市，直到法院作出判决，或30个月停摆期届满。

4. 首仿药市场独占期

为了鼓励仿制药企业挑战原研药专利，首个提交仿制药申请的仿制药将享有180天的市场独占期。在这180天期间内，FDA不会再批准其他仿制药企业的上市申请。

三、加拿大专利链接制度介绍

加拿大于1993年建立了药品专利链接制度，是继美国之后第二个建立这一制度的国家。加拿大药品专利链接制度的主要内容与美国基本相同，主要包括：药品专利登记簿制度（类似于美国桔皮书制度），原研药申请人可以将其化合物、制剂、组合物和药品用途等专利提交给卫生部，并由卫生部在专利登记簿中公开；专利声明制度，仿制药申请人申请仿制药上市的，应当针对药品专利登记簿中的专利提出是否侵犯专利权的声明；“停摆期”制度，如果仿制药申请人声明不侵犯登记簿中所列专利或这些专利无效，则原研药企业可以向联邦法院提起诉讼，并自动获得24个月的仿制药审批“停摆期”。但与美国链接制度不同的是，首仿药企业不能获得一定期限的市场独占权，但仿制药申请人因审批“停摆期”而造成损失的，可以要求专利权人承担赔偿责任。

2017年9月，加拿大颁布了修改后的《专利药品（批准通知）条例》（以下简称《条例》），对药品专利链接制度进行了全面修改。此次修改内容主要包括以下两个方面：

一是为落实其与欧盟签订的《全面经贸协定》（Comprehensive Economic and Trade Agreement，CETA）所作的适应性修改。这主要是修改了专利链接制度中诉讼的形式和性质，并相应地对当事人举证责任、信息披露义务等程序性事务进行了适应性修改和调整。

二是在总结其实践经验基础上，根据国内产业情况对相关制度所作的修改。这些修改包括：扩大专利权人损害赔偿责任范围；规定专利权人可以放弃24个月“停摆期”以避免承担损害赔偿责任；禁止专利权人放弃专利链接制度中的诉权后，又在仿制药上市后提起诉讼；规定专利权人可获得禁令、损害赔偿等救济措施；允许专利权人在仿制药上市前对未列入药品专利登记簿中的专利提起诉讼等。总体而言，这些修改进一步平衡了专利权人和仿制药申请人之间的利益，有利于更加迅速地解决双方当事人存在的专利纠纷，提高上市仿制药的法律确定性，促进仿制药的及早上市。

四、加拿大专利链接制度最新修改评析及对我国的启示

对我国相关制度的设计而言，加拿大药品专利链接制度的此次修改具有重要借鉴意义。与美国不同，加拿大在引入药品专利链接制度之时主要以仿制药为主，创新药产业并不发达。实践证明，尽管加拿大对移植自美国的药品专利链接制度进行了必要的调整和完善，但制度实施效果并不理想，甚至对国内医药产业发展造成了很大的冲击。加拿大建立专利链接制度后，国内仿制药产业急剧萎缩，[1] 医药市场中进口药所占比例不断攀升。[2] 同时，药品专利链接制度也未达到议会和联邦政府所期望的促进医药创新的效果，[3] 也没有起到吸引更多的医药产业研发投入的作用。[4] 为此，加拿大此次对药品专利链接制度的许多修改内容是其在总结实施经验的基础上对这一制度的修改和完善，主要涉及以下内容。

1. 以“确认之诉”作为解决专利纠纷的途径

药品专利链接制度的主要目的是提前解决专利纠纷，这就要求允许双方当事人在仿制药上市审批期间请求法院就仿制药是否侵权专利权作出判决。请求法院裁判是否侵犯专利权最常见的方式是专利权人提起侵权之诉。然而，各国普遍接受和承认的传统专利侵权行为主要包括制造、使用、许诺销售、销售、进口专利

---

[1] BOUCHARD R A，CAHOY D R，DOMEIJ B，et al. Structure－Function Analysis of Global Pharmaceutical Linkage Regulations [J]. Minn. J. L. Sci. & Tech.，2011，12 (2)：409.

[2] [EB/OL]. [2017－06－20]. https：//www.ic.gc.ca/eic/site/lsg－pdsv.nsf/eng/h_hn01703.html.

[3] BOUCHARD R A. I'm Still Your Baby：Canada's Continuing Support of U.S. Linkage Regulations for Pharmaceuticals [J]. Marquette Intellectual Property Law Review，2011，15 (1).

[4] Pharmaceutical Industry [EB/OL]. [2017－05－27]. http：//www.thecanadianencyclopedia.ca/en/article/pharmaceutical－industry/.

产品的行为，而向药品审批机关提交上市申请并不是上述侵权行为的任何一种，不属于传统的侵犯专利权行为，因此专利权人不具备就此提起专利侵权诉讼的法律基础。

为解决专利权人对仿制药申请人提起诉讼的法律依据问题，美国在建立药品专利链接制度时，创造性地规定了“拟制侵权”条款。美国专利法第271（e）（2）规定，依美国联邦食品药品和化妆品法申请仿制药上市的行为构成侵犯专利权。也就是说，美国在传统的制造、使用、销售、进口专利产品等侵权行为之外，增加了特殊的拟制侵权行为。根据这一规定，仿制药申请人提交仿制药申请本身构成侵权，专利权人可以就此向法院提起诉讼。

加拿大在引入链接制度时，并未如美国那样在专利法中引入“拟制侵权”条款，因而专利权人不能在仿制药上市审批期间提起侵权之诉。为解决诉由问题，加拿大《条例》在专利法规定的普通专利侵权诉讼之外，规定了一种特殊的诉讼类型，即专利权人可以请求联邦法院作出禁止卫生部批准仿制药上市的判决。这一诉讼形式在诉讼程序、判决效力等方面均有别于普通侵权诉讼，在实践中也存在不少问题。例如，法院驳回专利权人请求的，专利权人虽然可以上诉，但如果仿制药已获得批准，则法院将驳回上诉请求，而不会进一步就仿制药是否侵犯专利权作出判决或裁定。而且，从判决效力上来看，法院在这一诉讼中所作判决也不是对专利有效性或是否侵权的最终判决，当事人往往还会根据专利法规定重新提起侵权之诉等。

在此次修改中，加拿大对链接制度中诉讼的形式和性质作了重大调整。修改后的《条例》采取“确认之诉”来解决专利侵权纠纷。《条例》规定，原研药上市持有人或专利权人在收到仿制药申请人的专利挑战通知后，可以向联邦法院提起确认之诉，请求法院确认制造、使用、销售该仿制药将侵犯其在药品专利登记簿中所列出的专利。在诉讼程序上，该确认侵权之诉与专利侵权诉讼适用基本相同的程序，联邦法院所作出的生效判决也是最终判决。通过这一修改，加拿大在不需要修改专利法的情况下，为双方当事人及时并完全地解决专利纠纷提供了可行途径。这也为我国药品专利链接制度中的专利纠纷解决途径提供了参考借鉴。

前述《意见》规定，在药品上市审批过程中，当事人间存在专利纠纷的，可以向法院提起诉讼。但《意见》并未明确诉讼的性质和诉由。根据我国《专利法》第11条的规定，未经专利权人许可，“制造、使用、许诺销售、销售和进口”专利产品属于侵权行为。向原国家食药监总局提交仿制药申请本身并不构成侵犯专利权。为此，有学者建议，为在我国实施专利链接制度，需要在《专利法》中增加“拟制侵权”条款，从而为专利权人在仿制药上市审批过程中向法院提起诉讼提供法律基础。

然而，“拟制侵权”制度在法理上仍存在一定争议，并未被各主要国家广泛接受。在立法技术和立法时机上，现阶段引入“拟制侵权”条款也存在一定的困难。在这种情况下，作为建立专利链接制度的“探索”，加拿大的“确认之诉”模式不失为可选的最佳模式之一。实践中，我国已通过司法解释明确了“确认不侵权之诉”的诉讼地位。因此，在探索建立我国药品专利链接制度时，建议可以在现有确认不侵权之诉的基础上，以适当方式增加“确认侵权之诉”，用于解决仿制药上市审批过程当中专利权人和仿制药申请人之间可能存在的专利纠纷。

2. 完善“停摆期”及相关损害赔偿制度

在药品专利链接制度中，专利权人就专利侵权纠纷提起诉讼的，药品上市审批部门将暂停仿制药上市审批一定的时间，直到法院作出不侵犯专利权的判决或中止期届满，即所谓的“停摆期”制度。

“停摆期”制度能确保原研药企业的市场不被侵权仿制药侵占，极大地维护了专利权人的利益。但是，这一制度也在很大程度上损害了仿制药申请人的合法权益。这是因为，以美国药品专利链接制度为例，只要专利权人向法院提起侵权诉讼，就可获得长达30个月的“停摆期”，在这期间仿制药不能获批上市。即使法院最后判决专利无效或仿制药不侵犯专利权，仿制药得以获批上市，其上市时间也因“停摆期”而大大推迟。这在很多情况下将给仿制药企业造成巨大经济损失。而对于原研药企业而言，即使其在诉讼中最终败诉，仍然能够通过“停摆期”制度延长其市场独占期而获取高额利润，并且无须为由此给仿制药申请人造成的损失承担赔偿责任。

为平衡专利权人和仿制药申请人之间的利益，加拿大在1998年对其专利链接制度进行了修改，引入了损害赔偿制度。在仿制药申请人因“停摆期”导致产品上市时间延迟，遭受损失的情况下，可以请求提起诉讼的专利权人承担相应赔偿责任。修改前的《条例》规定，仿制药申请人可以请求获得赔偿的损失是，假设不适用“停摆期”情况下仿制药应当获得批准之日至诉讼被撤回或驳回之日这一期间所遭受的损失。

在此次修改中，加拿大对损害赔偿制度作出了进一步完善。修改后的《条例》删除了损失计算时间截点的规定。这意味着，仿制药申请人可以请求法院判决专利权人赔偿任何因推迟仿制药上市而导致的损失，即使该损失发生在其产品上市之后。例如，仿制药申请人可以主张，仿制药上市时间的不当推迟，使其丧失了市场竞争优势，降低了其上市后的市场占有率，由此造成的损失也应当由专利权人承担赔偿责任。同时，修改后的《条例》也规定，提起诉讼的专利权人可以主动声明放弃24个月的停摆期，以避免承担损害赔偿责任。专利权人放弃“停摆期”的，仿制药申请将在满足其他上市条件的情况下直接获得批准。但仿制药上市后，法院又作出仿制药侵犯专利权的判决的，仿制药企业需要承担相应的侵权责任，包括停止侵权、赔偿损失等。通过这几项修改，从多个方面更好地平衡双方当事人的权利义务，也给予了专利权人更大的选择空间。

中共中央办公厅、国务院办公厅颁布的《意见》中，原则性地规定了我国将来的药品专利链接制度包括“停摆期”，即当事人向法院起诉的，食品药品监管部门将中止审批仿制药申请上市，但不停止技术审评工作。但是，《意见》没有对“停摆期”的启动及双方当事人的权利义务作出详细规定。为更好地平衡专利权人和仿制药申请人之间的利益，避免仿制药上市时间因专利权人滥用“停摆期”制度而被不当地延迟，在设计相关制度时，可以借鉴加拿大修改后的药品专利链接制度。具体而言，可以作出如下规定：第一，“停摆期”制度应由提起诉讼的专利权人选择适用。可以规定“停摆期”制度仅在专利权人提出请求的情况下适用，或者规定原则上均适用“停摆期”制度，但专利权人可以声明放弃。第二，专利权人选择适用“停摆期”制度，由此给仿制药申请人造成损失的，应当承担相应的赔偿责任。

3. 禁止事后诉讼

在药品专利链接制度中，专利权人在收到仿制药申请人发出的专利挑战的通知后，可以在一定时间内向法院提起诉讼，以在仿制药上市前解决相关专利纠纷。然而，是否提起诉讼的主动权掌握在专利权人一方。这样可能会出现的问题是，专利权人在仿制药上市审批期间并不依据药品专利链接制度相关规定提起诉讼，而是在仿制药上市后提起侵权诉讼。一旦法院判决上市仿制药侵犯专利权，仿制药企业将可能需要承担停止生产、销售仿制药的专利侵权责任，既给仿制药企业造成巨大经济损失，也将影响仿制药的市场供应。为解决这一问题，美国链接制度规定，专利权人未在法定期限内提起专利侵权之诉的，仿制药申请人可以提起确认不侵权之诉，请求法院就其申请上市的仿制药是否会侵犯相关专利权作出判决。

修改后的加拿大专利链接制度则采取“禁止事后诉讼”制度来解决这一问题。修改后的《条例》规定，专利权人在收到仿制药申请人专利挑战通知后45天内不提起诉讼的，在此之后不得就该通知所针对的专利提起侵权诉讼，除非专利权人在上述期间内没有提起诉讼的合理基础。“没有提起诉讼的合理基础”的情形例如包括仿制药申请人提供虚假、误导或不完整信息等。“禁止事后诉讼”体现的是禁止反悔原则。专利权人在收到专利挑战通知书后，具备合理起诉基础而未提起诉讼的，即视为放弃了诉权，此后不得就同一事由再次提起诉讼。这一规定能够有效地防止申请人策略性的延迟专利侵权诉讼，提高上市仿制药的法律确定性，保障仿制药的市场供给。而且，由于如果因仿制药申请人未向专利权人提供完整、准确的信息而导致专利权人未起诉的，不适用禁止事后诉讼制度，这也能够促进仿制药申请人向专利权人完整、真实地披露相关信息。

为更好地平衡专利权人和仿制药申请人之间的权利义务，提高上市仿制药的法律确定性，保障仿制药供应，在设计我国药品专利链接制度时，也可以借鉴加拿大“禁止事后诉讼”制度，规定专利权人在法定期限内未提起诉讼的，视为其放弃了就该专利提起诉讼的权利，不得就该专利再提起侵权之诉。

4. 建立平行诉讼制度

实践中，围绕同一个药物通常存在多个不同的专利，但并非所有这些专利均可在桔皮书（药品专利登记簿）中列出，也就是说并非所有这些专利均适用药品专利链接制度。在美国和加拿大，均只有活性成分、组合物、剂型和药品用途专利适用于药品专利链接制度，其他专利（例如制备方法、中间体、代谢物专利等）则不能根据药品专利链接制度提起诉讼。这带来的问题是，即使仿制药通过药品专利链接制度顺利上市，专利权人仍然可以就未列入桔皮书的其他专利提起侵权诉讼，上市的仿制药仍然存在法律不确定性。在美国药品专利链接制度中，并未对这一问题提出解决方案。

加拿大新修改的链接制度则试图通过“平行诉讼”制度来解决这一问题。修改后的《条例》规定，专利权人在收到专利挑战通知书后，除了对该通知书针对的专利根据专利链接制度提起诉讼外，还可以对其他专利提起单独诉讼。针对其他专利单独提起的诉讼也是确认之诉，即请求法院确认制造、使用、销售该仿制药将侵犯其专利权，但这一诉讼不能获得 24 个月的“停摆期”。从程序上来看，专利权人能够提起的上述两类诉讼相互独立，互不干扰。

多数情况下，尽早解决潜在的专利纠纷符合双方当事人的利益。仿制药企业在其产品上市前解决专利纠纷能提高法律确定性，避免不必要的损失；专利权人也有意愿及早提起诉讼以维护自己的市场地位。“平行诉讼”制度为双方当事人提供了早期解决潜在专利纠纷的途径，有利于当事人及早解决专利纠纷，提高上市仿制药的法律确定性。但另一方面，这一制度也使得药品专利链接制度更为复杂，并且可能导致增加不必要的诉讼，增加双方当事人的制度使用成本。而且，是否就未列入专利登记簿的专利提起“平行诉讼”的主动权仍在专利权人手中，在有些情况下，专利权人仍然可以通过策略性地推迟相关专利诉讼来获得利益的最大化，因此该制度仍然难以完全解决仿制药法律确定性的问题。

作为制度尝试，加拿大“平行诉讼”制度也为我国将来的药品专利链接制度提供了有益的借鉴。但由于这一制度的实施效果仍有待实践检验，为使我国的药品专利链接制度更简单、更易被制度使用者接受和使用，建议我国在探索建立相关制度之初没有必要建立“平行诉讼”制度，而在今后视加拿大实施效果情况决定是否引入。

从“小 i 机器人”案谈说明书的充分公开

张晓都*

摘　要：《专利法》第 26 条第 3 款中“所属技术领域的技术人员能够实现”，是指所属技术领域的技术人员依据说明书记载的内容，并可结合所属领域技术人员的普通技术知识能够实现。在判断说明书公开是否充分时，不要求说明书记载所属领域技术人员的普通技术知识，这些普通技术知识可由审查员自行补充进说明书中，但所属领域技术人员普通技术知识之外的所属领域技术人员能够获得的所属领域的现有技术应当记载在说明书中，否则说明书公开不充分。

关键词：说明书公开充分；能够实现；普通技术知识；所属领域技术人员

一、基本案情

上海智臻网络科技有限公司（以下简称“智臻公司”）系为名称为“一种聊天机器人系统”（以下简称“小 i 机器人”）发明专利的专利权人。该专利的权利要求 1 为：

“一种聊天机器人系统，至少包括：

一个用户；和一个聊天机器人，该聊天机器人拥有一个具有

* 作者单位：君合律师事务所。

人工智能和信息服务功能的人工智能服务器及其对应的数据库，该聊天机器人还拥有通信模块，所述的用户通过即时通信平台或短信平台与聊天机器人进行各种对话，其特征在于，该聊天机器人还拥有查询服务器及其对应的数据库和游戏服务器，并且该聊天机器人设置有一个过滤器，以用来区分所述通信模块接收到的用户语句是否为格式化语句或自然语言，并根据区分结果将该用户语句转发至相应的服务器，该相应的服务器包括人工智能服务器、查询服务器或游戏服务器。”

苹果电脑贸易（上海）有限公司（以下简称“苹果公司”）针对本专利向专利复审委员会提出了无效宣告请求。其中的主要争议点之一是：利用游戏服务器来实现游戏功能是否为说明书所充分公开。

国家知识产权局专利复审委员会（以下简称“专利复审委员会”）在第21307号无效宣告请求审查决定（以下简称“第21307号决定”）中认为：“针对请求人提出的本专利实施例没有给出如何利用游戏服务器5来实现游戏功能的无效理由，合议组认为，本专利说明书第3页第11～14行记载了‘聊天机器人9本质上是一个或若干个机器人服务器2，其中设置有通信模块21、过滤器22、对话模块23、查询模块24，其一端连接用户1，另一端连接人工智能服务器3和/或查询服务器4和/或游戏服务器5’，如本专利附图1所示，即实施例中公开了用户通过机器人服务器2连接到游戏服务器5。另外，该专利说明书第5页第7－9行记载了‘在机器人中我们特别倡导互动性，机器人可以实现以下互动游戏（智力闯关、智力问答、24点、猜数字等）’。本领域技术人员由上述记载内容能够实现，用户通过即时通信平台与聊天机器人进行对话，该聊天机器人的另一端连接游戏服务器，根据聊天机器人识别的对话内容，用户就可以利用游戏服务器实现以文字互动为基础的游戏功能，因此本领域技术人员根据说明书的上述记载能够实现本发明利用聊天机器人系统的游戏服务器互动游戏的功能。”

该专利的附图 1 如本文图 1 所示。

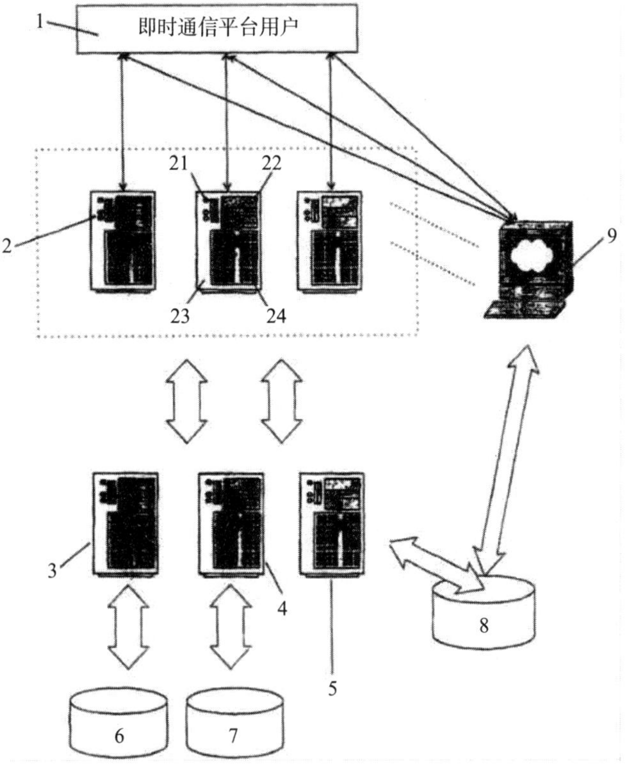

图 1 涉案专利附图 1

北京市第一中级人民法院在（2014）一中知行初字第 184 号行政判决中认为：“聊天机器人系统必然对用户语句进行语言分析，将语言分析后与游戏相关的内容发送至游戏服务器，这也是本领域技术人员根据其普通技术知识能够实现的。苹果公司关于本专利未充分公开如何实现游戏功能的主张不能成立。”

北京市高级人民法院在（2014）高行（知）终字第 2935 号行

政判决中认为：

“说明书仅仅记载了具有一个游戏服务器以及提到实现互动游戏的设想，而对于游戏服务器与聊天机器人的其他部件如何连接，例如，对什么样的用户输入的什么内容传送到游戏服务器以及如何将用户的指令传送到游戏服务器中，完全没有记载。此外，根据说明书的记载和教导，过滤器对用户输入语句进行判断，判断为格式化语句的则通过查询模块 24 输出到查询服务器 4，而判断为自然语句的则通过对话模块 23 输出到人工智能服务器 3。因此，根据本专利说明书的记载，本专利的聊天机器人系统中，如果用户输入的是和游戏相关的语句，即使其能够由过滤器分析处理，其也只是被过滤器判断为自然语句或格式化语句，而送到人工智能服务器 3 或查询服务器 4 中，而根本不可能送到游戏服务器 5 中。由此可见，本专利说明书未充分公开如何实现本专利权利要求 1 所限定的游戏功能，违反了《专利法》第 26 条第 3 款的内容……判断说明书是否充分公开的依据在于本领域技术人员根据说明书的记载能够确定的内容，即，说明书记载的信息量应当足够充分，或者至少应当提供足够明确的指引，以促使本领域技术人员据此获知相关的现有技术来具体实现本专利的技术方案。但原审判决却认为只要本领域技术人员可以实现的内容就属于公开充分，而不考虑这些内容是否已经在说明书中被教导、记载或指引，这显然不符合《专利法》第 26 条第 3 款的立法本意。”

二、问题探讨

（一）说明书充分公开在《专利法》及《专利审查指南2010》上的要求

说明书应当充分公开的法律依据是《专利法》第 26 条第 3 款的规定，即“说明书应当对发明或者实用新型作出清楚、完整的说明，以所属技术领域的技术人员能够实现为准”。该规定从 1984 年《专利法》立法开始从未修改过。

何为“所属技术领域的技术人员能够实现”，根据《专利审查指南 2010》及《审查指南 2006》的规定，“所属技术领域的技术人员能够实现，是指所属技术领域的技术人员按照说明书记载的内容，就能够实现该发明或者实用新型的技术方案，解决其技术问题，并且产生预期的技术效果。”❶

根据《审查指南 2001》的规定：“所属技术领域的技术人员能够实现，是指所属技术领域的技术人员按照说明书记载的内容，不需要创造性的劳动，就能够再现该发明或者实用新型的技术方案，解决其技术问题，并且产生预期的技术效果。”❷

根据《审查指南 1993》的规定，“所属技术领域的技术人员能够实现，是指所属技术领域的技术人员按照说明书记载的内容，不需要创造性的劳动，就能够再现该发明或者实用新型的技术方案，达到其目的，并且具有有益的效果。”❸

《专利审查指南 2010》及《审查指南 2006》与《审查指南 2001》及《审查指南 1993》相比，主要区别在于后来的规定中删除了“不需要创造性的劳动”。在评判所属技术领域的技术人员是否能够实现时，所属领域技术人员被假定为是“不具有创造能力”的，所属技术领域的技术人员能够实现时当然是指，所属技术领域的技术人员按照说明书记载的内容，在不需要创造性劳动的情况下，能够实现该发明或者实用新型的技术方案，解决其技术问题，并且产生预期的技术效果。因此，尽管后来审查指南的规定中删除了“不需要创造性的劳动”，“所属技术领域的技术人员能

---

❶ 国家知识产权局．专利审查指南 2010 [M]．北京：知识产权出版社，2010：第二部分第二章第 2.1.3 节；国家知识产权局．审查指南 2006 [M]．北京：知识产权出版社，2006：第二部分第二章第 2.1.3 节．

❷ 国家知识产权局．审查指南 2001 [M]．北京：知识产权出版社，2001：第二部分第二章第 2.1.3 节．

❸ 中国专利局．审查指南 1993 [M]．北京：专利文献出版社，1993：第二部分第二章第 2.1.3 节．

够实现”的含义在前后审查指南中的含义实质上相同。

（二）如何确定“所属技术领域的技术人员”

所属技术领域的技术人员能够实现的判断主体是“所属技术领域的技术人员”。根据《专利审查指南2010》中的规定，“所属技术领域的技术人员，也可称为本领域的技术人员，是指一种假设的‘人’，假定他知晓申请日或者优先权日之前发明所属技术领域所有的普通技术知识，能够获知该领域中所有的现有技术，并且具有应用该日期之前常规实验手段的能力，但他不具有创造能力。如果所要解决的技术问题能够促使本领域的技术人员在其他技术领域寻找技术手段，他也应具有从该其他技术领域中获知该申请日或优先权日之前的相关现有技术、普通技术知识和常规实验手段的能力”❶（《审查指南2006》及《审查指南2001》中的规定相同或者实质相同）。

但《审查指南1993》中规定，“所属技术领域的技术人员与审查员不同，他是一种假想的人。他知晓发明所属技术领域所有的现有技术，具有该技术领域中普通技术人员所具有的一般知识和能力，他的知识水平随着时间的不同而不同。”❷

与后面各版审查指南的规定相比，《审查指南1993》中的所属技术领域的技术人员“知晓发明所属技术领域所有的现有技术”，而后来审查指南中的所属技术领域的技术人员只是“能够获知该领域中所有的现有技术”。

这有关技术人员规定的差别，在评判说明书公开是否充分时结论将有重大差异。

---

❶ 国家知识产权局。专利审查指南2010［M］. 北京：知识产权出版社，2010：第二部分第二章第2.4节.

❷ 中国专利局. 审查指南1993［M］. 北京：专利文献出版社，1993：第二部分第二章第2.2节.

（三）“所属技术领域的技术人员”在说明书记载内容的基础上，可结合何种说明书没有记载的技术知识去实现发明或者实用新型的技术方案

1. 欧洲专利局的做法

《欧洲专利公约》第83条规定，“欧洲专利申请应当对发明作出充分清楚和完整的公开，以所属领域技术人员能够实施为准”。而“所属领域的技术人员”是指“所属相关领域的从业者，他被假设拥有申请日时所属领域从业人员的平均知识与技能，并知晓所属领域的普通技术知识（common general knowledge）。他也被假设能够获得现有技术中的任一技术资料，特别是检索报告中被引用的技术资料，并具有处理所属领域常规工作和常规实验的经验与能力”❶。

根据《欧洲专利局审查指南》的规定及欧洲专利局判例法，专利文件是写给所属领域技术人员看的，就没有必要也不需要描述众所周知的辅助性特征的细节。在评判说明书公开是否充分时，所属领域的人员可以用其普通技术知识（common general knowledge）补充专利申请中包含的信息。判断说明书是否充分公开的标准，是“所属领域的技术人员”根据申请文件公开的发明，可补充加上所属领域技术人员的普通技术知识，评判在不需要任何创造性劳动及过度付出的情况下是否能够实现该发明。❷

由此可见，在欧洲专利局，在判断所属领域技术人员是否能够实施时，“所属技术领域的技术人员”在说明书记载内容的基础上，可补充加上说明书没有记载的所属领域的普通技术知识，进行评判。

---

❶ Guidelines for Examination, Chapter VII - Inventive step, 3. Person skilled in the art.

❷ Guidelines for Examination, Chapter III - Sufficiency of disclosure. Case Law of the Boards of Appeal, 3.1. The disclosure is aimed at the skilled person.

2. 美国专利商标局的做法

美国专利法第 112 条第 1 款中规定了说明书充分公开的要求，即说明书必须“使所属领域或者最相关领域的技术人员能够制造和使用”要求保护的发明。这也就是“能够实现”的要求。美国法院把“能够实现”的要求理解为专利权人必须公开足够信息，从而使得本领域技术人员在没有过度实验的情况下实现所述发明。由于专利说明书针对本领域的技术人员，因此为了简明的目的，不需要且最好不从最初级原理开始描述直到要求保护的技术。说明书不需要公开本领域技术人员所熟知的信息。[1]

由此可见，美国与欧洲专利局一样，在评判所属技术领域技术人员是否能够实现时，是依据说明书记载的内容，并可结合所属领域技术人员所熟知的信息（相当于所属领域技术人员的普通技术知识）。

3. 我们应采取的做法

根据《专利审查指南 2010》的规定，“所属技术领域的技术人员能够实现”，是指所属技术领域的技术人员按照说明书记载的内容能够实现该发明或者实用新型的技术方案。但判断所属技术领域的技术人员是否能够实现时，除了依据说明书记载的内容外，还可结合说明书未记载的什么样的技术知识，《专利审查指南 2010》并未作出明确的规定。

根据《审查指南 2001》及以后来版本审查指南的规定，所属技术领域的技术人员知晓申请日或者优先权日之前发明所属技术领域所有的普通技术知识。以这样的技术人员来判断说明书记载的技术方案是否能够实现，显然就可依据说明书记载的内容，并可结合所属领域技术人员的普通技术知识。也就是说，在判断说明书公开是否充分时，并不要求说明书记载所属领域技术人员的

[1] 谢科特，托马斯. 专利法原理［M］. 2 版. 余仲儒，组织翻译. 北京：知识产权出版社，2016：161－162.

普通技术知识，这些普通技术知识可由审查员自行补充进说明书中。

由于所属领域技术人员还具有"能够获知该领域中所有的现有技术"能力，在判断说明书公开是否充分时，是否还可加上所属领域技术人员能够获得的现有技术呢？不能。所属领域技术人员能够获得的现有技术是评价创造性需要考虑的，要获得专利授权，申请专利的技术方案相对于整个现在技术要有技术上的贡献，因此所属领域的可获得的任何现在技术均可成为评价创造性的对比文献。而说明书公开充分，其立法目的是以技术方案的公开换取合法的垄断权，故说明书要求对技术方案的公开要详细到足以让所属技术领域的技术人员能够实现的程度。所属领域技术人员的普通技术知识不必在说明书中记载（为简洁目的，最好不要记载），因为既然是所属领域技术人员的普通技术知识，作为公开是否充分判断主体的技术人员必然是知晓的。而对于所属领域技术人员普通技术知识之外的现有技术，如果这样现有技术要成为评判所属领域技术人员能够实现的依据，则应当记载在说明书中。在评价说明书公开是否充分时，如果所属领域技术人员还要考虑不属于所属领域技术人员普通技术知识的且并未记载在说明书上的现有技术，则所属领域的技术人员要实现说明书记载的技术方案，还得去检索寻找现有技术，这显然会大大增加所属领域的技术人员实现说明书记载技术方案的负担。如果真如此，人们在撰写说明书时凡是现在技术即便不属于所属领域技术人员普通技术知识也无须在说明书中描述，社会公众（包括专利法立法所鼓励的在公开信息基础上进一步研发的人）要实现说明书记载的技术方案，还不得不从浩如烟海的现有技术库中去检索寻找相应的现有技术。如果这样，专利法公开换保护的立法目的的实现就要大打折扣，甚至会落空。

然而，《审查指南1993》中规定的"所属技术领域的技术人员"知晓发明所属技术领域所有的现有技术，以这样的技术人员来评判说明书的公开是否充分时，当然就不要求说明书需要记载发明所属技术领域的任何现有技术。与此相对应，《审查指南1993》在说明书中应当满足公开充分时规定，“凡是所属技术领域的技术人员不能从现有技术中直接得出的有关内容，均应当在说明书中描述”❶；“在实施方式的描述中，对已知的技术特征，可以不作详细描述，但对发明或者实用新型区别于现有技术的技术特征，以及从属权利要求中的附加技术特征应当足够详细地描述，以所属技术领域的技术人员能够实现该技术方案为准”❷。也就是说，只要是属于现有技术的东西，除从属权利要求中的附加技术特征以外，说明书中均不必记载，而这并不影响说明书的充分公开。前面已述，只要是现有技术就不需要在说明书中记载，以知晓所属技术领域所有的现有技术的“技术人员”来评价说明书公开是否充分是完全不合理的，这也应是后来审查指南予以纠正的原因。

尽管《审查指南 2001》及以后来版本审查指南均规定所属技术领域的技术人员仅是知晓申请日或者优先权日之前发明所属技术领域所有的普通技术知识，但《审查指南 2001》及以后版本审查指南中仍然规定，“凡是所属技术领域的技术人员不能从现有技术中直接、唯一地得出的有关内容，均应当在说明书中描述”❸；“在具体实施方式部分，对最接近的现有技术或者发明或实用新型与最接近的现有技术共有的技术特征，一般来说可以不作详细的描述，但对发明或者实用新型区别于现有技术的技术特征以及从属权利要求中的附加技术特征应当足够详细地描述，以所属技术

---

❶ 中国专利局．审查指南 1993［M］．北京：专利文献出版社，1993：第二部分第二章第 2.1.2 节．

❷ 中国专利局．审查指南 1993［M］．北京：专利文献出版社，1993：第二部分第二章第 2.2.8 节．

❸ 国家知识产权局．审查指南 2001［M］．北京：知识产权出版社，2001：第二部分第二章第 2.1.2 节．《审查指南 2006》《专利审查指南 2010》与此规定完全相同。

领域的技术人员能够实现该技术方案为准。应当注意的是，为了方便专利审查，也为了帮助公众更直接地理解发明或者实用新型，对于那些就满足《专利法》第 26 条第 3 款的要求而言必不可少的内容，不能采用引证其他文件或者本申请中其他段落的方式撰写，而应当将其具体内容写入说明书”❶。可见，根据《审查指南 2001》及后来版本审查指南的规定，只要是属于现有技术的东西，除从属权利要求中的附加技术特征以外，说明书中均不必记载，而这并不影响说明书的充分公开。显然，该种规定是《审查指南 1993》的遗留物，应予以清除，相应规定应调整为：凡是所属技术领域的技术人员不能从其“普通技术知识”中直接、唯一地得出的有关内容，均应当在说明书中描述。

（四）所属领域技术人员的普通技术知识

《审查指南 2001》及后来版本审查指南规定所属领域的技术人员需要知晓申请日或者优先权日之前发明所属技术领域所有的普通技术知识，但何为“所属领域的普通技术知识”则没有界定。

《欧洲专利局审查指南》中规定，通常来说，相应领域中的基本工具书、基础论著及教科书中的知识可以认为是“普通技术知识”(common general knowledge)。例外情况下，如果所属研究领域很新相关技术知识还没有来得及进入教科书，专利说明书或者科技出版物中的知识也会被认为是“普通技术知识”。❷

技术知识仅因为在现有技术中已经披露并不一定属于“普通技术知识”：特别地，如果只有通过全面检索才能获得的知识不属于“普通技术知识”。例如，一份文献披露了一种化合物（以其名称或者结构式标识），并陈述该化合物可以由文献中定义的一种方法

---

❶ 国家知识产权局. 审查指南 2001 [M]. 北京：知识产权出版社，2001：第二部分第二章第 2.1.2 节.《审查指南 2006》《专利审查指南 2010》中删除了其中“或者本申请中其他段落”一段，其他完全相同。

❷ Guidelines for Examination，Chapter III - Sufficiency of disclosure，4.1 General remarks.

制备得到，但文献没有陈述如何获得制备方法使用的起始物和/或试剂。如果所属领域的技术人员基于“普通技术知识”不能获得该起始物或者试剂（例如从教科书中获得），该文献对该化合物的披露就不充分。另外，如果所属领域的技术人员知道如何获得该起始物或者试剂（例如，它们可以从商业渠道购买或者是众所周知的和出现在参考教科书中的），则该文献对该化合物的披露就是充分的。❶

单一公开文献（例如，一份专利文献以及一份技术期刊中的内容）通常不能被认为是普通技术知识。在特定情况下，技术期刊中的文章可能被认为是普通技术知识。要注意的是，并不是因为出现在出版的特定教科书或者参考书中就是普通技术知识，而是因为其已经是普通技术知识才出现在教科书或者参考书中。这意味着在出版之前的某一时间点，该知识已经成为普通技术知识。❷

由上可见，欧洲专利局的审查指南也没有对“普通技术知识”（common general knowledge）给出定义，而是给出了在实务中如何认定“普通技术知识”的一些具体指引。

尽管《审查指南 2001》及以后来版本审查指南规定所属领域的技术人员需要知晓申请日或者优先权日之前发明所属技术领域所有的普通技术知识，而对何为“所属领域的普通技术知识”则没有界定。但《审查指南 2001》及后来版本审查指南在涉案创造性评价时对如何认定公知常识给出了具体的指引。

《专利审查指南 2010》规定：“所述区别特征为公知常识，例如，本领域中解决该重新确定的技术问题的惯用手段，或教科书或者工具书等中披露的解决该重新确定的技术问题的技术手段。”❸

---

❶ Guidelines for Examination，Chapter IV－State of the art，2. Enabling disclosures.

❷ Guidelines for Examination，Chapter VII－Inventive step，3. 1Common general knowledge of the skilled person.

❸ 国家知识产权局. 专利审查指南 2010 [M]. 北京：知识产权出版社，2010：第二部分第四章第 3. 2. 1 节.

在复审请求审查程序中，原审查部门在前置审查意见中不得补充驳回理由和证据，但“对驳回决定和前置审查意见中主张的公知常识补充相应的技术词典、技术手册、教科书等所属技术领域中的公知常识性证据”除外。[1] 复审请求的合议审查时，“合议组可以引入所属技术领域的公知常识，或者补充相应的技术词典、技术手册、教科书等所属技术领域中的公知常识性证据”[2]。

在无效宣告请求审查程序中，“专利复审委员会可以依职权认定技术手段是否为公知常识，并可以引入技术词典、技术手册、教科书等所属技术领域中的公知常识性证据”[3]。请求人在提出无效宣告请求之日起 1 个月后补充证据的，专利复审委员会一般不予考虑，但“在口头审理辩论终结前提交技术词典、技术手册和教科书等所属技术领域中的公知常识性证据”可以考虑。[4] 专利权人应当在专利复审委员会指定的答复期限内提交证据，但“对于技术词典、技术手册和教科书等所属技术领域中的公知常识性证据”可以在口头审理辩论终结前补充[5]。“当事人可以通过教科书或者技术词典、技术手册等工具书记载的技术内容来证明某项技术手段是本领域的公知常识”[6]。

由上可见，国家知识产权局《专利审查指南 2010》中界定的“公知常识”与《欧洲专利局审查指南》中界定的“普通技术知识”大体相当。不一样的是，国家知识产权局《专利审查指南 2010》强

---

[1] 国家知识产权局．专利审查指南 2010［M］．北京：知识产权出版社，2010：第四部分第二章第 3.3 节．

[2][3] 国家知识产权局．专利审查指南 2010［M］．北京：知识产权出版社，2010：第四部分第二章第 4.1 节．

[4] 国家知识产权局．专利审查指南 2010［M］．北京：知识产权出版社，2010：第四部分第三章第 4.3.1 节．

[5] 国家知识产权局．专利审查指南 2010［M］．北京：知识产权出版社，2010：第四部分第三章第 4.3.2 节．

[6] 国家知识产权局．专利审查指南 2010［M］．北京：知识产权出版社，2010：第四部分第八章第 4.3.3 节．

调“公知常识”记载于技术词典、技术手册和教科书中，而《欧洲专利局审查指南》则认为，通常情况下“普通技术知识”记载在基本工具书、基础论著及教科书中；例外情况下，如果所属研究领域很新相关技术知识还没有来得及进入教科书，但在事实上已经是所属领域技术人员均知晓的技术知识（这当然需要证据证明），则专利说明书或者科技出版物中的知识也会被认为是“普通技术知识”。

我们可借鉴《欧洲专利局审查指南》的规定，将“普通技术知识”的范围界定为包括现行《专利审查指南2010》中的公知常识，再加上未记载于技术词典、技术手册和教科书中，但有证据证明已经为所属领域技术人员普通知晓的记载于其他技术文献中的技术知识。

（五）对本案的一些评述

本案中，专利复审委员会认为所属领域技术人员根据说明书的记载能够实现游戏功能，但所属领域技术人员是根据说明书记载的内容并结合申请日所属领域的“普通技术知识”能够实现，还是结合所属领域技术人员在申请日能够获得的现在技术能够实现，并不清楚。鉴于《专利审查指南2010》的规定，笔者更相信专利复审委员会自觉或者不自觉地是认为依据说明书的记载并结合申请日所属领域技术人员能够获得的现在技术能够实现。

一审法院认为“本领域技术人员根据其普通技术知识能够实现的”，这在判断方法上是恰当的，但其结论可能过于武断。正如二审法院认为，“对于游戏服务器与聊天机器人的其他部件如何连接……完全没有记载……根据本专利说明书的记载，本专利的聊天机器人系统中，如果用户输入的是和游戏相关的语句，即使其能够由过滤器分析处理，其也只是被过滤器判断为自然语句或格式化语句，而送到人工智能服务器3或查询服务器4中，而根本不可能送到游戏服务器5中”。一审法院没有有说服力地论证为何根据如此说明书的描述，并基于申请日所属领域怎么样的“普通技术知识”就能够实现所述游戏功能。

二审法院认为，“判断说明书是否充分公开的依据在于本领域技术人员根据说明书的记载能够确定的内容，即，说明书记载的信息量应当足够充分，或者至少应当提供足够明确的指引，以促使本领域技术人员据此获知相关的现有技术来具体实现本专利的技术方案。但原审判决却认为只要本领域技术人员可以实现的内容就属于公开充分，而不考虑这些内容是否已经在说明书中被教导、记载或指引，这显然不符合《专利法》第 26 条第 3 款的立法本意”。二审法院似乎承认本案中所属领域技术人员根据说明书的记载并结合所属领域技术人员在申请日能够获得的现在技术就能够实现所述游戏功能，但不能因为根据能够获得的现在技术能够实现就不需在说明书中记载现有技术，而至少必须记载获知相关现有技术的明确指引。笔者认为，仅“普通技术知识”不需要在说明书中记载，而属于申请日所属领域技术人员能够获得的现在技术则需要在说明书中描述，而不能仅是提供获知相应现有技术的明确指引。其实，《审查指南 2001》及后来版本审查指南中就要求，“为了方便专利审查，也为了帮助公众更直接地理解发明或者实用新型，对于那些就满足《专利法》第 26 条第 3 款的要求而言必不可少的内容，不能采用引证其他文件的方式撰写，而应当将其具体内容写入说明书”[1]。

---

[1] 国家知识产权局. 专利审查指南 2010 [M]. 北京：知识产权出版社，2010：第二部分第二章第 2.2.6 节；国家知识产权局. 审查指南 2006 [M]. 北京：知识产权出版社，2006：第二部分第二章第 2.2.6 节；国家知识产权局. 审查指南 2001 [M]. 北京：知识产权出版社，2001：第二部分第二章第 2.1.2 节.《审查指南 2001》中多了“或者本申请中其他段落”一句。

美国法中的帮助侵权

李晓蕾*

摘　要： 中国正在进行《专利法》的第四次修改工作，修改的热点包括帮助侵权的问题。专利帮助侵权最早是在美国的司法实践中产生的。本文介绍了美国确立帮助侵权审判规则的经典案例，探讨了美国专利法第271条（c）款关于帮助侵权的规定，分析了帮助侵权的构成要件：存在直接侵权；销售的产品构成了发明的实质部分；被控侵权人应当知晓被销售的产品是为了侵犯专利权而专门制造的或者专门供侵犯专利权使用的；被销售的不是常用商品，并不是具有实质性非侵权用途的商品。本文期望通过对美国相关法律和案例的分析，有助于结合中国实际情况，探索帮助侵权更为合理的认定标准，从而为我国立法提供借鉴。

关键词： 间接侵权；帮助侵权；专利

世界主要国家和地区都在法律中对专利间接侵权进行了专门规定。从世界各国的现状以及我国实践看，能够达成共识的是，某些专利直接侵权以外的行为，仍然可能对专利权人的利益造成

---

* 作者简价：北京华朗律师事务所合伙人。

损害，从而影响专利制度价值的实现，因此需要承担侵权责任。但在我国，目前仍然需要解决的问题是，专利间接侵权是否需要在立法中体现，以及在我国目前的经济发展条件下，哪些行为需要限制，且以何种形式承担责任等。

在我国司法实践中，已经出现很多与间接侵权相关的案例。然而，由于缺乏相关规定，不同的案例中也出现了不一致的认定。因此，有必要明确间接侵权行为的范围，统一司法尺度。

目前，中国正在进行《专利法》的第四次修改工作，2015 年 12 月 3 日，国务院法制办公室就《专利法修订草案（送审稿）》征求意见，其中，第 62 条和第 63 条与间接侵权制度有关。

专利间接侵权最早产生于美国的司法实践。专利间接侵权的原则随着审判实践的发展逐渐完善，并最终体现在立法中。随着美国司法实践的发展，专利间接侵权制度趋于成熟。帮助侵权是美国间接侵权的一种重要类型，并且这类侵权行为也已经在一定程度上被我国司法解释和司法实践所确认。因此，深入研究美国的专利制度对中国的司法和立法具有重要的参考意义。

一、帮助侵权概述

（一）帮助侵权的产生

著名的 Wallace v. Holmes 案是已知最早的帮助侵权案例。在这个案件中，被告销售的产品虽然除了销售灯头，但由于缺少涉案专利权利要求中的特征，并不构成直接侵权。但是，因为被告销售的产品除了用于侵犯专利外，并不具有其他用途，因此，法院仍然认为被告构成侵权。在本案之后，相继出现了多个案件，涉及专用于侵权的产品，被判构成侵权。

比较 Wallace v. Holmes 和 Millner v. Schofield 这两个早期的案例可以看出，在 Wallace v. Holmes 案中，被告销售的商品是专门用于实施原告专利的，除此之外没有其他商业用途，因此，专利的保护并没有超出发明的范围，尽管在这种情况下，已经超出了权利要求文字本身限定的范围，但这是为了实现对专利权人的保护而必要的。

相比之下，在 Millner v. Schofield 案中，被告销售的是普通的商品，如管道、弯头等。如果专利权人能够在该案中获得保护，那么，他就有可能对所有管道等产品获得有限的垄断，而这就超出了他获得专利的发明。也就是说，可能通过发明垄断普通商品的市场。

专利权人能否对销售普通商品的行为行使权利，这个问题在法院争议了很多年。

Heaton－Peninsular Button－Fastener Co. v. Eureka Specialty Co. 案[1]中，被告销售了用于将扣子固定在鞋上的金属钉，其知道这些产品将被用于专利设备之上，并且这种使用违反了在购买专利设备时所附加的限制条件。这是早期针对普通商品而构成帮助侵权的案例。这一案例中的观点，被后来美国联邦最高法院的 Henry v. A. B. Dick 案所确认。在该案中，虽然被告销售的是普通的墨水，但美国联邦最高法院仍然认为该行为构成了帮助侵权。

5 年之后，Henry v. A. B. Dick 案的判决就被 Motion Pictures Patents Co. v. Universal Film Mfg. Co. 案推翻了。在后判决认为，Henry v. A. B. Dick 案的认定，偏离了美国专利法的基本原则，即专利只能对发明人对公众作出的贡献部分，也就是发明本身授予垄断权，而不是对发明的生产或使用过程中用到的材料授予垄断权。

1952 年，美国专利法中正式增加了关于帮助侵权的条款，根据该法第 271 条（c）款的规定，帮助侵权是指任何人在美国销售或者许诺销售，或者向美国进口获得专利的机器、产品、混合物或组合物的组成部分，或者用于实施一项专利方法的材料或装置，如果他明知这样的组成部分、材料或者装置是为了侵犯专利权而专门制造的或者专门供侵犯专利权使用的，而且该组成部分、材料或者装置不是一种常用商品或者具有实质性非侵权用途的商品，

---

[1] 77 Fed. 288 (6th Cir. 1896).

则应当作为帮助侵权人承担责任。

美国专利法的规定，使帮助侵权仅限于不具有实质性非侵权用途的产品，而不包括通用商品。

需要说明的是，在1952年美国修改专利法之前，法院在判决中通常使用的术语是“帮助侵权”（Contributory Infringement），其中也包括了引诱侵权的情形，直到1952年美国专利法修改，引诱侵权才从帮助侵权中独立出来。因此，帮助侵权的含义和范围发生了一定的变化。但为了便于讨论，本节所讨论的帮助侵权，仅指美国专利法第271条（c）款规定的情形，而不包含第271条（b）款规定的情形。

（二）帮助侵权的成立条件

参与1952年美国专利法修改的Giles法官认为，要证明帮助侵权成立，需要证明以下几点：①被销售的产品是发明保护的一部分，或者是用于专利方法的材料；②被销售的产品构成了发明的实质部分；③被销售的产品为了侵犯专利权而专门制造的或者专门供侵犯专利权使用的，而且销售者明知这一点；④被销售的不是常用商品；⑤不是具有实质性非侵权用途的商品。[1]

在Fujitsu Ltd. v. Netgear Inc. 案[2]中，法院将帮助侵权的要素分解为四个方面，包括：①存在直接侵权；②被控侵权人知道相关专利；③部件不具有实质性非侵权用途；④该部件是发明的实质部分。这种要件的认定方式与Giles法官所说的五个要件的分解方式略有不同，但主要内容并不矛盾。

Fujitsu Ltd. v. Netgear Inc. 案中，涉案专利涉及一种在通信网络中传输数据的方法。信息是由码字组成的，为了更可靠地传输数据，码字被分解成段。独立权利要求描述了一种分割和发送

---

[1] RICH G S. Infringement Under Section 271 of the Patent Act of 1952，14 Fed. Cir. B.J. 117 [J]. The Journal of the Patent Office Society，1953，XXXV（7）：476－500.

[2] 620 F.3d 1321（Fed. Cir. 2010）.

信息的方法。每个码字被分为预先设定长度的段，第一段包括信息的标识符，最后一段包括一个通知，表明它是最后一段。第一段和最后一段之间的所有段也包括增加段标识符，接收器可以用来判断某些段是否没有被接收。原告认为，被告的两类产品构成侵权，其中一类产品是仅仅分割信息（fragment）的产品，另一类是整理被分割的信息（defragment）的产品。

美国联邦巡回上诉法院认为，为了证明帮助侵权，专利权人应该证明以下几点：①存在直接侵权；②被控侵权人知道相关专利；③部件不具有实质性非侵权用途；④该部件是发明的实质部分，并从这四个方面分别进行了分析。

关于第一个问题，即是否存在直接侵权的问题，原告认为，被告的产品符合 IEEE 802.11 标准，而基于标准与专利权利要求相一致的原则，被告存在直接侵权。然而，IEEE 802.11 标准中，这一部分是可选的，即分割信息并不是标准的必要条件。因此，在不分割信息的情况下既符合标准，又不侵权。在本案中没有争议的是，被告的产品能够分割信息，但是默认设置是不分割。也就是说，在消费者购买被告的产品时，除非消费者有意地激活这一选项，否则并不对信息进行分割，也不存在直接侵权。因此，原告应当证明消费者确实实施了侵权的“分割”这一特征，才能证明存在直接侵权。

原告展示了描述分割的手册、广告、IEEE 802.11 标准以及 Netgear 的客户服务记录。在客户服务记录中，Netgear 的工作人员向客户建议激活分割的功能。法院认为，只有这份客户服务记录能够证明存在直接侵权，并且仅涉及四个型号的产品。所有其他产品都只能证明被控产品能够侵权（capable of infringing），但这不同于实际的直接侵权的证据。

关于“知晓”的问题，原告的主要证据是原告向被告发的信，原告在信中披露了一系列与标准相关的专利，包括涉案专利，并提出了许可的邀约，但明确指出并不是主张侵权，在起诉前也没有明确相关的权利要求或被控侵权产品。对此，法院认为，为了证明帮助侵权，原告需要证明被告知道相关专利以及相关的行为，还应该知道这些行为构成侵权。在本案中，原告的信中披露了相关专利，也指出了所有符合 IEEE 802.11 标准的产品都涉及侵权，因此法院认为不能认定被告不具有帮助侵权要求的“知晓”。

关于实质性非侵权用途的问题，被告认为，争议的组件具有实质性非侵权用途。被告主张，由于产品中存在分割阈值工具，这一工具允许用户设置消息大小的阈值，从而控制在什么情况下进行分割；而在被控侵权产品中，超过 40%的可选的分割阈值是不侵权的，这些非侵权的用途是实质性的。对于这一点，法院认为，分割阈值工具和实施分割功能的特定的硬件和软件，都是一个更大的产品的一部分。实施分割的特定的硬件和软件是“单独的和可区分的特征”（separate and distinct feature），因此，判断的对象实施分割的特定的硬件和软件，而不是由它组成的更大的产品。对于实施分割的特定的硬件和软件，法院认为，不具有实质性非侵权用途。

关于是否构成发明的实质部分，问题的焦点在于第二类用于重整被分割的信息（defragment）的产品。由于涉案专利涉及的是分割信息，而不包含对已经分割的信息进行重整。因此，对于仅用于重整信息的产品，是否构成发明的实质性部分，产生了争议。法院认为，虽然，离开了对信息的重整，权利要求包含的分割信息的方法也就失去了意义。但是，用于重整信息的产品，不能构成仅包含分割信息的方法的权利要求的“实质部分”。

综合考虑以上四方面的因素后，法院认为，只有原告证明存在直接侵权的四个型号的产品构成帮助侵权，其他产品均不构成帮助侵权。

本文将从以下几个方面探讨帮助侵权的要件：存在直接侵权；销售的产品构成了发明的实质部分；被控侵权人应当知晓被销售的产品为了侵犯专利权而专门制造的或者专门供侵犯专利权使用

的；被销售的不是常用商品，并不是具有实质性非侵权用途的商品。

二、直接侵权是帮助侵权的前提

（一）存在直接侵权是认定帮助侵权的前提

在1952年之前的早期案例中，法院已经认识到，直接侵权是帮助侵权的前提。Saxe v. Hammond案[1]中，被告生产了风扇，并将风扇销售给乐器制造商。尽管被告的产品有可能被乐器制造商用来制造侵权的乐器；但是，由于没有证据证明被告将风扇销售给任何没有被专利权人许可的乐器制造商，因此，没有证据证明被告的销售行为导致该专利被侵权，被告不构成直接侵权。在Mercoid v. Mid-Continent案中[2]，法院认为，如果没有侵犯专利权的行为，就不存在帮助侵权的人；如果购买者和使用者不应该因侵权受到处罚，将东西卖给他的人当然也不应因为帮助不存在的侵权而受到处罚。而在制定美国专利法第271条（c）款时，并没有要改变这一基本原则。

也就是说，虽然在美国专利法第271条（c）款中，规定的行为类型包括“许诺销售”行为；但是，如果仅存在许诺销售行为，而没有直接侵权发生，在美国是不能成立间接侵权的。这一点与德国的做法存在显著区别。在德国法中，构成间接侵权的行为类型也包括许诺销售，并且间接侵权不需要以直接侵权为前提条件，因此，即使仅存在许诺销售行为，直接侵权尚未实际发生，也可能构成间接侵权。

美国专利法第271条（c）款的条文中，规定销售的产品是“专门供侵犯专利权使用”（for use in an infringement of such patent），其中的“侵权”指的就是美国专利法第271条（a）款规定

[1] 21 F. Cas. 593 (no. 12, 411) (C. C. D. Mass 1875).

[2] 320 U. S. 661 (1944).

的直接侵权。这一观点在案例法中一直被认可。例如在 Joy Techs., Inc. v. Flakt, Inc. 案[1]中，涉及一种用于煤等含硫燃料燃烧后的烟气脱硫的方法，该方法涉及部分循环脱硫中使用的氢氧化钙的步骤。Joy 和 Flakt 都在美国为工厂设计和修建烟气脱硫厂。该案的焦点在于，销售和生产一个需要 5 年的时间修建的机器/系统，该机器/系统能够实施专利方法；但是，在专利有效期内，不会使用该机器/方法，不存在直接侵权，这种情况是否构成帮助侵权。

原告认为，制造或销售工厂，且工厂被设计为能够使用专利保护的系统，可能构成销售对方法权利要求的直接侵权，特别是合同中还包含了工艺细节和性能参数。对这一点，法院并不认可。法院认为，销售能够实施方法的设备，并不同于销售方法本身。也就是说，销售能够实施专利方法的设备的行为并不构成对方法专利的直接侵权。但是，尽管不构成直接侵权，但销售设备的行为，还是有可能构成帮助或引诱侵权，而是否构成帮助侵权或引诱侵权的前提是存在直接侵权。在该案中，由于被告 Flakt 销售的工厂不能在专利有效期内投入使用，因此，购买者不会直接侵犯该方法专利，而 Flakt 也不构成帮助侵权。

在这一点上，帮助侵权和引诱侵权的要求没有区别。存在直接侵权不仅是帮助侵权的要件，对引诱侵权也是如此，两者的成立都以存在直接侵权为前提。在判断直接侵权是否存在时，应当按照直接侵权的判断标准，将权利要求中的技术特征分解，逐个特征进行比较。

上文讨论的 Fujitsu Ltd. v. Netgear Inc. 案[2]中，法院对于直接侵权的认定进行了讨论。对于能够用于实施侵权方法的产品，直接侵权是指原告应当证明消费者真正实施了侵权方法。ACCO

[1] 6 F.3d 770，774 (Fed. Cir. 1993).

[2] 620 F.3d 1321 (Fed. Cir. 2010).

Brands v. ABA Lock and Belkin Components 案[1]中的情形与 Fujitsu Ltd. v. Netgear Inc. 案类似，被控侵权的产品有两种使用方式，一种使用方式侵权，另一种使用方式则不侵权。在这种情况下，法院认为，原告需要证明确实有消费者实施了侵权的方法，而不仅仅是证明该产品能够以侵权的方式被使用。

（二）直接侵权的证明

构成直接侵权的人，应该是除被控构成间接侵权的人。但是，这并不是要求构成直接侵权的人必须参加诉讼，专利权人可以直接针对间接侵权人提起诉讼。通过证据证明存在直接侵权。[2] 用于证明直接侵权的证据可以是直接证据，也可以是间接证据。[3] 当然，在这种情况下，证据是否足以证明存在直接侵权常常是争议的焦点。

在证明直接侵权时，并不需要证明每一个购买者都构成直接侵权，只要提供证据证明至少有一个购买者实施了直接侵权行为就足够了。例如，在 Lucent Techs.，Inc. v. Gateway，Inc. 案[4]中，涉案专利涉及一种不使用键盘，向电脑屏幕中的特定区域输入信息的方法。Lucent 科技公司起诉 Gateway 公司和微软，诉讼请求之一是，确认微软销售的 Microsoft Money、Microsoft Outlook 和 Windows Mobile 对其权利要求构成间接侵权。

在认定是否存在直接侵权时，法院认为，只要有至少一个人在专利期限内实施了侵权行为就满足了这一要求。Lucent 认为，微软的 Microsoft Outlook、Microsoft Money 和 Windows Mobile 中的一些功能，在使用时会侵犯其专利权。微软则认为，每一个

---

[1] 501 F. 3d 1307 (Fed. Cir. 2007).

[2] Refac Int'l, Ltd. v. IBM, 790 F. 2d 79, 81 (Fed. Cir. 1986), 798 F. 2d 459 (Fed. Cir. 1986); Upjohn Co. v. Syntro Corp., 1990 U. S. Dist. LEXIS 11512, 1990 WL 79232 (D. Del. 1990).

[3] Moleculon Research Corp. v. CBS, Inc., 793 F. 2d 1261 (Fed. Cir. 1986).

[4] 580 F. 3d 1301 (Fed. Cir. 2009).

被控侵权产品都具有无数不侵权的功能，而且在不使用侵权方法的情况下也可以输入，因此，侵权并不是不可避免的，而 Lucent 证明直接侵权的证据仅仅是 Lucent 的专家。原告的证人认为，“很难想象我们是地球上仅有的两个使用它的人”，并且“微软不仅将被控产品设计成实施被包含的发明，并且指导消费者以侵权的方式使用被控产品”。对此，法院认为，原告提交的直接侵权的证据是有限的，但是，除此之外，还存在间接证据。

在该案中，考虑到微软大规模销售产品，并在产品手册中宣传其产品等间接证据，再以证人的证词作为补充，陪审团有足够的理由相信，在 2003～2006 年，在美国很可能有不止一个人使用微软的产品实施了专利方法。

ACCO Brands v. ABA Lock and Belkin Components 案[1]虽然与 Lucent Techs.，Inc. v. Gateway，Inc. 案类似，但两案也存在着一些区别，导致结果不同。在 ACCO 案中，原告也仅提供了证人证词，用来证明直接侵权，但是证人认为侵权的方式是“自然的和直观的使用设备的方式”，而对于他以外的人是否会以侵权的方式使用产品的问题，证人没有答案。并且，在 ACCO 案中，说明书中并没有介绍侵权的使用方式；相反地，介绍的是不侵权的使用方式，甚至没有证据证明 ACCO 案中的产品销售商知道侵权的说明。基于这些区别，法院在 Lucent Techs.，Inc. v. Gateway，Inc. 案中的结论与 ACCO 案的结论相反，认为存在直接侵权。

（三）修理和重造

在判断是否构成直接侵权时，购买者是否是有权实施专利的人，对结果会产生影响。从专利权人处购买商品后，购买者有权利使用和再次销售产品；在产品受到损坏时，也有权对产品进行修理，但是，不能对产品进行重造（reconstruction）。重造产品会

[1] 501 F. 3d 1307（Fed. Cir. 2007）.

构成直接侵权，因为这相当于制造了受专利保护的产品。

在判断直接侵权时，有必要区分侵权的重造和允许的修理行为，这是为了防止将专利的垄断扩大到本身不受专利保护的部件上。在 Wilson v. Simpson 案❶中，涉及一种机器，包含切割刀，而切割刀通常在使用几个月后就会因磨损而需要更换。法院认为，机器的购买者有权利在未经专利权人许可的情况下更换切割刀。尽管不能重建（rebuild）一个专利组合，但是，在该案中，虽然由于部件被破坏或受损而使机器不能运行，但是这个实体仍然存在。而更换磨损的实质性部分是为了使机器恢复到购买时的状态，是应该被允许的。法院认为，将购买者购买的组合整体使用，修理或更换破旧、损坏或破坏的部分，都只是在行使自己的权利，即在一定时间内，对自己所拥有的物品享有整体使用的权利。

在帮助侵权的问题中，常常涉及修理和重造的问题，因为被控帮助侵权的人销售了专利产品的部件。帮助侵权要求发生直接侵权，而购买者的重建行为就构成了直接侵权。

1. Aro Mfg. Co. v. Convertible Top Replacement Co.（以下简称“Aro I”，1961）

Aro I 案❷是美国 1952 年专利法中规定间接侵权后涉及帮助侵权的较早案例。该案中，Convertible Top Replacement 公司（以下简称“CTR 公司”）拥有一件从 Automobile Body 研究公司（以下简称“AB 公司”）购买的专利，涉及一件组合发明，是由本身不受专利保护的部件组成的，其中包括“柔性顶部材料”。但织物和它的形状、图案或设计都没有获得专利保护。该案的焦点在于，在这种情况下，汽车的主人在没有经过专利权人的许可而更换旧的织物时是否构成侵权，而提供织物的 Aro 公司是否构成帮助侵权。

---

❶ 50 U.S. 109 (1850).

❷ 365 U.S. 336 (1961).

被告承认，它知道购买者的目的是用织物更换可折叠汽车车顶，而可折叠汽车车顶受到专利保护。但是因为在不存在直接侵权的情况下，就没有帮助侵权，因此，需要确认的是，购买者更换织物的行为是否构成直接侵权。更具体地说，问题在于，汽车的主人更换自己的汽车上的受专利保护的可折叠车顶中磨损的织物时，这种更换的行为属于侵权的“再造”行为，还是被允许的“修理”行为。

对于这个问题，美国联邦巡回上诉法院认为，在受专利保护的组合中，织物并不是次要的或相对便宜的部件，且依照人们的预期，在短时期内不会磨损，尽管它的预期寿命确实比其他的部件更短一些。因此，美国联邦巡回上诉法院认为，汽车的主人不能合理地相信，更换织物仅仅是个微小的修理；相反，更换应该属于再造。此外，专利权人还强调，织物是专利组合的实质性部分，织物的特殊形状体现了进步。但是，美国联邦最高法院并不认可这些观点。

美国联邦最高法院认为，专利中的部件不能享受专利的垄断权，即使这个部件对专利而言非常重要，或者非常昂贵，或者难以更换。而许可使用专利产品意味着，有权在部件因磨损或破损而受到影响时，保持产品适合使用。仅仅更换不受专利保护的个别部件，一次一个，不管是重复更换相同的部件还是更换不同部件，都是所有人为修复他的财产的，具有合法权利。因此，在该案中，更换织物的行为是被允许的“修理”，而不是“重建”。

基于上述理由，美国联邦最高法院推翻了美国联邦巡回上诉法院的判决。

2. Aro Mfg. Co. v. Convertible Top Replacement Co.（以下简称“Aro Ⅱ”，1964）

Aro Ⅱ案[1]的案情与Aro I案的案情非常相似，区别在于，在

[1] 377 U.S. 476 (1964).

Aro I 案中，购买被告产品的是通用汽车的车主，Aro Ⅱ案涉及的是福特汽车的车主。通用公司在销售的汽车上安装可折叠汽车车顶是经过专利权人许可的，而福特公司在生产该产品时并未得到专利权人的许可。

在 Aro Ⅰ案中，美国联邦最高法院认为，车主更换磨损的车顶织物是修理行为，应该被允许，因此被告不构成帮助侵权。然而，只有在最初的生产和销售是经过专利权人许可的情况下，区分修理和再造才有意义。

在 Aro Ⅱ案中，1955 年 7 月 21 日，福特公司和 AB 公司签订了一份协议。而在该协议签订之前，福特公司未经专利权人许可，制造和销售顶部结构的行为侵犯了原告的专利权，从福特公司购买汽车的车主使用和修理该顶部结构的行为也构成了专利侵权。也就是说，由于通用公司并未获得授权，通用汽车车主的修理行为，同样侵犯了专利权。

在直接侵权成立的情况下，法院认为，判断是否构成帮助侵权，还要考虑 Aro 公司的意图。只有在“明知这样的组成部分、材料或者装置是为了侵犯专利权而专门制造的或者专门供侵犯专利权使用的”情况下，才构成侵权。而 Aro 公司是否满足法律规定的“明知”呢？正如 Aro 公司认可的，它知道替代织物是特别为 1952～1954 年福特可折叠汽车车顶而设计的，并没有其他用途。

但是，关于法律是否要求进一步证明 Aro 公司知道这种车顶是受专利保护的，并且知道福特公司没有经过专利权人的许可，因此福特车主更换顶部织物的行为构成侵权的问题存在争议。

对于这个问题，大多数法官认为，美国专利法第 271 条（c）款不仅要求被控帮助侵权人知道销售的部件是专门为了用于特定机器或组合而设计的，而且还要知道该特定的机器或组合是受专利保护且构成侵权的。在 1954 年 1 月 2 日，AB 公司向 Aro 公司发出信函，告知 Aro 公司其拥有涉案专利，且该专利已经许可通用汽车公司使用，但没有许可福特公司使用。因此，对于 Aro 公司 1954 年 1 月 2 日以后的销售行为，满足了“知道”的要求；而对于这一日期之前的销售行为，由于不能证明 Aro 公司知道涉案专利以及福特公司侵权的情况，因此不构成帮助侵权。

对于是否构成侵权的问题，美国联邦最高法院同意上诉法院的观点。但是，对于赔偿金额，美国联邦最高法院有不同的认定。美国联邦最高法院认为，1955 年 7 月 21 日，福特公司和 AB 公司签订的协议对 Aro 公司行为的性质有重要影响。在协议签订之前，福特公司已经将本案涉及的所有汽车生产完毕。在该协议中，福特公司同意向 AB 公司支付 73000 美元的费用，而 AB 公司则同意对于福特公司 1955 年 12 月 31 日之前生产的汽车，不再追究福特公司及其关联公司、经销商以及用户的责任；同时在该协议中，AB 公司还授权福特公司制造和销售顶部替换织物，并收取许可费。

对于这份协议的效力，美国地区法院认为，该协议只是针对 1955 年 7 月 21 日之前所有生产和已经更换的顶部结构，免除了福特公司及福特汽车购买者的责任。对于 1955 年 7 月 21 日至 1955 年 12 月 31 日之间生产的汽车，除了单独规定的更换顶部织物外，该协议提供了专利许可。但是，对于 1955 年 7 月 21 日之前发生的帮助侵权，例如 Aro 公司更换顶部织物的行为，该协议并没有免除责任或授权的意图。因此，美国地区法院认为，如果更换顶部织物的行为发生在 1955 年 7 月 21 日之前，则 Aro 公司构成间接侵权；但是，如果更换顶部织物的行为发生在 1955 年 7 月 21 日之后，由于更换属于合法的修理，Aro 公司不承担责任。由于上诉法院认为更换顶部织物构成再造，美国地区法院对于协议签订前后的区分变得不再重要。而美国联邦最高法院在 AroI 案认定更换顶部织物的行为属于修理后，上诉法院认为，Aro 公司不仅要对协议签订前后的所有更换行为承担责任。原因在于协议旨在免除福特公司和汽车购买者的责任，而且还单独签订了关于更换顶部织物的许可条款，也就是说，并没有免除 Aro 公司的责任。对此，美国联邦最高法院认为，协议中，AB公司试图保留销售顶部替换织物的权利，这一条款是无效的。既然在协议中已经许可福特在协议之后使用受专利保护的顶部结构，也就同时许可了修理行为，这属于默示许可，不能再附加限制条件，例如对于不受专利保护的产品约定只能从被许可的供应商购买。因此，美国联邦最高法院认为，对于1955年7月21日以后的更换行为。由于在该日期之后，汽车购买者获得了更换的许可，不存在直接侵权，因此Aro也不构成帮助侵权。

三、构成发明的实质性部分

对于帮助侵权的限制之一是，帮助侵权人提供的部件应当构成了发明的实质性部分。这就要求被保护的发明和被提供的部件之间构成紧密的联系。因此，如果一个部件没有包含在权利要求的要素中，承担责任的可能性就比较小。

专门讨论是否构成发明的实质性部分的案件并不多见。在Fujitsu Ltd. v. Netgear Inc. 案[1]中，涉及这一问题。由于被告的部分产品仅用于重整信息，而原告的专利中仅包含分割信息的步骤，并不包含信息的重整步骤。

对此，原告认为，重整被分割的信息的产品是符合IEEE 802.11§9.5的，而§9.5要求根据标准§9.4分割信息，因此，重整被分割的信息的产品仅能用于侵权。而法院认为，虽然离开了重整信息的信息接收器，权利要求中分割信息的方法也就没有意义了；但是，权利要求的方法仅仅包括了分割信息，并没有公开重整信息的步骤。一个仅仅重整信息的产品，不能构成仅包括分割信息步骤的权利要求的"实质部分"。

---

[1] 620 F. 3d 1321 (Fed. Cir. 2010).

四、主观意图和知道的程度

对于“知道”的要求是帮助侵权不同于直接侵权的区别之一。美国专利法第 271 条（a）款规定了直接侵权的定义，其中没有提及对“知道”的要求。而在第 271 条（c）款的条文中，帮助侵权要求行为人不仅仅知道产品被销售了，还要知道该产品是为了侵犯专利权的用途而专门制造或专门改变的。[1]

在 1952 年之前，最常见的帮助侵权案例涉及的情况是，销售者销售一个部件，这个部件本身并没有由产品或方法权利要求保护；但是，除了应用于专利产品或方法外，没有其他用途。在这些案件中，尽管为了证明帮助侵权成立，原告也需要证明引起侵权的意图，但是，很多法院认为，由于部件没有其他实质性非侵权用途，可以推定被告具有引起侵权的意图。[2]

从立法历史可以看出，在 1952 年美国专利法修改时，美国国会并没有对“帮助侵权”的构成标准进行实质性的改变。但是，单一的“帮助侵权”的概念又被细分为两类，即第 271 条（b）款和（c）款。其中（c）款对应于上文描述的情况，而（b）款现在通常被称为引诱侵权。因此，为了证明帮助侵权成立，需要证明被告“知道”（knowledge）他的行为能够引起侵权，而不需要证明其“意图”（intent）。[3]

对于“知道”的内容，在 Aro Manufacturing Co. v. Convertible Top Replacement Co. （Aro II）案[4]中被深入地讨论。在该案中，法官认为，被控侵权人应当“知道”专利的存在，才构成帮助侵权。在 Aro II 案中，Aro 公司承认，它知道替代织物是特别

---

[1] 原法条的表述是：knowing the same to be especially made or especially adapted for use in an infringement of such patent.

[2] 909 F. 2d 1464 （Fed. Cir. 1990）.

[3] Hewlett－Packard v. Bausch & Lomb，909 F. 2d 1464 （Fed. Cir. 1990）.

[4] 377 U. S. 476 （1964）.

为1952～1954年福特可折叠汽车车顶而设计的，除此之外不具有其他用途。但是，要构成帮助侵权，是否还要进一步证明Aro公司知道这种车顶是受专利保护的，并且知道福特公司没有经过专利权人的许可？也就是说，构成帮助侵权，是否要求Aro II知道福特车主更换顶部织物的行为构成侵权？对于这个问题，大多数法官认为，美国专利法第271条（c）款不仅要求被控帮助侵权人知道销售的部件是专门为了用于特定机器或组合而设计的，而且还要知道该特定的机器或组合是受专利保护且构成侵权的。

五、实质性非侵权用途

第271条（c）款规定，帮助侵权人提供的产品应当不是具有实质性非侵权用途的通用商品（staple article of commerce）。其中，通用商品的原意是指基本的商品，通常以较大的数量销售并具有多种用途的商品。因此，通用商品具有实质性非侵权用途，不构成帮助侵权。当然，如果在销售通用商品时，还涉及引诱的行为，可能构成引诱侵权。

Giles法官将“不具有实质性非侵权用途”和“不是通用商品”作为帮助侵权成立的两个条件，并认为，“通用商品”都是“具有实质性非侵权用途”的条件，但“具有实质性非侵权用途”的商品不一定都是“通用商品”。[1]

但是在实际案例中，对于“实质性非侵权用途”和“通用产品”的含义并没有明确的区分。例如，在Dawson Chem. Co. v. Rohm Hass Co. 案[2]的判决中，美国联邦最高法院延续了美国联邦巡回上诉法院以及当事人对“非通用商品”（nonstaple）的用法，用来指代美国专利法第271条（c）款中所定义的商品，未经许可

---

[1] RICH G S. Infringement Under Section 271 of the Patent Act of 1952, 14 Fed. Cir. B. J. 117 [J]. The Journal of the Patent Office Society, 1953, XXXV (7): 476-500.

[2] 448 U. S. 176, 206 U. S. P. Q. 385 (1980).

而销售这类商品构成帮助侵权；而“通用商品”（staple）是指不满足这一定义的商品，尽管使用这种方式定义通用商品和非通用商品并不总是准确的。

在美国，没有将“实质性非侵权用途”和“通用商品”进行区分，对于案件的结果没有太大的影响，因为“具有实质性非侵权”用途的商品比“通用商品”范围更小，只要产品具有实质性非侵权用途就不构成帮助侵权。这一点与日本的规定有类似之处，但与欧洲国家的规定则存在显著差异。根据《欧洲专利公约》（CPC）以及英国、德国等国的专利法，即使相关产品具有其他用途，只要不是通用商品，仍然可能构成帮助侵权。

（一）判断的对象

在判断是否具有实质性非侵权用途时，判断的对象对结果也会产生影响。如果将一个用于侵权的产品上增加一些特征，使整体的产品具有一些侵犯专利权的特征，是否由于该产品具有实质性非侵权用途而不构成帮助侵权呢？如果允许这种情况发生，那么帮助侵权的责任就会很容易被规避。

Ricoh Company，LTD. v. Quanta Computer Inc. 案[1]讨论了这一问题的案件。在该案中，法院认为，如果有争议的产品或部件是一个较大的产品的一部分，而且产生争议的产品或部件相对于整个产品是单独的可以区分的特征（separateand distinct feature），那么，判断的对象应该是存在争议的产品或部件，而不是整个产品。

该案中，原告 Ricoh 公司拥有的专利涉及可重写光盘驱动技术。被告包括笔记本制造商 Quanta 电脑公司（QCI）、光盘驱动设备制造商 Quanta 存储公司（QSI）、笔记本维修公司 Quanta 美国电脑公司（QCA）（三家公司统称为“Quanta”），以及 Quanta 的客户 NU 技术公司。QCI 生产笔记本，但并不直接销售给用户，

---

[1] 550 F. 3d 1325 (Fed. Cir. 2008).

而是作为原始设备制造商（Original Equipment Manufacturer，OEM），销售给其他零售公司。QSI生产光盘驱动器；同样地，QSI也不直接销售给用户，而是销售给包括NU技术公司在内的美国客户。Ricoh认为Quanta对其专利权构成了直接侵权和间接侵权。

关于是否构成帮助侵权的问题，由于Quanta的驱动器可以用于侵犯原告两件方法专利，但是，地区法院认为被告不构成帮助侵权，原因是被告的驱动器也可以通过不侵犯专利权的方式读取光盘信息。因此，地区法院认为，被告的产品具有实质性非侵权用途。

对此，美国联邦巡回上诉法院认为，Ricoh的证据证明，Quanta的驱动器至少包含了一些可区分的、单独的部件，仅用来实现被控侵权的方法。上诉法院认为，美国专利法的规定包含的核心概念是，如果一个人销售了一个用于专利保护的发明中的、特别设计的部件，而这个部件不是通用商品，不具有实质性非侵权的商业用途时，要承担帮助侵权的责任。

美国联邦巡回上诉法院认为，在该案中，没有争议的是，如果Quanta在美国销售的仅仅是一个部件，例如，一个用于实施专利方法的微控制器，这个部件是为了实施专利方法特别制造的，并且除了实施专利方法外不具有其他用途，那么Quanta可能构成帮助侵权。如果在进口和销售产品之前，当Quanta将这个微控制器嵌入到一个更大的产品中，从而增加一些附加的功能时，不能因此而规避帮助侵权的责任。法院认为，如果最终销售的产品作为一个整体，由于具有其他附加的特征，因此不构成帮助侵权，那么，美国专利法第271条（c）款的规定将很容易被规避。按照这个逻辑，如果竞争对手想要销售实施专利方法的硬件，只要在销售前将它嵌入到其他产品中，实现一些其他的功能，就可以规避帮助侵权责任；只有供应链的第一个人才承担帮助侵权的责任，例如本案中生产和销售微控制器的制造商。并且，按照这一逻辑，如果微控制器的生产者又同时将它组装成最终的产品，可能就没有人要承担帮助侵权责任了。上面的情况违反了帮助侵权规定的目的。美国联邦巡回上诉法院认为，如果销售者销售了一件产品，该产品包含了一个部件，而且产品中的这一部件不具有实质性非侵权商业用途，可以推定，销售者具有将该部件用于侵权用途的意图。

基于以上原因，在 Ricoh 案中，美国联邦巡回上诉法院认为地区法院作出的不构成帮助侵权的认定是错误的。

在 Ricoh 案之后，Lucent Techs.，Inc. v. Gateway，Inc. 案[1]，i4i Ltd. Partnership v. Microsoft Corp. 案[2]和 Fujitsu Ltd. v. Netgear Inc. 案[3]，都确认了这一标准。

Lucent Techs.，Inc. v. Gateway，Inc. 案[4]中，用于实施专利方法的日期选择工具（date - picker tool）是包含在 Outlook 中的，而 Outlook 整体则具有其他不侵权的用途。因此，被告微软主张，产品具有实质性非侵权用途，不构成帮助侵权。对此，美国联邦巡回上诉法院认为，将一个只能用于侵犯方法专利权的部件包含在具有实质性非侵权用途的产品中，不能规避帮助侵权责任。由于日期选择工具只能用于侵权，将它纳入一个更大的软件中，并不能改变日期选择工具用于侵权的事实。由于微软将这一工具包含在 Outlook 中基于已有的证据，可以推定微软具有让用户使用该工具并侵犯原告专利的意图。

i4i Ltd. Partnership v. Microsoft Corp. 案[5]中，i4i 公司是一家软件公司，为客户提供定制软件。1994 年 6 月，i4i 公司申请了一件专利，涉及一种处理和存储有关电子文件结构信息的方法。

---

❶ 580 F. 3d 1301 (Fed. Cir. 2009).

❷ 598 F. 3d 831 (Fed. Cir. 2010).

❸ 620 F. 3d 1321 (Fed. Cir. 2010).

❹ 580 F. 3d 1301 (Fed. Cir. 2009).

❺ 598 F. 3d 831 (Fed. Cir. 2010).

大约 4 年后，该申请获得授权。此后，i4i 公司开发了若干采用这些技术的软件产品。其中包括用于 Microsoft Word 的附加软件，增强了 Word 处理保护自定义 XML 的文档的能力。

XML 是一种标记语言，通过在文本中插入标记，告诉计算机文本该如何处理。标记向计算机提供了有关文本的信息。而自定义 XML 允许用户创建和定义自己的标记。i4i 公司把关于文档结构信息的标记称作“元代码”（metacodes）。

i4i 公司的专利涉及一种改进的编辑含有标记语言的文档的方法，改进源于分别存储文档内容和元代码，并通过创建“元代码映射”（metacode map）而实现分别存储，其中，元代码和它们在文档中的位置被存储在被称为元代码映射的数据结构中，而文档内容则被存储在被称作“映射内容”（mapped content）的数据结构中。将结构和内容分别存储的方式在几个方面优于现有技术，其中最重要的是，这种方法使用户能够单独编辑文档的内容或结构。

Microsoft Word 是微软公司开发和销售的一款文字处理软件。从 Microsoft Word 2003 开始具有编辑 XML 的能力。2007 年，i4i 公司对微软提起诉讼，认为微软公司的文字处理软件 Microsoft Word 的某些版本中包含的自定义 XML 编辑器侵犯了 i4i 公司的专利权。

微软认为，在判断非侵权用途是否是实质性的问题是，不应该将判断的对象限于 XML 编辑器，而是整个 Word 软件。对此，法院认为，在一个较大的软件产品中包含的特殊工具，如果这个工具是“单独的和不同的特征”，可以作为《专利法》第 271 条（c）款所说的“材料或装置”。在本案中，i4i 公司证明了，某些版本的 Word 2003 中包含了 XML 编辑器，而其他版本则不包含该编辑器。因此，编辑器是一个单独的和可区分的特征，在判断时，考虑的因素应当是 XML 编辑器而不是 Word 软件。

同样，Fujitsu Ltd. v. Netgear Inc. 案[1]也涉及类似的问题。

被告 Netgear 主张，由于该案中的部件具有实质性非侵权用途，因此，被告不构成帮助侵权。Netgear 认为，产品中存在的分割阈值工具允许用户自己设置消息大小的阈值，从而由用户控制在什么情况下进行分割。而且，在被控侵权产品提供的可以选择的阈值中，超过 40%都是不侵犯专利权的，因为在这些阈值下，不会进行分割。因此，Netgear 主张，这些非侵权的使用是经常性的，因此是实质性的。

对于这一观点，法院认为，Netgear 关注的是被控侵权产品中错误的部分。在该案中，由于分割功能是单独的和可区分的，因此，在分析帮助侵权时，应当单独对待。尽管用户是否激活分割的功能，决定了是否构成直接侵权。但是，这并不能说明分割软件不具有实质性非侵权用途。

（二）“实质性”的标准

在 i4i Ltd. Partnership v. Microsoft Corp. 案[2]中，法院对于什么是“实质性”非侵权用途也进行了讨论。

关于是否构成间接侵权，首先讨论的是，XML 编辑器是否具有实质性非侵权用途。原告的专家认可，自定义 XML 编辑器可以以三种不侵权的方式使用，但是，认为这几种不侵权的使用方式都不是实质性的，如果用户以不侵权的方式保存文件，也就不能享受到使用 XML 的好处。而微软公司则主张，的确有用户以不侵权的方式使用 XML 编辑器。

对此，法院认为，判断使用是“实质性的”，还是“不寻常的、遥远的、虚幻的、不切实际的、偶然的、异常的、或实验性的”，不能在真空中进行判断。判断非侵权用途是否是实质性的，不仅要考虑使用的频率，也要考虑其实用性、发明的目的以及预

---

[1] 620 F. 3d 1321 (Fed. Cir. 2010).

[2] 598 F. 3d 831 (Fed. Cir. 2010).

期的市场。

该案中，法院认为陪审团听到了充足的证词，认为在为 XML 的用户群体设计并向其销售 XML 编辑器时，非侵权的二进制文件格式对于 XML 用户群体不是实际的或有价值的使用。

此外，也有间接证据证明，微软使用 XML 编辑器会侵犯原告的有关专利。微软的内部电子邮件显示，其他微软员工收到了 i4i 公司发送的产品推广邮件，了解了 i4i 公司的产品，并认为 Word 的自定义 XML 编辑器会使这一产品“过时”（obsolete）。基于这方面的证据，陪审团可以合理地得出结论，认为微软知道该专利，并且知道使用其自定义的 XML 编辑器会侵犯这项专利。法院基于以上原因认为微软成立帮助侵权。

六、小结

在美国，认定专利帮助侵权需要满足的条件包括：存在直接侵权；被控侵权人知道相关专利；部件不具有实质性非侵权用途；该部件是发明的实质部分。本文对美国法律和实践中对上述标准的认定进行了分析。

根据我国现行《专利法》的规定，并没有对“帮助侵权”作出明确规定。在司法实践中，法院以《侵权责任法》中关于共同侵权的原则为依据，认定有关行为。然而，无论是《侵权责任法》还是相关司法解释，同样没有对帮助侵权行为的构成要件作出清晰的规定，这导致司法实践不同案件中的标准存在差异。

借鉴美国法律和案例的有关内容，有助于我们结合本国实际情况，探索帮助侵权更为合理的认定标准。

专利无效行政诉讼的基本构造：现状与展开

张　鹏*

摘　要： 我国现行专利无效程序所采取的诉讼行政基本构造在很大程度上有利于实现专利权判断效力上行政权与司法权分别发挥各自功能，因此依据民事诉讼模式改造专利无效诉讼程序的主张可能并不妥当。在维持行政诉讼基本构造的基础上，应通过行政诉讼审理范围的扩张、行政判决拘束力的扩大、公法上的当事人诉讼的导入等一系列改革具体解决现有行政诉讼基本构造下的弊端。

关键词： 专利无效行政诉讼；审理范围；判决拘束力；专利复审委员会

一、问题所在

我国现行《专利法》在无效诉讼制度设计上明显体现出了严格依据行政诉讼模式建构的特点。即在专利权消灭方面设计了无效宣告程序，由隶属于行政机关的国家知识产权局专利复审委员会（以下简称“专利复审委员会”）依申请作出宣告专利权无效的决定，而对于该行政机关所作具体行政行为不服的依行政诉讼程

---

* 作者简介：中国社会科学院法学所助理研究员，中国社会科学院知识产权中心研究员。

序行使救济。[1] 这一特点又直接影响了我国专利无效诉讼的基本构造，具体来说，从当事人地位、诉讼管辖、审理程序、审理范围、判决类型、判决效力六个方面都显著地体现了行政诉讼的典型特点。

严格遵循行政诉讼模式构建专利无效诉讼基本构造的做法在实践中产生了不少弊端。[2] 面对这一现状，改革现有专利无效行政诉讼程序的呼声不断，其中不乏主张专利无效诉讼程序回归民事诉讼程序的观点，[3] 认为专利无效诉讼程序中所宣告的无效并不是专利授权行政处分决定的无效，而是专利权在实体专利法意义上的无效；专利权作为私权，专利权人及第三人就该权利存在与否的纠纷在本质上属于私法上权利关系的范畴，因而法院在无效诉讼中的审理范围不应仅限于行政行为的合法性，也应介入合理性判断，即代替专利行政机关的技术性判断功能，直接审查专利权是否满足授权条件、是否具有无效理由。如果按照上述这一民事诉讼认识理解的话，专利无效诉讼的基本构造就会呈现出不同于行政诉讼认识下的基本构造。[4]

---

[1] 在 1985 年 4 月正式实施的中国第一部《专利法》中，由于考虑到人民法院对于技术问题等的裁判能力有限，因此只对国家知识产权局专利复审委员会对于发明专利作出的行政行为提供了司法救济途径。而当时由于在专利法通过之时，行政诉讼法尚未颁布施行（1989 年 4 月 4 日颁布，1990 年 10 月 1 日施行），因此历史上存在依照民事诉讼程序审理对于专利复审委员会决定不服的救济程序。

[2] 郃中林. 知识产权授权确权程序的改革与完善 [J]. 人民司法，2010（19）：86.

[3] 其中认为无效程序在本质上属于解决平等主体之间的民事争议的民事纠纷解决程序的观点。见于：梁志文. 论专利授权行为的法律效力：兼评专利法改革中的制度选择 [J]. 法律科学，2009（5）；程永顺. 无效宣告请求诉讼程序的性质 [M] //《专利法》及《专利法实施细则第三次修改专题研究报告. 北京：知识产权出版社，2006：739.

[4] 从比较法上看上述主张也并不是空穴来风，美国法上专利权有效性判断的权限就集中在法院。法院通过两种情况对专利权的效力进行判断，其一是专利权侵权诉讼过程中被告提出的专利权无效抗辩。该情况下由于推定专利权有效，所以被告负有证明专利权无效的证明责任。其二是提起专利权无效的确认宣告判决诉讼，而上述两种情况均属于民事诉讼。更为详细的介绍请参考：张鹏. 美国专利权无效判断再审查制度评析及启示 [J]. 比较法研究，2014（6）.

如何认识我国专利无效诉讼的基本构造问题直接决定了专利权效力判断上的行政权与司法权职责划分，具有理论上和实践上的重大意义。考虑到我国现行的专利无效所采取的诉讼行政基本构造在很大程度上有利于实现行政权与司法权分别发挥各自功能，因此本文主张应该在维持这一行政诉讼基本构造的基础上，通过行政诉讼审理范围的扩张、行政判决拘束力的扩大、公法上的当事人诉讼的导入等一系列改革具体解决现有基本构造下的弊端。

二、我国专利无效诉讼基本构造的现状与弊端

从制度渊源来看，我国在设立专利制度伊始就采取了对于国家知识产权局作出的宣告专利无效决定不服的，向人民法院提起行政诉讼的模式。在当时的专利法立法理由中指出："对专利权无效宣告请求案件，在国外一般都由法院直接受理，我们以前的草案也是这样规定的，但是考虑到我国在建立专利制度的初期，法院的专利审判力量还不能立即适应需要。因此，先由专利局审理，对专利局作出的决定不服的，再向法院起诉，可以减少法院审理此类案件的负担，比较符合我国当时的情况。"❶ 从这一实质理由上就可以看出，行政权力介入专利权效力判断过程的目的在于集中行政力量过滤效力上有瑕疵的专利，从而减轻法院在人员配备与专业能力上的缺陷。

一般来说，采用行政介入专利无效判断模式的理由在于专利效力判断问题往往涉及技术性事项，通过设立擅长技术问题的行政机关集中处理效力判断问题有利于实现专利权效力判断上的"集中确权功能"与"公益确保功能"。其中"集中确权功能"就是指通过专利无效宣告程序对于专利有效性判断的集中处理，使得行政机关的技术性专业化知识得以发挥，并保证在专利无效判

❶ 这一规定及解释是在1982年5月4日《专利法》草案第十二稿中论述的。见于：赵元果．中国专利法的孕育与诞生［M］．北京：知识产权出版社，2003：240.

断上的准确性；而“公益确保功能”就是指在专利权授权后，通过无效程序等对于“问题专利”进行排除的制度设计。由于通过更加严格的授权前专利审查程序减少“问题专利”产生的事前过滤模式，在现实中面对各国专利申请巨大的数量，严格审查的成本将是极其巨大的，而且就算是通过严格审查后授予了专利权，在所有专利权中真正投入实际使用的专利数量极其有限，大量专利的审查成本将无端被浪费，同时由此造成的审查延迟，专利积压现象也会抵消专利制度激励创新的效果。考虑到从成本收益的角度需要制度性的忽略事前过滤，所以有必要提高事后过滤的重要性。

正因为行政机关所进行的有关专利权效力的判断如此重要，所以对行政决定进行司法审查时，司法机关应该尽量尊重行政机关的判断，并体现出司法裁量上的谦抑性，这一谦抑性程度问题直接决定了专利无效行政诉讼的基本构造问题。同时在这一行政诉讼的基本构造下，由于我国行政诉讼制度的建构并不能充分反映专利权效力判断上的特殊性，因此在当事人地位、审理范围、判决类型与效力等方面存在亟须解决的弊端。

（一）当事人地位问题

最高人民法院在《关于开展专利审判工作的几个问题的通知》[1] 中明确规定了专利复审委员会在专利无效诉讼中的被告地位。由于我国行政诉讼法并未承认“当事人型撤销诉讼”类型[2]，专利无效行政诉讼只能以专利复审委员会作为被告。但是无效行政诉讼往往代表了专利权人与主张专利无效的申请人之间的利益

---

[1] 1985年2月16日法（经）〔1985〕3号发布自发布之日起施行，已被2001年12月24日最高人民法院审判委员会第1202次会议通过2001年12月27日最高人民法院法释〔2001〕32号公布，自2001年12月28日起施行的《最高人民法院予以废止的2000年底以前颁布的有关司法解释目录（第四批）》废止。

[2] 王天华. 日本的“公法上的当事人诉讼”：脱离传统行政诉讼模式的一个路径[J]. 比较法研究，2008（3）.

纠纷，因为在大多数情况下主张专利无效的申请人往往都是侵权诉讼中的被控侵权人，由于我国在处理专利侵权诉讼与专利无效判断问题上采用严格的双轨制模式[1]，因此无效宣告请求往往具有侵权抗辩的效果。如果按照现行行政诉讼的模式，可能导致专利复审委员会无法全面代表专利权人或请求专利权无效的当事人的利益诉求，同时也使行政机关不堪重负[2]。

（二）审理范围问题

在现行的专利行政诉讼法律框架下，法院的司法救济应当依法按照合法性审查原则进行，既不能引入行政相对人在专利复审委员会的行政救济阶段未提出的证据[3]，也不能审查无效宣告请求人在行政救济阶段未提出也未被专利复审委员会审理过的无效理由[4]。如果以上述理由作为判断专利复审委员会作出的具体行政行为违法的依据，甚而代专利复审委员会行使职权，直接在判决中宣告专利权无效或维持专利权有效，所有这些都超出了行政诉讼审查的范围。[5] 这就可能导致法院的判决作出后，真正的纠纷仍然无法得到解决，相关的专利权利义务关系依旧处于不确定状态，而专利权人与无效宣告申请人为了维护自身利益，不得不再次寻

---

[1] 有关双轨制问题的详尽介绍请参考：张鹏．我国专利无效判断上双轨制构造的弊端及其克服：以专利侵权诉讼中无效抗辩制度的继受为中心［J］．政治与法律，2014（12）．

[2] 张献勇，闫文锋．专利复审委员会的诉讼地位：复审委是否该站在专利无效诉讼被告席上？［J］．知识产权，2005（05）．

[3] 熊文聪．我国专利无效诉讼中的证据规则之反思［J］．知识产权，2015（6）．

[4] 清洁器吸棉管废棉截留装置案［国家知识产权局专利复审委员会第 4988 号无效宣告请求审查决定以及北京市第一中级人民法院（2003）一中行初字第 522 号行政判决书，北京市高级人民法院（2004）高行终字第 95 号行政判决书和最高人民法院（2007）行提字第 3 号行政裁定书］；冷压头等强锚杆的加工方法案［国家知识产权局专利复审委员会第 13410 号无效宣告请求审查决定和北京市第一中级人民法院（2009）一中行初字第 2187 号行政判决书］。

[5] 最高人民法院行政裁定书（2007）行提字第 3 号。

求救济途径，这就为“循环诉讼”的发生埋下了伏笔。[1]

（三）判决类型与效力问题

《行政诉讼法》和最高人民法院《关于执行〈中华人民共和国行政诉讼法〉若干问题的解释》（以下简称《若干解释》）中规定了维持判决、撤销判决、履行判决、确认判决、变更判决、驳回诉讼请求判决、情况判决和行政赔偿判决等几种行政裁决形式。专利行政诉讼中法院是否可以直接对专利复审委作出的决定予以改判，取决于《行政诉讼法》的规定。《若干解释》第 54 条中规定仅对于行政处罚显失公正的情况下，法院才可以判决变更。而无效宣告审查决定明显不属于行政处罚决定的范围。也有学者认为这一做法符合《行政诉讼法》的立法宗旨，即进行行政诉讼的目的在于维护和监督行政机关行使其行政职权，而不是越俎代庖，代替行政机关行使其职权，[2] 司法实践也坚持了这一观点。[3]

此种观点对于不服认定专利权有效行政决定的行政诉讼来说，如果法院依据某理由认定了专利权无效，进而撤销原行政决定的话，由于专利复审委员会再次进行无效宣告程序时，不能作出专利权有效的判断，判决的拘束力直接导致专利权无效的效果。但是由于专利无效行政诉讼的判决类型仅限于撤销判决与维持判决等，法院无权代替行政机关作出宣告专利权无效的行政决定，只能等待行政机关重新作出无效决定。因此在此种类型下行政机关再次启动无效宣告程序实际上属于程序上的无谓浪费。此外，在行政判决拘束力问题上，如果认为撤销判决的拘束力限于原撤销理由，如某一现有技术不构成无效理由的话，那么无效宣告申请人可以避开该现有技术，或在该现有技术基础上增加公知技术常识等细微改变再次提起无效宣告程序，而原撤销判决的拘束力并

---

[1] 渠滢．论专利无效诉讼中的“循环诉讼”问题［J］．行政法学研究，2009（1）．

[2] 尹新天．中国专利法详解［M］．北京：知识产权出版社，2011：484．

[3] 最高人民法院行政裁定书（2007）行提字第 3 号。

不及于新无效理由的提出，这样的话重复进行无效宣告程序以及后续的行政诉讼程序的几率就会大为提升，相反如果扩大撤销判决拘束力的范围，就会遮断更多无效事由的提出，对于防止无效程序的反复提出、提高行政效率大有裨益。

三、我国专利无效行政诉讼基本构造的展望

（一）坚持专利无效判断程序上的行政诉讼基本构造

既有的改革方案中存在将专利无效程序改为民事诉讼的主张，[1] 从而体现无效宣告程序中利益相对抗的双方当事人的诉求。但是从司法机关与行政机关的职责分工角度看，相比于专利行政机关，司法机关的优势主要体现在对法律问题的熟悉、易于保证中立的裁判、对个案的充分审查以及通过采用当事人主义的诉讼结构使结论易于为当事人所接受。但是另一方面其劣势也显著体现在对于技术性问题缺乏充分的判断能力、以当事人的请求为前提不诉不理、着眼于当事人间的纠纷解决、诉讼成本较高几个方面。尽管从个案来看，对于承担了较高的诉讼成本进行诉讼活动的当事人来说，通过法院审慎的审判活动，得到了就个案而言的公平处理，维护了私益。但是从事后过滤的公益机能角度看，法院并不能胜任排除问题专利，进而根据不同技术领域的特点设定相对稳定的规范基准的任务。其原因在于：首先，在法院提起的纠纷数量过少，大多数潜在的纠纷由于诉讼成本等因素被排除在了法院大门之外；其次，专利制度中存在的各种政策调节手段（具体而言就是专利授权要件）起到了依据不同的技术领域、产业类型的特点贯彻专利制度促进经济发展的政策目的。[2] 由于这种政

[1] 郭禾. 专利权无效宣告制度的改造与知识产权法院建设的协调：从专利法第四次修订谈起［J］. 知识产权，2016（3）.

[2] BURK D L，LEMLEY M A. Policy Levers in Patent Law［J］. Virginia Law Review，2003，89（7）：1575.

策目的的实现很难通过个别的或者确定的预先设计所实现，而是仰仗经验主义的大样本调整，通过大量的实践逐步试错、反馈、微调从而得出适应产业发展的政策。从这个角度看，由于受案件数量的限制，法院很难承担测定政策导向的任务。也就是说法院的优势在于就个案的“质的控制”（qualitative control），而不擅长于具有政策导向的“量的控制”（quantitative control）。[1] 而专利行政机关却具备与法院相反的优缺点。考虑到在事后过滤的过程中，更应强调专利行政机关的“量的控制”的重要性，虽然在一定程度上也要使法院事后过滤“问题专利”的功能得以发挥，但应以尊重行政机关“量的控制”为关键，协调两判断主体之间的关系。

因此这就决定了对于专利权效力的判断的首次权限应该集中于行政机关，而不是司法机关。司法机关的二次判断应该本着谦抑的原则进行司法审查。从行政诉讼的基本构造上看，传统的撤销诉讼模式在一定程度上很好地贯彻了司法审查对于行政行为判断的尊重与谦抑性。因此坚持专利无效判断上的行政诉讼基本构造应该是今后改革的一个基本方针。同时也应该在认识到我国专利无效行政程序在排除问题专利上的弊端的基础上，更加兼顾效率性原则来改造行政诉讼基本构造的某些方面。

（二）专利复审委员会的定位问题

在确定以行政诉讼模式构建专利权效力判断体系后，就需要解决专利复审委员会的定位问题。在主张专利复审委员会在无效宣告程序中采用民事诉讼程序的基本构造的学说下，会得出专利复审委员会应改组为司法机关或准司法性质的机关的结论。但是从上述专利权效力判断上存在的行政行为与司法审查的关系上看，专利复审委员会在专利无效宣告程序中所作行政行为的司法审查中，法院应该采取谦抑的态度，故而如果形成民事诉讼上下级全面审查模式的话，那么将打破专利权效力判断上的司法与行政分

---

[1] MASUR J S. Regulating Patents [J]. The Supreme Court Review，2011，2010：275.

工之合理性，因此将专利复审委员会定位为行政机关不管是从学理上还是从积极稳妥地推进改革上看都是妥当的选择。事实上，广受诟病的在专利无效行政诉讼中只能由专利复审委员会充作被告的模式，导致专利复审委员会既不能准确代表利益双方的实际诉求，又增添了相当可观的行政成本。可以预见的改革方式是在行政诉讼法中导入“当事人诉讼”模式，突破传统行政诉讼法理论上“撤销诉讼中心主义”的藩篱，将专利复审委员作出的裁决作为“确认或形成当事人间法律关系的处分”的裁决，对形成或确认法律关系的任何一方当事人可以成为行政诉讼中的被告。[1]

（三）专利无效行政诉讼中的审理范围

对于专利无效行政诉讼中的审理范围问题，在北京市高级人民法院发布的《关于审理专利复审和无效行政纠纷案件若干问题的解答（试行）》（以下简称“专利行政案件解答”）[2] 第10条中规定：在专利复审委员会的无效审理程序之后的行政诉讼程序中，无效请求人提出的新证据，原则上不应接受并认定，无效请求人可以依据新证据重新向专利复审委员会提出无效宣告请求。在司法实践中也存在着完全不接受新证据，[3] 接受并根据新证据得出结论，[4] 以及接受、但不评述，判令专利复审委员会根据新证据重新进行审查[5]等不同做法。[6]

而从理论上看，在“审查范围”规范构成上的认识存在两种

---

[1] 在比较法上可以参考日本实践：江利红．日本行政诉讼原告资格新论［J］．行政法学研究，2007（4）．

[2] 京高法发〔1999〕388号。

[3] 北京市第一中级人民法院〔2010〕一中知行初字第1220号行政判决书，北京市高级人民法院〔2006〕高行终字第99号行政判决书。

[4] 北京市高级人民法院〔2011〕高行终字第1258号行政判决书。

[5] 北京市高级人民法院行政判决书〔2010〕高行终字第153号。

[6] 王丽颖．专利行政诉讼的合法性审查范围［J］．中国发明与专利，2010（8）：100.

原理性构成，[1] 即“纠纷的早期解决倾向”与“重视再审查倾向”。前者是指从纠纷的一次性解决视角，主张尽可能在单次诉讼或程序中集中地全面解决纠纷所需判断的实质性内容，特别是对于专利申请人对于复审决定不服的情况，早期解决即意味着早期获得了救济；后者则意味着司法机关并不直接作出裁决，而是待发还行政机关经过行政程序审查后再进行判断。这一做法体现了对于行政机关专业性的尊重以及对于行政程序中诸如听证程序等的确保。司法机关在“审理范围”问题上对行政机关判断的谦抑性实践尽管维护了行政机关在技术问题上的再审查权限，有利于保持专利权效力问题上的一贯性判断，但是却可能使得相关程序严重迟延，不利于单次程序中效率性地解决专利权效力判断上的实质性纠纷。举例来说在行政诉讼中如果不限制新证据的提出与评述的话，这样仅需在行政诉讼单次程序中就可以将无效与否的事由全面地进行判断，有利于纠纷的迅速解决，进而体现了“纠纷的早期解决倾向”；而限制行政诉讼中对于未经行政程序判断的新证据的提出与评述，可能导致无效事由判断上的断片化，强化行政机关在新证据判断上的独占性，进而体现了“重视行政机关再审查倾向”。

从实践上看，在如何处理行政诉讼程序中的新证据问题上，又涉及四种情况下新证据提出的接受与否问题。其一是在无效诉讼程序中法院应否接受并依据未在无效宣告行政程序中经过判断的新证据（以下简称“问题一”）；其二是依据针对无效宣告成立决定的撤销判决，判令专利复审委员会重新进行审查时，专利复审委员会可否依据新证据再次作出新的行政决定（以下简称“问题二”）；其三是驳回无效宣告程序、再次进行无效宣告程序作出无效宣告不成立决定、或者并未提起无效行政诉讼等导致原无效

---

[1] 这一原理性认识首先是由日本学者村上裕章提出的，见于：村上裕章．取消訴訟における審理の範囲と判決の拘束力—審決取消訴訟からの示唆—［J］．知的財産法政策学研究，2006（10）；村上裕章．行政訴訟の基礎理論［M］．東京：有斐閣，2007.

宣告不成立决定生效的情况下，可否以新证据为事由另行提起无效宣告程序（以下简称“问题三”）；其四是在无效宣告决定尚未生效之前，或在无效行政诉讼阶段，或在无效宣告行政程序阶段，可否依据新证据另行提起无效宣告程序（以下简称“问题四”）。❶

如果说专利无效宣告程序的宗旨在于维护专利行政机关对于技术性事项的集中性判断，从而实现减轻司法机关对于技术性事项判断的负担，进而实现专利权效力上的安定性判断的话，就应该在专利无效行政诉讼的“审理范围”上体现出一定的谦抑性。即保证任何技术上的事项都经过专利行政机关的审查。这就意味着对于无效行政诉讼中提出的新证据必须经过行政程序的审查。但这并不意味着无效诉讼的相关当事人不能在无效诉讼程序中提出新证据，而仅意味着法院不能未经行政机关判断之前在行政诉讼程序中对其进行判断。尽管如此，法院可以接受该新证据，但不予评述，并判令专利复审委员会针对该新证据重新进行审查❷，因此在回答“问题一”之前有必要先就“问题二”予以解答。如果不允许专利复审委员会根据新证据重新作出无效决定的话，则意味着最初提起无效宣告程序时，如果不将所有无效事由的证据予以提交的话，则不再有机会在后续程序中提出。因此可能诱发当事人在初次无效宣告程序中大量提起相关证据。事实上从效率性的角度看，只要当事人所提出的一个无效事由被认定成立的话，就满足宣告无效的条件，而不必要一次性列举所有专利权所内包的无效理由。为了保证这一效率性的制度运作，应该承认在专利无效诉讼程序否定专利无效决定所列举的某一无效事由后，当事人可以在下次无效宣告程序中再次依据另一无效理由启动无效宣告程序。也就是说针对新证据提起与否的“问题二”应当给予肯

---

❶ 这四种类型的划分深受田村善之教授启发，见于：田村善之．機能的知的財産法の理論［M］．東京：信山社，1996：146.

❷ 北京市高级人民法院〔2010〕高行终字第153号行政判决书。

定性答案。这与“专利行政案件解答”中指出的承认“无效请求人可以依据新证据重新向专利复审委员会提出无效宣告请求”是一致的。

由于承认“问题二”中对于新证据在再次无效宣告程序中的提出，因此对于“问题一”来说，则没有必要接受或评述仅在无效诉讼程序中提出的新证据，而是径行撤销原行政决定，令专利复审委员会针对新证据重新进行判断。此处的新证据主要是指构成专利无效理由的新证据，对于专利权人主张专利权有效的新证据由于不构成新的无效理由，因此不必撤销原裁定发回专利复审委审查。这也符合“专利行政案件解答”中所指出的“原则上不应接受并认定”。

对于“问题四”来说，如果允许在无效宣告决定尚未生效之前，或在无效行政诉讼阶段，或在无效宣告行政程序阶段，依据新证据另行提起无效宣告程序的话，尽管所主张的无效理由不同，也将导致针对同一专利权效力判断上的分割，从审判效率性角度看，应该承认正在进行的无效程序对于同一专利权效力问题的其他并行程序启动的遮断效果。对于“问题三”，对于业已生效的无效决定，如果否定请求人依据新证据另行提起无效程序的话，将意味着依据某一无效事由得出的无效决定的效力范围遮断了其他无效事由，而请求人在某一无效程序中未提出的新证据将永远在后续程序中被排除。从无效事由的特点来看，与现有技术相关的证据广泛的以不同形态存在于国内外，如果要求请求人在无效决定生效时点全部发现的话，对其无疑是极大的负担。由于专利无效宣告程序对于任何主体均予开放，因此专利权人应该意识到其他主体可能依据新证据再次提起无效宣告程序。从规范上看，对于其他主体再次提起无效宣告程序的遮断性效果仅限于无效决定所引用事由[1]。

---

[1] 张鹏. 专利无效宣告程序中的“一事不再理”[J]. 甘肃政法学院学报，2014 (5).

（四）专利无效行政诉讼中的判决效力

依据无效宣告程序所作行政行为对于无效与否的判断，可以区分为无效宣告成立型与无效宣告不成立型两种类型。对于无效宣告成立型行政行为提起的行政诉讼中作出撤销判决的拘束力仅及于该无效宣告行政行为所述及之理由。其原理在于专利行政机关欲使无效宣告成立，仅需在众多可能的无效理由中选取一个理由予以证明即可，不必全面列举该项专利权所有无效理由，并一一予以证明。因此法院一般在撤销判决中仅仅撤销行政机关对于该一项无效理由的论证。在此无效宣告过程中可以改用其他理由证明专利权无效。因此针对此类行政行为的撤销判决的拘束力取决于某项无效理由的范围。这一点上与撤销复审决定的判决拘束力相类似，唯一不同的是不服复审决定的专利申请人尚未获得专利授权，程序的延迟仅对专利申请人不利；而对于无效决定的撤销判决，由于专利已得到授权，通过程序的延迟，使得本该早些无效的专利得以延续，因此对于专利权人更加有利。

对于另一种类型，即无效宣告不成立提起的行政诉讼中作出的撤销判决，在拘束力上的规范功能则大为不同。无效宣告的申请人在无效宣告程序中必然尽量穷尽各种有关专利权无效的理由，加之我国无效宣告程序存在较为严重的职权主义倾向，因此专利复审委员会对于各个无效理由一一驳斥后才会作出无效宣告不成立决定。而在行政诉讼中法院依据某理由认定了专利权无效，因此撤销原行政决定的话，在专利复审委员会再次进行无效宣告程序时不能再次进行专利权有效的判断，因此判决的拘束力直接导致专利权无效的效果。由于专利无效行政诉讼的判决类型仅及于撤销判决与维持判决等，法院无权代替行政机关作出宣告专利权无效的行政决定。因此在此种类型下行政机关再次启动无效宣告程序实际上属于程序无谓的浪费。

北京市高级人民法院曾经在（2003）高行终字第 61 号判决中第一次直接宣告专利权无效。在 2004 年 9 月北京市高级人民法院民三庭下发的《关于规范专利无效行政案件裁判文书主文的意见（试行）》中，明确法院的判决在撤销专利复审委员会审查决定的情况下，可以直接判决维持专利有效或宣告专利无效。按照《专利法》和《行政诉讼法》的规定，只有专利复审委员会可以宣告专利权无效，北京市高级人民法院的这一为了审判效率、突破法律规定的做法引起了极大争议。但从专利行政诉讼的类型化角度看，对于无效宣告不成立提起的行政诉讼中作出的撤销判决完全没有必要再次等待专利复审委员会作出新的裁决，从诉讼经济原则出发，对行政不作为的司法救济宜适用课予义务诉讼。❶

从判决的拘束力角度看，如果扩大判决拘束力所及无效理由之范围的话，那么就会限制再审行政程序对于无效事由判断的范围，因此有利于“纠纷的早期解决”；如果限制判决拘束力所及无效事由的范围的话，行政程序可以有较多选择对于专利权效力重新进行再审查，因此体现出了“重视再审查的倾向”。假设在无效宣告程序中专利复审委员会是以某无效理由作为主引用例否定了专利权的有效性，该理由在无效诉讼中被法院撤销，此时专利复审委员会不得再次以该无效理由否定专利权效力，但是不意味着专利复审委员会不可以将某无效理由作为主引用例与某一公知技术常识相结合否定专利权效力。但是如果承认撤销判决的拘束力不仅仅及于主引用例，对于专利复审委员会试图在主引用例上稍作修改规避判决拘束力的行为，应该适当扩大判决拘束力的范围，裁量性的否定专利复审委员会再次以相类似的无效事由启动无效宣告程序及作出行政裁决。

---

❶ 例如在日本2004年《行政案件诉讼法》修改中，增加了课予义务诉讼，规定在：行政厅应作出一定的处分或者裁决而没有作出时，以及在依据要求行政厅作出一定的处分或者裁决的法令而提出申请或者审查请求，而该行政厅应作出该处分或者裁决而没有作出时，相对人可以提起课予义务诉讼。详细介绍请参考：吴华. 论课予义务诉讼：对行政不作为的救济形式[J]. 行政法学研究，2006（1）.

植物新品种权纠纷案件侵权判断问题研究

罗　霞*

摘　要：本文通过依据DUS测试进行植物新品种权授权的法律规定，以及实践中在品种权保护、种子市场监督抽查等领域广泛应用的DNA鉴定技术，分析了DNA检测报告中差异位点数与品种的特征特性的对应性；提出DNA鉴定结论为无明显差异、高度近似、极近似时，被控侵权繁殖材料与授权品种不同的待证事实，应当由被诉侵权方承担。同时，结合实际案例，分析了DNA检测与DUS测试结论相冲突时，如何判断证据的证明力。此外，本文还对存在DNA鉴定报告时，是否允许当事人申请田间种植测试、品种权侵权纠纷是否可以适用专利侵权判断的“全面覆盖原则”“等同原则”等问题提出了见解。

关键词：DUS测试；DNA鉴定；差异位点；特征特性；举证责任；侵权判断

* 作者简介：最高人民法院法官。

一、繁殖材料的身份鉴定

（一）DUS测试

植物新品种权是一项知识产权，该权利是由植物新品种保护审批机关通过田间种植试验、室内分析对申请品种繁殖材料的特异性（Distinctness）、一致性（Uniformity）和稳定性（Stability）（以下简称“DUS”）进行评价后，采用DUS审查及性状描述总则和DUS测试指南等测试技术与标准授予，经过实质审查后授予的一项权利。根据《中华人民共和国植物新品种保护条例》的规定，凡申请品种权的植物新品种须属于国家植物品种保护名录中列举的植物属种，须与递交申请以前已知的植物品种[1]具有明显区别，并且经过繁殖，除可以预见的变异外，其相关的特征或者特性必须一致，在反复繁殖后或者在特定的繁殖周期结束时，代与代之间相应的特征或者特性要保持不变。

不仅审批机关对申请品种进行实质审查依据DUS测试，根据我国主要农作物品种审定办法、非主要农作物品种登记办法，DUS测试也是品种审定和登记的基础依据。DUS测试通过特征特性定义品种，作为繁殖材料，其特征特性应当以田间种植进行DUS测试识别的性状特征为准。在侵害植物新品种权纠纷案件中，采用DUS测试具有合理性和优先性。

（二）DNA身份鉴定技术

利用DNA身份辅助筛选特异性，测试近似品种，提高选择效率和准确性是国际植物新品种保护联盟及其成员的通行做法。生物技术和信息技术的发展为构建品种DNA身份鉴定体系提供了有

---

[1] 依据《植物新品种保护条例实施细则》第21条，近似品种是指在所有已知植物品种中，相关特征或者特性与申请品种最为相似的品种。其中，已知植物品种，包括品种权申请初审合格公告、通过品种审定或者已推广应用的品种，或者在公开刊物上对其特征特性进行详细描述的品种。

力的技术支撑。农业部积极推进建设由田间表型身份鉴定到田间表型身份鉴定与室内基因型身份鉴定相结合的体系。2009～2012年开展了普通小麦、棉属、大豆等14种主要农业植物品种DNA身份鉴定标准SSR分子标记法等农业行业标准，修订了水稻和玉米品种SSR分子标记法鉴定技术规程。2013年制定了《植物品种鉴定DNA指纹方法总则》。随着分子生物学技术的发展，单核苷酸多态性SNP技术兼容性好，通量高、速度快、成本低与表型性状关联度高，已经研发了可供商业化使用的玉米、水稻、小麦、棉花、大豆等农作物SNP位点芯片，为判定DNA身份鉴定提供了必要的技术手段。❶

相比要从植物的种子、幼苗、开花期、成熟期等各个阶段对多个质量性状、数量性状及抗病性等进行观察评价，与近似品种结果进行比较，测试耗时长的DUS测试，DNA鉴定作为在室内进行基因型身份鉴定的方法，经济便捷，不受环境影响，测试周期短，有利于及时保护权利人的利益，同时能够提高筛选近似品种特异性评价效率。作为田间表型身份鉴定的有效补充，DNA指纹检测技术在品种区试审定、品种权保护、种子市场监督抽查等多个领域得到了广泛的应用。在品种审定区试中，依据不同品种DNA指纹谱带对品种的一致性和真实性的判定，将DNA指纹的检测结果作为试验品种的淘汰、继续试验和推荐审定的依据，发现实验品种与已知品种在遗传上差异微小，即相同或高度近似（差异位点数≤1）的停止试验。❷ 在加强种子管理，保障市场公平竞争、保护农民合法权益并提升品种创新能力、推进种业信息化发展等方面发挥着积极的作用❸。在审理侵害植物新品种权纠纷中，也普遍采用DNA指纹快速检测方法认定是否存在侵权行为。

---

❶ 周云龙. 当品种管理遇上DNA［J］. 种子科技，2015（6）.

❷ 参见《国家玉米品种试验DNA指纹鉴定管理办法》。

❸ 参见《农业部办公厅关于印发农作物品种DNA身份鉴定体系构建实施方案的通知》。

DUS测试是品种权授权的基础，是国内外公认准确度最高、当事人最为认可的检测方式，是品种权授权的基础。DNA身份鉴定技术在目前技术水平下，尚不能作为品种特异性、一致性和稳定性的唯一检测技术。DNA身份图谱尚未与品种的功能基因一一对应。品种相关性状的表达状态、遗传机理尚需要进一步研究。因此，如何正确审查DNA检测报告与DUS测试之间的关系，对侵害植物新品种权的判断，具有重要的影响。

二、侵犯植物新品种权的法律规定

根据《最高人民法院关于审理侵犯值物新品种权纠纷案件具体应用法律问题的若干规定》，在侵害植物新品种纠纷中，判断被诉侵权繁殖材料的特征特性是否侵害了涉案植物新品种权，是以两个品种的特征特性是否相同进行比对，排除是否存在非遗传变异因素导致的表型性状差异。该司法解释规定，涉及专门性问题的判断，可以采取田间观察检测、基因指纹图谱检测等方法进行鉴定，人民法院组织当事人对鉴定结论质证后，遵循证据规则进行审查认定。在确定侵犯植物新品种权的行为时，被控侵权的植物新品种性状特征多于或者少于授权品种的性状特征，都不构成侵权。在实践中，原告在证明存在侵害植物新品种行为时，通常提交鉴定机构出具的DNA鉴定意见，检测方法多为基因指纹图谱检测。随着当前主要推广品种和亲本进行改造的育种方式不断增加，DNA指纹检测结论为相同或高度近似品种的案件不断出现。近年来，法院在审理侵害“金海5号”“先玉335”植物新品种权纠纷案件中，均出现过被诉侵权繁殖材料与农业部授权品种的标准样品进行DNA指纹测试比较后，差异位点数小于品种阈值的情况。对于鉴定结论为“无明显差异”“高度近似”“极近似”甚至“相同”，是否足以判断构成侵害植物新品种权，在认识上出现了较大分歧。如是否可以适用专利案件的“等同原则”认定构成侵权；如何审查分析DNA检测报告中的差异位点与性状特征之间的关系；存在 DNA 鉴定报告时，是否允许当事人申请的间种植测试等。如何审查位点差异与特征特性比对规则的关系，如何判断 DNA 检测报告与 DUS 测试报告的证明力，成为审判实践中的难点。

三、指导案例的规则指引

莱州市金海种业有限公司诉张掖市富凯农业科技有限责任公司侵犯植物新品种纠纷是最高人民法院 2017 年公布的第 92 号指导案例。该案件中，被控侵权的繁殖材料与农业部品种保护的对照样品“金海 5 号”相比较，在 40 个点位上仅有 1 个差异位点。依据中华人民共和国农业行业标准《玉米品种鉴定 DNA 指纹方法 NY/T1432－2007 检测及判定标准》的规定：品种间差异位点数等于 1，判定为近似品种；品种间差异位点数大于等于 2，判定为不同品种。被控侵权的富凯公司认为依据上述 DNA 指纹检测标准，将差异至少两个位点作为标准，来判定两个品种是否不同。因此，涉案 DNA 指纹检测结果载明差异位点数为“1”，说明其并未侵权。法院的生效判决认为：品种间差异位点数等于 1，不足以认定不是同一品种。DNA 检测与 DUS 没有位点的直接对应性。对差异位点数在两个以下的，应当综合其他因素进行判定，此时的举证责任应由被诉侵权方承担。由于植物新品种授权所依据的方式是 DUS 检测，而不是实验室的 DNA 指纹鉴定。因此，富凯公司如果提交相反的证据证明通过 DUS 检测，被诉侵权繁殖材料的特征、特性与授权品种的特征、特性不相同，则可以推翻前述结论。富凯公司经释明后仍未能提供相反的证据，亦不具备 DUS 检测的条件。应认定富凯公司的行为构成侵犯植物新品种权。

第 92 号指导案例明确在侵权认定中，当 DNA 检测报告认定差异位点在两个以下时，法官应当综合其他因素进行是否侵权的判定，如可采取扩大检测位点进行加测以及提交审定样品进行测定等，此时的举证责任由被诉侵权的一方承担。

（一）差异位点数与品种的特征特性的对应性

对于品种权授权要件之一的特异性的判定，国际植物新品种保护联盟（UPOV）规定一个品种必须与其他任何已知品种有明显区别。对品种的描述是该品种同质群体的整体描述，并非该品种的单一个体，品种权指向的植物的特异性是一个族群的概念。实践中，一般是要求在1个以上性状的表达上明显区别于已知的最近似品种。目前我国对农业植物新品种特异性审查的要求是，如果是质量性状有1个性状具备1个代码的级差即可通过。如果是1个数量性状具备2个以上代码的级差就能通过特异性审查，但是同一个代码内能观测得到差异，并且统计分析有明显差异的，也能通过特异性审查。待测品种和近似品种之间性状的区别应当是明显的且一致的。[1] 品种选育是育种家对繁殖材料人工改造的过程，可创造出大量遗传背景高度近似的品种，育种学上使用了“最小差异度”来界定可以接受的遗传变异程度，该最小差异度与田间种植测试中的特异性并非完全对应，而是以人为设定的阈值来区分品种。区分品种的阈值是人为设定的一个范围，超过一定的阈值可判定与已知品种不同，没有超过该阈值仅是表明判定两品种不同的条件不充分。如农业行业标准《玉米品种鉴定DNA指纹方法NY/T1432－2014检测及判定标准》规定：品种间差异位点数等于1，判定为近似品种；品种间差异位点数大于等于2，判定为不同品种。

对于DNA指纹检测，其所采取的核心引物（位点）与DUS测试进行田间种植所确定的性状特征之间，并不具有对应性，其不同于DUS测试通过特征特性定义和识别品种。没有超过阈值的差异位点数与繁殖材料在田间种植表现的基因型特征并无关联。可见，“不同是绝对的，相同是相对的。”DNA检测在证伪性事实

---

[1] 杨江龙，唐浩，等．DUS测试将促进我国种业规范创新发展［J］．中国种业，2018（4）．农业部物种品种资源保护费项目。

上有其绝对的优势，但对于证实性事实，存在与田间种植测试结论不一致的可能。

授予植物新品种权是以田间种植进行 DUS 测试所确定的性状特征为基础，在侵害植物新品种权的审查认定中，不应当脱离植物品种在田间种植表现出来的性状特征。由于 DNA 指纹检测技术并没有也无法将品种的性状与分子的标记进行一一的对应，因此，DNA 鉴定结论认为待测样品与标准样品无明显差异、高度近似、极近似时，不足以得出两者在田间种植表现的特征特性也具有无明显的差异。

（二）关于举证责任的分配

证明责任分配理论被认为是“民事诉讼的脊梁”，这是因为不仅当事人及其利害关系人必须在诉讼中经常思考证明责任，收集他们应当提交的证据，而且法官亦应如此。[1] 举证责任的分配具有法定性，是由法律分配，原则上不能由法官来分配[2]。当 DNA 指纹鉴定差异位点数没有超过阈值，结论为无明显差异、近似或极近似品种时，根据《最高人民法院关于适用〈中华人民共和国民事诉讼法〉的解释》第 91 条的规定，对被控侵权繁殖材料与授权品种相同的待证事实，提出侵权主张的品种权人已经承担了基本证明责任。被控侵权人对鉴定结论持有异议，应当由其就反驳品种权人诉讼请求所依据的要件事实负证明责任。如果被诉侵权人提交的证据证明以田间种植 DUS 测试确定的特异性结论能够推翻

---

[1] 莱奥·罗森贝克，证明责任论［M］. 庄敬华，译. 北京：中国法制出版社，2002：64. 关于举证责任分配规则的理论，大陆法系国家居统治地位的为法律要件分类说，以德国学者罗森贝克提出的规范说最具代表性。其认为，在事实情况不确定情况下，证明责任对终局判决的作出具有意义。法律要件分类说中的规范说自诞生以来，尽管不断遭受批评和挑战，但迄今仍然无法撼动其作为大陆法系国家和地区举证责任分配的通说地位。其认为，在事实不确定情况下，证明责任对终局判决的作出具有意义。

[2] 沈德咏. 最高人民法院民事诉讼法司法解释理解与适用（上）［M］. 北京：人民法院出版社，2015：317.

DNA 指纹检测结论时，应当认定不构成侵权（如下文的案例）。

DNA 检测差异位点数没有超过阈值得出为近似品种的，通常两者为相同品种的待证事实发生的盖然性较高，而且出现这种情况通常是遗传背景单一亲本近似导致。我国缺失实质性派生品种制度，为保护原始育种者的利益，将被控侵权繁殖材料与授权品种不同的待证事实分配给被诉侵权方承担，主张侵权事实发生的品种权人不负举证责任也更为公平、合理。

四、当 DNA 检测与 DUS 测试结论相冲突

在最高人民法院（2015）民申字第 2633 号案件中，登海公司起诉农丰种业对外销售外包装为“大丰 30”的繁殖材料实际是“先玉 335”的玉米种，主张农丰种业、大丰公司未经品种权人许可，以商业目的生产、销售“先玉 335”玉米种，构成侵权。在该案件中，原告提交了 DNA 检验报告，被告提交了 DUS 测试报告，结论相互冲突。登海公司提交的证据中，扶风县种子管理站和综合执法大队委托河南省依斯特种子质量检测有限公司对大丰公司生产的“大丰 30”进行品种真实性检测，结论为该样品电泳谱带与对照样先玉 335 电泳谱带比对一致。扶风县农业局以涉嫌经营假种子对“大丰 30”予以查封（扣押）后，将被诉侵权种子送至北京玉米种子检测中心进行 DNA 检验，结论为相同或极近似。法院一审审理中，大丰公司以不存在侵权行为抗辩，提交了农业部植物新品种测试中心 2011 年 12 月出具的 DUS 测试报告原件，该报告结论为“大丰 30”具有特异性、一致性、稳定性。在二审审理中，大丰公司又提交了作出时间为 2014 年 1 月 23 日的 DUS 测试报告，测试时期为 2 个生长周期，结论为具备特异性、一致性、稳定性。一审法院经审理认为：登海公司所提供的 DNA 检测结论是建立在 40 对引物基础上的，这种检测方法在实践中虽然常被用来证明两品种间遗传上相同或高度近似，但是由于 40 对引物所占引物数量的比例较小，与 DUS 检测相比，DUS 检测法更为准确。

因为通过田间种植，两品种间是否存在差异，差异是否显著均可进行现场观测，数据、结论更为可靠。依据大丰公司提供的DUS测试报告可以认定“大丰30”和“先玉335”不是同一个玉米品种。大丰公司生产、销售“大丰30”的行为不构成侵权，一审法院驳回了登海公司的诉讼请求。登海公司上诉称，一审法院认定“DNA检测方法与DUS检测相比，DUS检测更为准确”缺少事实和法律依据。二审法院经审理认为，登海公司提交的电泳谱带及DNA检测结论与大丰公司提交的DUS检测结论存在矛盾，登海公司不能提供更强的证据来否定大丰公司提交的DUS检测结论。根据“谁主张、谁举证”的原则，登海公司主张大丰公司及农丰种业侵权的理由不能成立，依法不予支持，一审判决应予维持。登海公司不服一、二审判决，向最高人民法院申请再审。其主要理由为涉案DUS测试报告不具有合法性，以涉案DUS测试报告判定是否构成植物新品种侵权没有法律依据。最高人民法院在该起案件中，重点审查了大丰公司提交的DUS测试报告的真实性、合法性和关联性，最终以DUS测试报告作为了定案的依据。

在该起案件中，被诉侵权的“大丰30”曾在2011年的申请品种审定中经DNA指纹检测被认定，与“先玉335”无差异，被视为同一品种，当年未能通过品种审定。因大丰公司对品种审定中的DNA检测结论提出异议，山西省农业种子总站委托农业部植物新品种测试中心对大丰30进行了测试，遂出现了本案2011年12月的DUS测试报告。植物新品种权和品种审定是我国农作物品种管理的两个重要方面。[1] 我国对主要农作物和主要林木实行品种审定制度。主要农作物品种和主要林木品种在推广前应当通过国家级或者省级审定，要求申请审定品种必须与已审定通过或本级品种审定委员会已受理的其他品种具有明显区别。品种权的审批机

---

[1] 《植物新品种保护条例》第5条规定：“生产销售和推广被授予品种权的植物新品种，应当按照国家有关种子的法律法规的规定审定。”

关对申请品种的特异性、一致性和稳定性进行实质审查所依据的是田间种植 DUS 测试。在主要农作物品种审定时，也是以申请审定品种的选育报告、比较试验报告等为基础进行品种试验，针对品种在田间种植表现出的性状进行测试并作出分析和评价。审定办法规定，对于审定结果有异议的，申请人可以向原审定委员会或者上一级审定委员会申请复审。大丰公司对审定时的 DNA 指纹检测提出异议，申请进行田间种植检测的主要原因是其主张两个品种在性状上有明显的差异，为不同品种。涉案 DUS 测试报告涉及测试品种“大丰 30”与近似品种“先玉 335”相比是否具有特异性的问题，是通过田间种植表现出的特征特性核实两个品种是否具有差异。因此，该 DUS 测试报告符合证据三性原则。DUS 测试是品种审定中的重要环节，主要农作物品种审定中品种试验包括区域试验、生产试验和 DUS 测试。[1] 尽管通过审定的品种并不具有知识产权，其解决的是品种的市场准入，比对的是当地主栽品种，关注的是产量、品质、成熟期、抗病虫性、抗逆性等特性，与品种权在保护性质、审定的机构和层级上存在区别，但使用的测试手段相同，都需要进行田间栽培试验，以申请品种的选育报告、比较试验报告等为基础，对品种在田间种植表现出的性状进行测试并作出分析和评价。

依据测试指南规定，种子繁殖植物的测试周期一般为 2 个生长周期，无性繁殖植物一般为 1 个生长周期。该案中 2011 年 12 月的 DUS 测试的测试时间为 1 个生长周期。对于这一问题，登海公司在一、二审中多次主张涉案测试报告不合法。最高人民法院审查查明大丰公司在二审中提交的作出时间为 2014 年 1 月 23 日的 DUS 测试报告中，测试品种有 2 个生长周期，且有 3 个性状与近

---

[1] 根据《主要农作物品种审定办法》的规定，品种审定的品种试验包括区域试验、生产试验和 DUS 测试。其中，DUS 测试要与区域试验同步，按相应作物测试指南要求进行。

似品种“先玉 335”存在明显且可重现的差异，符合测试指南规定的“申请品种至少在一个性状上与近似品种具有明显且可重现的差异时，即可判定申请品种具备特异性”。据此才对“大丰 30”具有特异性予以了认可。基于上述分析，最高人民法院结合案件的具体事实，认定登海公司主张涉案 DUS 测试报告不具有真实性和合法性，缺乏依据。最高人民法院认为，作为活体的繁殖材料，其特征特性应当依据田间种植进行 DUS 测试所确定的性状特征为准，大丰公司提交的涉案 DUS 测试报告证明，“大丰 30”与“先玉 335”通过田间种植相比，“大丰 30”具有特异性，“大丰 30”与“先玉 335”的特征特性并不相同。依据认定侵害植物新品种权行为，以“被控侵权物的特征特性与授权品种的特征特性相同，或者特征特性不同是因为非遗产变异所导致”的判定规则，并不存在“大丰 30”侵害“先玉 335”植物新品种权的行为。本案扣押的被控侵权产品外包装为“大丰 30”，是否存在内容物为“先玉 335”而以“大丰 30”进行套牌经销的事实，登海公司并未申请进行司法鉴定，一、二审法院依据涉案 DUS 测试报告认定大丰公司生产、农丰种业销售的“大丰 30”并未侵害“先玉 335”的植物新品种权，并无不当。

五、能否申请 DUS 测试的问题

在侵害植物新品种权纠纷中，在已有 DNA 指纹鉴定报告的情况下，是否允许当事人申请进行田间种植在实践中有不同认识。

DUS 测试关注的是植物外观形态特征和生物学特性，以植株高矮、花色、抗性等来定义品种，基于性状特征定义和识别的品种最接近繁殖材料的遗传信息。因此，当 DNA 鉴定结论为相同或高度近似时，申请进行田间成对种植测试比较，通过田间表型识别品种身份更具有证明力。正是由于 DNA 检测在证伪性事实上有其绝对的优势，对于证实性事实，则存在与田间种植测试结论不一致的可能。因此，当事人在认定被诉侵权繁殖材料为授权品种的繁殖材料存在争议时，可以允许其进行田间成对 DUS 测试的申请，以田间表型确定品种身份。为了及时保护品种权人的利益，防止无谓的拖延诉讼，应当对再次进行鉴定的必要性进行审查，设定一定的条件，如依据 DNA 指纹检测标准，差异位点数不能证明不是同一品种时。此外，在有种植可能的情况下，进行 DUS 测试可以委托农业部测试中心进行测试，[1] 这有利于对种植材料的保藏以及与标准样品的比对、测试等，测试保管费用可由败诉方承担。

六、不同于侵害专利权的判断规则

植物品种是指经过人工培育或对发现的野生植物加以开发，至少具有稳定性和一致性的繁殖材料。保护品种权是为了促进育种创新。通常认为品种权的审理与专利权纠纷最为接近，然而，两者还是具有很大区别，品种权所要求授权品种的特异性与专利权的创造性不相同，不要求与已知品种[2]相比，具有突出的实质性特点和显著的进步。不能套用专利权侵权判定中的“全面覆盖原则”“等同原则”进行侵权判断。专利权的保护范围以权利要求书的内容为准，说明书及附图可以用于解释权利要求的内容，说明书应当对发明或实用新型作出清楚完整的说明，以所属领域的技术人员能够实现为准；权利要求应当以说明书为依据，清楚简要

[1] 目前我国已经放宽了 DUS 测试渠道，品种 DUS 测试由原来农业部授权的测试机构统一组织测试的单一渠道改为申请者可以委托农业部授权的测试机构进行测试，也可以按要求自主进行测试。参见：吴晓玲.《种子法》三个配套规章解读 [J]. 中国种业，2016 (12).

[2] “选择的近似品种及理由”在品种权申请文件中是审查员审查的一个重点部分。由于申请人更为熟悉申请品种的特征特性，品种保护办公室要求申请人在撰写申请文件时要提供一个近似品种供审查员参考。近似品种是与申请品种特征特性最为相似的已知植物品种。申请人在撰写这部分内容时要详细地陈述近似品种选择的理由。申请人可以结合品种类型、血缘关系、熟期和外观农艺性状等来陈述选择近似品种的理由。参见：陈红. 申请植物新品种权时如何选择近似品种和陈述理由 [J]. 中国种业，2017 (12).

地限定要求专利保护的范围。然而，在品种权的保护框架并没有类似《专利法》第26条3款和第4款的法律规范。专利制度围绕的是以专利文件的公开换取对专利权的保护，而品种权保护的基准不是品种授权公开的信息，依据品种权授权公告公开的内容，并不能培育出授权的品种。申请品种权时，除按规定提交书面申请材料外，还必须按照要求提交品种的繁殖材料。在进行DUS测试时，为保证繁殖材料的唯一性和一致性，繁殖材料必须一次足量提交，不得分次提交，而且必须是原原种，不能进行包衣、拌药等处理，否则无法通过一致性评价，繁殖材料的净度、含水量等也要符合要求。其原因就在于品种权的保护价值体现在该繁殖材料所承载的遗传信息，经过田间种植观测或测量的性状及其数量的统计分析，每一个稳定、可重现的现状差异都意味着基因型存在差异。因此，不能忽视这些通过田间种植体现在品种性状特征上的信息，不能以差异位点数等于小于规定的阈值进而适用专利侵权判定的等同原则，判定构成侵权。

第三方电商平台商标侵权问题之辨析

——以商品信息为切入点

董炳和[*]

摘　要：关于第三方电商平台商标侵权责任的性质及内容，理论上素有争论。这缘自观察角度的不同。从商品销售的角度来观察，电商平台只为侵权商品的销售者提供了“平台”，并未直接介入销售活动中。但从商品信息的角度来观察，电商平台是包括商品来源信息在内的各种信息的发布者，其发布行为在商标法上的性质是商标使用，而非对销售侵权商品提供便利。同时，在《商标法》第57条已明确将为他人侵权提供便利的行为规定为商标侵权的情况下，帮助者因自己的行为而构成侵权，应属于直接侵权和自己责任，不具有适用《侵权责任法》第36条通知删除的基础。

关键词：第三方电商平台；商品信息；商标侵权；商标使用；间接侵权

关于电商平台商标侵权的问题，无论在理论上还是在司法实践中，都已经不是新问题了。但是，由于观察角度及分析方法等方面可能存在的某些不当或失误，对这一问题的研究结论及司法裁判结果有一些难以让人信服的地方，与商标法理论和有关条款

---

* 作者简介：苏州大学王健法学院教授。

的文字规定也有一些不符之处，值得进行反思和进一步的研究。电商平台的商业模式多种多样，所涉商标侵权的形态及性质并不完全一样，为讨论的方便，本文将围绕着第三方电子商务交易平台即俗称“第三方电商平台”的商标侵权问题进行分析，以求教于学界诸仁，并期待对司法实务亦有所裨益。

一、问题的分析方法

根据笔者掌握的资料，关于电商平台（尤其是第三方电商平台）商标侵权问题的讨论，主要涉及两个大的方面：一是电商平台在商标侵权中的作用，核心问题是电商平台的经营活动或实施的行为属于直接侵权还是间接侵权；二是电商平台在商标侵权中的责任承担问题，核心问题是电商平台可否作为“网络服务提供者”适用《侵权责任法》第36条并受到“避风港”规则的保护。对于第一个方面的问题，比较主流的观点认为是间接侵权。[1] 对于第二个方面的问题，认为应适用《侵权责任法》第36条并享受“避风港”规则保护的观点似乎占据了上风。[2]

笔者认为，讨论电商平台的商标侵权问题，首先要搞清楚电商平台的技术特质和商业模式，只有这样才能正确理解电商平台与传统的“线下”交易场所以及著作权法意义上的网络服务提供者之间的区别与联系，准确把握电商平台在商标侵权中的作用。

从表面上看，电商平台与“线下”交易场所都是商品和服务的交易场所，供经营者在其中开展经营活动之用，两者的区别只

---

[1] 参见：张平．电子商务交易平台在商标侵权行为中的责任认定［J］．电子知识产权，2012（3）；王迁．对电商平台间接侵害商标权的认定［J］．人民司法（应用），2016（10）．

[2] 参见：司晓，费兰芳．电子商务平台服务提供者的商标间接侵权责任探析：论《侵权责任法》第36条在电子商务商标侵权中的适用［J］．知识产权，2012（3）；张今．避风港原则在电子商务商标侵权行为中的应用［J］．电子知识产权，2012（3）；黄亮．避网港规则在电子商务商标侵权认定中的适用［J］．中华商标，2015（2）．

是“线上”与“线下”。或许正是出于这种认识，《商标法实施条例》第75条在解释《商标法》第57条第6项规定的“为侵犯他人商标专用权行为提供便利条件”时，将“经营场所”与“网络商品交易平台”放在了一起。[1] 这种认识，似乎与我们的生活经验相吻合，但可以说完全背离了电商平台的技术特质。传统的“线下”交易场所，包括商店、商场、超市、市场及其内部的柜台，通常设置在建筑物或构筑物当中，是真实的物理空间，固定在特定的地理位置上。经营者可以在这里放置、展示其生产或经销的商品实物，购买者可以出入其中并完成商品的交易。而电商平台，无论何种类型或商业模式，都“置身”于互联网之中，既不占据物理空间，也不拥有地理位置，只存在于由信息网络设备构成的虚拟空间。这个空间通常被称为“信息空间”，除了由数字“0”和“1”的编码构成的信息之外，任何物质或“有形”的商品，都不可能存在于这个空间。当然，我们人类也不可能“亲自”进入这个空间里进行商品或服务的交易活动。

因此，电商平台并不是真正意义上的“商品”交易场所，除少数信息形式的商品（如电子出版物等）之外，我们日常生活中的绝大多数商品是不可能进入到电商平台里进行交易的。我们不能把任何物体放到平台里，当然也不可能从平台里拿走任何物体。人们在电商平台上所看到的、得到的，只能是有关商品的信息，而不是商品本身。即便借助于VR（虚拟现实）技术，人们看到的也只是有关商品的影像而非商品实物。因此，在谈论电商平台上的商品交易或销售时，我们至少在观念上要清楚，作为交易或销售对象的商品，其存放、流转或交付，与平台没有任何直接的联系。电商平台是商品信息平台而非商品平台，是商品信息的交流

---

[1] 《商标法实施条例》第75条规定：“为侵犯他人商标专用权提供仓储、运输、邮寄、印制、隐匿、经营场所、网络商品交易平台等，属于商标法第五十七条第六项规定的提供便利条件。”这里的“经营场所”显然是指“线下”的经营场所，条例把“经营场所”与“网络商品交易平台”并列，表明二者在性质上是相同的。

平台而非商品的交易平台。电商平台经营者的活动及其在商品交易中的作用，都是围绕着商品信息而展开的。

从商标法的角度看，商品交易的“线下”与“线上”，不仅仅是商业模式的变化或交易场所的转换，更重要的是经营者行为性质的变化。我们知道，商品信息有多种多样，其中之一便是商品的来源信息，而传递商品来源信息的主要工具就是商标。我们在商标法框架内讨论电商平台经营者的行为属性及法律责任，首先要考虑的是它在侵权商品来源信息的交流与传递中所起的作用，然后才是它在侵权商品流通中所起的作用。强调后者而忽视前者，可以说是本末倒置，或者说是只看到了事物的表象而忽略了其本质。

明确这一点，对于我们讨论电商平台商标侵权问题，至少有三点意义：

第一，电商平台与传统的“线下”交易场所进行或促成商品交易的方式是不同的，我们不能简单地将电商平台与“线下”交易场所进行类比，把商标法有关“线下”交易场所经营者商标侵权责任的规则直接适用于电商平台。简单地说，“线下”经营场所的使用者对经营场所享有一定甚至完全的支配权，场所提供者对使用者及其活动的监管和控制往往是有限的；而电商平台的用户对平台的硬件系统和软件系统通常都不享有支配权，所谓“网店”只不过是用户权限的一种俗称罢了。

第二，电商平台既与侵权商品的销售有关，又与侵权商标的使用有关，而侵权商品的销售与侵权商标的使用在商标法上分别属于不同类型的侵权行为，商标法规定了不同的责任构成要件，我们应当结合电商平台的服务内容，根据《商标法》第 57 条的规定，在具体案件中还要考虑权利人的诉讼请求，来确定电商平台经营者的行为属于哪一种侵权行为，而不应将“电商平台”作为一个标签，泛泛地去讨论电商平台的商标侵权问题。商标法上没有“电商平台”的概念，只有侵权商标的“使用者”、侵权商品的

“销售者”和为侵权行为提供便利条件的人（即“帮助者”）这些针对特定行为的概念。

第三，在讨论电商平台的注意义务及责任限制或豁免时，不宜以著作权法有关网络服务提供者的规则作为依据。电商平台经营者和网络服务提供者虽然都以向网络用户提供信息为其业务内容，但两者所提供的信息对网络用户具有不同的作用和意义，不能简单地进行类比。关于这一个问题，我们将在本文后面的部分再展开讨论。

二、第三方电商平台的行为属性

第三方电商平台是电商平台的一种，按照商务部的相关规范，是指在电子商务活动中为交易双方或多方提供交易撮合及相关服务的信息网络系统总和。[1] 从商标法的角度来看，第三方电商平台的最基本特点是平台经营者的“第三方”身份。这里的“第三方”是相对于商品交易中的买卖双方而言的，电商平台既不是商品的销售者也不是购买者，不是商品买卖法律关系的当事人。具体到商标侵权来说，电商平台没有以自己的名义销售侵权商品，它不是侵权商品的销售者。学者和司法实务部门认为第三方电商平台的行为不构成直接侵权、不承担直接侵权责任的理由，就在于此。[2]

的确，无论从技术层面还是法律层面上，第三方电商平台都没有直接参与到侵权商品的买卖关系中去，是个“货真价实”的第三方，但并不意味着那些认为电商平台对商标侵权只承担间接侵权责任的观点就是正确的。按照一些学者的说法，商标法上的

---

[1] 商务部《第三方电子商务交易平台服务规范》第 3.2 条。

[2] 参见：王迁. 对电商平台间接侵害商标权的认定［J］. 人民司法（应用），2016（10）.

间接侵权主要是教唆、帮助他人实施商标侵权行为，[1] 法律依据主要是《侵权责任法》第9条和现行《商标法》第57条第6项。这种说法虽然算不上是多么严重的错误，但至少可以说是不严谨的，主要原因有二：

其一，教唆和帮助虽然属于行为的范畴，而且教唆者和帮助者也的确是因为其实施了教唆和帮助的行为而承担法律责任，但在确定教唆者、帮助者的法律责任时，必须结合被教唆者、被帮助者实施的行为来考虑。也就是说，没有单独存在的教唆侵权或帮助侵权，只有教唆或帮助他人实施某种特定的侵权行为。而在刑法上，教唆和帮助都不是一种具体罪名。因此，我们在讨论电商平台商标侵权问题时，如果认为电商平台的行为构成了教唆或帮助，那就一定要指明被教唆或帮助的侵权行为的具体名称或类型，因为《商标法》规定的商标侵权行为有多种类型，不同类型的侵权行为在构成要件和法律责任等方面都不完全相同。泛泛地说电商平台的行为是间接侵权而不指明其侵权的类型，在方法上是欠妥当的。

其二，就侵权商品的销售而言，电商平台作为第三方没有实施销售的行为，不会落入《商标法》第57条第3项规定的范围内，但这并不意味着电商平台的行为也不会落入《商标法》第57条其他各项的范围内。虽然有学者也提到过电商平台不是侵权商标的使用者，但往往都是作为结论而缺少论证的过程。[2] 这种结论，对于作为物理空间"线下"交易场所的提供者来说，或许是能够成立的，但对于虚拟信息空间的电商平台的经营者来说，未必同样正确。此外，网店通过电商平台销售侵权商品的行为，是否就属

---

[1] 参见：张平．电子商务交易平台在商标侵权行为中的责任认定［J］．电子知识产权，2012（3）；王迁．对电商平台间接侵害商标权的认定［J］．人民司法（应用），2016（10）．

[2] 参见：王迁．对电商平台间接侵害商标权的认定［J］．人民司法（应用），2016（10）．

于《商标法》第57条第3项中的“销售”，还需要仔细甄别。如果销售者本身就是侵权商品的生产者的话，其法律责任应按商标使用行为而非侵权商品销售行为来确定，这在刑事责任上是不言而喻的。在此情况下，即便电商平台的行为是间接侵权，也只能是商标使用的间接侵权而非侵权商品销售的间接侵权。

因此，我们认为，在不提及服务对象及服务内容的情况下，只因电商平台不是侵权商品的销售者，就一口咬定其没有实施直接侵权的行为或只应承担间接侵权责任，显然过于简单。正确的做法是，根据第三方电商平台所提供服务的对象、内容及方式来确定其服务在商标法上的性质，进而确定电商平台在商标侵权中的作用、地位及责任。

为使讨论不过于繁杂，我们假定通过电商平台销售商标侵权商品的网店既不是侵权商品的生产者，与生产者之间也不存在任何明示或暗示的分工合作关系，网店的行为只构成《商标法》第57条第3项规定的“销售侵犯注册商标专用权的商品”的行为，与该条规定的其他侵权行为完全无关。同时，考虑到我国《商标法》并没有把购买或使用侵权商品的行为作为侵犯注册商标专用权的行为，电商平台为购买所提供的服务通常不会构成商标侵权，因此，我们把为买方发布需求信息并在此基础上达成交易的情形排除在外。

在网店作为销售者（而不是生产者）通过电商平台销售商标侵权商品的过程中，电商平台为买卖双方提供了交易平台，其行为的法律属性是服务——网络交易平台服务。[1] 侵权商品的买卖双方是交易方，平台则是交易服务提供者。按照商务部有关规范的说法，网上交易服务提供者分两类：网上交易平台服务提供者和网上交易辅助服务提供者。[2] 平台服务与辅助服务虽然被划分为两

---

[1] 按国家工商行政管理总局2010年5月31日的《网络商品交易及有关服务行为管理暂行办法》第3条的定义，“网络服务经营者”是指通过网络提供有关经营性服务的法人、其他经济组织或者自然人，以及提供网络交易平台服务的网站经营者。

[2] 参见商务部2007年3月6日《关于网上交易的指导意见（暂行）》。

种不同的服务，但电商平台往往同时经营一些辅助服务。据此，我们可以把电商平台的服务内容分为两类：一类是交易撮合，另一类是交易辅助。我们先从交易撮合服务开始讨论。

就电商平台而言，交易撮合服务的核心是在交易方之间传递信息。这些信息主要有两个方面：交易条件和商品信息。从理论上说，交易条件并不必须由电商平台在交易双方之间进行传递，买卖双方完全可以通过各种在线聊天工具以及电话等完成。但为了对交易进行有效监管和服务，电商平台通常会要求或建议双方使用平台自己的交流工具，通过自己的订单系统进行交易。这是一个“点对点”信息交流的过程，并不对公众或第三方开放，具有一定的私密性。在这一过程中，电商平台只是系统和软件等基础设施的提供者而不是交易双方的“中间人”，与著作权领域所说的“网络服务提供者”相当，与“线下”经营场所的出租者或所有人也很类似。

我们知道，就一个理性购买者而言，只有当他掌握了商品有关信息之后，他才会作出购买的决定。网上交易中的商品信息在通常情况下需要通过电商平台这个“第三方”来传递。不同于交易条件在销售者与购买者之间的“点对点”传递，商品信息是面向不特定的潜在购买者（亦即相关公众）发布的。这些信息发布电商平台经营者的网站上，任何访问网站的人都可以获得这些商品信息。这些商品信息既不依赖于商品实物，不会伴随商品的流通而转移；也独立于商品交易的过程，交易是否发生或完成都不会影响商品信息的存在。

按照商务部的有关规范，交易辅助服务包括身份认证、信用评估、网络广告发布、网络营销、网上支付、物流配送、交易保险等。[1] 在这些辅助服务中，网络广告发布直接与商品信息有关，已经在前面讨论过了。其他的那些服务都是与特定的商品交易活

---

[1] 参见商务部 2007 年 3 月 6 日《关于网上交易的指导意见（暂行）》。

动直接相关的，虽然不属于商品交易但与商品交易活动的发生和完成有密切联系，是商品交易不可或缺的外部条件。

综上所述，电商平台为商品交易双方提供的服务，根据它们与商品交易的关系程度，依次可以分为三个不同层次：在交易双方之间传递交易条件（缔约服务），向不特定的潜在购买者传递商品信息（发布服务），以及为双方达成并完成交易提供便利条件（辅助服务）。我们只要把这三种服务与《商标法》第 57 条规定的各种侵权行为加以比对，就不难确定电商平台的行为属性。

《商标法》第 57 条规定的侵权行为，抛开第 7 项“兜底”规定之外，明确规定了行为特征的有五种：第 1 项和第 2 项为商标使用行为，第 3 项为侵权商品销售行为，第 4 项为商标标识制造及销售行为，第 5 项为反向假冒行为，第 6 项为帮助行为。由于商标标识的制造及销售行为通常不会在完全公开的电商平台上进行，反向假冒在实务中比较少见，因此，我们将讨论的范围限定在商标使用、侵权商品销售以及帮助三种行为上。

先来看缔约服务。缔约服务毫无疑问是电商平台交易撮合服务的核心业务。买卖双方通过电商平台订立合同是一个“点对点”的信息交流过程，电商平台所起的作用主要是为买卖双方提供信息交流所需要的工具或基础设施。对于双方交流的内容，电商平台通常是不知情的，也无法加以特别的控制。从商标法的角度看，这种服务为侵权商品的销售提供了便利条件，落入了《商标法》第 57 条第 6 项规定的范围，应依据该项来确定其是否构成侵权。

再来看交易辅助服务。除网络广告发布和网络营销外，电商平台在提供这些交易辅助服务的过程中，不会涉及商品信息的传递或处理。从商标法的角度看，交易辅助服务在性质上与缔约服务是相同的，都只是为侵权商品的销售提供便利条件，也应依据《商标法》第 57 条第 6 项来确定其是否构成侵权。

最后来看商品信息的发布服务。电商平台上的商品信息是面向不特定的潜在购买者的，发布这些信息的行为并不依附于买卖双方的交易行为，因此，我们不能简单地将这种服务理解成是为具体的商品交易提供便利或帮助，虽然这种服务对商品交易肯定是有促成或帮助作用的。在电商平台上发布商品信息，如果其中涉及或包含有商标，姑且不论商品信息发布行为的责任主体应当是谁，单就行为本身在商标法上的性质而言，就构成了商标使用。《商标法》第48条规定的“商标的使用”，不仅限于将商标用于商品实物上，还包括将商标用于广告宣传、展览及其他商业活动中。因此，如果商品信息中包含有未经商标注册人许可的商标（亦即侵权商标），就应该按照《商标法》第57条第1项或第2项来确定是否构成侵权。

因此，我们认为，从商标侵权的角度看，电商平台的行为主要涉及《商标法》第57条第1项或第2项规定的使用行为和第6项规定的帮助行为。在与销售者构成共同侵权的情况下，还有可能会涉及《商标法》第57条第3项。这一点对于《侵权责任法》第36条的适用是有特别意义的，我们将在下文中再行讨论。

在明确了电商平台的行为在商标法上的性质之后，还有一个问题需要进一步讨论，这就是间接侵权的问题。虽然主流的观点认为电商平台是间接侵权，但正如我们在第一部分中所提及的那样，这种说法其实是有问题的。从理论上说，知识产权法上的间接侵权虽然是一种独立的侵权形态，但必须有真实存在的直接侵权，[1] 两者所侵害的是同一个对象。认为电商平台属于间接侵权的基本理由是电商平台不是交易方，这显然针对商品销售来说的。这种说法具有一定的误导性，容易把人们的注意力集中到电商平

---

[1] 这里所说的独立侵权形态，是相对于民法上的共同侵权而言的，是指侵权人以自己的名义独立地承担侵权责任。与间接侵权对应的直接侵权在行为主体上是泛指的、非特定化的，并且受“实质性非侵权用途”规则的约束。因此，在知识产权侵权诉讼中，间接侵权人是单独作为被告的，不需要将间接侵权人与直接侵权人作为共同被告，他们之间也不承担连带责任。有不少论者将两者混为一谈，可参见：张广良．知识产权侵权民事救济［M］．北京：法律出版社，2003：33．

台的缔约服务和辅助服务上，而忽略了电台平台赖以生存和发展的基础——信息服务。我们必须清楚：在商标法上商品没有真假之分，商品的来源信息才有；商品不是商标权的客体，承载了商品来源信息的标志才是。

实际上，即便把电商平台的所有服务都定性为帮助，将这些帮助称为间接侵权在很大程度上是没有必要的。间接侵权之所以会成为问题，就是因为被要求承担侵权责任的人并没有实施给受害人造成损害的行为，或者其行为没有落入权利人的权利范围，但仍然需要承担法律责任。因此，无论间接侵权还是直接侵权，其实质都是责任的承担问题。这意味着，在法律已经明确规定被诉侵权人实施的行为构成侵权的情况下，讨论间接侵权并没有司法上的意义，其理论意义也极为有限。《商标法》第 57 条第 6 项明确将“故意为侵犯他人商标专用权行为提供便利条件，帮助他人实施侵犯商标专用权”的行为作为侵犯商标专用权的行为之一，如果认为电商平台为交易双方提供的服务是帮助行为，法院只需要确定电商平台的行为是否符合该项所规定的构成要件就完全足够。在此情况下，强调电商平台是间接侵权，无论对于分权行为的构成还是侵权责任的承担，还有什么特别的意义或者特殊问题需要解决的呢？

三、关于《侵权责任法》第 36 条的适用问题

《侵权责任法》第 36 条涉及两个不同的主体：网络用户与网络服务提供者。因此，讨论《侵权责任法》第 36 条对电商平台的适用问题，首先要解决一个基础性、前提性问题：电商平台是否属于网络服务提供者？这个问题可以分解为两个方面：一是电商平台与交易双方的关系，二是网络服务提供者的含义。

关于电商平台与交易双方之间的关系，我们在本文前一部分中已有所涉及。简单地说，电商平台无论在技术上还是法律上，都是独立于交易双方的。因此，电商平台与交易双方之间的关系，

可以理解为服务提供者与接受者的关系。但要强调的是，这种关系是对于电商平台与交易双方之间的“内部关系”而言的。对于“外部关系”，亦即电商平台和/或交易各方与第三人之间的关系，则需要根据服务的内容与方式来确定。

关于《侵权责任法》第36条中“网络服务提供者”的含义。除“网络”一词之外，❶“网络服务提供者”的范围也是一个有争议的问题。❷有学者认为，应对“网络服务提供者”进行限缩性解释，把接入服务提供者排除在外。❸我们赞成这种观点，当然还要把网络基础设施的提供者也排除在外。

经过这样的处理之后，我们不难发现，《侵权责任法》第36条中的“网络服务提供者”包括本文所讨论的电商平台（即第三方电商平台）在内，该条完全可以适用于电商平台。不过还是要强调，“网络服务提供者”不是一个称号或标签，只有在讨论网络服务提供者与网络用户的“外部关系”时才有意义。例如，有些自营电商平台也会销售第三方提供的商品，对于自营商品就没有必要将其定性为“网络服务提供者”。

《侵权责任法》第36条共三款，对于三款之间的逻辑关联，民法学界似乎还有一些不同的看法，争议点在于第1款。第1款规定“网络用户、网络服务提供者利用网络侵害他人民事权益的，应当承担侵权责任”，有学者认为是为了“表明本条款所规制的对象是共同侵权”，是为了“引导出后面两款”；❹也有学者认为是关于“自己侵权责任”的规定，“网络用户和网络服务提供者因为自

❶ 关于“网络”是否仅指互联网还是包括其他网络的问题，可参见：杨明.《侵权责任法》第36条释义及其展开[J].华东政法大学学报，2010(3).

❷❸ 参见：张新宝，任鸿雁.互联网上的侵权责任:《侵权责任法》第36条解读[J].中国人民大学学报，2010(4).

❹ 杨明.《侵权责任法》第36条释义及其展开[J].华东政法大学学报，2010(3).

己的过错造成了他人的损害，应当承担侵权责任。”[1] 第一种观点的实质是把第 36 条规定作为共同侵权来看待，第 1 款是“总则”，第 2 款和第 3 款是“分则”。按照这种观点，这一条几乎是无法在知识产权侵权中适用的，因为互联网上的知识产权侵权案件通常只将网络服务提供者单独作为被告。实际上，从该条第 2 款和第 3 款的用语上看，将这一条解释为共同侵权是完全不符合逻辑的。第 2 款和第 3 款虽然都以“与该网络用户承担连带责任”，看起来像共同侵权，但这两款都明确规定了产生这一后果的条件，第 2 款还特别限定了这一后果的范围。这意味着，凡不符合规定条件或不在规定范围之内，网络服务提供者就不需要与网络用户承担连带责任。因此，我们认为，第一种观点是错误的，第二种观点是正确的。

将《侵权责任法》第 36 条各款作为一个整体，我们会发现该条的两个基本特点：

其一，主体的法律责任存在着“递进”的逻辑关系。该条规定的主体有两个，分别是网络用户和网络服务提供者。第 1 款中的网络用户与网络服务提供者是两个不需要存在着技术上或法律上的关联的人，都是泛称，不具有明确的指向性，它们各自为其本人实施的侵权行为负责，既没有“替代”，也没有“连带”。第 2 款和第 3 款中的网络用户和网络服务提供者则存在着技术上和法律上的联系，具有明确的指向性。具体地说，网络用户是指作为网络服务提供者的服务对象的那个网络用户，网络服务提供者则是指被网络用户利用其网络服务实施侵权行为的那个服务提供者。这两款规定的情形的共同特点是，网络用户实施了侵权行为，网络服务提供者没有实施侵权行为，但为网络用户实施侵权行为提供了网络服务。如果网络服务提供者对网络用户利用其网络服务

---

[1] 张新宝，任鸿雁．互联网上的侵权责任：《侵权责任法》第 36 条解读［J］．中国人民大学学报，2010（4）．

实施侵权行为并不知情，则适用第 2 款来确定其法律责任；如果知情，则适用第 3 款（而不是第 2 款）。

其二，网络或网络服务是侵权行为人实施侵权行为的“工具”。该条三款都使用了“利用”一词，第 1 款是“利用网络”，第 2 款是“利用网络服务”，第 3 款是“利用其网络服务”。立法语言清楚地表明，网络和网络服务是被网络用户用来实施侵权行为的“工具”。这意味着，网络用户可以利用网络或网络服务，也可以利用其他的工具例如报刊或广播电视来实施其侵权行为。只是在利用其他工具时，侵权行为人就不能称为“网络用户”、提供工具的人不能称为“网络服务提供者”罢了。因此，无论从侵害对象还是行为特性来说，网络侵权并不是一种新的或独立的侵权类型。它的特殊之处，只在于侵权行为人实施其侵权行为的方式，或者侵权行为发生的场所，而不在于侵权行为的性质或类型。这意味着，第 36 条各款中所说的“侵权行为”是否存在，需要根据侵权行为人的行为特性，按照与遭受侵害的权利相关的法律所规定的构成要件，在具体案件中加以判断。《侵权责任法》第 36 条是责任规则，而非侵权构成规则。它所要解决的问题，是网络用户与网络服务提供者在侵权责任上的分配与承担，与侵权行为本身的关系不大，正如该条所在这一章的标题所揭示的那样。[1] 因此，在确定被诉侵权的行为主体及其性质之前，没有适用《侵权责任法》第 36 条的余地。

就《侵权责任法》第 36 条对电商平台的适用而言，我们认为，应分三步分析：第一步，根据电商平台自己是否实施商标侵权行为，确定是否适用第 1 款。如果电商平台自己实施了商标侵权行为，则适用第 1 款承担自己责任；如果电商平台自己没有实

---

[1] 《侵权责任法》第 36 条所的章是第四章，其标题为“关于责任主体的特殊规定”。除第 36 条外，该章涉及的主体包括无行为能力人、限制行为能力人、暂时没有意识和失去控制的完全行为能力人、用人或用工单位、公共场所管理人或群众性活动组织者，以及教育机构等。

施侵权行为，只是销售者实施了侵权行为，就需要进入下一步以确定电商平台是否承担侵权责任。第二步，根据销售者在实施侵权行为时是否利用了电商平台的网络服务，来确定电商平台是否适用第 2 款与第 3 款承担侵权责任。如果没有利用，则电商平台就不适用第 2 款及第 3 款（但不排除根据《商标法》承担侵权责任的可能）。如果利用了，则需要进入下一步以确定电商平台根据第 2 款还是第 3 款承担承担侵权责任。第三步，根据电商平台是否知道销售者利用其网络服务实施侵权行为，确定电商平台适用第 2 款还是第 3 款来承担侵权责任。如果电商平台不知道，则适用第 2 款。如果知道，则适用第 3 款。

正如我们在本文第二部分中所分析的那样，电商平台为侵权商品销售者提供的服务主要有三类：缔约服务、发布服务和辅助服务，其中的缔约服务和辅助服务（线下提供的除外）都不涉及商标的使用，在理论上有适用第 2 款和第 3 款的空间，而发布服务因涉及商标的使用，能否适用第 2 款和第 3 款就有很大疑问了。我们下面先从缔约服务和辅助服务开始讨论。

尽管《侵权责任法》第 36 条第 2 款所载明的网络服务提供者应采取的必要措施与我们在前面的讨论的缔约服务和辅助服务的内容似乎并不完全“兼容”，但该款中的“等”字显然允许把任何“合理”的措施都包括在内。因此，仅就第 36 条本身而言，将其适用于电商平台的缔约服务和辅助服务，似乎并没有什么障碍。但是，如果考虑到《商标法》的规定，我们就会发现，这里存在着巨大的障碍——《商标法》第 57 条第 6 项。按照这一项规定，“故意为侵犯他人商标专用权行为提供便利条件，帮助他人实施侵犯商标专用权的行为”属于侵犯商标专用权的行为。这意味着，如果电商平台“故意”为侵权商品的销售者提供这些服务，它自己就已经实施了侵害行为，失去了适用《侵权责任法》第 36 条第 2 款和第 3 款的前提——网络服务提供者没有实施侵害行为，只能适用第 1 款承担自己的责任，实际上又回到了《商标法》第 57 条第 6 项。对于那些并非出于“故意”的服务，在商标法上是不构成侵害行为的，在理论上有适用《侵权责任法》第 36 条第 2 款和第 3 款的可能，但在操作层面上会遇到很多问题，例如电商平台应当采取的合理措施、未采取合理措施后的侵权责任方式等，增加了适用上的困难并影响实际效果。

至于电商平台的发布服务，正如我们在前面所分析的那样，这种发布服务构成了商标法上的商标使用，其行为人恰恰就是电商平台，无论最终的侵权责任在电商平台与销售者之间如何分配，电商平台适用《侵权责任法》第 36 条第 2 款和第 3 款的前提都不存在，只能按照第 1 款作为自己的责任来处理。即便将电商平台的发布服务视为侵权商品的许诺销售，并且司法实践中已经出现了许诺销售的案例，但除实物展示之外的许诺销售行为都离不开展览和广告宣传，而《商标法》第 48 条已明确将这种行为定义为商标的使用。因此，我们认为，电商平台的发布服务，无论是否独立于侵权商品的销售过程，都不能适用《侵权责任法》第 2 条和第 3 款，只能适用第 1 款。

综上所述，我们认为，将《侵权责任法》第 36 条适用于电商平台以确定其在商标侵权商品销售中的法律责任，在理论上存在着很大障碍，在司法实务中应谨慎对待。我们的看法是，《侵权责任法》第 36 条在总体上并不适用于电商平台，但并不排除某些特殊情况下的适用，尤其是第 2 款的适用。在个案中，法院应结合当事人参与诉讼的情况、原告的诉讼请求及理由和依据、被告的抗辩等具体情况，根据电商平台所提供服务的内容，从被诉侵权行为的角度来确定是否应适用《侵权责任法》第 36 条第 2 款或第 3 款，不能简单地把“网络服务提供者”作为一个标签贴在电商平台头上。

电商平台是否适用《侵权责任法》第 36 条第 2 款规定的“通知—删除”，是理论和司法实务中争议比较大的问题。我们的看法是，只有在第三方电商平台对交易当事人所提供的服务本身不构成

《商标法》第57条规定的侵权行为的情况下，才有可能适用《侵权责任法》第36条第2款有关“通知—删除”的规定。按照本文第二部分对电商平台行为属性的分析，我们认为，第三方电商平台经营者主张适用《侵权责任法》第36条第2款有关“通知—删除”规定的空间并不大。当然，这个问题要在具体案件中具体判断。

这里要特别强调，《侵权责任法》第36条第2款所规定的“通知—删除”，是电商平台如何承担侵权责任的条件，而非是否承担侵权责任的条件。换句话说，在权利人没有通知或通知后电商平台已经采取了合理措施的情况下，电商平台就不需要对损害的扩大部分承担连带责任。至于侵权责任的构成要件及内容，仍然需要根据《商标法》来确定。

四、关于“避风港”规则的适用

为网络服务提供者规定“避风港”是各国著作权法上的一个通行做法，我国信息网络传播权保护条例也有明确规定。在著作权法上，能够享受“避风港”保护的网络服务提供者主要涉及四种服务：接入服务、自动存储（缓存）服务、存储服务和定位服务。由于第三方电商平台并不以自己的名义销售商品，只为交易当事人提供撮合及相关服务，在性质上也属于服务提供者，因此便有人提出，法律也应为第三方电商平台提供“避风港”，使其在商标侵权案件中免于承担赔偿责任。[1] 对于这个问题，我们认为，应从以下两个方面来考虑：一是在操作层面上的可行性，二是在理论层面上的合理性或正当性。

关于可行性，著作权法上的网络服务提供者与第三方电商平台所提供的服务在方式与内容上都有很大差别，按照著作权法上避风港规则来设计第三方电商平台的避风港规则，基本上没有多

---

[1] 有关这方面的情况，可参见：许亮，高慧．是否应为第三方平台提供“避风港”[J]．电子知识产权，2015（5）．

少可行性。例如，主观上没有过错是网络服务提供者适用避风港规则的基本要件，但若以此作为第三方电商平台适用避风港规则的要件，就意味着第三方电商平台只有在其不知道也没有合理的理由应当知道在其平台上交易的商品侵权的情况下，才能适用避风港规则，不承担赔偿责任。但是，根据《商标法》第57条第6项的规定，故意为侵犯他人商标专用权行为提供便利，帮助他人实施侵犯商标专用权行为的，才构成侵权。如果第三方电商平台不知道他人实施的行为侵犯商标专用权，就根本不可能满足“故意”的主观要件，其行为也就不会构成侵权，自然也就用不着避风港了。而一旦具备了“故意”的主观要件，也就不可能是不知道他人实施的行为侵犯商标专用权，却无法进入避风港。这种的避风港，对于第三方电商平台来说，有何意义呢?!因此，要使避风港对第三方电商平台有意义，就不能以无过错为适用要件。这就意味着，在第三方电商平台知道甚至明知在其平台上交易的商品侵权的情况下，仍然可以进入避风港，但这恰好与《侵权责任法》第36条第2款和第3款发生冲突，而且极易为被第三方电商平台滥用。

如果说可行性方面的缺陷不是根本性的，可以循着“先行先试”“边试边改“的原则，从个案做起，最终形成司法政策或上升为立法，逐渐修正完善来加以弥补，那么，正当性方面的缺陷却是根本性，难以克服或逾越的。

从表面上看，网络服务提供者与第三方电商平台都以提供网络服务或信息服务为基本内容，但它们服务的作用对象却有着本质的区别，前者是受著作权法保护的作品及录音录像制品，后者则是商品的信息。一方面，作品及录音录像制品主要是满足人们的精神需求，合法复制件与侵权复制件在功能上区别并不大，对网络用户基本不存在欺诈的情形；而商品信息只是为了指导消费者购买商品，如果这些信息中包含有虚假的来源信息，就会误导消费者，损害消费者的合法权益。另一方面，著作权法意义上的作品是作者思想情感的表达，在形式上又与个人通信、言论表达等难以区分，往往涉及通信秘密、言论自由、宗教信仰、新闻出版自由等受宪法保护的政治和社会权利，而商品信息只涉及商业利益，与这些政治和社会权利基本无关。

因此，网络服务提供者在作品和信息传播方面的服务，不但事关其自身的商业利益，更涉及受宪法保护的公民权利和自由。在责、权、利相一致的原则之下，要求网络服务提供者承担更严格的责任，就要授予其审查所传播的信息和作品以尽可能避免侵权的权利，这势必会损害受宪法保护的公民权利和自由。相反，适当限制网络服务提供者的责任，不要求其对所传播的信息和作品进行严格的审查，就可以最大程度地保障宪法规定的政治和社会权利的实现。而第三方电商平台所传播的商品信息，则不具有上述功能和价值。而且，虚假的商品信息会损害消费者的合法权益和公平公正的竞争秩序。因此，在著作权法意义上的网络服务提供者与商标法意义上的第三方电商平台经营者之间实行“差别待遇”，是正当的、合理的，第三方电商平台没有充分的依据和理由要求得到与网络服务提供商相同的责任豁免和限制。

五、简要结论

我们在讨论第三方电商平台的商标侵权责任问题时，观察问题的角度和分析问题的方法至关重要。第三方电商平台是信息平台，与物理世界中的商品交易场所具有完全不同的法律属性。这个平台上的“主角”是商品信息，而不是商品实物。所谓商品“上架”，只不过是将商品信息发布到电商平台上罢了。除某些信息类商品（如计算机软件、电子图书、影视剧、电子券证等）外，消费者从第三方电商平台上获得的只是商品信息，而不是商品实物。人们通常认为的网店通过第三方电商平台销售假冒伪劣商品，或者说，消费者在第三方电商平台上买到了假冒伪劣商品，其实只是一种表面上的假象。真实的情况是，消费者根据其从第三方电商平台上获得的虚假商品信息，从网店经营者那里购买了假冒伪劣商品。

商标是商品来源标志，商品的生产者、经营者通过商品上使用的商标，向消费者传递商品的来源信息，消费者则通过商品上使用的商标来了解商品来源。在商标法上，假冒商品之“假”与“冒”，不在于商品本身，而在于商品的来源信息。商品之真与假、优与劣，是产品质量法上的问题，不是商标法上的问题。商标法要解决的问题是商品来源信息的真与假，而不是商品质量的真假优劣。对于第三方电商平台的商标侵权问题，只要我们把关注点从商品实物转移到商品信息上，就不难对第三方电商平台经营者的行为在商标法上的性质有清楚且准确的认识和判断，也就不会再为某些利益相关方为自己开脱责任的种种言论所迷惑。

在现实生活中，第三方电商平台往往是一个综合服务平台，其服务内容在商标法上有不同的定性。交流服务（聊天工具）、缔约服务（订购系统）、支付服务以及物流（配送）服务等，可能涉及《商标法》第57条第6项规定的帮助侵权，而有关商品信息的服务，则可能涉及《商标法》第57条第1项和第2项规定的商标使用侵权。认为第三方电商平台只是为他人（网店）销售商标侵权商品提供便利或帮助，而完全不考虑其自身行为的性质，在方法上是错误的，所得出的结论自然也就是不可靠的。

商标侵权诉讼中消费者调查证据实证研究

湛　茜*

摘　要： 消费者调查证据在商标诉讼中常被用以认定相关消费者对于特定商标或产品的态度和观念。近年来国内外法院逐渐开始采纳当事人提交的消费者调查结果作为判定商标侵权的证据之一。通过对我国法院 2001 年至 2016 年间 17836 例商标侵权诉讼的系统数据分析，从实证角度考查商标诉讼当事人提交的消费者调查证据与商标侵权认定之间的关联以帮助商标诉讼当事人判断商标侵权案件中提交消费者调查证据的价值和意义，并制定合理的诉讼策略。

关键词： 消费者调查证据；商标侵权诉讼；实证研究

消费者调查证据在商标诉讼中常被用以认定相关消费者对于特定商标或产品的态度和观念。考虑到开展消费者调查的时间和金钱成本，商标诉讼当事人需要决定是否以及如何提交调查证据。通过对我国法院 2001 年至 2016 年间 17836 例商标侵权诉讼的系统数据分析，本文从实证角度考查商标诉讼当事人提交消费者调查证据与商标侵权认定之间的关联。该实证研究旨在帮助商标诉讼当事人判断商标侵权案件中提交消费者调查证据的重要性和价值，

---

* 作者单位：华东师范大学法学院。

并制定合理的诉讼策略。本文第一部分简要介绍消费者调查证据的理论价值，以及各国法院对于消费者调查证据的司法适用。第二部分主要介绍实证研究的数据统计方法和标准、研究步骤和数据结论，以及研究方法的局限性。第三部分重点探讨消费者调查证据在我国商标侵权诉讼的适用现状和应用前景。

一、商标诉讼中的消费者调查证据

消费者调查作为收集数据的科学方法相对于其他方式具有明显的优势。[1] 由于消费者调查能够以经济且系统的方法收集相关信息，[2] 并能借此推断多数人群的主观态度和观念，其一直以来被视为经典的诉讼证据形式之一。[3]

（一）消费者调查证据的理论价值

商标诉讼的特点在于关键事实的认定总是围绕消费者的主观认知。[4] 大多数商标诉讼中，诉讼当事人均负有举证责任证明争议商标之间存在商标混淆之虞，或者争议商标具备相应的知名度。商标诉讼的关键性问题在于证明相关消费公众对特定商标或产品的观念和态度。消费者调查证据常被用于收集有关消费者对特定

---

[1] DIAMOND S S. Reference Guide on Survey Research ［M］ //Federal Judicial Center. Reference Manual on Scientific Evidence, 2d ed. Federal Judicial Center, 2000: 359, 362.

[2] DIAMOND S S. Reference Guide on Survey Research ［M］ //Federal Judicial Center. Reference Manual on Scientific Evidence, 2d ed. Federal Judicial Center, 2000: 364.

[3] Committee Print to Amend the Federal Trademark Dilution Act: Hearing before the Subcomm on Courts, the Internet, and Intellectual Property of the Comm. on the Judiciary, 108th Cong. 14 (2004) (statement of Robert W. Sacoff, Chair, Section of Intellectual Property Law, American Bar Association).

[4] DIAMOND S S, FRANKLYN D J. Trademark Surveys: An Undulating Path ［J］. Texas Law Review, 2014, 92: 2029, 2039.

商标或产品态度和观念的相关数据，其在商标诉讼中具有重要价值。[1]

对于商标诉讼当事人而言，采用消费者调查搜集消费公众的主观认知，可以有效替代召集大量证人出庭作证，或者提供实际混淆证据。因此如果案件争议必须依赖消费公众的主观态度来判断，提供消费者调查证据则是当事人非常自然且合理的选择。一项合理开展的消费者调查能够提供其他证据形式无法获取的有关消费者主观认知的有效证据。[2] 部分案件中，由于其他证据形式的匮乏，消费者调查证据甚至会成为证明消费公众主观认知的唯一方式。[3]

对于法院而言，商标诉讼中消费者调查证据的重要价值在于其能够以科学的方式评估相关消费公众对于特定商标或产品的看法。[4] 消费者调查作为搜集信息的科学手段，其能够确保商标案件的审理基于事实本身，而非法官个人对特定标记的主观认知。法官对于特定标记的主观认知通常源于印象或者个人偏见，一项合理设计的消费者调查能够有效纠正法官的错误认识。简言之，信息优于直觉（Information is preferable to intuition）。消费者调查的科学性使得其相较于法官的主观判断，更具可信赖性。[5]

（二）消费者调查证据的司法适用

早期英美法系国家适用消费者调查证据的最大障碍在于其程

---

[1] BIRD R C. Streamlining Consumer Survey Analysis：An Examination of the Concept of Universe in Consumer Surveys Offered in Intellectual Property Litigation [J]. Trademark Rep，1998，88：269，270.

[2] DIAMOND S S，FRANKLYN D J. Trademark Surveys：An Undulating Path [J]. Texas Law Review，2014，92：2063.

[3] ZEISEL H. Uniqueness of Survey Evidence [J]. Cornell L. Rev. ，1960：45：322，323.

[4] RAPPEPORT M. Litigation Surveys - Social "Science" as Evidence [J]. Trademark Rep，2002，92：957，959.

[5] DIAMOND S S，FRANKLYN D J. Trademark Surveys：An Undulating Path [J]. Texas Law Review，2014，92：2029.

序法规定的传闻证据排除规则。目前英美法系国家和大陆法系国家法院均承认消费者调查证据的可采性。各国法院考虑的重点不再是消费者调查证据的可采性问题，而是消费者调查证据的证明力问题。比较而言，美国和德国法院对于消费者调查证据在商标诉讼中的适用态度更为包容开放，而英国和澳大利亚法院对于消费者调查证据在商标诉讼中的适用态度更为谨慎小心。

美国法院在各种类型商标案件中均认可消费者调查证据的适用。美国法院认为消费者调查是证明商标侵权最直接、最有说服力的证据（the most direct and persuasive evidence）；[1] 消费者调查证据在证明商标第二含义或者通用名称时是必不可少的（virtually indispensable）证据形式。[2] 部分案件中如果诉讼当事人未能提交调查证据还会受到法院的批评指责。[3] 德国是欧洲最早开始使用消费者调查证据的国家。[4] 德国法院 1941 年首次在 Reichsgericht 案

---

[1] Checkpoint Sys., Inc. v. Check Point Software Techs., Inc., 269 F.3d 270, 283 n.10 (3d Cir. 2001); Vision Sports, Inc. v. Melville Corp., 888 F.2d 609, 615 (9th Cir. 1989); McNeil Nutritionals, L.L.C. v. Heartland Sweeteners L.L.C., 566 F. Supp. 2d 378, 392 (E.D. Pa. 2008).

[2] Co-Rect Prods. Inc. v. Marvy! Adver. Photography, Inc., 780 F.2d 1324, 1333 n.9 (8th Cir. 1985).

[3] E.S. Originals Inc. v. Stride Rite Corp., 656 F. Supp. 484, 490 (S.D.N.Y. 1987); Ortho Pharm. Corp. v. Cosprophar, Inc., 32 F.3d 690, 695 (2d Cir. 1994); Citigroup v. City Holding Co., 2003 U.S. Dist. LEXIS 1845 (S.D.N.Y. Feb. 10, 2003); Medici Classics Productions LLC v. Medici Group LLC, 590 F. Supp. 2d 548, 556 (S.D.N.Y. 2008); Citigroup v. City Holding Co., 2003 U.S. Dist. LEXIS 1845 (S.D.N.Y. Feb. 10, 2003).

[4] NIEDERMANN A. Survey Evidence as the Basis for Court Decisions in Commercial Law: An International Perspective [C]. Manila: 2004 WAPOR Regional Conference, February 23-24, 2004. The German Federal Supreme Court accepted surveys as legal evidence from 1956 on: BGH, GRUR 1957, 426 - "Getränkeindustrie", BGH, GRUR 1957, 88 - "Ihr Funkberater"; cf. BGH GRUR 1963, 270 - "Bärenfang"; cf. Noelle-Neumann/Schramm, Umfrageforschung in der Rechtspraxis. Weinheim 1961.

中采用消费者调查证据。[1] 消费者调查证据在德国商标诉讼中经常被当事人提交，也普遍获得德国法院的认可。[2] 多数案件中德国法院将消费者调查证据视为重要的证据来源形式。[3]

英国法院对消费者调查证据的态度则截然不同。英国法院对于消费者调查在商标诉讼中的适用一直持谨慎态度。很多商标案件中消费者调查证据曾受到英国法院的质疑。[4] 商标诉讼当事人开展消费者调查必须事先征得英国法院的许可。英国法院在 Interflora 案明确当事人仅当满足下述条件时才可提交调查证据：①调查证据可能具备真实价值(real value)；②开展调查符合 Whitford 法官在 Imperial 案中所提出的 Raffles 标准；[5]③调查的价值能够证明调查成本的合理性（the value justifies the cost）。[6] 对此，Lewison 法官认为上述标准仅在很特殊或不寻常的案件（special or unusual case）中才能满足，总体而言，采用调查证据证明公众观点方面不具备或仅具备很少的价值。澳大利亚法院对于消费者调查证据也一直持怀疑态度。历史上消费者调查证据一直被视为传闻证据而被排除适用。澳大利亚法院直至 1990 年 Arotts 案中才开始认可消费者调查证据的可采性，但是该证据并不经常在商标案件中得到

---

[1] RG，"Alpenmilch，" 1941 GRUR，328，330.

[2] SWAINE K，BAYER A，HOLDEN J，et al. The Value and Treatment of Survey Evidence in Different Jurisdictions [J]. Trademark Rep.，2010，100（6）：1386－1387.

[3] SWAINE K，BAYER A，HOLDEN J，et al. The Value and Treatment of Survey Evidence in Different Jurisdictions [J]. Trademark Rep.，2010，100（6）：1394.

[4] O2 Ltd v. Hutchinson 3G Ltd，[2006] EWHC 601. UK Channel Management Ltd v E! Entertainment Television Inc，[2008] F. S. R. 5. The esure Insurance Ltd v Direct Line Insurance plc，[2008] EWCA Civ 842.

[5] Imperial Group plc & Another v. Philip Morris Limited & Another，[1984] R. P. C. 293.

[6] Interflora v. Marks and Spencer [2012] EWCA Civ 1501.

适用。[1] 多数案件中，由于开展消费者调查的方法问题，澳大利亚法院赋予消费者调查证据的证明力很低。总体而言，澳大利亚法院并不青睐消费者调查证据，该类证据在商标诉讼中适用的成功率也非常低。[2]

二、实证研究

（一）文献综述

学界对于商标诉讼中消费者调查证据研究集中于三个方面：第一，不同类型商标诉讼消费者调查证据的案例研究，例如商标侵权案件、商标第二含义案件、通用名称案件、欺骗性广告案件；第二，开展消费者调查的科学方法和标准研究，例如相关公众界定、样本筛查、调查问卷设计、调查主体资质、调查执行、数据采集以及调查报告撰写等；第三，不同法域下商标诉讼消费者调查证据适用的比较法研究。

相比之下，学界对于商标诉讼中消费者调查证据的实证研究数量寥寥无几。早期实证研究仅仅关注商标诉讼中消费者调查证据的应用率。后期研究则才逐渐关注消费者调查证据与案件结果之间的内在联系，具有代表性的研究如 Sarel、Marmorstein、Bird、Steckel、Niedermann、Vicky Huang 对于美国、欧盟以及

---

[1] Cadbury Schweppes Pty Ltd v. Effem Foods Pty Ltd, [2005] 66 IPR 387; Domino's Pizza Inc and Another v. Eagle Boys Dial - A - Pizza Australia Pty Ltd, [1995] 31 IPR 592.

[2] HUANG V, WEATHERALL K, WEBSTER E. The Use of Survey Evidence in Australian Trade Mark and Passing Off Cases [M] //KENYON A T, WEELOON N - L, RICHARDSON M. The Law of Reputation and Brands in the Asia Pacific. Cambridge: Cambridge University Press, 2012: 181 - 202.

澳大利亚范围商标诉讼消费者调查证据的实证研究。[1][2][3][4]

（二）数据统计

1. 范围界定

本文研究范围为国内法院在2001年至2016年审理的商标侵权案件，所有判决均通过北大法宝数据库进行收集整理。为免赘述，该数据范围不包含主要争议为其他法律问题的商标案件，例如不正当竞争案件、网络域名案件在此不作讨论。基于上述统计标准，研究范围共涉及商标侵权案件17836例。

2. 编码变量

我们对17836例商标侵权案件进行了相应的分类和编码。本研究采用两组变量：分类变量（classification variables）和结果变量（outcome variables）。分类变量主要考虑四个方面：①提交消费者调查证据的诉讼主体：原告提交、被告提交、双方提交或法院委托；②消费者调查证据的证明目的：商标混淆、商标知名度或二者兼有；③当事人是否对调查证据提出异议：当事人异议或当事人认可；④争议商标相似性：商标相似或商标不同以及争议产品的相似性：产品相似或产品不同。结果变量则考虑两个方面：①法院对当事人提交的消费者调查证据是否采纳：法院予以认可或法院不

---

[1] SAREL D, MARMORSTEIN H. The Effect of Consumer Surveys and Actual Confusion Evidence in Trademark Litigation: An Empirical Assessment [J]. The Law Journal of the International Trademark Association, 2009, 99 (6): 1416.

[2] BIRD R C., STECKEL J H. The Role of Consumer Surveys in Trademark Infringement: Empirical Evidence from the Federal Courts [J]. University Pennsylvania Journal of Business Law, 2012, 14 (4): 1013-1053.

[3] Anne Niedermann, Surveys as Evidence in Proceedings before OHIM, 37 IIC 260 (2006).

[4] HUANG V, WEATHERALL K, WEBSTER E. The Use of Survey Evidence in Australian Trade Mark and Passing Off Cases [M] // KENYON A T, WEELOON N-L, RICHARDSON M. The Law of Reputation and Brands in the Asia Pacific. Cambridge: Cambridge University Press, 2012: 181-202.

予认可；②法院是否根据当事人提交的消费者调查证据认定商标侵权:法院认定构成侵权或法院认定不为侵权。

（三）研究步骤

本研究分为七个层面。第一，评估消费者调查证据在我国商标侵权诉讼中的实际适用率。第二，关注消费者调查证据的提交主体。第三，比较不同诉讼当事人提交消费者调查证据的证明目的。第四，分析诉讼当事人对于消费者调查证据的态度。第五，探讨消费者调查证据的可采性，以及法院拒绝采纳消费者调查证据的主要理由。第六，考查消费者调查证据与法院认定商标侵权的内在关联。第七，衡量其他非调查证据对于消费者调查证据的影响。

1. 消费者调查证据的应用频率

本研究的首要问题在于我国商标侵权案件中当事人提交消费者调查证据的实际频率。为统计 2001 年至 2016 年间 17836 例商标侵权案件中有多少案件涉及消费者调查证据，我们采用“调查证据”“调查报告”“消费者调查”等关键词在上述商标侵权案件中进行系统筛查。17836 例商标侵权案件中，仅 90 例案件（0.5%）涉及消费者调查证据。

图 1 对 2001～2016 年间消费者调查证据的应用频率进行逐年分析——除了 2005 年（16 例）、2006 年（19 例）、2007 年（11 例）、2008 年（11 例）和 2011 年（11 例）之外，每年涉及调查证据的案例不超过 5 件。这个数量相对于我国每年庞大的商标侵权案件数量而言，确实只是沧海一粟。总体而言，消费者调查证据在我国商标侵权案件中适用并不广泛。

我国大部分商标诉讼当事人并未在商标侵权诉讼中提交消费者调查证据。消费者调查证据在我国商标侵权诉讼中的应用频率如此之低的原因有很多方面。第一，调查成本高昂。开展一项消费者调查往往程序繁复、耗时耗财。很多小型企业不具备能力和资源开展此类调查。第二，其他证据形式的存在也会影响调查证

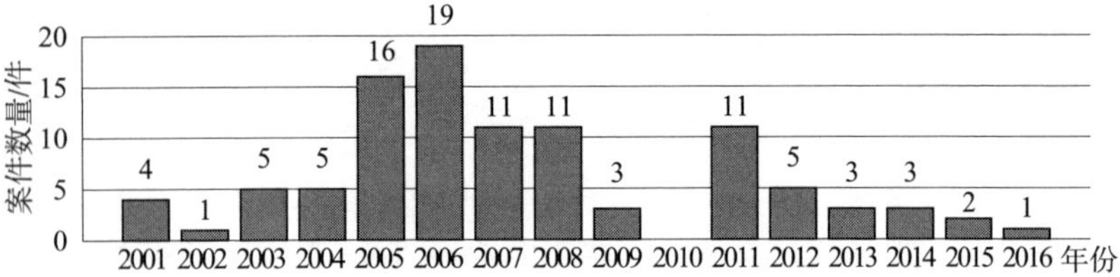

图 1　2001～2016 年消费者调查证据的应用频率

据的应用。消费者调查证据仅仅是法院认定商标侵权会考虑的可能因素之一，其本身并非决定性因素。有些情况下，特定案件的法律和事实性质会使得消费者调查证据变得无关紧要。例如，如果诉讼当事人能够提供消费者实际混淆的证据，或者争议商标高度相似，则消费者调查证据则可能显得无足轻重。❶ 仅在其他证据形式模棱两可或者严重缺失的情况下，消费者调查证据才最有可能被诉讼当事人提交。这一点也解释了有些案件中调查成本并非关键问题时，当事人也并未提交调查证据的原因。第三，争议商标的价值也会影响调查证据的应用。仅当商标争议败诉给诉讼当事人带来的潜在损失非常巨大时，消费者调查证据的成本才值得当事人考虑。第四，消费者调查结果本身也会影响调查证据的提交，因为没有任何当事人愿意提交一份调查结果可能不利于其诉讼主张的调查证据。

由于我们的数据研究建立在商标侵权案件判决的基础上，诉讼前当事人开展的消费者调查并未包含在内，因此我们可能在一定程度上低估了消费者调查的应用频率。❷ 已有相关研究亦表明消费者调查在诉讼之前经常被作为当事人案件评估和制衡对方的诉

❶ DIAMOND S S，FRANKLYN D J. Trademark Surveys：An Undulating Path [J]. Texas Law Review，2014，92：2048.

❷ BIRD R C，STECKEL J H. The Role of Consumer Surveys in Trademark Infringement：Empirical Evidence from the Federal Courts [J]. University Pennsylvania Journal of Business Law，2012，14 (4)：1036.

讼工具。[1] 即使消费者调查证据未出现在司法判决中，其也可能对商标侵权案件产生一定的间接影响。正如 Brid 和 Diamond 指出，我们所能注意到的仅仅是商标争议中适用消费者调查证据的冰山一角。因此，即使实证研究结果表明大多数商标侵权案件并未涉及消费者调查证据，也并不意味着我们可以忽视消费调查证据的重要性。

2. 消费者调查证据的提交主体

我们将消费者调查证据按照提交主体不同分为原告提交调查和被告提交调查。区分原告提交调查和被告提交调查的原因在于，二者在商标诉讼中提交调查证据往往具有不同的动机。消费者调查证据的质量和作用可能会因提交主体不同而有所差异。部分案件中，原告和被告双方均提交了调查证据，这种情况我们将其记录为双方提交调查。少数案件中消费者调查是原告申请，由法院委托专业机构开展调查，这种情况我们将其记录为法院委托调查。

如表 1 所示，90 例商标侵权案件中，56 例案件（62.2%）中原告提交消费者调查证据，20 例案件（22.2%）中被告提交消费者调查证据，仅 3 例案件（3.3%）中原告、被告双方均提交了消费者调查证据，11 例案件中法院委托专业机构开展消费者调查（11.8%）。90 例商标侵权案件中共涉及 93 个消费者调查，其中原告提交 59 例（63.4%）消费者调查，被告提交 23 例（24.7%）消费者调查，法院委托 11 例（11.8%）消费者调查。

数据表明，商标侵权案件中的大多数消费者调查证据为原告所提交。原告通常需要举证争议商标之间存在混淆之虞，或者原告商标具有一定知名度，因此原告更有积极性提交调查证据。相反，被告往往只需要反驳原告提供的证据不具有证明力即可，因

[1] DIAMOND S S, FRANKLYN D J. Trademark Surveys: An Undulating Path [J]. Texas Law Review, 2014, 92: 3050.

此其提交的消费者调查证据明显少于原告。此外，考虑到开展消费者调查的金钱和时间成本，被告通常缺乏提交消费者调查的积极性。

表 1　消费者调查证据的提交主体及比例　　单位：例

	案件数量	调查数量
原告提交	56（62.2%）	59（63.4%）
被告提交	20（22.2%）	23（24.7%）
双方提交	3（3.3%）	
法院委托	11（12.2%）	11（11.8%）
共计	90（100%）	93（100%）

3. 消费者调查证据的证明目的

表 2 旨在分析商标侵权诉讼中消费者调查证据的主要证明目的。我国商标侵权诉讼中消费者调查证据一般用以证明两个事项：争议商标之间存在混淆之虞；争议商标具有知名度。因此我们将消费者调查按照不同证明目的分为商标混淆调查和商标知名度调查。少数案件中，当事人开展的消费者调查兼具上述两个证明目的。

表 2　消费者调查证据的主要证明目的及比例　　单位：例

	商标混淆	商标知名度	二者兼有	总数
原告提交	10（16.9%）	39（66.2%）	10（16.9%）	59（100%）
被告提交	14（60.9%）	5（21.7%）	4（17.4%）	23（100%）
法院委托	0（0%）	11（100%）	0（0%）	11（100%）
总数	24（25.8%）	55（59.1%）	14（15.1%）	93（100%）

如表 2 所示，消费者调查最经常用于证明争议商标知名度。93 例商标调查中，55 例调查（59.1%）用于证明商标知名度，24

例调查（25.8%）用于证明商标混淆之虞，14 例调查兼具两种证明目的。数据表明，不同当事人提交消费者调查往往具有不同证明目的。比较而言，原告更倾向于证明商标知名度。原告提交的 59 例调查中，39 例调查（66.2%）旨在证明原告商标已获得足够的公众认知度，10 例调查（16.9%）旨在证明商标混淆，10 例调查兼而有之。相反，被告则更倾向于证明争议商标之间不存在混淆之虞。被告提交的 23 例调查中，14 例调查（60.9%）旨在证明争议商标之间不存在混淆，仅 5 例调查（21.7%）旨在证明被告商标的知名度，4 例调查兼而有之。值得注意的是，法院非常重视消费者调查在证明争议商标知名度方面的价值。法院委托进行的 11 例调查均为证明原告商标的知名度。目前商标侵权案件中，尚无 1 例法院委托进行的调查旨在证明商标混淆之虞。

4. 消费者调查证据的对方质证

商标诉讼中一方当事人提交的消费者调查往往会受到对方当事人的质疑，这种质疑可能涉及调查过程的各个方面。表 3 旨在分析商标侵权案件中当事人是否对消费者调查证据存在异议。根据当事人是否提出异议，我们将其分为：当事人异议调查和当事人认可调查。

表 3　消费者调查证据　　单位：例

对方质证及比例	当事人异议	当事人认可	总数
原告提交	31（52.5%）	28（47.5%）	59（100%）
被告提交	16（69.6%）	7（30.4%）	23（100%）
法院委托	1（9%）	10（91%）	11（100%）
总数	42（45.2%）	51（54.8%）	93（100%）

如表 3 所示，93 例消费者调查中，42 例调查（45.2%）曾被当事人异议，51 例调查（54.8%）为当事人认可。不同诉讼主体对于消费者调查证据持有截然不同的态度。相比而言，原告更倾

向于异议被告提交的消费者调查证据。被告提交的23例调查中，原告提出异议的高达16例（69.6%），认可的仅有7例（30.4%）。被告提交的消费者调查，高达2/3为原告所异议。相反，原告提交的59例消费者调查中，被告提出异议的有31例（52.5%），认可的28例（47.5%）。数据表明，商标侵权诉讼中原告比被告对消费者调查的证据更为挑剔。法院委托专业机构进行的消费者调查则容易被当事人认可。法院委托的11例消费者调查中，仅1例调查曾被当事人提出异议，其他10例调查均为原被告双方认可。如果诉讼当事人考虑提交消费者调查证据，比较明智的做法可能是申请法院委托中立调查机构进行调查，而非自己开展调查。

5. 消费者调查证据的法院采纳

商标诉讼中当事人提交调查证据并不意味着该证据必然被法院采纳。国内各法院对于消费者调查证据的态度并不一致，有些法院态度较为包容，有些法院则较为严苛。消费者调查证据的可采性和证明力主要取决于当事人开展调查的方法。根据法院对于消费者调查证据的采纳与否，我们将其分为法院予以采纳的调查以及法院拒绝采纳的调查。总体而言，我国法院采纳消费者调查证据的比例明显偏高。93例消费者调查中，高达68例调查（75.3%）法院予以采纳，仅25例调查（24.7%）法院不予采纳（见表4）。法院予以采信调查证据的多数案件中，法院仅确认了调查证据的可采性，对于消费者调查证据的证明力探讨相对较少。

法院不予采信调查证据的25例案件不予采信消费者调查证据的理由主要涉及调查证据本身的有效性和真实性。如图2所示，法院经常拒绝采纳消费者调查证据的理由包括：①消费者调查证据不具备真实性；[1]②消费者调查证据不具备合法性；[2]③消费者调查证据与案件不具相关性；[3]④消费者调查系单方当事人作出，[4]或者调查机构缺乏相应资质；[5]⑤相关公众界定错

---

❶ 参见：杭州张小泉集团有限公司与上海张小泉刀剪总店等商标侵权上诉案［(2004) 沪高民三（知）终字第27号］；立邦涂料（中国）有限公司诉中山市可邦涂料有限公司等商标侵权纠纷案［(2005) 渝一中民初字第485号］；贵州贵酒有限责任公司与贵州省仁怀市茅台镇麒麟酒业有限公司等侵害商标权纠纷案［(2012) 黔高民三终字第69号］；安德烈亚斯·斯蒂尔两合公司诉杭州古力园林机械有限公司侵害商标权及不正当竞争纠纷案［(2014) 浙杭知初字第288号］；拉科斯特股份有限公司诉黄为东侵害商标权纠纷案［(2014) 金义知民初字第47号］；烟台开发区鲁蒙防水防腐材料有限责任公司诉山东蓝盟防水防腐材料股份有限公司侵害注册商标专用权、擅自使用他人企业名称及虚假宣传纠纷案［(2014) 烟民知初字第290号］。

❷ 参见：上海弘奇食品有限公司与上海西门町服装有限公司商标侵权纠纷案［(2005) 沪高民三（知）终字第137号］；上海弘奇食品有限公司与上海泰金餐饮有限公司商标侵权纠纷上诉案［(2005) 沪高民三（知）终字第151号］；鲁道夫·达斯勒体育用品波马股份公司与农工商超市（集团）有限公司侵犯商标专用权纠纷上诉案［(2009) 沪高民三（知）终字第70号］；安德烈亚斯·斯蒂尔两合公司诉杭州古力园林机械有限公司侵害商标权及不正当竞争纠纷案［(2014) 浙杭知初字第288号］。

❸ 参见：和成（中国）有限公司诉上海和成洁具有限公司不正当竞争案［(2002) 沪一中民五（知）终字第3号］；丰田自动车株式会社诉浙江吉利汽车有限公司等侵犯商标权纠纷和不正当竞争案［(2003) 二中民初字第06286号］；广州星河湾公司实业发展有限公司等诉浙江港龙置业有限公司侵害商标权及不正当竞争纠纷案［(2012) 浙嘉知初字第58号］；安德烈亚斯·斯蒂尔两合公司诉杭州古力园林机械有限公司侵害商标权及不正当竞争纠纷案［(2014) 浙杭知初字第288号］；大自然家居（中国）有限公司与徐州佳侣地板经销处、杭州比纳实业有限公司侵害商标权纠纷案［(2015) 徐知民初字第40号］。

❹ 参见：丰田自动车株式会社诉浙江吉利汽车有限公司等侵犯商标权纠纷和不正当竞争案［(2003) 二中民初字第06286号］；贵州贵酒有限责任公司与贵州省仁怀市茅台镇麒麟酒业有限公司等侵害商标权纠纷案［(2012) 黔高民三终字第69号］；安德烈亚斯·斯蒂尔两合公司诉杭州古力园林机械有限公司侵害商标权及不正当竞争纠纷案［(2014) 浙杭知初字第288号］；百伦贸易（中国）有限公司与周乐伦侵害商标权纠纷案［(2015) 粤高法民三终字第444号］。

❺ 参见：研究生入学管理委员会诉北京市海淀区新东方学校侵犯著作权和商标专用权纠纷案［(2001) 一中知初字第33号］；美国教育考试服务中心诉北京市海淀区新东方学校侵犯著作权和商标专用权纠纷案［(2001) 一中知初字第34号］；美国教育考试服务中心诉北京市海淀区新东方学校侵犯著作权和商标专用权纠纷案［(2001) 一中知初字第35号］。

误；❶ ⑥当事人未提交消费者调查样本；❷ ⑦消费者调查问卷设计问题；❸ ⑧调查过程方法问题。❹

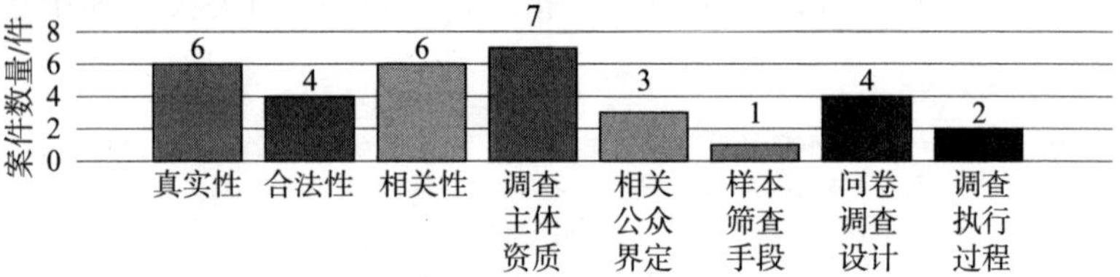

图 2　法院拒绝采纳消费者调查证据的理由

遗憾的是，国内法院也很少给予诉讼当事人如何提交消费者调查证据的任何指导。国内法院在判决中也很少给出其予以采纳或者不予采纳消费者调查证据的具体理由。因此，我国法院在商标侵权诉讼中调查证据的审查标准并不明晰。这一点主要是由于目前我国商标案件审理缺乏消费者调查证据的审查指南和标准所致。

表 4 旨在测试法院是否采纳消费者调查证据与调查证据提交主体之间的关联。研究表明，原告提交的调查证据相比被告提交

---

❶ 参见：丰田自动车株式会社诉浙江吉利汽车有限公司等侵犯商标权纠纷和不正当竞争案［(2003) 二中民初字第 06286 号］；刘征与上海汉涛信息咨询有限公司侵害商标权纠纷上诉案［(2013) 沪一中民五（知）终字第 247 号］；中粮置业投资有限公司等诉北京元邑房地产开发有限责任公司侵犯商标专用权及不正当竞争纠［(2013) 朝民初字第 08370 号］。

❷ 上海缘禄寿司酒家有限公司诉上海元绿饮食有限公司等商标侵权纠纷案［(2001) 沪一中知初字第 21 号］。

❸ 参见：北京天普太阳能工业有限公司诉青岛天普电器有限公司商标侵权纠纷案［(2005) 青民三初字第 986 号］；大宇资讯股份有限公司诉上海盛大网络发展有限公司侵犯注册商标专用权纠纷案［(2006) 浦民三（知）初字第 125 号］；鲁道夫·达斯勒体育用品波马股份公司与农工商超市（集团）有限公司侵犯商标专用权纠纷上诉案［(2009) 沪高民三（知）终字第 70 号］；刘征与上海汉涛信息咨询有限公司侵害商标权纠纷上诉案［(2013) 沪一中民五（知）终字第 247 号］。

❹ 参见：百伦贸易（中国）有限公司与周乐伦侵害商标权纠纷案［(2015) 粤高法民三终字第 444 号］；大宇资讯股份有限公司诉上海盛大网络发展有限公司侵犯注册商标专用权纠纷案［(2006) 浦民三（知）初字第 125 号］。

的调查证据更经常被法院采纳。原告提交的 59 例调查中，高达 46 例调查（78%）法院予以采纳，仅 13 例调查（22%）法院不予采纳；而被告提交的 23 例调查中，11 例调查（47.8%）法院予以采纳，12 例调查（52.2%）法院不予采纳。上述数据表明，法院对待原告提交调查证据和被告调查证据的态度有所不同，换言之，法院更倾向于接纳原告提交的调查证据。

表 4　法院采纳消费者调查证据的情况及比例　　单位：例

	予以采纳	不予采纳	总数
原告提交	46（78%）	13（22%）	59（100%）
被告提交	11（47.8%）	12（52.2%）	23（100%）
法院委托	11（100%）	0（0%）	11（100%）
总数	68（75.3%）	25（24.75%）	93（100%）

表 5 旨在测试法院是否采纳消费者调查证据与调查证据证明目的之间的关联。研究表明，法院更倾向于采纳证明商标知名度的消费者调查。55 例证明商标知名度的调查中，高达 46 例调查（83.6%）法院予以采纳，仅 9 例调查（16.4%）法院不予采纳。24 例证明商标混淆的调查中，14 例调查（58.3%）法院予以采纳，10 例调查（41.7%）法院不予采纳。数据表明，法院对待不同证明目的的消费者调查态度存在差异。如果诉讼当事人意图证明其商标在相关公众心目中具备一定的知名度，提交消费者调查证据可能更为有利。如果诉讼当事人意图证明争议商标之间存在或不存在混淆之虞，仅仅提交消费者调查证据可能并不充分。

表 5　法院采纳消费者调查证据与调查证据证明目的之间的关联　单位：例

	予以采纳	不予采纳	总数
商标混淆	14（58.3%）	10（41.7%）	24（100%）
商标知名度	46（83.6%）	9（16.4%）	55（100%）
二者兼有	8（57.1%）	6（42.9%）	14（100%）
总数	68	25	93

表 6 旨在研究法院是否采纳消费者调查证据与当事人是否异议调查证据之间的关联。数据表明，法院更倾向于接受原告提出的异议，而非被告提出的异议。16 例被告提交且原告异议的调查中，10 例调查（62.5%）法院不予采纳，仅 6 例调查（37.5%）法院予以采纳。31 例原告提交且被告异议的调查中，高达 19 例调查（61.3%）法院予以采纳，12 例调查（38.7%）法院不予采纳。简言之，原告对调查证据提出的异议比被告提出的异议更为有效。数据同样表明，未经对方当事人异议的调查证据更容易被法院采纳。28 例原告提交且被告认可的调查中，高达 27 例调查（96.4%）法院予以采纳，仅 1 例调查（3.6%）法院不予采纳。同理，7 例被告提交且原告认可的调查中，5 例调查（60.7%）法院予以采纳，2 例调查（39.3%）法院不予采纳。一方当事人提交的调查证据为对方当事人认可时，法院更倾向于采纳原告提交的调查。这里再次表明，法院对于不同当事人提交的消费者调查态度并不一致。法院委托进行的 11 例调查中，仅 1 例调查被告曾提出过异议。无论当事人是否提出异议，法院委托进行的消费者调查均被采纳。

表 6 法院是否采纳消费者调查证据与当事人是否异议调查证据之间的关联

单位：例

	予以采纳	不予采纳	总数
被告异议	19（61.3%）	12（38.7%）	31（100%）
被告认可	27（96.4%）	1（3.6%）	28（100%）
总数	46	13	59
原告异议	6（37.5%）	10（62.5%）	16（100%）
原告认可	5（60.7%）	2（39.3%）	7（100%）
总数	11	12	23
双方异议	1（100 %）	0（0 %）	1（100%）
双方认可	10（100 %）	0（0 %）	10（100%）
总数	11	0	11

6. 消费者调查证据与侵权认定

尽管消费者调查未普遍应用于商标侵权案件，仍有必要探究消费者调查证据的提交和采纳是否会对商标侵权认定产生影响。90 例涉及消费者调查证据的商标侵权案件中，法院最终认定构成商标侵权的有 69 例（原告胜诉率为 76.7%），法院认定不构成侵权的仅有 21 例（被告胜诉率为 23.3%）。表 7、表 8 和表 9 分别采取不同变量，进一步分析消费者调查证据与商标侵权认定之间的关联。

表 7　法院是否采纳消费者调查证据与法院是否认定商标侵权之间的关联

单位：例

	构成侵权	不为侵权	总数
予以采纳	55（84.8%）	11（15.2%）	66（100%）
不予采纳	14（58.3%）	10（41.7%）	24（100%）
总数	69（76.7%）	21（23.3%）	90（100%）

表 8　消费者调查证据的提交主体与商标侵权认定之间的关联

单位：例

	构成侵权	不为侵权	总数
原告提交	44（78.6%）	12（21.4 %）	56（100%）
被告提交	12（60%）	8（40%）	20（100%）
双方提交	2（67%）	1（33%）	3（100%）
法院委托	11（100%）	0（0%）	11（100%）
总数	69（76.7%）	21（23.3%）	90（100%）

表 9　消费者调查证据的提交主体、法院是否采纳调查证据，以及法院是否认定商标侵权三者之间的关联

单位：例

		构成侵权	不为侵权	总数
原告提交	予以采纳	38（86.4%）	6（13.6%）	44（100%）
	不予采纳	6（50%）↓	6（50%）	12（100%）
	总数	44	12	56

续表

		构成侵权	不为侵权	总数
原告提交	予以采纳	38（86.4%）	6（13.6%）	44（100%）
	不予采纳	6（50%）↓	6（50%）	12（100%）
	总数	44	12	56
被告提交	予以采纳	4（44.4%）	5（55.6%）	9（100%）
	不予采纳	8（72.7%）	3（27.3%）↓	11（100%）
	总数	12	8	20
双方提交	予以采纳	2（100%）	0（0%）	2（100%）
	不予采纳	0（0%）	1（100%）	1（100%）
	总数	2	1	3
法院委托	予以采纳	11（100%）	0（0%）	11（100%）
	不予采纳	0（0%）	0（0%）	0（100%）
	总数	11	0	11

表7旨在证明法院是否采纳消费者调查证据与法院是否认定商标侵权之间的关联。数据表明，法院采纳消费者调查证据与商标侵权认定之间存在实质性关联。法院采纳消费者调查证据的66例案件中，法院认定构成商标侵权的有55例案件（原告胜诉率高达84.8%），而法院认定不构成商标侵权的仅11例案件（被告胜诉率仅为15.2%）。反之，法院不予采纳消费者调查证据的24例案件中，法院认定商标侵权的仅14例案件（原告胜诉率仅为58.3%），法院认定不构成商标侵权的有10例案件（被告胜诉率高达41.7%）。研究表明，消费者调查证据的采纳显著提高了商标侵权认定的概率。反之亦然，消费者调查证据的不予采纳明显降低了商标侵权认定的概率。因此，对于诉讼当事人而言，有必要确保消费者调查遵循公认的方法和标准开展，以避免调查结果不被法院采纳。

表8旨在测试消费者调查证据的提交主体与商标侵权认定之

间的关联。数据表明，二者之间存在重要关联。原告提交消费者调查与法院认定商标侵权之间存在实质性关联。原告提交消费者调查证据的56例案件中，法院认定商标侵权的多达44案件（原告胜诉率高达78.6%），法院认定不构成商标侵权的仅12例案件。被告提交消费者调查证据的20例案件中，法院认定不构成侵权的仅8例案件（被告胜诉率仅为40%），法院认定侵权的有12例案件。法院委托进行调查的11例案件中，商标侵权认定率则为100%。研究表明，原告提交调查证据和法院委托调查证据，在很大程度上提升了商标侵权认定的可能性。与前述表4和表6的结论一致，法院对于原告提交调查证据与被告提交调查证据态度并不一致。在提交消费者调查证据的前提下，原告比被告更有可能胜诉。对于法院而言，原告提交调查证据本身似乎意味着原告对于诉讼本身的积极态度，以及其有信心获得胜诉。

表9同时采用两组分类变量旨在测试消费者调查证据的提交主体、法院是否采纳调查证据，以及法院是否认定商标侵权三者之间的关联。数据表明，三者之间存在重要关联。原告提交的消费者调查证据如果被法院采纳，则会显著提高商标侵权认定的概率。法院采纳原告提交消费者调查证据的44例案件中，法院最终认定构成商标侵权的高达38例案件（原告胜诉率高达86.4%）。反之，法院拒绝采纳原告提交的消费者调查证据的12例案件中，法院最终认定构成商标侵权的仅6例（原告胜诉率仅为50%）。数据同样表明，被告提交的消费者调查证据如果被法院采纳，也可能对案件结果产生积极影响。法院拒绝采纳被告提交的消费者调查证据的11例案件中，法院最终认定不构成商标侵权的仅3例（被告胜诉率仅为27.3%）。反之，法院采纳被告提交的消费者调查证据的9例案件中，法院最终认定不构成侵权的多达5例案件（被告胜诉率为55.6%）。可见，表9结论与表7一致，无论原告或被告提交消费者调查证据，消费者调查证据的采纳均显著提高了商标侵权认定的概率。因此，消费者调查本身的质量与法院采

纳调查证据和商标侵权认定之间存在明显的实质性联系。

7. 消费者调查证据与其他证据

前面几节，我们讨论了消费者调查证据的提交主体、证明目的、当事人质证对于法院采纳消费者调查证据和认定商标侵权的影响。但是上述分析并不能全面反映消费者调查证据在商标侵权诉讼中的作用。有些案件，由于其他证据形式的存在（例如争议商标的显著性、争议商标相似性、争议产品相似性、消费者实际混淆等），可能会导致消费者调查证据在法院认定商标侵权方面不具备任何实质意义。换言之，消费者调查证据对于商标侵权认定的作用可能会受到案件其他证据形式的影响。

因此，我们必须考虑存在其他非调查证据的情况下，消费者调查证据是否仍然对商标侵权认定产生影响？我们对该问题的考察限于两种其他证据形式：争议标记的相似性和争议产品的相似性。之所以选择上述两个要素主要出于两方面原因：首先，商标侵权案件中各法院基本上都会比较争议标记的相似性和争议产品的相似性；其次，相对于其他证据形式，例如争议标记的显著性程度或者消费者实际混淆，这两个要素能够以更加客观的方式进行衡量。因此，该节研究我们引用了两组不同的分类变量：标记相似性和产品相似性。这两类分类变量对于消费者调查证据的采纳以及商标侵权认定均有非常重要的影响。更为重要的是，无论争议标记或争议产品是否相似，研究表明商标侵权诉讼中消费者调查证据均与商标侵权认定之间存在实质性联系。

（1）标记相似性

法院在认定商标混淆之虞时通常会审查争议商标之间的相似程度。争议标记之间的相似程度因案件有所差异。有鉴于此，我们将争议标记相似性根据程度不同分为两类：相似标记和不同标记。表 10 旨在衡量争议标记相似性对于消费者调查证据的法院采纳以及商标侵权认定的影响。

表 10　标记相似性对于消费者调查证据的法院采纳以及商标侵权认定的影响

单位：例

	予以采纳	不予采纳	总数
相似标记	59（77.6%）	17（22.4%）	76（100%）
不同标记	7（50%）	7（50%）	14（100%）
总数	66	24	90
	构成侵权	不为侵权	总数
相似标记	68（89.5%）	8（10.5%）	76（100%）
不同标记	1（7.1%）	13（92.9%）	14（100%）
总数	69	21	90

如表 10 所示，当争议商标为相似标记时，消费者调查证据更容易被法院所采纳。争议商标为相似标记的 76 例案件中，法院采纳调查的案件为 59 例（77.6%），法院不予采纳调查的案件仅 17 例（22.4%）。而争议商标为不同标记的 14 例案件中，法院采纳调查的案件为 7 例（50%），法院不予采纳调查的案件为 7 例（50%）。同样，当争议商标为相似标记时，法院认定商标侵权的概率更高。争议商标为相似标记的 76 例案件中，68 例案件（89.5%）法院认定构成商标侵权，8 例案件法院认定不构成商标侵权。争议商标为不同标记的 14 例案件中，仅 1 例案件（7.1%）法院认定构成商标侵权，其他 13 例案件（92.9%）法院均认定不构成商标侵权。

表 11 旨在测试在争议商标相似程度不同的情形下，消费者调查证据对于商标侵权认定的影响力。研究表明，不论争议商标相似或者不同，消费者调查证据的采纳均会增加商标侵权认定的概率。当争议商标为相似标记时，17 例法院不予采纳调查证据的案件中，14 例案件法院认定构成商标侵权（原告胜诉率为 82.4%）；59 例法院采纳调查证据的案件中，54 案件法院认定构成商标侵权（原告胜诉率增至 91.5%）。当争议商标为不同标记时，这种差别更为明显：7 例法院采纳消费者调查的案件中，仅 1 例案件法院认定构成商标侵权（原告胜诉率为 14.3%）；7 例法院不予采纳消费

者调查的案件中，无一例案件法院认定构成商标侵权（原告胜诉率降至0%）。当争议商标不相同时，如果法院不予采纳调查证据，则无任何原告胜诉。可见，当争议双方使用的商标不同时，法院是否采纳调查证据与法院认定侵权之间存在重要关联。对于诉讼当事人而言，消费者调查证据似乎在争议商标不同时更有证明力。

表 11　争议商标相似程度不同的情形下
消费者调查证据对于商标侵权认定的影响力　　单位：例

		构成侵权	不为侵权	总数
相似标记	予以采纳	54（91.5%）	5（9.5%）	59（100%）
	不予采纳	14（82.4%）↓	3（17.6%）	17（100%）
	总数	68	8	76
不同标记	予以采纳	1（14.3%）	6（85.7%）	7（100%）
	不予采纳	0（0%）↓	7（100%）	7（100%）
	总数	1	13	14

（2）产品相似性

法院在认定商标混淆之虞时通常会审查争议产品之间的相似程度。争议产品之间的相似程度因案件有所差异。我们将争议标记相似性根据程度不同分为两类：相似产品和不同产品。表12旨在测量产品相似性对于法院采纳调查证据和认定商标侵权的影响。

表 12　产品相似性对于法院采纳调查证据和认定商标侵权的影响

单位：例

	予以采纳	不予采纳	总数
相似产品	33（58.9%）	23（41.1%）	56（100%）
不同产品	33（97%）↑	1（3%）	34（100%）
总数	66	24	90
	构成侵权	不为侵权	总数
相似产品	40（71.4%）	16（28.6%）	56（100%）
不同产品	29（85.3%）↑	5（14.7%）	34（100%）
总数	69	21	90

如表12所示，当争议产品为不同产品时，消费者调查证据更可能被法院采纳。34例争议产品不同案件中，高达33例案件（97%）中法院采纳调查证据，仅1例案件（3%）法院不予采纳调查证据。而在56例争议产品相似案件中，仅33例案件（58.9%）中法院采纳调查证据，23例案件（41.1%）法院不予采纳调查证据。同理，当争议产品为不同产品时，法院更可能认定商标侵权。34例争议产品不同案件中，法院认定构成商标侵权的有29例案件（85.3%），认定不构成侵权的仅5例案件（14.7%）。而在56例争议产品相似案件中，法院认定构成商标侵权的有40例案件（71.4%），认定不构成侵权有16例案件（28.6%）。

表13旨在测试在争议产品相似程度不同的情形下，消费者调查证据对于商标侵权认定的影响力。研究表明，无论争议产品是否相似，消费者调查证据的采纳均会增加商标侵权认定的概率。当争议产品为相似产品时，23例法院不予采纳消费者调查证据的案件中，14例案件法院认定构成商标侵权（原告胜诉率为60.9%）；33例法院采纳消费者调查证据的案件中，26例案件法院认定构成商标侵权（原告胜诉率增至78.8%）。当争议产品为不同产品时，这种差别更为明显：33例法院采纳消费者调查证据的案件中，29例案件法院认定构成商标侵权（原告胜诉率为87.9%）；法院不予采纳消费者调查证据的案件中，无一例案件法院认定构成商标侵权（原告胜诉率降至0）。

表13 争议产品相似程度不同的情形下

消费者调查证据对于商标侵权认定的影响力　　单位：例

		构成侵权	不为侵权	总数
相似产品	予以采纳	26（78.8%）	7（21.2%）	33（100%）
	不予采纳	14（60.9%）	9（39.1%）	23（100%）
	总数	40	16	56

续表

		构成侵权	不为侵权	总数
不同产品	予以采纳	29（87.9%）	4（12.1%）	33（100%）
	不予采纳	0（0%）	1（100%）	1（100%）
	总数	29	5	34

本节重点考虑非调查证据不同强度环境下消费者调查证据的作用。总体而言，争议标记或争议产品之间的相似程度越低，消费者调查证据的证明价值越高。表11和表13均表明，当争议标记或争议产品不同时，消费者调查证据对于商标侵权认定更为重要。例如当争议产品不同时，法院不予采纳消费者调查证据案件原告胜诉率为0，而法院采纳消费者调查证据案件原告胜诉率则增至14.3%。当争议标记不同时，法院不予采纳消费者调查证据案件原告胜诉率为0，而法院采纳消费者调查证据案件原告胜诉率高达87.9%。因此，争议标记或产品越不相似，消费者调查的重要性越高。表11和表13同时表明，当争议标记或争议产品相似时，消费者调查对于商标侵权认定也具有一定积极作用。例如争议标记相似分类时，法院不予采纳调查证据案件原告胜诉率为82.4%，而法院采纳调查证据案件原告胜诉率增至91.5%。争议标记不同时，法院不予采纳调查证据案件原告胜诉率为60.9%，而法院采纳调查证据案件原告胜诉率增至78.8%。因此，即使争议产品或标记相似时，诉讼当事人在考虑诉讼策略时也应当重视消费者调查的价值。

（四）研究局限

我们的实证研究对象仅限于国内法院2001年至2016年期间的诉讼实践，该研究结论是否持久稳定，尚有待时间检验。总体而言，本实证研究有三方面局限性。第一，该研究仅仅考察商标诉讼阶段消费者调查证据的适用，并未考察消费者调查证据在诉讼准备或庭前调解阶段的作用。第二，该研究分析的所有案例判决均来自于北大法宝数据库，但该数据库并未囊括国内法院的所有判决，可能会导致部分数据遗漏。第三，由于被告提交的消费者调查数量以及法院拒绝采纳的消费者调查数量比较少，这两类消费者调查的数据分析可能会由于样本数量过小而产生一定偏差。由于实践中法院经常对诉讼当事人提交的消费者调查证据的有效性和真实性提出质疑，因此将来的实证研究应当更多集中于消费者调查的质量，即何种条件下消费者调查更容易被法院接受，或者何种消费者调查最容易受到法院质疑。

三、研究结论

通过上文对于我国商标侵权案件中消费者调查证据的实证研究，可以得出下述结论。

第一，目前消费者调查证据在我国商标侵权诉讼中的应用率偏低。2001 年至 2016 年间 17836 例商标侵权案件中仅 90 例案件涉及消费者调查证据。影响商标诉讼当事人提交消费者调查证据的主要原因包括开展消费者调查的金钱成本、时间限制、技术困难、其他证据形式的存在、争议商标本身的价值以及可预测的消费者调查结果等。

第二，商标侵权诉讼中原告和被告提交消费者调查证据的态度存在明显差异。举证责任的差异，导致诉讼当事人提交消费者调查证据的积极性有所不同，商标侵权案件中的消费者调查证据多为原告提交。不同诉讼当事人提交消费者调查往往具有不同证明目的，原告更倾向于证明商标知名度，被告则更倾向于证明争议商标之间不存在混淆之虞。不同诉讼当事人对消费者调查证据的质证持不同态度，原告更倾向于异议被告提交的消费者调查证据。

第三，商标侵权诉讼中我国法院对于消费者调查证据的采信率明显偏高。93 例消费者调查中高达 68 例消费者调查（75.3%）法院予以采纳，仅 25 例消费者调查（24.7%）法院不予采纳。这一比率远远高于其他国家商标侵权诉讼消费者调查证据的采信率。遗憾的是，法院采信消费者调查证据的多数案件中，其仅确认消费者调查证据的可采性，却很少给予认定消费者调查证据可采性和证明力的具体依据。此外，法院也极少给予诉讼当事人提交消费者调查证据的相关程序指导。

第四，商标侵权诉讼中我国法院经常区别对待不同诉讼当事人提交的消费者调查证据。理论上，法院应当同等对待不同诉讼当事人提交的消费者调查证据。实证研究多次表明，我国法院对于原告提交的消费者调查和被告提交的消费者调查的态度并不一致。简言之，法院更加倾向于采纳原告提交的调查证据。尽管诉讼中原告和被告的举证责任不相同，但是消费者调查证据的可采性和证明力不应由于提交主体不同而存在明显差异。法院应当根据明确统一的标准审查不同当事人提交的消费者调查证据的可采性和证明力。

第五，商标侵权诉讼中我国法院在认定消费者调查证据的可采性和证明力方面主观性和随意性较强，缺乏统一客观的标准。由于国内商标诉讼消费者调查证据的应用率很低，国内法院鲜有机会讨论审查消费者调查证据。为数不多的涉及消费者调查证据的商标案件中，法院很少阐明其拒绝采纳消费者调查证据的理由。法院应当明确其审查消费者调查证据的具体要求和标准，其对于法院公正评价消费者调查证据的可采性和证明力而言必不可少。消费者调查标准应涉及消费者调查的每个方面，例如相关公众范围界定、样本筛选和样本大小、调查问卷设计、调查人员资质、调查实际执行、调查数据采集以及调查报告撰写等。

第六，一项合理开展的消费者调查在商标诉讼中可能成为有效的法律工具。消费者调查证据在不同案件中的证明力及其对商标侵权认定的影响力差异很大。尽管调查证据并非证明商标侵权的必要证据，部分案件中消费者调查证据对案件结果具有决定性作用，例如当争议标记或争议产品不同时，消费者调查证据对于商标侵权认定尤为重要。实证研究多次表明，消费者调查本身的质量与法院采纳调查证据和商标侵权认定之间存在明显的实质性联系。操作不当的消费者调查可能导致错误的调查结论，从而显著降低其对于案件最终结果的影响。我国商标诉讼中消费者调查证据的应用前景主要取决于消费者调查本身的质量。因此，对于商标诉讼当事人而言，首要任务在于遵循公认的科学方法和标准开展调查，确保消费者调查证据的可采性和证明力。

我国未注册商标保护制度的构建

陈绍玲*

摘　要： 我国《商标法》将未注册商标区分为驰名商标、有一定影响的未注册商标以及普通未注册商标，但对普通未注册商标不提供保护。《商标法》将提供混淆保护的驰名商标和提供淡化保护的驰名商标混为一谈，实际上所谓驰名商标本质上属于有一定影响的未注册商标。现行法提高了未注册商标的保护门槛，造成了部分未注册商标无法获得保护的问题。实际上，凡是产生了稳定商誉的未注册商标均应获得保护，过度提高未注册商标的保护门槛无益于维护未注册商标所有人的权利。因此，我国在商标立法和司法实践中，应还原驰名商标的真实含义，降低未注册商标的保护门槛。此外，尽管《反不正当竞争法》同样提供对未注册商标的保护，但其缺陷同样在于保护门槛过高，且保护的未注册商标种类有限。因此，有必要降低《反不正当竞争法》的保护门槛，扩大未注册商标的保护范围。

关键词： 未注册商标；保护；制度；构建

我国现有商标法规已经对未注册商标的保护作出规定，但问题集中体现在未注册商标保护的门槛上，即具备何种知名度的未

---

* 作者简介：华东政法大学副教授。

注册商标才是我国法律应该保护的未注册商标？在本文笔者将结合相关的国际条约和国内立法，对这一问题作出回答，同时对我国未注册商标条款作出具体设计。

一、我国未注册商标保护制度的症结

现行立法按照未注册商标的影响力，将未注册商标分为三类：普通未注册商标、有一定影响的未注册商标和未注册驰名商标。这种划分看似合理，但在实践操作过程中却会产生各类未注册商标之间的界限如何划定的问题。笔者认为，这种看似合理的划分其实是对相关国际条约的误解，通过考察相关国际条约可以发现问题所在。

（一）现行法规对两类驰名商标的错误定性

现行《商标法》规定驰名商标为“相关公众所熟知的商标”，[1]其中为“相关公众所熟知”是驰名商标区别于一般商标的特点。在界定驰名商标的基础上，现行《商标法》以驰名商标是否注册为标准，对于未注册的驰名商标提供“同类保护”：禁止他人在相同或者类似的商品上注册使用驰名商标，目的在于防止混淆的发生；[2]对于已注册的驰名商标提供“跨类保护”：禁止他人在不相同或者不类似的商品上注册使用驰名商标，目的在于防止“误导公众”。[3]

未注册驰名商标的“同类保护”显然是一种防止混淆的保护，“跨类保护”的目的在于防止“误导公众”，其提供的一种防止混淆的保护还是一种防止淡化的保护，在学界存在着不小的争议。如王迁教授认为，“跨类保护”实际上是一种防止混淆的保护，因为“误导公众”实际就是导致混淆可能性的另一种表达。[4]另有学

[1] 参见2013年《商标法》第13条第1款。

[2] 参见2013年《商标法》第13条第2款。

[3] 参见2013年《商标法》第13条第3款。

[4] 王迁．知识产权法教程［M］．4版．北京：中国人民大学出版社，2014：504.

者如李明德教授认为，防止“误导公众”的保护是淡化理论的体现。[1]

最高人民法院2009年发布的《最高人民法院关于审理涉及驰名商标保护的民事纠纷案件应用法律若干问题的解释》（以下简称《驰名商标案件司法解释》）第9条第2款明确规定“足以使相关公众认为被诉商标与驰名商标具有相当程度的联系，而减弱驰名商标的显著性、贬损驰名商标的市场声誉，或者不正当利用驰名商标的市场声誉的”属于《商标法》规定的“误导公众”。由此可见，《商标法》第13条规定的防止“误导公众”，的确可以解释成为防止对驰名商标的淡化。而所谓的“跨类混淆”又是实践客观存在的商标侵权现象，而对这种商标侵权行为只能通过《商标法》第13条第3款进行规制。由此可见，《商标法》第13条第3款为注册驰名商标所提供的“跨类保护”既可以用于防止混淆也可以用于防止淡化，这一条款的真实含义较为复杂。但毫无疑问的是，现行《商标法》第13条对驰名商标所提供的保护既有防止混淆的保护，也有防止淡化的保护。

正如上文所言，根据商标法的基本理论，驰名商标的防止混淆保护和防止淡化保护对驰名商标知名度的要求不一样。这是因为商标淡化具体包括商标的弱化和丑化，弱化是对商标显著性的减弱，丑化是对商标声誉的贬损。这两者均以消费者对商品或者服务的来源有正确认知为前提，否则难以造成弱化或者丑化驰名商标的效果。因此，商标淡化的前提是不存在商标混淆，要导致商标淡化这样的效果，驰名商标必须要有跨越相关公众的影响力。[2] 正因此，美国商标法仅仅对“Famous Trademark”意义上的驰

---

[1] 李明德．知识产权法［M］．北京：法律出版社，2008：265．类似观点参见：黄晖．商标法［M］．北京：法律出版社，2016：256．

[2] JACOBY J. The Psychological Foundations of Trademark Law: Secondary Meaning, Genericism, Fame, Confusion and Dilution [J]. Trademark Rep., 2001, 91: 1040 (2001).

名商标提供淡化保护，所谓“Famous Trademark”是指超越了商品或者服务的消费群体——相关公众，在全体消费者群中——在全国享有知名度。正因此，美国《兰哈姆法》第43条（c）款明确规定：只要美国普通消费者普遍地认为该商标指示了商标所有人的商品或服务的来源，那么该商标就是驰名商标（“Famous Trademark”而非“Well - known Trademark”）。易言之，要对驰名商标提供混淆保护，不需要该商标在全国知名，只要在特定的相关公众中知名即可。

在客观上，现行《商标法》对驰名商标提供防止混淆的保护和防止淡化的保护这两种保护。尽管这两种保护对商标的知名度要求不同，但却统一于“相关公众所熟知的商标”这一单一的驰名商标定义。而在实践中，所谓的“驰名商标”被理解为在全国享有知名度的商标，实际上造成了两类驰名商标的混同。《驰名商标案件司法解释》更是要求驰名商标必须在中国境内为相关公众广为知晓。因此，现行法对驰名商标的要求是在全国范围内为相关公众所知悉。这种误解所导致的直接后果是提高了未注册商标的保护门槛，要求未注册商标必须在全国知名才能获得防止混淆的保护。无论是立法中还是实践中，均将未注册商标按照影响力区分为未注册的普通商标、有一定影响的未注册商标和未注册的驰名商标。在此基础上，现行《商标法》对于未注册的普通商标不提供保护，从而造成了未注册商标的保护门槛过高、权利人无法获得救济的局面。

（二）国际条约中驰名商标制度的真实含义

上文中笔者仅仅是从理论上通过明晰驰名商标防止混淆保护和防止淡化保护之间的差异，来论证两类驰名商标在知名度上的差异，进而得出我国《商标法》混淆了提供防止淡化的驰名商标保护制度和提供防止混淆的驰名商标保护制度的结论。实际上，《商标法》第13条的规定来源于我国参加的一系列国际条约，那么这些国际条约中驰名商标制度的真实含义是什么？这一问题的解决是化解我国未注册商标保护制度症结的关键。

在驰名商标保护方面，开历史先河的国际条约是《巴黎公约》。《巴黎公约》于1883年3月20日在巴黎签订，1884年7月7日生效，在商标的保护方面采取了“不注册、不保护”的原则。当然，正如上文所述，在商标注册取得制度下，未注册商标仍然是不可避免的客观存在。《巴黎公约》最初在商标保护方面所采取的是“不注册、不保护”原则，这种保护模式显然与市场实际不符，无法充分维护未注册商标所有人的商业利益。

1911年，修改《巴黎公约》的外交大会在华盛顿召开，法国已经意识到并率先提出了未注册商标的法律保护问题。法国提出要保护未注册的驰名商标，意图解决未及时在特定国家注册但又为特定国家的相关公众认知的商业标识的保护问题。在这次会议上，法国关于未注册驰名商标保护的提议并未得到其他《巴黎公约》成员国的响应，因此1911年的外交会议未能在未注册商标的保护方面有所突破。

1925年，修改《巴黎公约》的外交大会在海牙召开，荷兰和保护工业产权联合国际局再次提出保护驰名商标的建议，经过激烈讨论，《巴黎公约》终于在第6条之二中增补了保护未注册商标的规定，内容如下：

> 缔约国承诺，如本国法律允许，应在行政中依职权，或依有关当事人的请求，对商标注册国主管机关认为在该国已经属于有权享受本公约利益的人所有，并且使用在相同或者类似商品而驰名的商标，构成复制、仿制并可能产生混淆的商标，拒绝或撤销注册。
>
> 在至少3年的期间内，应允许提出撤销这种商标的请求。期间自该商标注册之日计算。
>
> 对于依恶意取得注册的商标提出撤销注册请求，不应规定时间限制。

《巴黎公约（海牙文本）》还是从禁止抢注的角度来保护驰名商标，给予未注册商标所有人的救济是“拒绝或撤销注册”。对于善意注册驰名商标的情形，《巴黎公约（海牙文本）》要求未注册商标的所有人在3年内采取救济措施。而对于恶意注册驰名商标的情形，未注册商标所有人提出的撤销请求则不受3年时间的限制。由此可见，《巴黎公约（海牙文本）》还是从禁止抢注的角度对驰名商标提供保护，禁止使用驰名商标规则的缺位导致权利人的救济不足。

随后，在1934年和1958年，《巴黎公约》中有关驰名商标保护的规定得到了进一步修改，最终形成了现行的《巴黎公约》文本。现行的《巴黎公约》第6条之二规定：

> 本联盟各国承诺，如本国法律允许，应依职权，或依有关当事人的请求，对商标注册国或使用国主管机关认为在该国已经属于有权享受本公约利益的人所有，并且使用在相同或者类似商品而驰名的商标，构成复制、仿制或翻译，可能产生混淆的商标，拒绝或撤销注册，并禁止使用。这一规定，在商标的主要部分构成对上述驰名商标的复制、仿制，并可能产生混淆的，也应适用。
>
> 自注册之日起至少5年的期间内，应允许提出撤销这种商标的请求。本联盟各国可以规定一个期间，在这个期间内必须提出禁止使用的请求。
>
> 对于依恶意取得注册或使用的商标提出撤销注册或禁止使用的请求，不应规定时间限制。

相较于海牙文本，现行的《巴黎公约》在两个方面作出了改动：首先，对于善意注册驰名商标的情况，权利人行使撤销权的期限从3年延长至5年；其次，在具体的救济措施方面，未注册商标所有人有权提出禁止使用的请求。当然，《巴黎公约》还仅限于对商品上使用的未注册商标进行保护，对于服务未注册商标的保护仍然属于空白。

上述《巴黎公约》的不足在 TRIPS 中得以完善，TRIPS 把驰名商标的保护延伸到服务商标上，同时提出了所谓的“跨类保护”。TRIPS 第 16 条规定：

> 注册商标所有权人享有专有权，以阻止所有未经许可的第三方于贸易过程中在相同或类似商品或服务上使用与其注册商标相同或近似的标志，只要这种使用可能导致混淆。在相同商品或服务上使用相同标志的情况下，应推定可能导致混淆。上述权利不得损害任何现有的在先权，也不得影响各成员以使用为基础提供权利的可能性。
>
> 《巴黎公约》(1967) 第 6 条之二应比照适用于服务。在确定一商标是否驰名时，各成员应考虑相关领域公众对该商标的知晓程度，包括从该商标在该成员的促销中所获得的知晓程度。
>
> 《巴黎公约》(1967) 第 6 条之二应比照适用于与已注册商标的商品或服务不相类似的商品或服务，只要在那些不类似商品或服务上使用的商标可能暗示该商品或服务与该注册商标所有人之间存在联系，并且此种联系可能会损害该注册商标所有人的利益。

《巴黎公约》和 TRIPS 中的驰名商标是否有知名度的要求，是不是如我国驰名商标法规中所要求的那样，必须在全国享有知名度？笔者认为，通过对条约中相关条款的解读才能明确其原意。在这方面有两个比较重要的文件可用于对《巴黎公约》和 TRIPS 的相关条款进行解读。其一是 1999 年 9 月，保护工业产权巴黎联盟和世界知识产权组织联合制定的《关于驰名商标保护规定的联合建议》(以下简称《联合建议》)。《联合建议》是保护工业产权巴黎联盟和世界知识产权组织对于各成员国驰名商标保护工作的一份建议性文件，但其无疑具有很强的指导意义。[1] 其二是由世界知识产权组织国际局编写的《关于驰名商标保护规定的注释》（以下简称《注释》）。[2]

《联合建议》第 2 条是关于商标相关公众的规定，其中涉及对驰名商标知名度要求的解释：

> 二、（相关公众）
>
> 1. 相关公众应当包括，但不限于：
>
> （1）使用该商标的那类商品或服务的实际或潜在的消费者；
>
> （2）使用该商标的那类商品或服务的营销渠道所涉及的人员；
>
> （3）经营使用该商标的那类商品或服务的商业界人员。
>
> 2. 如果一商标被某成员国认定至少为该国一个相关领域的公众所熟知，该商标应当被该成员国认定为驰名商标。
>
> 3. 如果一商标被某成员国认定至少为该国一个相关领域的公众所知晓，该商标可以被该成员国认定为驰名商标。
>
> 4. 即使一商标未在某成员国中未为任何相关公众所熟知，或者未为适用本款第 3 项的成员国中的任何相关公众所知晓，该成员国亦可将该商标认定为驰名商标。

根据《联合建议》第 2 条的规定可知，在禁止对驰名商标的注册和使用方面，《联合建议》对驰名商标的知名度实际上并没有很高的要求。《联合建议》第 2 条实质上是将驰名商标在一国的知

---

[1] 参见：安青虎．驰名商标和中国的驰名商标保护制度［M］．北京：商务印书馆，2009：731.

[2] 该注释没有提交巴黎联盟大会和世界知识产权组织大会通过，只仅仅是一份解释性文件，因此，该注释如与《关于驰名商标保护规定的联合建议》的规定相抵触，以该规定为准。参见：安青虎．驰名商标和中国的驰名商标保护制度［M］．北京：商务印书馆，2009：746.

名度分为三个层次。所谓的“为该国一个相关领域的公众所熟知”即“well known”，“为该国一个相关领域的公众所知晓”即“known”，其中“well known”所代表的知名度超过“known”。而所谓的“在某成员国中未为任何相关公众所熟知，或者未为适用本款第3项的成员国中的任何相关公众所知晓”即“not well known or known”，实质上对驰名商标的知名度没有任何要求。所谓“相关公众”一般是在讨论混淆可能性时才涉及的概念，因此知名度达到“known”或者“well known”的驰名商标可以获得防止混淆的保护。此外，“not well known or known”对驰名商标的知名度没有任何要求，在缺乏知名度的情况下，公众显然无法发生混淆，对这样的商标显然无法提供混淆保护。这表明包括《联合建议》《巴黎公约》和TRIPS在内的一系列国际文件并非纯粹是对驰名商标提供防止混淆的保护，而在提供混淆保护的同时对驰名商标提供禁止注册和使用的保护。正因此，《注释》在对《联合建议》第2条第2款中的“为该国一个相关领域的公众所熟知”进行解释时指出：

> 一商标只要至少为一个相关领域的公众所熟知，即足以认定该商标为驰名商标。不得适用更为严格的检验标准，例如商标必须为全体公众所熟知。这样做的理由是，面向特定公众的商品或服务上的商标，通常只与这部分公众相关，例如不同收入水平、不同年龄段或不同性别的消费者群体。将相关公众的范围规定得过大，无助于实现驰名商标国际保护的宗旨——制止任何人未经许可以假冒驰名商标真正所有人的商品或服务或将权利卖给驰名商标所有人为目的，使用或注册该驰名商标。

据此可知，《联合建议》表明《巴黎公约》和TRIPS在未注册商标的混淆保护的问题上，对驰名商标的知名度没有过高的要求。

当然，《联合建议》对驰名商标并非没有全国知名度的要求，这体现在《联合建议》的第 4 条第 1 款第 3 项：

> 尽管有第 2 条第 3 款第 1 项第（3）目的规定，适用本条第 1 款第 2 项第（2）目和第（3）目的成员国可以要求驰名商标必须在全体公众中驰名。
>
> 成员国可以要求驰名商标必须在“全体公众中驰名”这一措辞表明《联合建议》对驰名商标的知名度有着全国知名性的要求，所谓“全体公众中驰名”即是对驰名商标全国知名度的要求。这种要求有其特殊的适用要求，即“适用本条第 1 款第 2 项第（2）目和第（3）目”。而《联合建议》第 4 条第 1 款第 2 项第（2）目和第（3）目涉及的是驰名商标的淡化保护：
>
> （2）该商标的使用可能会以不正当的方式损害或者弱化驰名商标的显著性；
>
> （3）该商标的使用会不正当地利用驰名商标的显著性。

所谓“以不正当的方式损害或者弱化驰名商标的显著性”实际上是商标淡化的一种表述方式。可见《联合建议》对于驰名商标的淡化保护是有全国知名度的要求的。正如上文所述，美国把驰名商标区分为“well - known trademark”和“famous trademark”，所谓的“famous trademark”才是全国知名的驰名商标，对这种商标才能够提供淡化保护。在日本也有着类似区分，日本将未注册商标区分为知名商标和著名商标。所谓的“知名商标”对应美国的“well - known trademark”，“著名商标”对应美国的“famous trademark”。这一区分在日本的《反不正当竞争法》第 2 条中得到了体现，《反不正当竞争法》第 2 条第 1 款规定对“广为人知的商业标识”提供防止混淆的保护，第 2 款对“著名的商业标识”提供防止淡化的保护。前者只需要在相关公众中有知名度，后者则必须在全国有知名度。这一立法思路与美国关于驰名商标保护的规定一致，与《联合建议》的要求契合。

在防止混淆的层面上，《巴黎公约》对未注册商标的保护并没有知名度的要求。《巴黎公约》第6条之二规定：本联盟各国承诺，如本国法律允许，应依职权，或依有关当事人的请求，“对商标注册国或使用国主管机关认为在该国已经属于有权享受本公约利益的人所有，并且使用在相同或者类似商品而驰名的商标，构成复制、仿制或翻译，可能产生混淆的商标，拒绝或撤销注册，并禁止使用”。该条款与我国《商标法》第13条第2款规定对应，是对未注册商标提供的禁止注册和使用的保护。根据《联合建议》对《巴黎公约》的解读，无论未注册商标是否具有知名度，在提供禁止注册和使用保护的问题上，知名度不应该成为门槛。我国现行的商标法规要求未注册商标必须全国知名才能获得禁止注册和使用的保护，这无疑提高了未注册商标保护的门槛，不但不符合《巴黎公约》的要求，还会导致大量的未注册商标无法获得正当的救济。

总的来说，《联合建议》表明《巴黎公约》和TRIPS对未注册商标的混淆保护并没有全国知名度的要求。我国的相关法规实际上是对《巴黎公约》和TRIPS的一种误读。

此外，在防止淡化的层面上，TRIPS对未注册商标的保护有全国知名的要求。TRIPS第16条规定“《巴黎公约》(1967)第6条之二应比照适用于与已注册商标的商品或服务不相类似的商品或服务，只要在那些不类似商品或服务上使用的商标可能暗示该商品或服务与该注册商标所有人之间存在联系，并且此种联系可能会损害该注册商标所有人的利益。”该条款与我国《商标法》第13条第3款规定对应，既对未注册商标提供混淆保护，又对注册商标提供淡化保护。所谓“对未注册商标提供混淆保护”是指，注册商标在未注册的类别上使用时同样构成未注册商标，此时有禁止他人注册和使用这种未注册商标的必要。当然，TRIPS第16条更主要的功能在于对未注册商标提供淡化保护。但无论是注册商标还是未注册商标均有淡化的可能性，对未注册商标的混淆保护，具备何种知名度的未注册商标属于商标法规的保护对象，才是本文主要解决的问题。加之，TRIPS 对未注册商标没有防止淡化的保护要求，因此本文对未注册商标淡化的问题不再予以讨论。

综上所述，在未注册商标保护的问题上，我国商标法规对驰名商标提出了过高的知名度要求，这是我国未注册商标保护的症结所在。当然，已有学者主张还原驰名商标的本来面目，如此才能解决我国未注册商标的保护问题。[1]

二、我国未注册商标保护的前提条件

尽管对未注册商标的保护包括防止混淆和防止淡化这两个层面，但本文主要从提供混淆保护的层面研究未注册商标的保护问题。这是因为无论是未注册商标还是注册商标，在其具备足够的知名度以后，都存在防止淡化的问题。而在对未注册商标提供混淆保护的问题上，核心在于具备何种知名度的未注册商标才能受到保护。正如上文所述，我国不适当地提高了未注册商标受保护的知名度要求，因此造成了未注册商标难以受保护的问题。但问题在于，在对未注册商标提供混淆保护的问题上，未注册商标的知名度到底有何要求，这是本文必须解决的问题。此外，前文指出未注册商标显著性的本质是获得实际显著性，那么获得实际显著性应如何进行理解和判断，这同样是本文必须解决的问题。总的来说，未注册商标和注册商标在防止混淆的层面共享混淆的判定规则，因此在混淆判断的问题上未注册商标没有特殊性，未注册商标的特殊性在于知名度和显著性的判断，对此本文将展开分析。

---

[1] 如孔祥俊教授认为：在改变驰名商标名称的同时，将驰名商标的门槛降低，抛弃驰名商标为中国境内相关公众广为知晓并具有较高声誉的通常界定方式，回归到“已为公众熟知的商标”的称谓和界定。参见：孔祥俊．我国现行商标法律制度若干问题的探讨［J］．知识产权，2010（1）．

（一）未注册商标的知名度

在上文中笔者指出，未注册商标的本质是商誉，所谓未注册商标的知名度本质上就是未注册商标的商誉。问题在于，在对未注册商标提供混淆保护的问题上，未注册商标的知名度应符合何种要求。对此，现行法并未作出正确的选择。

如上文所述，我国现行的《商标法》和《反不正当竞争法》均包含了未注册商标的保护规则。在禁止注册和使用驰名商标的问题上，现行法要求未注册的驰名商标必须在全国知名，[1] 在禁止注册有一定影响的未注册商标的问题上，现行法要求未注册商标必须具备一定的影响。[2] 在对未注册商标提供先用权保护的问题上，现行法要求在先使用的未注册商标必须有一定影响。[3] 在对知名商品特有的名称和包装、装潢保护的问题上，《反不正当竞争法》并未作出明确的规定。[4] 最高人民法院2007年发布的《最高人民法院关于审理不正当竞争民事案件应用法律若干问题的解释》（以下简称《不正当竞争案件司法解释》）规定知名商品是“在中国境内具有一定的市场知名度，为相关公众所知悉的商品”，对知名商品特有的名称和包装、装潢提出的知名度要求似乎与驰名商标的知名度要求一致。总体而言，现行法对未注册商标知名度的要求并不一致，具备何种知名度的未注册商标才能获得防止混淆的保护，无疑是值得讨论的问题。

根据前文对未注册商标的定义，未注册商标指的是，未经商标注册，但经过生产经营者在商业中的实际使用，已经具有识别和区分不同生产经营者的商品来源的标志。这一定义表明：只有通过实际使用产生稳定商誉并获得实际显著性的商业标识，才可

[1] 参见2013年《商标法》第13条。

[2] 参见2013年《商标法》第32条。

[3] 参见2013年《商标法》第59条第3款。

[4] 参见《反不正当竞争法》第5条第2项。

以被认定为未注册商标。因此，未注册商标之上必须凝结商誉，即必须有一定的知名度。那么这种知名度应该有多大，才能获得保护？笔者认为，尽管知名度或者商誉是未注册商标获得保护的前提，但对商标知名度的衡量或者判断不应该有也不可能有统一的尺度。

提供混淆保护是未注册商标保护的目的，在混淆保护的问题上，尽管法院可以通过若干要素进行判断，但在实践中往往需要通过个案的实际情况进行分析。就此而言，商标侵权行为的判断，不同于版权或者专利侵权行为的判断。在版权和专利侵权行为判断的问题上，客观事实的存在足以让法院作出裁判。但在商标侵权判断的问题上，客观事实只有转化为导致混淆可能性发生的各项判断要素，法院才能进一步结合案情作出判决。这是因为混淆可能性是否发生，必须结合相关公众对商标的认知情况进行判断。而相关公众尽管是真实存在的一类人，但法律上的相关公众往往是对商品或者服务消费者的拟制。法律上的拟制主体自然无法参与商标诉讼，法院更不可能询问相关公众是否发生混淆，而只能根据一般消费者的特点抽象出若干要素，并通过这些若干要素进行侵权判断。但不同的案件有不同的案情，尽管导致混淆可能性发生的各项判断要素较为统一，但消费者群体的差异导致法院的裁判尺度不一。在这个意义上，法院对商标知名度的衡量或者判断不存在统一的尺度，对混淆可能性是否发生的判断也不存在统一的尺度。

但毫无疑问的是，商标的知名度越大，混淆可能性的发生越有可能。商标的知名度本质上是商标的商誉，又体现为商标的显著性。在此意义上，商业标识权利的边界是延展性的，可以根据其具体情况而进行必要的延伸和拓展，具有较强的弹性。有个电筒的比喻就是商标权延展性的形象写照，即商标的保护范围好比电筒的光照范围，电池的强度如同商标的显著性，电筒的高度如同商标的知名度，电池越强，电筒越高，光照的范围也就越亮和越大，同理，商标的保护范围也应该越强和越大。[1] 就此而言，商标知名度越强，其辐射范围越大。借用著作权侵权判断的“接触＋实质性相似”标准，在知名度的辐射范围内，其他商品或者服务的提供者接触商标的可能性越大，商标侵权行为越有可能发生。而商标知名度的大小，往往可以通过商品或者服务的销售数量、销售时间、销售范围，甚至通过广告宣传的覆盖范围等一系列因素进行判断。在这一规则之下，商品侵权的判断由不存在统一尺度趋向于存在统一尺度，由不确定转向确定。

在证明竞争者确实接触过未注册商标的基础上，混淆的确发生——如有统计数据显示确实有相当数量和比例的消费者对商品或者服务的来源发生了混淆，成为证明未注册商标侵权的最直接证据。就此而言，可以通过反推的方式来证明商标侵权是否发生。只要竞争者确实接触过未注册商标，且消费者确实发生了混淆，商标侵权就很有可能发生。1995 年国家工商行政管理总局发布的《关于禁止仿冒知名商品特有名称、包装、装潢的不正当竞争行为的若干规定》（以下简称《若干规定》）第 4 条规定：“商品的名称、包装、装潢被他人擅自作相同或者近似使用，足以造成购买者误认的，该商品即可认定为知名商品。”这是一种根据竞争者是否接触未注册商标、消费者是否发生混淆，来反推未注册商标是否知名的思路。这一观念在学术界多有抨击，但如果没有其他竞争者对未注册商标的使用，何以证明未注册商标已经产生了稳定的商誉，如果没有消费者对商品或者服务来源的混淆，何以证明商标侵权行为确实发生？笔者认为这一判断方法更符合未注册商标保护的立法目的和理论要求，是实践中值得推广的一种做法。

有学者认为知名度标准应予以抛弃，知名度可以作为具体案件中进行侵权判定的参考因素，但不应当成为商标是否受保护的

[1] 黄晖．商标法［M］．北京：法律出版社，2004：129．

前提条件。[1] 如果将知名度等同于未注册商标必须在某省、某市、某县知名，这种知名度要求必须予以抛弃。但如果将知名度等同于未注册商标的商誉，那么这种知名度的要求必须保留。这是因为只有具备一定知名度、具备一定信用的未注册商标才会和需要者特别是消费者的利益发生利害关系，从保护消费者利益的角度看，也只能将具备一定知名度的未注册商标作为保护对象。[2] 总体而言，对未注册商标提供的保护应与其知名度相匹配，在多大程度上知名即提供多大程度的保护，而不应该在未注册商标知名度的判断问题上采用统一的尺度。

（二）未注册商标的显著性

根据上文的分析，笔者认为未注册商标的显著性实际上是获得的实际显著性，即必须通过对商标的使用，让消费者对未注册商标产生认知，否则未注册商标难以发挥识别商品或者服务来源的作用，不具备作为商标保护的基本条件。

在未注册商标的显著性方面，较为特殊的是商品包装、装潢作为未注册商标的显著性问题。实践中，一般认为《反不正当竞争法》对于知名商品特有名称、包装和装潢等的保护本质上是对未注册商标的保护。所谓“特有”实际上是商标显著性的另一种表述。对此《若干规定》和《不正当竞争案件司法解释》均予以确认。如《若干规定》第 3 条第 2 款规定：“本规定所称特有，是指商品名称、包装、装潢非为相关商品所通用，并具有显著的区别性特征。”再如《不正当竞争案件司法解释》第 2 条第 1 款规定：“具有区别商品来源的显著特征的商品的名称、包装、装潢，应当认定为反不正当竞争法第五条第（二）项规定的‘特有的名称、包装、装潢’。”

作为一种未注册商标，知名商品特有的包装和装潢仅仅是对

---

[1] 文学. 商标使用与商标保护研究［M］. 北京：法律出版社，2008：226.

[2] 李扬. 知识产权法总论［M］. 北京：中国人民大学出版社，2008：379.

一类商业标识的列举，并非抽象的未注册商标概念。在未注册商标类别中，与知名商品特有包装和装潢最为相近的是美国《兰哈姆法》中的商业外观（Trade Dress）。商业外观具备固有显著性的，通过实际使用获得实际显著性的，可以作为未注册商标获得保护，如产品包装、装潢往往容易具备固有显著性。但体现为产品结构、外形的商业外观往往缺乏固有显著性。这种情况下，商业外观对消费者带来的第一印象是其实用性和吸引力，而非识别商品或者服务来源的功能。因此，美国法院发明了三步检测法以检验商业外观是否具有固有显著性：第一，该商业外观是否具有特殊性；第二，该商业外观是否能与产品本身相分离；第三，该商业外观是否具有识别商品或者服务来源的作用。[1] 在后续的案例中，美国法院更是明确产品包装、装潢类的商业外观是否具有固有显著性，可以通过上述的三步检测法进行检测，但结构、外形类的商业外观必须通过实际使用获得"第二含义"，否则不具备显著性。[2]

此外，为防止商业外观与其他知识产权冲突，商业外观不得具备功能性，否则不能作为未注册商标进行保护。如何对商业外观的功能性进行判断，成为商业外观这种未注册商标显著性认定的难题。最高人民法院发布的《不正当竞争案件司法解释》第2条第1款第3项规定"仅由商品自身的性质产生的形状，为获得技术效果而需有的商品形状以及使商品具有实质性价值的形状"，人民法院不得认定为知名商品特有的名称、包装、装潢。这是我国现行的商标法律规则对商业外观"非功能性"的要求。

在商业外观功能性的判断问题上，美国法院引入了事实功能性和法律功能性的概念。如果一项产品的特征对于产品的使用是

---

[1] Abercrombie & Fitch Co. v. Hunting World, Inc., 537 F. 2d 4, PP. 9 - 11 (2d Cir. 1976).

[2] Wal - Mart Stores, Inc. v. Samara Brothers, Inc., 529 U.S. 205, 206 (2000).

必要的，这种特征就是所谓的事实功能性特征；如果一项产品的特征对于产品的成本或者质量有影响，这种特征就是所谓的法律功能性特征。[1] 一项外观设计只要具备这两种功能性特征，即无法作为未注册商标获得保护。《不正当竞争案件司法解释》的上述条款排除了对具备这两种特征的商品包装、装潢的保护，无疑是值得肯定的。

三、我国未注册商标条款的具体设计

我国现行的《商标法》与《反不正当竞争法》均涉及对未注册商标的保护，但两者保护的重点并不一致。《商标法》主要是从禁止注册和使用的角度对未注册商标提供保护，《反不正当竞争法》主要是从提供混淆保护的角度对未注册商标进行保护。笔者认为，这种分工体现了立法的科学性，符合注册商标法和反不正当竞争法的立法理念，是一条必须坚持的科学化、规范化的立法道路。但《商标法》与《反不正当竞争法》在未注册商标保护的门槛上存在问题，因此有必要回到未注册商标保护的立法原意，并据此对《商标法》和《反不正当竞争法》的具体条文进行修正。

（一）《商标法》中未注册商标保护条款的修正及设计

现行《商标法》第 13 条包含了未注册商标的混淆保护和驰名商标的淡化保护，但这两种保护共享同一驰名商标定义，由此导致了对未注册商标知名度门槛要求过高、部分未注册商标难以获得保护的问题，对此提出以下建议：

第一，降低未注册商标获得保护的知名度要求，废除《商标法》第 13 条第 1 款的驰名商标概念，将《商标法》第 13 条第 1 款和第 2 款合并作如下修改：

---

[1] Inwood Laboratories, Inc. v. Ives Laboratories 456, U. S. 844 (1982).

> 就相同或者类似商品申请注册的商标是复制、摹仿或者翻译他人未在中国注册的为相关公众所知晓的未注册商标，容易导致混淆的，不予注册并禁止使用。

《巴黎公约》和TRIPS层面上提供防止混淆保护的驰名商标，就是所谓的“为相关公众所知晓的未注册商标”，《巴黎公约》和TRIPS对未注册商标知名度的要求应在我国立法中得到体现。本条修改的要点体现为：第一，降低未注册驰名商标的保护要求，突出驰名商标是为相关公众所知晓的未注册商标，而非为全国公众熟知的商标；第二，考虑到特定未注册商标未在中国使用但已为相关公众知晓的情况，因此未注册商标的定义不要求必须通过使用“为相关公众所知晓”。

在修改《商标法》第13条的基础上，对《商标法》第32条作出如下修改：

> 申请商标注册不得损害他人现有的在先权利。

删除《商标法》第32条后半句“也不得以不正当手段抢先注册他人已经使用并有一定影响的商标”，这是因为“他人已经使用并有一定影响的商标”实际上就是“为相关公众所知晓的未注册商标”，就是所谓的未注册商标。既然前述《商标法》第13条已经包含了对“他人已经使用并有一定影响的商标”的保护，那么《商标法》第32条不应作重复规定。

此外，在防止注册未注册商标的规则上，《巴黎公约》要求未注册商标所有人必须在商标注册之日起5年内提出撤销商标注册的请求，恶意注册未注册商标的不受5年时间限制。实际上，根据各国法律实践，恶意注册商标的行为是违反诚实信用的行为，被抢注的商标所有人的救济不应受到时间的限制。而根据《商标法》第45条的规定，恶意注册“他人已经使用并有一定影响的商标”的情况下，未注册商标所有人的救济却受到5年时间的限制。这一规则违法了各国立法的通例，也是对民法诚实信用原则的违背，因此应删除“驰名商标所有人不受五年的时间限制”的规定，改为“在先权利人不受五年时间的限制”，以提高对未注册商标的保护水平，具体修改方式如下：

已经注册的商标，违反本法第十三条第二款和第三款、第十五条、第十六条第一款、第三十条、第三十一条、第三十二条规定的，自商标注册之日起五年内，在先权利人或者利害关系人可以请求商标评审委员会宣告该注册商标无效。对恶意注册的，权利人不受五年的时间限制。

（二）《反不正当竞争法》中未注册商标保护条款的修正及设计

《反不正当竞争法》第 5 条第 2 项规定的“知名商品特有的名称、包装、装潢”实质上是一种未注册商标，但《反不正当竞争法》的缺陷在于仅仅对知名商品的名称、包装、装潢提供保护，因而所保护的未注册商标范围过窄。此外，《反不正当竞争法》的缺陷在于未明确未注册商标受保护的知名度要求。基于此，笔者建议对《反不正当竞争法》第 5 条第 2 项作如下修改：

擅自使用他人在先使用且为相关公众所知晓的未注册商标标识，导致混淆的。

所谓的“他人在先使用”突出《反不正当竞争法》意义上的商标标识必须在先使用，“为相关公众所知晓”突出“他人在先使用”的行为必须产生稳定商誉，必须为“相关公众所知晓”，而不要求在全国知名。

网络环境下商标帮助侵权的判定标准研究

——以美国和欧盟为比较

杨祝顺[*]

摘　要：我国现有法律对网络服务提供者商标帮助侵权的过失责任、必要措施的范围缺乏明确规定，不利于商标权人的保护。网络环境下，美国商标帮助侵权既包括故意的帮助侵权，也包括过失的帮助侵权。商标帮助侵权的主观要件经历了由“具体性知道”向“一般性知道”的发展，必要措施要件经历了由“消极性措施”向“积极性措施”的发展。欧盟虽然对网络服务提供者提供了“避风港”保护，但仍然允许商标权人申请禁令救济，包括预防未来商标侵权的必要措施，但也强调避免施加预防商标侵权的一般性义务和造成贸易壁垒。我国应结合美国和欧盟的思路，一并规定网络服务提供者的故意和过失责任。同时，“避风港”原则下的“必要措施”不仅应阻止已发生的商标侵权，特定情形下还应预防未来的商标侵权。

关键词：网络环境；商标；帮助侵权；判定标准；美国和欧盟

近年来，随着“互联网＋”产业模式的不断发展，涉及网络服务提供者的商标侵权案件日益增多。网络服务提供者对用户利

---

* 作者单位：广西师范大学法学院。

用其网络服务侵犯他人商标权利的行为应如何承担责任、责任认定应采纳何种标准以及免责条件如何等问题，成为各界关注的热点。我国《侵权责任法》《商标法》等相关规定仅涉及网络服务提供者“知道”“故意”的主观状态，对于因过失而帮助侵权是否承担责任，相关法律并未明确。同时，现有法律规定仅要求网络服务提供者“被动地”采取删除、屏蔽、断开链接等必要措施即可，对是否应当采取积极性措施预防未来的商标侵权，相关法律亦未明确规定。司法实践中的相关案例认为，网络服务提供者不应停留在被动地采取删除链接等措施上，而应当采取必要的措施防止侵权行为发生。[1] 学界对网络服务提供者审查义务、过错形态、“避风港”原则、责任类型等问题展开了大量研究，但在是否有义务采取必要措施预防未来商标侵权方面，还缺乏深入探讨，更缺乏对发达国家相应法律制度和案例作系统的比较研究。

本文围绕网络服务提供者商标帮助侵权的标准问题，以网络服务提供者是否应当承担过失责任、是否应当采取必要措施预防未来商标侵权以及在多大程度上采取预防措施为主线，对美国和欧盟的相关法律制度和案例进行比较法研究，并结合美国和欧盟的思路提出完善我国相关法律制度的建议。本文认为，网络服务提供者商标帮助侵权的判定，应当注重对其实际能力和反侵权的积极措施进行考察，规定网络服务提供者的过失责任。同时规定采取必要预防措施防止可被预见的未来商标侵权的义务，但应当限定特定情形，防止施加一般性的义务。

一、网络环境下商标帮助侵权制度的必要性

商标帮助侵权（contributory infringement）[2]，是指知道商标

---

[1] 上海市第一中级人民法院（2011）沪一中民五（知）终字第40号民事判决书。

[2] 关于“contributory infringement”，亦有学者翻译为“共同侵权”，但均指那些为商标侵权行为提供仓储、运输、邮寄、隐藏等便利条件的行为。参见：郑成思．知识产权法［M］．2版．北京：法律出版社，2006：178．

侵权活动而引诱、促使或以物质帮助他人实施侵权，可以作为帮助侵权者而承担责任。[1] 帮助侵权来源于侵权法上的企业责任（enterprise liability）理论，即当某一企业所生产或提供的产品促使或帮助了他人侵权时，该企业在某些特定的条件下应当承担相应的侵权责任。[2]

商标帮助侵权制度为权利人提供了诉讼上的便利，避免了直接侵权者难以追究，或即使追究了也难以获得足够的损害赔偿金等弊端，为商标权利人维护自己的权益提供了另一个选择，有利于权利人从不同的角度出发有效维护自己的利益。[3] 以 1996 年美国“Fonovisa”案[4]为例，被告是一家跳蚤市场经营者，将若干个摊位出租给了小商贩，在明知众多小商贩销售假冒原告专利的商品的情况下，被告并没有采取有效措施制止，仍然继续为这些小商贩提供经营场地。在这种情况下，如果原告要想对销售假冒产品的小商贩一一提起侵权诉讼，会面临巨大的诉讼成本；或者即使胜诉，小商贩也难以支付法院判决的损害赔偿，从而无法有效维护自身权利。而通过诉诸商标“帮助侵权”规则，原告可以直接对被告提起诉讼，从而实现诉讼目的。

与此相应，网络服务提供者商标帮助侵权，是指网络服务提供者引诱、促使或以物质帮助他人利用其网络服务实施商标侵权行为。“技术中立”原则指出，如果产品或功能可能被广泛用于合法的、不受争议的用途，即能够具有实质性的非侵权用途，则可作为侵权诉讼中的免责事由。美国联邦最高法院在 1984 年“索

---

[1] See Gershwin Publishing Corp. v. Columbia Artists Management, Inc. , 443 F. 2d 159 (2d Cir . 1971).

[2] See Fonavisa, Inc. v. Cherry Auction, Inc. 76 F. 3d 259 (9th Cir. 1996).

[3] 李明德. 知识产权法［M］. 2 版. 北京：法律出版社，2014：90.

[4] See Fonavisa, Inc. v. Cherry Auction, Inc. 76 F. 3d 259 (9th Cir. 1996).

尼”案[1]中指出：“当被告销售的一项设计或技术同时允许侵权性和非侵权性使用，则其可以获得‘避风港’原则的保护。”网络服务属于信息技术服务的范畴，包括网络接入服务、网络平台服务、网络内容和产品服务等类型。显然，网络服务提供者往往处于技术中立的地位，对第三人利用其网络服务实施的商标侵权行为一般无须承担侵权责任。但如果网络服务提供者知道或有理由知道其用户利用该网络服务实施商标侵权而不闻不问，甚至提供帮助和故意引诱，则构成商标帮助侵权，应与直接侵权者共同承担商标侵权责任。

二、网络环境下我国商标帮助侵权的判定标准

在我国，商标帮助侵权属于共同侵权的范畴，故有关网络服务提供者商标帮助侵权的过错形态适用《侵权责任法》和《商标法》等有关规定。

（一）立法规定及不足

《侵权责任法》第 9 条规定：“教唆、帮助他人实施侵权行为的，应当与行为人承担连带责任。”我国《商标法》第 57 条明确规定，故意为商标侵权提供“便利条件”，帮助他人实施侵犯商标侵权的，属于商标侵权行为。《商标法实施条例》第 75 条明确将网络商品交易平台规定为“便利条件”。[2]《侵权责任法》第 36 条第 2 款、第 3 款从两方面对网络服务提供者帮助侵权的免责条件作了规定：一方面，网络服务提供者在收到侵权的通知后，应及时采取删除、屏蔽、断开链接等必要措施；另一方面，网络服务提

---

[1] See Sony Corp. of America v. Universal City Studios, Inc., 464 U.S. 417, 442 (1984).

[2] 《商标法》第 57 条第 6 项：“故意为侵犯他人商标专用权行为提供便利条件，帮助他人实施侵犯商标专用权行为的，属侵犯注册商标专用权。”《商标法实施条例》第 75 条：“为侵犯他人商标专用权提供仓储、运输、邮寄、印制、隐匿、经营场所、网络商品交易平台等，属于商标法第五十七条第六项规定的提供便利条件。”

供者通过其他方式知道网络用户利用其网络服务实施侵权的，也应当采取必要措施。这样，在我国，网络服务提供者商标帮助侵权的标准是：故意为第三人利用网络服务实施商标侵权行为提供便利条件；或者通过收到商标侵权通知及其他方式而“知道”第三人实施商标侵权，但未采取删除、屏蔽、断开链接等必要措施。

从以上规定来看，《商标法》仅规定了“故意”型商标帮助侵权，《侵权责任法》也仅使用“教唆”“知道”等要件来限定帮助侵权者的主观状态。于是，网络服务提供者只有在“明知”他人利用其网络服务实施商标侵权而不采取必要措施时，才构成商标帮助侵权。网络服务提供者是否应当对“应该知道”承担过失责任，进而构成商标帮助侵权，相关法律并未明确规定，为网络服务提供者逃避过失责任提供了法律漏洞。同时，网络服务提供者在知道第三人实施商标侵权后采取“必要措施”是其享有“避风港”原则保护、免于承担赔偿责任的前提。但“必要措施”本身属于司法裁量的工具，其效力范围亦具有较大的弹性空间。“必要措施”是否仅仅针对已经发现的侵权行为，还是应当扩展于防止未来侵权，亦存在法律适用上的问题，给司法实践带来了不确定性。

（二）司法实践的探索

在司法实践中，相关案例则采取了对网络服务提供者“知道”“必要措施”作扩大解释的思路，将“应当知道”亦作为认定网络服务提供者商标帮助侵权的标准，同时要求网络服务提供者承当合理注意义务，采取措施防止可被预见的未来商标侵权行为。例如，在衣念时装诉淘宝公司、顾某商标侵权案中，原告针对被告顾某销售涉案商品的行为仅向淘宝公司进行了一次投诉，且淘宝公司在收到投诉后采取了必要措施，法院认为淘宝公司不构成商标帮助侵权。[1] 而在另一起类似案例中，法院认为在七次有效投诉

---

[1] 上海市黄浦区人民法院（2010）黄民三（知）初字第40号民事判决书。

的情况下，淘宝公司“应当知道”杜某利用其网络交易平台侵犯他人商标权利，而并未采取制止侵权的必要措施，故淘宝公司构成商标帮助侵权。[1] 同时，在“大众搬场诉百度”网络商标侵权案中，[2] 法院认为百度网站从“竞价排名”服务中收取了费用，有义务也有条件审查用户使用该关键词的合法性，在用户提交的关键词明显存在侵犯他人权利的可能性时，应当采取进一步审查用户的相关资质等必要措施防止侵犯他人权利。

可见，在网络服务提供者商标帮助侵权的标准方面，立法和司法实践对“知道”“必要措施”的内涵和范围产生了不一致。网络服务提供者是否应当对其网络用户的商标侵权行为承担“过失责任”，是否应当采取必要措施以及在多大程度上采取必要措施防止未来的商标侵权，相关法律规定应作怎样修改或解释，值得深入探讨。

三、网络环境下美国商标帮助侵权的判定标准

美国《兰哈姆法》并没有规定商标帮助侵权的标准，关于商标帮助侵权的规则是通过一系列案例逐渐发展起来的。早在 20 世纪 20 年代，美国就逐步出现了涉及第三人商标帮助侵权的案例，并确立了引诱和提供手段两种商标帮助侵权类型。[3] 经过长期司法实践的发展，在商标帮助侵权方面，美国形成了完善而灵活的判例法。在网络服务提供者是否应当承担“过失责任”，以及是否应采取防止未来侵权的必要措施方面，美国的主要做法如下。

（一）网络服务提供者的故意和过失责任

美国联邦最高法院在 1982 年的“Inwood”案确立了网络服务

---

[1] 上海市第一中级人民法院（2011）沪一中民五（知）终字第 40 号民事判决书。

[2] 上海市第二中级人民法院（2007）沪二中民五（知）初字第 147 号民事判决书。

[3] See William R. Warner & Co. v. Eli Lilly & Co., 265 U.S. 526 530 – 31 (1924).

提供者商标帮助侵权的“Inwood”标准，即引诱他人实施商标侵权；在知道或有理由知道他人实施商标侵权，仍然为其商标侵权活动持续提供产品。[1] 其中“有理由知道”体现了网络服务提供者即便由于过失而不知道第三人实施商标侵权而持续为其提供产品，亦应当承担商标帮助侵权责任的法理。

相关案例还在“知道或有理由知道”的基础上，形成了“故意视而不见”规则。“故意视而不见”（willful blindness）是指怀疑不法行为存在却故意不展开调查，推定为充分知道。[2] 如果能够证明被告对假冒商标的特征故意视而不见，即可以满足“知道”的举证责任，进而构成商标侵权。例如，在1992年“Hard Rock”案[3]中，美国第七巡回上诉法院指出，行为人主观方面怀疑存在错误行为却故意不开展调查即构成故意视而不见。如果被告怀疑存在侵权行为，但故意选择不去开展调查，那么他将被指控“实际知道”（actual knowledge）。在1996年“Fonavisa”案[4]中，美国第九巡回上诉法院认为：“交易市场不能从小商贩公然的商标侵权中免责而不受惩罚。”在2010年“Tiffany”案[5]中，美国第二巡回上诉法院亦认为“故意视而不见”能够满足“知道”的标准，“当eBay有理由怀疑其服务的使用者存在商标侵权行为，则该服务的提供者不能转移自己的视线，使自己躲藏起来而对特定侵权交易

---

[1] See Inwood Laboratories, Inc. v. Ives Laboratories, Inc., 456 U.S. 844 (1982). “If a manufacturer or distributor intentionally induces another to infinge a trademark, or if it continues to supply its product to one whom it knows or has reason to know is engaging in trademark infringment, the manufacturer or distributor is contributorially responsible for any harm done as a result of the deceit.”

[2] See Louis Vuitton S. A. v. Lee, 875 F. 2d 584, 590 (7th Cir. 1989). “To be willfully blind, a person must suspect wrongdoing and deliberately fail to investigate”, “Willful blindness is knowledge enough”.

[3] See Hard Rock Cafe Licensing Corp. v. Concession Servs., Inc., 955 F. 2d 1143, 1148-49 (7th Cir. 1992).

[4] See Fonavisa, Inc. v. Cherry Auction, Inc., 76 F. 3d 259 (9th Cir. 1996).

[5] See Tiffany (NJ) Inc. v. eBay Inc., 600 F. 3d 93 (2d Cir. 2010).

不闻不问”。应该说，“故意视而不见”等同于实际知道，但为避免对他人的活动施加普遍的管理义务，法院往往强调，“视而不见”应当达到“故意”的程度。

（二）“具体性知道”为基础，兼顾“一般性知道”

如前所述，“知道或有理由知道”是构成商标帮助侵权的必要前提。美国司法实践中，网络服务提供者“知道或有理由知道”，经历了由“具体性知道”向“一般性知道”发展过程。2010年的“Tiffany”案❶遵循了“具体性知道”标准，即仅仅一般性地知道或有理由知道第三人将其服务用于商标侵权，且继续为其提供服务，并不足以认定网络服务提供者构成商标帮助侵权。美国第二巡回上诉法院指出，“Inwood”标准中“知道或有理由知道”的对象应当指向“确定的个人”（identified individual），故服务提供者仅仅一般性地知道其服务被用于出售假冒商品是不够的。上述法院得出结论：“为了构成商标帮助侵权，一个服务提供者应当不只是一般性地知道其服务正在被用于销售假冒商品。一并知道哪些特定清单正在侵权或者未来将要侵权是必要的……原告并没有证明被告向其知道或有理由知道正在销售假冒的‘Tiffany’商品的个人（individual）提供其服务。”

然而，“Tiffany”案之后，“具体性知道”开始有所松动。在2012年“Rosetta stone”案❷中，地方法院认为谷歌公司收到约200份侵权广告的通知并不足以达到“Tiffany”案所要求的“具体性知道”，美国第四巡回上诉法院认为，谷歌公司在移除相关关键词广告后，又故意允许侵权者和假冒者对含有原告商标的关键词重新进行竞价，该行为构成商标帮助侵权。这本身也暗示了网络服务提供者“具体性知道”要求的松动，不再受限于以具体项目

---

❶ See Tiffany (NJ) Inc. v. eBay Inc., 600 F. 3d 93 (2d Cir. 2010).

❷ See Rosetta Stone Ltd. v. Google, Inc., 676 F. 3d 144, 152 - 60 (4th Cir. 2012).

(item - by - item) 为基础的移除制度。[1] 到了 2013 年"1 - 800 Contacts"案[2]，美国第十巡回上诉法院则采用了"一般性知道"标准。该案中，原告是一家眼镜经营者，主要以零售为销售渠道；被告是原告的竞争对手，主要以网络为销售渠道，由大量网络成员进行销售。当发现被告的成员购买了与自己商标近似的谷歌关键词广告，原告起诉被告商标帮助侵权。美国第十巡回上诉法院指出，"知道"并不必然要求对直接侵权行为的具体知道，"只要被告知道至少有一个他的成员在实施侵权行为，但却没有作出合理的努力使该成员停止侵权，陪审员就应认定被告构成帮助侵权"。[3]

（三）"消极性措施"为基础，兼顾"积极性措施"

"Inwood"标准并不要求被告采取措施预防第三人的商标侵权，只要采取不提供产品或服务等"消极性措施"，就足以认定不构成商标帮助侵权。在此标准下，针对具体的商标侵权，网络服务提供者只要采取"断开链接""移除侵权信息"等措施，就可免于商标帮助侵权责任，而不需要采取积极性的预防措施。美国第二巡回上诉法院在"Tiffany"案也正是遵循了这样的判定思路。该案中，美国第二巡回法院认为，仅仅一般性地知道其网站中存在假冒产品销售，并不足以使 eBay 承担采取合理措施防止可能被预测的侵权行为的义务。

然而，美国《不正当竞争重述（第三次）》（1995 年）第 27 条在规定商标帮助侵权的判定标准时，采取了与"Inwood"标准不

---

[1] DINWOODLE G B. Secondary Liability for Online Trademark Infringement: The International Landscape [J]. Columbia Journal of Law & the Arts, 2014, 37: 480.

[2] See 1 - 800 Contacts, Inc. v. Lens. Com, Inc., 722 F. 3d 1229 (10th Cir. 2013).

[3] 1 - 800 Contacts, Inc. v. Lens. Com, Inc., 722 F. 3d 1229 (10th Cir. 2013). "When modern technology enables one to communicate easily and effectively with an infringer without knowing the infringer's specific identity, there is no reason for a rigid line requiring knowledge of that identity."

同的思路。该条规定了两种构成商标帮助侵权的形态。第一，行为人故意引诱第三人从事侵权行为；第二，当侵权行为能够被合理预测时，行为人并没有对第三人侵权行为的发生采取合理的预防措施。[1] 显然，《不正当竞争重述（第三次）》赋予了行为人更多的积极性义务，不仅应当采取“消极性措施”，而且应当采取合理的“积极性措施”预防未来可被预见的侵权行为。

在“Tiffany”案之后，相关案例开始依照《不正当竞争重述（第三次）》的思路认定网络服务提供者的商标帮助侵权。例如，在2011年“Akanoc”案[2]中，因被告控制着服务器和相关的网络服务，且直接控制着其网站的有效运行。美国第九巡回上诉法院认为，被告仅仅采取简单性、日常性措施以限制其网站内的侵权信息还不够。在2013年“Chloe”案[3]中，尽管原告仅仅指控被告一般性地知道假冒产品的销售，但美国加利福尼亚地区法院遵循了“Akanoc”案的标准，认为被告明知其网站内有成员从事假冒产品的批发销售，而没有采取防止商标侵权的有效措施，构成商标帮助侵权。2013年“1-800 Contacts”案[4]，美国第十巡回上诉法院亦认为，被告应当承担采取合理的措施预防其成员的商标侵

---

[1] See Restatement of Unfair Competition (3rd) (1995), Article 27: One who markets goods or services to a third person who further markets the goods or services in a manner that subjects the third person to liability to another for infringement under the rule stated in § 20 is subject to liability to that other for contributory infringement if: (a) the actor intentionally induces the third person to engage in the infringing conduct; or (b) the actor fails to take reasonable precautions against the occurrence of the third person's infringing conduct in circumstances in which the infringing conduct can be reasonably anticipated.

[2] See Louis Vuitton Malletier, S. A. v. Akanoc Solutions, Inc., 658 F. 3d 936 (9th Cir. 2011).

[3] See Chloe SAS v. Sawabeh Information Services Co., CV 11-4147 GAF (MANx). (C. D. Cal. Oct. 8, 2013).

[4] See 1-800 Contacts, Inc. v. Lens. Com, Inc., 722 F. 3d 1229 (10th Cir. 2013).

权行为。“当企业只要向所有的成员发送一封电子邮件就可达到阻止侵权的效果时，不知道哪个具体成员实施侵权的理由并不能排除商标帮助侵权责任的承担。”

综上所述，美国对商标帮助侵权确立了“知道或有理由知道”两种过错形态，对应当知道而由于过失不知道第三人实施商标侵权而仍然为其提供帮助的行为人，要求其承担过失责任，防止了行为人对第三人商标侵权行为的“故意视而不见”，较好平衡了行为人与商标权人之间的利益。同时，对于网络服务提供者的商标帮助侵权责任，其“知道”和“必要措施”标准方面亦经历了从“具体性知道”到“一般性知道”、从“消极性措施”到“积极性措施”的发展过程，反映美国司法实践并没有僵硬恪守某个先例，而是紧紧围绕网络服务提供者的实际能力，以及为发现和阻止商标侵权所采取的积极性措施，[1] 根据具体案情灵活处理。当网络服务提供者采取了与其实际能力相适应的合理措施时，仅仅一般性地知道第三人使用其服务从事商标侵权，不足以认定其构成商标帮助侵权。而当网络服务提供者具备实际能力却对可预见的商标侵权采取简单性、缺乏实际效果的措施时，即便是一般性地知道第三人使用其服务从事商标侵权，亦可认定其构成商标帮助侵权。

四、网络环境下欧盟商标帮助侵权的判定标准

由于侵权法并未得到欧盟层面的协调，导致网络服务提供对商标侵权提供帮助的行为定性还存在较大差异。例如法国运用《法国民法典》一般过错条款来认定网络服务提供者的侵权责任，英国则认为仅仅对商标侵权提供帮助，而没有与侵权者意思共谋的网络服务提供者并不构成帮助侵权，德国则要求网络服务提供

[1] KAYSER S M, et al. Combating Contributory Infringement on the Internet [J/OL]. INTA Bulletin, 2014, 69 [2017-10-19]. http://www.inta.org/INTABulletin/Pages/CombatingContributoryInfringementontheInternet.aspx.

者采取适当措施以防止商标侵权。[1] 当前，涉及网络服务提供者商标帮助侵权的欧盟法，主要包括欧盟《电子商务指令》[2] 欧盟《知识产权执行指令》[3] 以及欧盟法院在相关案例中的判决意见。

（一）网络服务提供者的“避风港”保护

欧盟相关法律并未从正面对商标帮助侵权的构成要件及认定标准进行界定，而是从反面对网络服务提供者商标帮助侵权的免责条件进行了规定。欧盟《电子商务指令》第 14（1）条规定：“当一项信息社会服务是对该服务的接收者所提供的信息进行存储时，成员国应当确保服务提供者对因服务接收者之要求而存储的信息不承担责任，但应当满足以下条件：（a）服务提供者并不实际知道违法活动或信息，当涉及赔偿请求时，服务提供者并不能意识到显示违法活动或信息的事实或情形。（b）服务提供者，在知道或意识到上述违法活动或信息时，迅速地移除信息或断开该信息的链接。”[4]

欧盟法院在相关案例中对欧盟《电子商务指令》第 14（1）条的具体适用作了解释。在法国高等法院请求前置裁定的“Google

---

[1] DINWOODIE G B. Secondary Liability for Online Trademark Infringement: The International Landscape [J]. Columbia Journal of Law & the Arts, 2014, 37: 482.

[2] Directive 2000/31/EC, on certain legal aspects of information society services, in particular electronic commerce, in the Internal Market (Directive on electronic commerce).

[3] Directive 2004/48/EC, on the enforcement of intellectual property rights.

[4] “Where an information society service is provided that consists of the storage of information provided by a recipient of the service, Member State shall ensure that the service provider is not liable for the information stored at the request of a recipient of the service, on condition that: (a) the provider does not have actual knowledge of illegal activity or information and, as regards claims for damages, is not aware of facts or circumstances from which the illegal activity or information is apparent; or (b) the provider, upon obtaining such knowledge or awareness, acts expeditiously to remove or to disable access to the information.”

France”案[1]中，欧盟法院认为，判定某项服务是否属于《电子商务指令》第14条的保护范围，有必要审查该服务提供者是否具有中立性，即其行为仅仅是技术性的、自动的和被动的，从而对所存储的数据缺乏了解和控制。如果该服务提供者没有扮演积极角色，则其不对所存储的数据承担责任，除非在知道那些数据或广告主活动的违法本质后，并没有迅速采取移除或断开链接等措施。欧盟《电子商务指令》第14（1）条应当被解释为适用于网络市场的经营者，条件是该经营者并没有扮演使其知道或控制所存储数据的积极角色。在英国高等法院请求前置裁定的“L’Oréal”案[2]中，欧盟法院指出，欧盟《电子商务指令》第14（1）（a）条中“知道或意识到”包括使网络服务提供者意识到非法活动或信息的任何情形，尤其包括：第一，网络市场经营者通过调查而主动发现；第二，网络市场经营者被通知这些活动或信息的存在，但该情形并不必然导致第14条的“避风港”保护自动丧失，因为被指控的非法活动或信息可能并不十分精确或被充分证实。由此，欧盟《电子商务指令》第14（1）条应当被解释为适用于网络市场的经营者，条件是该经营者并没有扮演使其知道或控制所存储数据的积极角色。

可见，就商标侵权而言，网络服务提供者适用上述“避风港”保护的条件是：该网络服务的内容具有技术性、自动性和被动性，在知道和控制相关服务数据方面并未扮演积极性角色，从而对第三人利用其服务实施的商标侵权并不知情，或者在知道或意识到后立即采取了删除或断开链接等措施。

（二）当前和未来知识产权侵权的“禁令”

网络服务提供者虽然可以获得“避风港”保护，但这种保护并非没有限制，即便网络服务提供者处于该“避风港”保护范围，商

---

[1] See Google France SARL v. Louis Vuitton Malletier SA, 2010 E. C. R. I-2417.

[2] See L’Oréal SA v. eBay Int’l AG, 2011 E. C. R. I-6011.

标所有人仍然可以依据欧盟《知识产权执行指令》申请禁令救济。欧盟《知识产权执行指令》第11条规定“……成员国应确保权利所有人有权针对网络服务提供者申请禁令，只要该网络服务提供者的服务被第三人用于侵犯一项知识产权。”❶ 在“L'Oréal”案中，欧盟法院围绕该条所规定的“禁令”仅适用于当前具体确定的知识产权侵权，还是同时也包括未来侵权的问题，对相关法律的适用作了解释。

eBay认为，欧盟《知识产权执行指令》第11条所指的“禁令”针对的知识产权侵权仅仅包括具体的和确定的侵权行为。欧盟法院认为，《知识产权执行指令》的目标是确保有效的知识产权保护，成员国法院应当允许知识产权所有人请求网络服务提供者采取措施，以阻止第三人利用其服务所实施的侵权行为，同时采取措施预防“未来的”侵权行为。欧盟法院解释说，《知识产权执行指令》第11条来源于欧盟《电子商务指令》第18条（在涉及信息社会服务活动的诉讼程序中，成员国应当迅速采取措施以终止任何被控的侵权行为以及阻止任何对相关利益的进一步侵害）。❷如果对《知识产权执行指令》第11条作限缩性解释，则会缩小《电子商务指令》第18条的义务范围，进而使《知识产权执行指令》与《电子商务指令》相互冲突。对“禁令”作扩大性解释，是《知识产权执行指令》前言部分第（24）条❸、实体部分第2

---

❶ “…Member States shall also ensure that rightholders are in a position to apply for an injunction against intermediaries whose services are used by a third party to infringe an intellectual property right.”

❷ “Member States shall ensure that court actions available under national law concerning information society services’ activities allow for the rapid adoption of measures, including interim measures, designed to terminate any alleged infringement and to prevent any further impairment of the interests involved.”

❸ “Depending on the particular case, and if justified by the circumstances, the measures, procedures and emedies to be provided for should include prohibitory measures aimed at preventing further infringements of intellectual property rights.”

(3) 条[1]所要求的。同时，为了确保有效的权利救济，网络市场经营者还应采取措施以便更容易地识别商标侵权行为人。

可见，商标权人有权依据欧盟《知识产权执行指令》请求欧盟各成员国法院发布禁令，要求网络服务提供者采取措施，防止第三人利用其网络服务实施“当前和未来的”商标侵权。

（三）“一般性义务”与“贸易壁垒”的禁止

虽然欧盟《知识产权执行指令》第 11 条所规定的“禁令”应当作扩大解释，将未来侵权纳入其覆盖范围，但该禁令也受到一定的限制。该条中“禁令”的具体运行规则，例如申请该禁令的条件和程序，由各成员国国内法规定。但应当遵守一定的限制，主要包括：第一，欧盟《电子商务指令》第 15 (1) 条[2]规定网络服务提供者所采取的措施，不应当包括积极性地监视每一个消费者的数据，以防范通过其网站发生的未来任何知识产权侵权。第二，欧盟《知识产权执行指令》第 3 条规定，发布禁令的法院应当确保相关措施不至于对合法贸易造成壁垒。具体到“L'Oréal”案本身，L'Oréal 有权请求法院发布禁令，要求 eBay 采取措施防止未来的商标侵权，但该禁令的具体内容不能对商品的销售或者网络市场产生一般性的或永久性的阻碍。欧盟法院总结说，所有针对网络服务提供者所采取的措施“应当在各种权利和利益之间取得平衡”，所发布的禁令“必须做到有效、适当、有说服力且不应对合法贸易造成壁垒”。

---

[1] “Directive 2004/48 shall not affect Directive 2000/31”.

[2] “Member States shall not impose a general obligation on providers, when providing the services covered by Articles 12, 13, 14, to monitor the information which they transmit or store, nor a general obligation actively to seek facts or circumstances indicating illegal activity.”

此外，在“Scarlet”案[1]和“Netlog”案[2]中，原告SABAM请求网络服务提供者和社交媒体网络安装过滤系统以防止那些利用其服务的未来版权侵权。欧盟法院认为，救济措施是否适当，应当考虑以下原则：第一，禁止对网络服务提供者施加积极性监视的一般性义务；第二，救济措施适当原则；第三，自由开展贸易的基本权利。欧盟法院判定，原告所要求的对消费者数据进行过滤以防止未来知识产权侵权的请求违反了以上原则。虽然欧盟法院主要针对涉及网络服务提供者的版权侵权，但也代表了欧盟法院对网络服务提供者发布相应禁令的原则：在保护知识产权的同时，为信息社会服务产业的发展留足空间，避免对其施加监视网络用户行为的一般性义务。

综上所述，从商标侵权的“避风港”保护，到防止未来商标侵权的“禁令”，再到“一般性义务”和“贸易壁垒”的禁止，欧盟在网络服务提供者商标帮助侵权方面构建了逻辑严密的制度体系。一方面，通过“避风港”保护，明确网络服务提供者行为的界限，促进信息社会服务产业发展。另一方面，允许成员国颁发包括预防未来知识产权侵权的禁令，赋予网络服务提供者较高的注意义务，有效保护了知识产权所有者的利益。同时，为避免阻碍商品自由流通，促进欧盟大市场的形成，成员国在针对网络服务提供者发布知识产权的相关禁令时，应当避免对网络服务提供者设置一般性的监视义务，避免对合法贸易造成壁垒，即针对网络服务提供者施加较高的注意义务，使其承担防止未来知识产权侵权的预防措施的义务，应当限定于特定的情形，防止“一刀切”地施加一般性义务。此外，欧盟法院一直强调，知识产权相关禁令的发布应当遵循有效、适当和有说服力的原则，在“各种利益

[1] See Scarlet Extended SA v. Société belge des auteurs, compositeurs et éditeurs SCRL, 2011 E. C. R. I-11959, Case C-70/10.

[2] See Belgische Vereniging van Auteurs, Componisten en Uitgevers CVBA v. Netlog NV, 2012 E. C. R. I-00000, 2 C. M. L. R. 18 (2012). Case C-360/10.

和权利之间达成平衡”。

五、网络环境下我国商标帮助侵权判定标准的完善

如前文所述，美国和欧盟在网络服务提供者商标帮助侵权的认定方面，紧紧围绕网络服务提供者的实际能力，以及在防止商标侵权方面所采取的积极措施进行综合判定。在对网络服务提供者提供“避风港”保护的同时，美国和欧盟均对网络服务提供者的商标帮助侵权进行了严格的规定。美国明确了网络服务提供者商标帮助侵权的“过失责任”，甚至将“故意视而不见”视为实际知道。美国和欧盟均要求网络服务提供者承担合理注意义务，采取必要措施防止未来可被预见的商标侵权行为。同时，为促进互联网产业发展，均避免对网络服务提供者施加监视网络用户的一般性义务，发布的禁令应当遵循有效、适当和有说服力的原则，权衡各方利益关系。美国和欧盟的商标帮助侵权之处理思路，兼顾了商标权人、网络服务提供者的利益，同时又保持了适当的弹性空间。笔者认为，完善我国网络服务提供者商标帮助侵权标准，可以借鉴美国和欧盟的处理思路。

（一）以“实际知道”过错形态为基础，构建“应当知道”的过失责任制度

借鉴美国商标帮助侵权既包括故意引诱他人实施商标侵权，又包括在知道或有理由知道第三人实施商标侵权时，仍然为其提供帮助两种商标帮助侵权类型的经验。完善我国网络服务提供者商标帮助侵权标准，应当以“实际知道”的过错形态为主，构建“应当知道”的过失责任制度。

一方面，商标帮助侵权属于传统民法中共同侵权的范畴，以行为人具体知道他人实施商标侵权为必要条件。故强调“故意”“知道”的过错形态，是追究行为人商标共同侵权的前提，并在此基础上进一步考察行为人是否满足适用“避风港”原则保护的条件。事实上，欧盟《电子商务指令》第 14（1）条所规定的“避风

港”保护，也以网络服务提供者并不知道侵权行为，或在具体知道侵权行为后迅速采取移除信息和断开链接为条件。故网络服务提供者商标帮助侵权的过程形态应当以行为人“实际知道”为基础。

另一方面，尽管我国《侵权责任法》和《商标法》对商标帮助侵权使用了“故意”“知道”等词语，但考虑到网络服务提供者有能力通过技术手段对其提供的服务进行风险管控，且其从提供的网络服务中直接或间接地获得了利益，应当适当加强其合理注意义务。同时，实践和理论上都认为并且接受过失这一过错形态，且这种过失在司法实践中的适用频率远高于故意。[1] 应对《商标法》第57条第6项之“故意”及《侵权责任法》第36条之“知道”作扩大解释，使之覆盖实际知道或应当知道。对于有证据表明实际知道具体商标侵权行为的，适用“实际知道”；而对于怀疑存在商标侵权而故意不去开展调查进而采取必要措施，或行为人未尽合理的注意义务而未发现应知的侵权事实，[2] 适用“应当知道”，从而防止其借过失为由逃避商标侵权责任。而认定网络服务提供者主观状态可以从商标权人投诉、主动展开调查等方面综合认定。这样，将过失责任纳入网络服务提供者商标帮助侵权的范畴，有利于督促网络服务提供者加强知识产权审查，发挥其在净化网络市场环境方面的技术和人才优势，实现商标权人和网络服务提供者之前的利益平衡。

（二）明确“必要措施”包括商标侵权的预防措施，但应限于特定情形

网络服务提供者寻求《侵权责任法》规定的“避风港”原则保护须以采取删除、屏蔽、断开链接等必要措施为前提。但对于

---

[1] 冯术杰．论网络服务提供者间接侵权责任的过错形态［J］．中国法学，2016（4）：185．

[2] 胡开忠．网络服务提供商在商标侵权中的责任［J］．法学，2011（2）：142．

“必要措施”的范围并未明确，为司法实践预留了裁判尺度，具有施加政策影响和进行导向性法律适用的较大余地和空间。[1] 在完善网络服务提供者商标帮助侵权的过失责任的基础上，应当借鉴美国和欧盟的经验，以司法解释的方式，明确《侵权责任法》中网络服务提供者获得“避风港”原则保护所采取的“必要措施”，既包括阻止已经发生的商标侵权，又包括未来商标侵权的预防措施。同时，借鉴欧盟的经验，防止对网络服务提供者施加一般性义务，采取“必要措施”预防未来商标侵权应当限定特定情形。

一方面，为有效遏制网络环境下的商标侵权，尤其是对于同一行为人多次侵权、反复侵权，以及针对同一商标权人实施的多次侵权，根据网络服务提供者在具体交易中的地位，可以适当提高行为人注意义务和必要措施的标准，注重对其反侵权措施的考察。[2] 此时，“必要措施”既包括采取措施遏制正在进行的商标侵权，同时又包括采取积极性措施防止未来的商标侵权。事实上，网络服务提供者作为危险的制造者、管控者和获利者，应当承担较高的注意义务，采取预防和控制其服务给他人和社会带来的风险，才符合公平合理的原则。我国相关司法案例亦遵循了这样的处理思路。例如，在前述衣念时装公司诉淘宝公司、杜某商标侵权案中，二审认为：“淘宝公司知道杜某利用其网络服务实施商标侵权行为，但仅是被动地根据权利人通知采取没有任何成效的删除链接之措施，未采取必要的防止侵权行为发生的措施，从而放任、纵容侵权行为的发生，其主观上具有过错，客观上帮助了杜某实施侵权行为，构成商标共同侵权。”

另一方面，对“必要措施”作扩大解释应当受到一定的限制。首先，从欧盟的立法经验来看，为扶持网络服务产业的发展，拒

---

[1] 孔祥俊．商标法适用的基本问题［M］．北京：中国法制出版社，2014：89.

[2] 朱冬．网络交易平台商标侵权中避风港规则的适用及其限制［J］．知识产权，2016（7）：41.

绝对网络服务提供者施加一般性的监视义务。在我国当前大力推广“互联网+”产业模式的背景下，应当为互联网产业的发展营造宽松的法律环境。具体到网络服务提供者采取积极性“必要措施”预防商标的未来侵权，不应作普遍性的扩大解释和提高义务标准。其次，从“最优成本”策略（“best - cost - avoider” strategy）来看，发现和消除知识产权侵权的义务应置于最适合完成此项工作的一方：发现知识产权侵权行为的责任由知识产权所有人承担，因为它最适合识别未经授权的商标使用；而终止知识产权侵权行为的责任应由网络服务提供者承担，因为他控制着侵权所使用的工具。❶ 故具体到网络服务提供者而言，让其承担发现和预防未来商标侵权的一般性义务，不符合“最优成本”策略。但如果被告本身的体系，以及被告与侵权者之间的关系赋予被告具有预防侵权的权利，则应当由被告行使该项权利。❷ 故在对“必要措施”作扩大解释时，应限定在特定的情形之中，以实现各方利益的平衡。例如，对于重复侵权、多次侵权的情形，或者网络服务提供者直接从第三人的商标侵权行为中获得了利益，网络服务提供者应当承担较高的合理注意义务，采取合理的预防措施防止第三人实施商标侵权。

综上，明确《侵权责任法》下网络服务提供者“避风港”保护以网络服务提供者在知道商标侵权行为后，采取删除、屏蔽、断开链接等必要措施为条件。同时，特定情形下，以网络服务提供者采取防止他人商标侵权的预防措施为条件，从而与前文所建议构建的网络服务提供者商标帮助侵权的过失责任制度相协调。

六、结语

随着“互联网+”产业的不断发展，涉及网络服务提供者的

---

❶❷ DOGAN S L. Principled Standards vs. Boundless Discretion: A Tale of Two Approaches to Intermediary Trademark Liability Online [J]. Colum. J. L. & Arts, 2014, 37: 11 - 12.

商标侵权案件日益增多，本文以网络服务提供者商标帮助侵权的标准为研究对象，对网络服务提供者构成商标帮助侵权的主观状态、必要措施的范围等问题进行了研究。商标帮助侵权的标准实质上是帮助侵权者防止第三人商标侵权所承担的义务范围问题。事实上，网络服务提供者知识产权侵权问题兼具有法律和政策双重属性。在我国知识产权保护日益加强和“互联网＋”产业模式日益推广的环境下，网络服务提供者商标帮助侵权的认定须结合各种权利和利益进行综合判定。我国应当积极吸收美国和欧盟在这方面的比较法经验，以网络服务提供者的实际能力和在防止商标侵权方面所采取的积极措施为基础，采用“知道或应当知道”的主观标准，认定行为人的过失责任。

同时，对于反复侵权、多次侵权的情形，应对网络服务提供者施加较高的注意义务，注重对其反侵权措施的考察，不仅要求其采取必要措施阻止其网络用户正在实施的商标侵权，而且还应采取覆盖必要预防措施防止可以被预见的未来商标侵权，加强对商标权人的保护。此外，认定网络服务提供者商标帮助侵权，应以其实际能力和在防止商标侵权方面所采取的积极措施为基础，避免对网络服务提供者施加发现和防止商标侵权的一般性义务，为互联网产业的发展预留法律空间。

论新形态创新成果的知识产权保护*

管荣齐**

摘　要： 国内外新形势要求加强商业模式等新形态创新成果的知识产权保护，我国现有知识产权保护的客体范围、授权条件、审查程序、先用权限制以及司法审判体制和程序尚不足以保护新形态创新成果。借鉴美、欧、日相应做法，以知识产权充分保护新形态创新成果，建立健全新形态创新成果知识产权优先保护机制，由知识产权法院（庭）集中管辖和审理新形态创新成果案件。

关键词： 新形态创新成果；知识产权保护；商业模式

随着全球新一轮科技革命和产业变革的加速演进，尤其是我国互联网和大数据经济已在世界上抢占潮头，加强商业模式等新形态创新成果的知识产权保护成为促进和保障国家创新发展的重要一环。

一、新形态创新成果及其知识产权保护新要求

根据 2015 年 3 月《中共中央　国务院关于深化体制机制改革

---

* 本文系天津市哲学社会学规划项目“京津冀知识产权保护一体化研究”（项目编号：TJFX18－005）之阶段性成果。

** 作者简介：天津大学法学院副教授、硕士研究生导师，天津大学知识产权法研究基地研究员，中国社会科学院知识产权中心客座研究员。

加快实施创新驱动发展战略的若干意见》和2015年12月《国务院关于新形势下加快知识产权强国建设的若干意见》，新形态创新成果是相对于传统形态创新成果而言的，主要有两大类：一是传统上不受知识产权保护或者需要创新知识产权保护方式的智力活动成果，如数据库、商业模式、地理标志、传统知识、植物新品种、实用艺术品、生物遗传资源；二是新业态、新领域的智力活动成果（亦即新业态新领域创新成果），如众创、众包、众扶、众筹、互联网、大数据、电子商务相关的创新成果。其中，数据库、商业模式、实用艺术品以及新业态新领域创新成果寻求纳入和加强专利权、著作权和反不正当竞争保护，植物新品种、生物遗传资源寻求纳入和加强专利权和反不正当竞争保护，传统知识寻求纳入和加强著作权和反不正当竞争保护，地理标志寻求纳入和加强商标权和反不正当竞争保护。

当今世界，科技革命和产业变革进入新时代，尤其是大数据、“互联网＋”、人工智能等科技和产业迅速崛起，知识产权成为国家发展的战略性资源和国际竞争力的核心要素；知识产权保护进入新时代，国际组织主导的国际公约框架下的知识产权谈判陷入停滞，美、欧、日等发达国家和地区推动区域知识产权保护规则升级和保护标准提高，中国倡议“一带一路”和人类命运共同体建设需要协调区域知识产权保护；中国特色社会主义进入新时代，创新成为发展的主要驱动力量，不平衡不充分成为发展的主要问题，质量和效益成为发展的主要目标，知识产权保护成为发展的主要保障。这些新形势都要求加强新形态创新成果的知识产权保护，包括但不限于：①完善新形态创新成果的知识产权保护制度，涉及《反不正当竞争法》《专利法》《著作权法》《商标法》以及知识产权司法审判体制和程序；②提升新形态创新成果的知识产权保护水平，涉及提高知识产权损害赔偿上限、增强知识产权司法审判能力；③优化新形态创新成果的知识产权保护方式，涉及完善知识产权“三合一”审判机制、建立健全知识产权审查快速通道。

为了加强新形态创新成果的知识产权保护，国家知识产权局于2017年2月修改《专利审查指南》，通过增加示例、补正文字将商业模式等新形态创新成果纳入专利保护范围。根据我国现行《专利法》第5条和第25条的规定，依赖非法获取或利用的遗传资源而完成的发明创造，以及智力活动的规则和方法、植物新品种，都被明确排除在专利保护的客体范围之外。其中，智力活动的规则和方法包括商业方法（商业模式）、计算机程序。国家知识产权局作为具有独立行政管理职能的国务院直属机构，在《专利法》第四次修订中没有提出和解决新形态创新成果专利保护问题，却在没有法律或者国务院的行政法规、决定、命令作为依据的情况下，经局务会审议通过和局长签署命令以部门规章的形式，于2017年2月28日颁布《国家知识产权局关于修改〈专利审查指南〉的决定》，通过在《专利审查指南2010》有关部分内容中增加示例、补正文字，增加了本部门受理、审查、授予商业模式等新形态创新成果专利的权利，涉嫌违反我国《立法法》第80条第2款的规定。[1]

二、新形态创新成果知识产权保护的现状和问题

（一）我国现有知识产权保护的客体范围尚未完全涵盖新形态创新成果

我国《反不正当竞争法》仅列有假冒、虚假宣传、商业诋毁、侵犯商业秘密和妨害网络运行等知识产权不正当竞争行为，没有列出数据库、商业模式以及众创、众包、众扶、众筹、大数据、电子商务相关的新业态新领域创新成果，虽然可以依据该法第2条规定的诚实信用原则而规制新形态创新成果不正当竞争行为，但这样做所带来的后果是：一方面，最大限度地制止了不正当竞

---

[1] 《国家知识产权局关于修改〈专利审查指南〉的决定》（〔2017〕局令第74号）。

争行为，维护了一方经营者的利益；另一方面，以损害结果反推他人行为的不正当性进而予以制止，干扰和破坏了优胜劣汰的市场竞争规律和秩序。

在我国专利权保护的客体范围中，植物新品种、智力活动的规则和方法被排除在外，其中智力活动的规则和方法涵盖新形态创新成果中数据库、商业模式以及众创、众包、众扶、众筹、互联网、大数据、电子商务所涉及的计算机程序。[1] 为了将数据库、商业模式、计算机程序纳入专利保护范围，国家知识产权局通过自行修改《专利审查指南》而不是提议全国人大常委会修改专利法予以实现，显然涉嫌违反我国《立法法》第 80 条第 2 款关于部门规章没有依据不得增加本部门权力的规定。

在我国著作权保护的客体范围中，“杂技艺术作品”“实用艺术作品”是两种比较特殊的作品。“杂技艺术作品”是我国特有的，但魔术、马戏等杂技更多地属于“技能”和“表演”而非“艺术”和“表达”，由于尚未彻底厘清其与作品的关系，因而没有完全排除其构成作品的可能性。“实用艺术作品”既有“实用”的一面又有“艺术”的一面，但受到著作权保护的仅为其能够独立构成“艺术表达”的部分，且按照国务院《实施国际著作权条约的规定》第 6 条，可以获得著作权保护的仅限于外国实用艺术作品。[2]

在我国商标权保护的客体范围中，地理标志可以作为证明商标、集体商标注册和使用，但一般不能作为普通商标注册和使用，尤其是在所使用的商品并非来源于所标示地区的情况下，除非善意取得注册和使用，即不产生误认、不构成不正当竞争、不引起混淆、不属于通用名称。[3]

---

[1] 国家知识产权局. 专利审查指南 2010 [M]. 北京：知识产权出版社，2010：第二部分第一章第 4.2 节.

[2] 国务院《实施国际著作权条约的规定》第 6 条（1992 年）。

[3] 管荣齐. 中国加入 TPP 的知识产权问题研究 [J]. 东岳论丛，2014 (2).

（二）我国现有知识产权申请宽限期、审查程序、先用权限制等尚不利于保护新形态创新成果

根据我国《专利法》第24条、《专利法实施细则》第30条和《专利审查指南2010》第一部分第一章第6.3节的规定，我国专利申请不丧失新颖性的宽限期仅为6个月，且只适用于三种特定情形：①在中国政府主办或者承认的国际展览会上首次展出；②在规定的学术会议或者技术会议上首次发表；③他人未经申请人同意而泄露其内容。根据我国《植物新品种保护条例》第14条规定，经育种者许可，在中国境内销售植物新品种繁殖材料的给予1年不丧失新颖性的宽限期；在中国境外销售藤本植物、林木、果树和观赏树木品种繁殖材料的给予6年宽限期，销售其他植物品种繁殖材料的给予4年宽限期。

根据我国《专利法》第34～35条、第40条的规定，我国对发明专利申请实行“初步审查＋实质审查”制，其中实质审查在常规审查程序的基础上设有提前审查、优先审查、巡回审查三种加快审查程序，[1] 但由于这些审查程序各自独立且针对性不强，具体执行也不够规范、有序、灵活，因而实施效果不甚理想。根据我国《商标法》第16条的规定，涉及地理标志的普通商标注册申请，原则上禁止注册和使用，如果能够举证证明其为善意注册申请，则可以通过多渠道受理、简化手续和流程、加快审查效率的商标注册便利化工作机制，[2] 作为在并非来源于所标示地区的商品上所使用的商标获得注册。根据我国《植物新品种保护条例》第27条、第29条的规定，我国对植物新品种申请实行“初步审查＋实质审查”制，其中实质审查模式虽有书面审查、集中测试和现

---

[1] 国家知识产权局《发明专利申请提前审查的暂行管理办法》（2012年）；国家知识产权局《发明专利申请优先审查管理办法》（2012年）；国家知识产权局《发明专利实质审查巡回审查管理办法（试行）》（2014年）。

[2] 国家工商行政管理总局《关于大力推进商标注册便利化改革的意见》（2016年）。

场考察三种，但绝大多数植物新品种申请实质审查采用集中测试即田间种植鉴定模式，由专门测试机构观测申请品种与近似品种在相同生长条件下特异性、一致性和稳定性，[1] 一般需要3年左右时间，持续时间较长且缺乏优先审查、加快审查的制度安排。

根据我国《专利法》第69条、《最高人民法院关于审理侵犯专利权纠纷案件应用法律若干问题的解释》第15条、国家知识产权局《专利侵权判定和假冒专利行为认定指南（试行）》第1编第3章第4节的规定，我国专利先用权的实施范围仅限于制造权、使用权、许诺销售权和销售权而不包括进口权，制造、使用、许诺销售、销售的最大规模是“已有的生产准备可以达到的生产规模”。纵观我国《植物新品种保护条例》及其实施细则、《最高人民法院关于审理侵犯植物新品种权纠纷案件具体应用法律问题的若干规定》，我国尚没有关于植物新品种先用权的规定，虽然司法实践中出现了相关判例。《最高人民法院关于审理不正当竞争民事案件应用法律若干问题的解释》第12条规定了商业秘密的先用权，即对自行开发研制的与他人技术秘密相同或相近的技术，享有自行使用或者允许他人使用的权利，但没有像《专利法》一样限制先用权的范围。

（三）我国现有知识产权司法审判体制和程序尚不能有效保护新形态创新成果

我国普通法院知识产权审判庭和专门的知识产权法院、知识产权法庭，在知识产权案件管辖区域和分工上不一致，没有将新形态创新成果列入集中管辖或专门管辖范围，即便是技术类知识产权案件的跨区域管辖也没有迈出实质性步伐。我国知识产权司法审判“三合一”工作推进上不同步，不但将北京、上海、广州知识产权法院排除在外，而且将有关专利、植物新品种、集成电

---

[1] 农业部植物新品种保护办公室. 品种权审查简介［EB/OL］.［2017-06-22］. http://www.cnpvp.cn/?id=61.

路布图设计、技术秘密、计算机软件等技术类知识产权纠纷案件排除在外，[1] 造成知识产权民事、行政与刑事交叉案件在管辖机关、证据规则、裁判标准上不统一。我国尚未设立全国统一的知识产权上诉法院，北京、上海、广州知识产权法院和南京、苏州、武汉、成都、杭州、宁波、合肥、福州、济南、青岛、深圳知识产权法庭，其一审集中统一管辖的知识产权案件，二审时又由各自所在地的高级法院分别管辖，导致各级各地知识产权案件裁判结果不协调甚至冲突的情况时有发生。

我国知识产权侵权诉讼程序和无效宣告程序二元分立和复杂冗长，知识产权侵权诉讼案件由地方法院管辖，知识产权无效宣告案件由行政机关管辖，知识产权行政诉讼案件指定由北京法院管辖，虽然最高人民法院新近建立起“先行裁驳、另行起诉”的制度，从整体上可以较大程度地破解专利侵权诉讼因无效宣告而被迟滞、延缓的难题，但当专利权人所主张的多项权利要求中一部分被宣告无效而另一部分被维持有效时，又会产生使专利侵权诉讼复杂化的可能。我国知识产权无效宣告的行政决定程序与司法审查程序不相对应，虽然其本质上都属于平等主体之间的民事争议程序，像行政决定程序采用的是民事诉讼模式，但司法审查程序中采用的是行政诉讼模式，知识产权行政机关恒定为被告，造成知识产权行政机关处境尴尬、疲于应诉。

三、新形态创新成果知识产权保护的域外经验

（一）美国经验

美国知识产权保护的客体范围是世界上最宽泛的，新形态创

[1] 《最高人民法院关于同意南京市、苏州市、武汉市、成都市中级人民法院内设专门审判机构并跨区域管辖部分知识产权案件的批复》（2017 年）；《最高人民法院关于同意杭州市、宁波市、合肥市、福州市、济南市、青岛市中级人民法院内设专门审判机构并跨区域管辖部分知识产权案件的批复》（2017 年）。

新成果大多都包含其中。在美国，任何新的有用的方法、机器、产品、物质合成及其改进都可以申请获得专利权，[1] 包括在我国不授予专利权的商业方法、植物新品种、计算机程序等。[2] 美国是以商标保护地理标志的典型国家，并在符合不产生误导、不构成不正当竞争、不引起混淆、不属于通用名称的条件下，允许葡萄酒或烈性酒以外的非真实来源地的商品或服务使用有关地理标志。[3] 美国版权（著作权）不像专利权、商标权保护的客体范围是世界最大的，只保护“已经固定在有形介质上”的作品，[4] 与我国著作权保护的客体范围相比缺少口述作品、杂技艺术作品、传统文学艺术作品。美国反不正当竞争法属于知识产权法，所规制的不正当竞争行为主要有仿冒、虚假宣传、商业诋毁、淡化、窃取他人商业秘密、形象权。[5]

美国知识产权行政授权条件、审查程序、先用权限制等比较有利于保护新形态创新成果。美国专利申请的宽限期为申请日之前 1 年，无论发明人、共同发明人或者直接或间接从发明人或共同发明人处获得其主题的其他人以何种形式公开；专利实质审查在常规程序之外设有加快程序，自申请日起 12 个月内完成；专利先用权的期限为专利申请日或公开日之前 1 年，主体包括自己或许可他人商业性使用专利的自然人以及与其具有控制或被控制关系、一般关联关系的组织，客体主要是商业性使用行为（包括与国内商业性使用有关的行为以及独立的销售或转让行为）。美国对于无性繁殖的植物新品种提供专利权保护，其申请专利的宽限期亦为自申请日起 1 年；对于有性繁殖和其他植物新品种提供品种

---

[1] United States Code Title 35 - Patents. Article101. 2015.

[2] 管荣齐，薛智胜. 从 TPP 知识产权规则审视植物新品种的可专利性 [J]. 知识产权，2016 (3).

[3] 37 C. F. R. Part2 - Rules of Practice in Trademark Cases. § 2. 52. 2017.

[4] Copyright Law of the United States. Article102. 2016.

[5] 李明德. 关于反不正当竞争法修订的几点思考 [J]. 知识产权，2015 (10).

权保护，其宽限期同《保护植物新品种国际公约》的规定，即国内销售的宽限期1年，国外销售的宽限期4年，销售木本植物新品种的宽限期6年；对于有性繁殖和其他植物新品种的品种权申请，主要进行书面审查，[1] 审查时间平均仅需27个月；植物新品种先用权的期限为植物新品种申请日之前1年，主体包括开发和生产植物新品种的任何人及其利益继承者，客体包括植物新品种的繁殖和销售。

美国知识产权保护方式较能有效保护新形态创新成果。在美国，司法审判是保护知识产权的主要方式，并依“最低联系标准”和“不方便法院原则”实行长臂管辖。所谓“最低联系标准”，是指国际民商事案件的被告虽非本国公民或法人但与本国存在某种“最低联系”，而且原告所提权利要求与这种联系有关，则本国法院可以在不违背公平正义观念的情况下行使管辖权。[2] 所谓“不方便法院原则”，是指本国法院按照本国法律或国际条约已经受理的国际民事纠纷案件，如果外国法院对该案也有管辖权且其审理在取证、出庭、送达、保全、执行等方面更加方便，则本国法院可以依职权或当事人申请裁定拒绝审理该案。[3] 美国知识产权无效宣告实行“双轨制”，既可以在管辖和审理侵权案件的联邦地方法院主张专利无效，也可以在专利商标局专利审查与上诉委员会提出再审查请求；对美国联邦地方法院的判决或者专利商标局专利审查与上诉委员会的裁决不服的，可以向美国联邦巡回上诉法院起诉或者上诉。

（二）欧洲经验

欧洲知识产权保护的客体范围总体上比美国小，但已涵盖很

---

[1] Regulations And Rules Of Practice：PART 97—Plant Variety Protection. §97.5－10，§97.100. 2013.

[2] International Shoe Company v. State of Washington，326 U.S. 310（1945）.

[3] Gulf Oil Corp v. Gilbert，330 US 501，508（1947）.

多新形态创新成果。《欧洲专利公约》虽然排除了商业方法、计算机程序、动植物品种及其生物学生产方法的可专利性，但将包含商业方法、计算机程序的技术方案，动植物的非生物学生产方法纳入专利客体范围。[1] 欧洲主要以专门法保护地理标志，虽然允许包含地理标志的商标注册和使用，但根据欧洲理事会《1151/2012号条例》，该商标不得与在先注册的地理标志相冲突，也不得限制所包含地理标志的在后注册和使用。欧洲版权（著作权）保护的客体范围比美国要广一些，不要求所保护的作品固定在介质上，因而口述文字、数据库都包括在内，[2] 但与我国相比缺少杂技艺术作品、传统文学艺术作品。除德国以外欧洲各国的反不正当竞争法都属于知识产权法，像《英国仿冒法》所规制的行为主要是仿冒、商业诋毁、虚假宣传和侵犯商业秘密，而《德国反不正当竞争法》的保护客体包括智力活动成果和消费者利益。

欧洲知识产权行政授权条件、审查程序、先用权限制等比较有利于保护新形态创新成果。在欧洲，申请专利的宽限期为实际申请日以前 6 个月，且限于两种公开的情形：一是明显滥用与申请人或其在先权利人之间关系导致的公开，二是在国际展览会公约所规定的官方或官方承认的国际展览会上展出其发明。欧洲专利局近年来启动了一系列专利申请加快审查程序，包括加快处理（PACE）程序、放弃答复修改（Waiver）程序和专利审查高速路（PPH）等；2016 年《欧洲专利公约》关于专利权的限制，没有规定专利先用权。欧洲对植物新品种给予专门法保护，申请宽限期遵从《保护植物新品种国际公约》规定；对申请注册的植物新品种的审查包括初步审查和实质审查，其中初步审查针对申请注册的植物新品种是否完整、合格以及是否具有新颖性，实质审查主要针对特异性、一致性和稳定性；欧盟委员会 2008 年植物品种权

---

[1] European Patent Convention. Article52，53. 2016.

[2] European copyright code. Article1. 1. 2010.

条例关于植物新品种的限制，没有规定植物新品种的先用权。

欧洲知识产权保护方式与美国相似又有不同，较能有效保护新形态创新成果。在英国，建有知识产权专门法院，作为高等法院大法官法庭的一部分；知识产权行政机关可以就知识产权侵权认定、损害赔偿及有关费用等作出决定，但前提是当事人约定同意由知识产权行政机关处理相互间的知识产权侵权纠纷。在法国，通常将知识产权侵权和有效性审查并入同一诉讼，法院在认定侵权之前首先确定知识产权有效性。在德国，知识产权无效诉讼由联邦直属法院一审，最高法院二审；知识产权侵权诉讼由地方法院一审，上一级地方法院二审，最高法院三审。

（三）日本经验

日本知识产权保护的客体范围与欧洲大体相同，已涵盖很多新形态创新成果。日本专利审查指南虽然明确排除了商业方法、计算机程序、医疗方法的可专利性，但没有排除动植物品种尤其是动植物品种的技术创新（如转基因技术），且将包含商业方法、计算机程序的技术方案和生物医疗技术发明纳入专利客体范围。[1]日本像美国一样主要以商标保护地理标志，但所注册的区域集体商标不受商品或服务的通用名称和真实来源地的限制。日本著作权保护的客体范围与美国基本相同，与欧洲相比缺少口述作品，与我国相比缺少口述作品、杂技艺术作品和传统文学艺术作品，但增加了数据库。[2]《日本不正竞争防止法》也是一部知识产权法，规制的不正当竞争行为主要有仿冒、淡化、依样模仿、窃取他人商业秘密、虚假宣传、商业诋毁。

日本知识产权行政授权条件、审查程序、先用权限制等有利于保护新形态创新成果。在日本，申请专利的宽限期为实际申请日以前 6 个月，涵盖几乎所有可能的公开方式；政府每年发布

---

[1] 日本特许厅：《特许・实用新案审查基准》第Ⅲ部第 1 章，2015 年。

[2] 《日本著作权法》第 10 条、第 12 条之二，2014 年。

《知识财产推进计划》，并专门成立“加快审查推进本部”，细化和推进知识产权尤其是专利审查活动计划，具体措施包括优先审查、加快审查、特快审查，审查周期由原来的2～2.5年缩短到平均6个月；根据日本专利法第79条的规定，因不知有关发明专利申请内容而自己发明者或从发明人处得知后成为已有者，在其实施或准备实施其发明的范围内有权继续实施。日本对植物新品种给予专门法保护，申请宽限期遵从《保护植物新品种国际公约》规定；植物新品种申请的实质审查主要有现场调查和栽培试验两种方式，其中现场调查由农林水产大臣邀请有关行政机关、学校或其他适当人员实施，栽培试验由独立行政法人——国家种苗管理中心实施，但试验项目、方法和其他有关事项遵照农林水产省的规定和命令；根据日本2007年植物品种保护与种子法第27条的规定，当某植物新品种注册登记后，与该植物新品种相同或相近的在先育种者，对该植物新品种享有非独占使用权。

日本知识产权保护方式兼采美国和欧洲之长，较能有效保护新形态创新成果。司法审判是国内保护知识产权的唯一方式，对外主要通过行政执法保护知识产权。日本知识产权司法审判与美国、欧洲不同的是，侵权诉讼和有效性审查是分开裁决的，侵权诉讼通常是向地方裁判所提出，而有效性审查在特许厅的复审部门进行，对特许厅复审部门作出的有效性决定不服的，可以上诉至东京高等裁判所。这与我国现行的知识产权司法审判类似，所不同的是日本特许厅复审部门为准司法机关性质，其有效性决定相当于一审裁判，与我国相比节省了一级司法审判程序。

四、新形态创新成果知识产权保护的完善思路

（一）以知识产权充分保护新形态创新成果

以反不正当竞争权充分保护数据库、商业模式、地理标志、传统知识、植物新品种、实用艺术品、生物遗传资源以及众创、众包、众扶、众筹、大数据、电子商务相关的新业态新领域创新

成果。我国《反不正当竞争法》应当坚持知识产权一般法的基本定位，一方面，将数据库、商业模式、地理标志、传统知识、植物新品种、实用艺术品、生物遗传资源，以及众创、众包、众扶、众筹、大数据、电子商务相关的新形态创新成果，以列举的方式明确纳入其保护范围；另一方面，将诚实信用原则条款的适用限定于新形态创新成果的不正当竞争行为，并将其最终解释权交由最高人民法院，而国务院有关部门可以就此提出相应意见。

以专利权充分保护数据库、商业模式、植物新品种、实用艺术品、生物遗传资源以及新业态新领域创新成果。学习和借鉴美国、欧洲和日本的相关做法，向数据库、商业模式、植物新品种、生物遗传资源、实用艺术品外观设计以及新业态新领域创新成果开放专利大门。[1] 对于以上这些新形态创新成果而言，获得专利保护的另一大障碍是专利实质条件中的创造性。鉴于新形态创新成果的原生性、原创性和属于新业态、新领域，因而其与所属领域现有技术和相对滞后的公知常识相比，对普通技术人员来说必然是非显而易见的，并能够产生有益和意料不到的技术效果，从而具有突出的实质性特点和显著的进步即专利创造性。这是由新形态创新成果自身特点决定的，应当参考或者按照开拓性和高新技术领域发明专利创造性的判断方式，[2] 只要认定属于新形态创新成果，就应当免除对其专利创造性的审查。

以著作权充分保护数据库、商业模式、传统知识、实用艺术品以及新业态新领域创新成果。一项新形态创新成果能否获得著作权的保护，其最大障碍在于是否具有作品的独创性。鉴于新形态创新成果的原生性、原创性和属于新业态、新领域，在一件涉及新形态创新成果的著作权侵权纠纷案件中，只要权利人能够证

---

[1] 管荣齐，薛智胜．从 TPP 知识产权规则审视植物新品种的可专利性［J］．知识产权，2016（3）．

[2] 管荣齐．发明专利的创造性［M］．北京：知识产权出版社，2012：212－217．

明该新形态创新成果是其独立创作完成的，其是否具有区别于其他作品的特异性或差异性就应当由侵权人来举证证明。

以商标权充分保护地理标志。世界上多数国家不允许在非真实来源地的商品或服务上使用地理标志注册作为普通商标，其主要原因是担心造成商品或服务来源上的混淆。为了排除对商品或服务来源混淆的担心，除允许真实来源地的商品或服务使用的地理标志注册为证明商标、集体商标和普通商标以外，只允许非真实来源地的商品或服务善意申请注册和使用地理标志作为证明商标、集体商标和普通商标，即举证证明其不产生误认、不构成不正当竞争、不引起混淆、不属于通用名称。

（二）建立健全新形态创新成果知识产权优先保护机制

完善或实行新形态创新成果知识产权审查加快程序。对于新形态创新成果专利申请，采用全流程会晤审查方式，原则上不再发出审查意见通知书，通过会晤研究解决有关问题；在合议制基础上建立小组审查模式，并将文献检索与审查意见分离，效率优先、兼顾公正；实行批量集中审查，建立“新形态创新成果申请人”检索栏，改进提案规则、提出途径、执行方式等。[1] 对于涉及地理标志的商标注册申请，视同一般商标注册申请而实行多渠道受理、简化手续和流程、提高审查效率，至于是否构成误导公众而不应予以注册和使用，则留待商标注册以后的无效宣告程序中处理。对于植物新品种申请，借鉴美国做法，一般不进行持续时间较长的集中测试，而主要实行审批速度较快的书面审查，要求申请者向审批机关提供有关植物新品种新颖性、特异性、一致性和稳定性的数据和文件。

延长和拓宽新形态创新成果知识产权授权或注册申请的宽限期。世界知识产权组织 2001 年《实体专利法条约》建议所有成员

---

[1] 陈亚英，李娟，轩云龙，等．国家科技重大专项发明专利审查模式研究［M］//魏保志．专利审查研究 2011．北京：知识产权出版社，2012：38－51．

国均采用12个月的专利申请宽限期，日本2011年《专利法》取消了对专利申请宽限期公开类型的限制，美国2013年《发明法案》将专利申请宽限期的起算点前推至外国优先权日，我国出于法律连续性和稳健考虑，首先将新形态创新成果专利申请的宽限期由6个月延长至12个月，并不再限定公开的方式和范围。对植物新品种提供专利权和品种权立体交叉的法律保护，已经成为世界上多数国家和地区的一致共识和努力方向，我国首先将植物新品种本身及其生物学生产方法纳入可专利的客体范围，这一点需要与延长和拓宽新形态创新成果专利申请的宽限期同步。

增设或调整新形态创新成果知识产权先用权实施范围。我国《专利法》没有规定先用权实施期限，为了避免先用权人怠于行使权利而“搭便车”获取不当利益，应当借鉴美国做法将专利先用权实施限定为专利申请日或公开日之前1年，同时对新形态创新成果的专利先用权实施行为作出不受1年限制的例外规定。基于我国目前植物新品种没有规定先用权的现实，为了限制其他先用权人对植物新品种的实施行为（植物新种品申请获得了授权），或者保证植物新品种的先用权实施范围（他人抢先申请获得了授权），应当对植物新种品增设先用权。在对普通商业秘密增加创造性要求的同时，将其先用权实施范围限制于销售、进口等商业利用，但对新业态新领域商业秘密作例外处理。

（三）由知识产权法院（庭）集中管辖和审理新形态创新成果案件

新形态创新成果案件不但涉及专利、商标、著作权和不正当竞争，而且专业性、复杂性更高，同时缺乏指导性案例，应当将之类同有关专利、技术秘密、计算机软件、植物新品种、集成电路布图设计等专业技术性较强案件，由北京、上海、广州3家知识产权法院或者南京、苏州、武汉、成都、杭州、宁波、合肥、福州、济南、青岛、深圳11家知识产权法庭在指定行政区域以内实行集中管辖，在指定行政区域以外实行长臂管辖。其中，长臂管辖旨在打破现有行政区域限制，将新形态创新成果案件最大可能地交由知识产权法院（庭）审理。

在包括知识产权法院（庭）在内的全国四级法院推行知识产权审判“三合一”模式，全面涵盖包括新形态创新成果案件在内的所有知识产权案件，统一知识产权民事、行政、刑事案件的司法管辖、证据规则和审判标准，在全面提升知识产权司法审判专业性的基础上，充分发挥知识产权民事、行政、刑事审判的整体保护效能。

建立全国统一的知识产权上诉管辖法院，按照四级两审、交错并行、均衡分布、两区分离的纵横架构，[1] 形成由覆盖全国的10～12家中级法院（庭）和国家层面的统一的高级法院组成的知识产权专门法院体系，实现包括新形态创新成果案件在内的全部知识产权案件司法管辖、审判标准和裁判结果的协调一致。

为了最大限度地提高新形态创新成果知识产权司法保护效率，对于管辖和审理新形态创新成果知识产权侵权纠纷的知识产权法院（庭），可以授权其审查知识产权有效性或者权利瑕疵，以此修正知识产权保护范围，然后径行作出判决，对该判决不服的，上诉至全国统一的知识产权高级法院；同时将新形态创新成果知识产权无效宣告行政决定视为一审判决，对该决定不服的，上诉至全国统一的知识产权高级法院，且认定知识产权无效宣告行政决定违法的直接予以变更。

[1] 徐俊．论我国知识产权法院的规划设计［J］．科技与法律，2015（1）．

论知识产权侵权行为的刑事责任

李菊丹*

摘　要：知识产权领域的大部分单纯的侵权行为通常不会追究刑事责任，原因主要有两点：一是知识产权是一种法律推定的有效权利；二是民事赔偿要比单纯的刑事处罚更能有效地保护权利人的合法利益。从国际上来看，主要针对著作权侵权和商标侵权中的假冒注册商标这两类侵权行为追究刑事责任，而专利侵权和品种侵权主要承担行政责任和民事责任。我国目前的立法也只有对那些严重侵害知识产权人或其利害关系人合法权益，同时又严重损害社会公共利益的知识产权侵权行为才追究刑事责任。考虑到追究知识产权侵权行为刑事责任的特殊性，本文拟对知识产权侵权的刑事保护问题进行梳理，分别讨论著作权、商标、专利、商业秘密以及植物新品种保护中的刑事责任追究问题，并阐明为什么要追究刑事责任以及如何追究刑事责任。

关键词：知识产权；侵权行为；刑事责任

一般来说，知识产权的保护具有广义和狭义之分。广义的知识产权保护可以将整个知识产权法律制度囊括其中，涉及解决哪

* 作者简介：中国社会科学院知识产权中心、中国社会科学院法学研究所副研究员，研究方向为知识产权法。

些智力活动成果可以纳入知识产权保护、相关权利主体具有哪些权利以及如何行使这些权利、当权利受到侵害时采取何种措施保护自己的合法权益等问题。通常所说的“要提高知识产权的保护水平”，就是在这一含义上使用“知识产权保护”这一说法的。狭义的知识产权保护，主要指当知识产权受到侵害时，权利人应当选择何种方式维护自己的合法权益，以及对于那些严重侵犯相关知识产权人权利、损害社会公共利益或者对社会经济秩序造成严重危害的侵权行为，如何追究行政或刑事责任。知识产权领域的大部分单纯的侵权行为通常不会追究刑事责任，原因主要有两点：一是知识产权是一种法律推定的有效权利；二是民事赔偿要比单纯的刑事处罚更能有效地保护权利人的合法利益。尽管不少权利人呼吁应追究知识产权侵权行为的刑事责任，以有效打击知识产权侵权行为，实际上大多数权利人的真实想法是希望凭借刑事责任对侵权人进行威吓，以便顺利地获得民事赔偿，而不是真正追究侵权人的刑事责任。

实践中，应如何把握哪些知识产权侵权行为应追究刑事责任呢？通常应遵循以下三个基本要点。首先，从国际上来看，主要针对著作权侵权和商标侵权中的假冒注册商标这两类侵权行为追究刑事责任，而专利侵权和品种侵权主要承担行政责任和民事责任。其次，只有对那些严重侵害知识产权人或其利害关系人合法权益，同时又严重损害社会公共利益的知识产权侵权行为才追究刑事责任。最后，追究知识产权侵权行为的刑事责任必须有明确的法律依据。相关的法律依据除了《专利法》《商标法》《著作权法》等知识产权法有相应的条款外，主要以现行《刑法》第 3 章第 7 节为主，同时，最高人民法院、最高人民检察院也围绕《刑法》规定的相关罪名出台相应的司法解释作为定罪量刑的补充依据。这些司法解释包括《最高人民法院关于审理非法出版物刑事案件具体应用法律若干问题的解释》（法释〔1998〕30 号）、《关于办理侵犯知识产权刑事案件具体应用法律若干问题的解释》（法释

〔2004〕19号)、《关于办理侵犯知识产权刑事案件具体应用法律若干问题的解释(二)》(法释〔2007〕6号)、《最高人民法院、最高人民检察院、公安部、司法部关于办理侵犯知识产权刑事案件适用法律若干问题的意见》(法发〔2011〕3号)等。

考虑到追究知识产权侵权行为刑事责任的特殊性,本文拟对知识产权侵权的刑事保护问题进行梳理,分别讨论著作权、商标、专利、商业秘密以及植物新品种保护中的刑事责任追究问题,并阐明为什么要追究刑事责任以及如何追究刑事责任。

一、著作权侵权的刑事责任

在我国,著作权侵权犯罪主要包括侵犯著作权罪和销售侵权复制品罪两种。另外,根据《计算机软件保护条例》(2001年修订)的相关规定,侵犯计算机软件著作权、触犯刑律的,依照《刑法》关于侵犯著作权罪、销售侵权复制品罪的规定,追究刑事责任。

(一)侵犯著作权罪

根据现行《刑法》规定,以营利为目的,实施下列行为:①未经著作权人许可,复制发行其文字作品、音乐、电影、电视、录像作品、计算机软件及其他作品的;②出版他人享有专有出版权的图书的;③未经录音录像制作者许可,复制发行其制作的录音录像的;④制作、出售假冒他人署名的美术作品的,违法所得数额较大或者有其他严重情节的,或者违法所得数额巨大或者有其他特别严重情节的,构成侵犯著作权罪。其中,违法所得数额较大或者有其他严重情节的,处3年以下有期徒刑或者拘役,并处或者单处罚金;违法所得数额巨大或者有其他特别严重情节的,处3年以上7年以下有期徒刑,并处罚金。

根据司法解释相关规定[1],违法所得数额在3万元以上的,属

[1] 《最高人民法院关于审理非法出版物刑事案件具体应用法律若干问题的解释》(法释〔1998〕30号)。

于“违法所得数额较大”。具有下列情形之一的，属于“有其他严重情节”：①非法经营数额在5万元以上的；②未经著作权人许可，复制发行其文字作品、音乐、电影、电视、录像作品、计算机软件及其他作品，复制品数量合计在500张（份）以上的；③其他严重情节的情形。违法所得数额在15万元以上的属于“违法所得数额巨大”。“有其他特别严重情节”包括：①非法经营数额在25万元以上的；②未经著作权人许可，复制发行其文字作品、音乐、电影、电视、录像作品、计算机软件及其他作品，复制品数量合计在2500张（份）以上的；③其他特别严重情节的情形。这里的“未经著作权人许可”，是指没有得到著作权人授权或者伪造、涂改著作权人授权许可文件或者超出授权许可范围的情形。“复制发行”包括复制、发行或者既复制又发行的行为，侵权产品的持有人通过广告、征订等方式推销侵权产品，以及通过信息网络向公众传播他人文字作品、音乐、电影、电视、录像作品、计算机软件及其他作品的行为均属于“发行”范围。以刊登收费广告等方式直接或者间接收取费用的情形属于“以营利为目的”。同时，非法出版、复制、发行他人作品，侵犯著作权构成犯罪的，按照侵犯著作权罪定罪处罚。

（二）销售侵权复制品的刑事责任

现行《刑法》还规定，以营利为目的，销售明知是通过侵犯著作权行为获得的侵权复制品，违法所得数额巨大的，构成销售侵权复制品罪，处3年以下有期徒刑或者拘役，并处或者单处罚金。这里的“违法所得数额巨大”是指违法所得数额在10万元以上。此外，行为人实施了侵犯著作权犯罪，又销售该侵权复制品，构成犯罪的，以侵犯著作权罪定罪处罚。行为人实施了侵犯著作权犯罪，又销售明知是他人的侵权复制品，构成犯罪的，应当实行数罪并罚。

（三）追究刑事责任的原因分析

为什么要对著作权侵权行为追究刑事责任呢？这是因为著作

权侵权行为不但侵害著作权人的私人利益，还容易损害文化产业的发展。大家知道，几乎所有著作权保护的作品都直接暴露于公共领域，任何人都可以采取较为简单的手段获得作品并加以复制。例如只要拥有一台复印机就可以复制出大量与原作品完全相同的作品复制件，复制的成本很小，复制的速度很快，尤其在电子环境下，这种复制的数量和速度更加惊人。例如，一部投资过亿的电影，如果被非法传上互联网供下载，哪怕只有数小时，完全有可能导致电影投资人所有投资血本无归，也可能导致投资者破产。因此，这些非法复制行为对作者原创动力、著作权人的经济利益以及整个国家文化产业的发展造成的损害是极其巨大的。因此，世界各国将严重的著作权侵权行为纳入刑法的调整范围，TRIPS也明确要求世界知识产权组织成员，应当为以商业性规模故意假冒他人商标和盗版的情形，规定刑事程序和刑罚措施。[1]

二、商标侵权的刑事责任

假冒注册商标罪是商标领域核心的犯罪行为。为了更好地打击和遏制假冒注册商标的犯罪行为，现行《商标法》和《刑法》将销售假冒注册商标的商品和非法制造、销售非法制造的注册商标标识的行为，一并纳入追究刑事责任的范围。

（一）假冒注册商标罪

根据《刑法》的相关规定，未经注册商标所有人许可，在同一种商品上使用与其注册商标相同的商标，情节严重的，处3年以下有期徒刑或者拘役，并处或者单处罚金；情节特别严重的，处3年以上7年以下有期徒刑，并处罚金。法释〔2004〕19号对什么是“情节严重的”和“情节特别严重的”作了具体界定。根据该司法解释，“情节严重的”是指：①非法经营数额在5万元以上或者违法所得数额在3万元以上的；②假冒两种以上注册商标，

---

[1] TRIPS Article 61。

非法经营数额在3万元以上或者违法所得数额在2万元以上的；③其他情节严重的情形。“情节特别严重的”是指：①非法经营数额在25万元以上或者违法所得数额在15万元以上的；②假冒两种以上注册商标，非法经营数额在15万元以上或者违法所得数额在10万元以上的；③其他情节特别严重的情形。这里的“相同的商标”，是指与被假冒的注册商标完全相同，或者与被假冒的注册商标在视觉上基本无差别、足以对公众产生误导的商标。“使用”是指将注册商标或者假冒的注册商标用于商品、商品包装或者容器以及产品说明书、商品交易文书，或者将注册商标或者假冒的注册商标用于广告宣传、展览以及其他商业活动等行为。

有学者认为，法释〔2004〕19号对假冒注册商标罪所确定的“入罪标准与《商标法》规定的侵犯注册商标专用权的第二档行政处罚标准居然完全相同，都是非法（违法）经营数额5万元以上”，从而导致“在行政执法与刑事司法实体标准完全相同的情况下，当工商行政管理部门处理侵犯注册商标专用权的行为时，肯定不会考虑将严重的商标侵权行为移送司法机关处理”，进而“行政执法挤压刑事司法的作用空间，导致‘以罚代刑’的现象就不可避免”[1]。这种观点是值得商榷的。假冒注册商标罪的入罪标准为“非法经营数额在5万元以上”，与《商标法》第60条第2款在认定商标侵权成立的情况下，“违法经营额5万元以上的，可以处违法经营额5倍以下的罚款”，实际上是两个完全不同的法律行为追究不同的法律责任所适用的数额标准。在假冒注册商标的情况下，非法经营数额在5万元以上的，这种违法行为不仅损害了商标权人的利益，而且损害了社会公众的权益，因此被追究刑事责任。而在商标侵权情况下，违法经营额5万元以上的，这种违法行为主要损害的是商标权人的利益，附带部分社会公众的权益，因此处以“违法经营额5倍以下的罚款”的刑罚足矣。如果理解

[1] 罗颖．知识产权刑法保护的实体界限［J］．法制博览，2006（02下）．

假冒注册商标行为和商标侵权行为之间的关系，就应该不会据此得出“行政执法挤压刑事司法的作用空间，导致‘以罚代刑’的现象就不可避免”的结论。

（二）销售假冒注册商标商品罪

销售明知是假冒注册商标的商品，销售金额数额在5万元以上的，属数额较大，处3年以下有期徒刑或者拘役，并处或者单处罚金；销售金额数额在25万元以上，属数额巨大，处3年以上7年以下有期徒刑，并处罚金。法释〔2004〕19号明确，“销售金额”是指销售假冒注册商标的商品后所得和应得的全部违法收入，同时指出，具有下列情形之一的，应当认定为“明知”：①知道自己销售的商品上的注册商标被涂改、调换或者覆盖的；②因销售假冒注册商标的商品受到过行政处罚或者承担过民事责任、又销售同一种假冒注册商标的商品的；③伪造、涂改商标注册人授权文件或者知道该文件被伪造、涂改的；④其他知道或者应当知道是假冒注册商标的商品的情形。

（三）非法制造、销售非法制造的注册商标标识罪

伪造、擅自制造他人注册商标标识或者销售伪造、擅自制造的注册商标标识，情节严重的，处3年以下有期徒刑、拘役或者管制，并处或者单处罚金；情节特别严重的，处3年以上7年以下有期徒刑，并处罚金。这里的“情节严重”是指：①伪造、擅自制造或者销售伪造、擅自制造的注册商标标识数量在2万件以上，或者非法经营数额在5万元以上，或者违法所得数额在3万元以上的；②伪造、擅自制造或者销售伪造、擅自制造2种以上注册商标标识数量在1万件以上，或者非法经营数额在3万元以上，或者违法所得数额在2万元以上的；③其他情节严重的情形。“情节特别严重”是指：①伪造、擅自制造或者销售伪造、擅自制造的注册商标标识数量在10万件以上，或者非法经营数额在25万元以上，或者违法所得数额在15万元以上的；②伪造、擅自制造或者销售伪

造、擅自制造2种以上注册商标标识数量在5万件以上，或者非法经营数额在15万元以上，或者违法所得数额在10万元以上的；③其他情节特别严重的情形。行为人实施了假冒注册商标犯罪，又销售该假冒注册商标的商品，构成犯罪的，以假冒注册商标罪定罪处罚。行为人实施了假冒注册商标犯罪，又销售明知是他人的假冒注册商标的商品，构成犯罪的，应当实行数罪并罚。

（四）追究刑事责任的原因分析

考虑商标侵权刑事责任的问题，必须要分清商标侵权和假冒注册商标这两个行为。商标侵权是指，未经商标注册人的许可，在同一种商品上使用与其注册商标近似的商标，或者在类似商品上使用与其注册商标相同或者近似的商标。假冒注册商标是指未经商标所有人许可，在同一种商品上使用与其注册商标相同的商标。由此可见，假冒注册商标，首先是一种商标侵权行为，但不是所有的商标侵权行为都属于假冒注册商标。只有未经商标所有人许可，在同一种商品上使用与其注册商标相同的商标的，才构成假冒注册商标。对于假冒注册商标以外的其他商标侵权行为，由于其主要侵犯的是商标权人的经济利益，因此通常仅追究行为人的民事责任或者行政责任。假冒注册商标，尤其是大规模的、情节严重的商标假冒行为，不但严重损害商标权人的合法利益，而且也损害了社会公众（消费者）的合法权益，对市场竞争秩序产生恶劣影响。因为商标是指示商品或服务来源的标识，一旦这种标识出现混乱，将严重影响消费者对相关商品或服务的认知，同时也影响相关商品或服务提供者正当竞争的权益。基于上述考虑，世界大部分国家都规定严重的假冒注册商标行为，应追究刑事责任。TRIPS也明确要求WTO成员有义务对商业性规模的故意假冒他人注册商标的行为追究刑事责任。

三、专利保护领域的刑事责任

我国知识产权法对严重的著作权侵权行为和商标假冒行为规

定了刑事责任，但是没有为严重的专利权侵权行为规定刑事责任。在专利保护领域，主要是假冒专利和泄露国家秘密这两类违法行为，情节严重的，有可能追究刑事责任。

（一）专利侵权行为不追究刑事责任

按照通常的道理来说，专利侵权行为作为一种侵犯财产权的违法行为，如果情节严重的话，应该追究行为人的刑事责任。但世界上大部分国家的专利法并没有对此类违法行为追究刑事责任，TRIPS也没有为WTO成员设立要求对专利侵权行为给予刑事保护的最低义务。为什么世界各国没有对专利侵权行为追究刑事责任呢？这主要与专利权本身的特征有关。首先，专利权是一种被推定有效的权利。专利权是发明者就其技术发明所享有的法律明文规定的一系列权利。专利权的获得，必须以国家专利机关对相关发明所覆盖的技术进行审查，即对申请专利保护的技术新颖性、创造性和实用性，根据出版物对相关技术的记载情况和相关技术的公知公用情况进行审查。根据检索到的所有信息，专利审查员如果认为相关的技术发明符合专利授权要件的，则授予专利证书；如果认为相关的技术发明不符合专利授权要件的，则驳回专利申请。从客观方面来说，专利审查员事实上无法穷尽所有关于相关技术发明的信息，因此只能根据一定期限内、一定条件下收集到的信息对相关技术发明的新颖性和创造性进行判断，具有不可避免的局限性。从主观方面来说，专利审查员对相关技术的判断，难免出现主观上的失误，同时专利申请人在申请专利的过程中，会有意无意地隐瞒一些情况。为了确保专利权授予真正的发明，世界各国的专利制度中均涉及了专利权的无效程序，即专利是否授予给真正的技术发明，必须接受第三人的挑战。也就是说，相关专利在特定情况下，有可能被第三人通过专利无效程序宣告无效。从世界各国的实践来看，无论是在美国、欧洲，还是日本，均有数量不少的专利被宣告无效，或者需要修改专利保护范围。中国过去的专利保护实践同样也证明了这一点。其次，专利侵权行为主要侵害了专利权人的经济利益。专利侵权具有严格的界定，只有行为人在被控侵权的产品或方法中，未经许可利用了专利所覆盖的技术发明，才构成专利侵权行为。也就是说，单纯的专利侵权仅涉及侵权人未经许可利用了专利技术，“侵犯专利权所涉及的仅仅是专利权人个人的利益”，不存在相关产品或者方法假冒伪劣的问题，“不涉及对于社会公共利益的侵犯”。[1] 如果将严重的专利侵权行为定为刑事犯罪，就必须在司法程序中保障其所侵犯的权利是一项确定的权利，从目前的专利保护实践来看，除了会出现诉讼程序的无限延长外，仍然有可能无法证明相关专利权的绝对性，“为了充分保障人权，同时节约司法资源，暂不规定专利侵权的刑事责任是明智的”[2]。

（二）假冒专利的刑事责任

根据现行《专利法》第 63 条规定，“假冒专利的，除依法承担民事责任外，由管理专利工作的部门责令改正并予公告，没收违法所得，可以并处违法所得四倍以下的罚款；没有违法所得的，可以处 20 万元以下的罚款；构成犯罪的，依法追究刑事责任”。《刑法》第 216 条明确规定了“假冒专利罪”，即假冒他人专利，情节严重的，处 3 年以下有期徒刑或者拘役，并处或者单处罚金。什么是假冒专利的行为呢？《最高人民法院、最高人民检察院关于办理侵犯知识产权刑事案件具体应用法律若干问题的解释》第 10 条对“假冒他人专利”的行为作了列举，包括：①未经许可，在其制造或者销售的产品、产品的包装上标注他人专利号的；②未经许可，在广告或者其他宣传材料中使用他人的专利号，使人将所涉及的技术误认为是他人专利技术的；③未经许可，在合同中使用他人的专利号，使人将合同涉及的技术误认为是他人专利技术的；④伪造或者变造他人的专利证书、专利文件或者专利申请文件的。从上述

---

[1] 李明德．知识产权法［M］．2 版．北京：法律出版社，2014：190.

[2] 王迁．知识产权法教程［M］．4 版．北京：中国人民大学出版社，2014：374.

规定可以看出，现行《专利法》上的“假冒专利”与《刑法》和相关司法解释所规定的“假冒他人专利”之间，存在一定的差别。这是由于《专利法》在2008年进行修订时，将原《专利法》规定的“假冒他人专利”和“冒充专利”的行为合并为“假冒专利”。“假冒他人专利”是指未经专利权人许可而在自己制造或者销售的产品、产品包装或者广告及宣传材料中，或者合同中标注他人的专利号的情形，也就是法释〔2004〕19号第10条所列举的情形。有学者认为，“所谓假冒他人专利，是指既侵犯他人的专利权，又侵犯他人的专利标记权而言”❶，这种观点是值得商榷的。虽然从理论上来说，确实存在专利侵权与假冒他人专利行为竞合的情形，但从根本上来说，追究刑事责任的根本原因在于行为人的产品或方法没有获得相应的专利，而标注他人的专利号。“冒充专利”是指通常以编造的专利标记和号码，使非专利产品冒充专利产品，非专利方法冒充专利方法。对于此类行为，主要由专利管理部门责令改正和处以罚款。因此，虽然现行《专利法》规定，假冒专利，构成犯罪的，追究刑事责任，实际上只有“假冒他人专利”的行为，情节严重的，才可以追究刑事责任。

如何来判断何种情况下的假冒他人专利行为构成情节严重呢？根据法释〔2004〕19号第4条的规定，假冒他人专利，具有下列情形之一的，属于《刑法》第216条规定的“情节严重”，应当以假冒专利罪判处3年以下有期徒刑或者拘役，并处或者单处罚金：①非法经营数额在20万元以上或者违法所得数额在10万元以上的；②给专利权人造成直接经济损失50万元以上的；③假冒两项以上他人专利，非法经营数额在10万元以上或者违法所得数额在5万元以上的；④其他情节严重的情形。单位犯该罪的，对单位判处罚金，并对其直接负责的主管人员和其他直接责任人员进行上述处罚。同时，该司法解释对“非法经营数额”作了解释，“是指行为人在

❶ 汤宗舜．专利法教程［M］．3版．北京：法律出版社，2003：251.

实施侵犯知识产权行为过程中，制造、储存、运输、销售侵权产品的价值。已销售的侵权产品的价值，按照实际销售的价格计算。制造、储存、运输和未销售的侵权产品的价值，按照标价或者已经查清的侵权产品的实际销售平均价格计算。侵权产品没有标价或者无法查清其实际销售价格的，按照被侵权产品的市场中间价格计算。多次实施侵犯知识产权行为，未经行政处理或者刑事处罚的，非法经营数额、违法所得数额或者销售金额累计计算。”单位实施《刑法》第213～216条规定的行为，按照本解释规定的相应个人犯罪的定罪量刑标准的3倍定罪量刑。明知他人实施侵犯知识产权犯罪，而为其提供贷款、资金、账号、发票、证明、许可证件，或者提供生产、经营场所或者运输、储存、代理进出口等便利条件、帮助的，以侵犯知识产权犯罪的共犯论处。

由上述规定可知，假冒专利罪的犯罪主体是一般主体，可以是具有刑事责任能力的个人，也可以是单位。标注他人专利号是构成假冒专利，可以追究刑事责任的必要条件，因此犯罪主体必须具有标注他人专利号的故意。实践中，行为人制造或生产的产品或方法没有获得专利保护，但在产品及其相关包装上标注了专利号通常就可以推定该行为人存在主观故意，除非其可以证明只是标错了专利号而已。在产品及其包装上标注他人专利号的行为，一方面来说让社会公众对相关的产品产生混淆，另一方面在一定程度上也或多或少地损害了专利权人的合法权益。因此，追究假冒专利行为的刑事责任，主要是从维护社会公共利益的角度出发的，而不仅仅是为了维护专利权人的利益。

对于我国现行《专利法》和《刑法》没有将“冒充专利”的行为纳入刑事责任的范畴，有学者认为“仅规定假冒专利罪不利于维护专利制度的权威性和充分保护专利权人的合法权益。故有必要通过修改《刑法》，将冒充专利行为和专利侵权行为纳入刑法的调整范围”[1]。对这一问题的认识，有学者早已对我国《专利法》和《刑法》中的假冒专利罪提出“是否需要给予如此严厉的行政处罚和刑事责任”的质疑，指出“《美国专利法》第 292 条规定，每一次虚假标示可以处以 500 美元的罚金，其中一半归起诉者，另一半归美国政府”，“中国的立法者有必要考虑现实生活中究竟有多少假冒专利的行为”[2]。如果我们清楚理解专利权的特殊性，理解专利侵权、假冒他人专利、冒充专利的现实危害性，就会对上述问题作出明确的回答。

（三）专利申请中泄露国家秘密的刑事责任

泄露国家秘密罪，不是《刑法》第 3 章第 7 节规定的“侵犯知识产权罪”的范围，但涉及专利申请中的某些特殊问题，因此作一简要介绍。通常来说，专利权的获得，必须以相关技术发明在专利申请文献中进行充分披露为条件，也就是说专利技术是一项公开的技术。但是某些专利技术会涉及国家的安全和重大经济利益，因此世界各国都存在某些关于专利披露的特殊规定。比如，现行《专利法》第 4 条规定，申请专利的发明创造涉及国家安全或者重大利益需要保密的，按照国家有关规定办理。所谓的国防专利，是指涉及国防利益以及对国防建设具有潜在作用需要保密的发明专利。国防专利的申请、审查和授权，以及管理、保护和利用均依据 1990 年制定、2004 年修订的《国防专利条例》相关规定进行。如果违反本条例规定，泄露国家秘密的，依照《中华人民共和国保守国家秘密法》和国家有关规定处理。

专利申请中涉及泄露国家秘密的，还有一个向国外申请专利的问题。通常来说，技术发明者可以在中国申请专利保护，也可以向外国申请专利保护，但在某些特殊情况下，国家需要对向外国申请专利的技术进行审查，避免涉及国家安全或重大经济利益

---

[1] 于阜民．专利权的刑事保护［M］．北京：社科文献出版社，2005：56．

[2] 李明德．知识产权法［M］．2 版．法律出版社，2014：191．

的发明公开给外国人，因此《专利法》规定，任何单位或者个人将在中国完成的发明或者实用新型向外国申请专利的，应当事先报经国务院专利行政部门进行保密审查。保密审查的程序、期限等按照国务院的规定执行。如果违反规定向外国申请专利，泄露国家秘密，构成犯罪的，依法追究刑事责任。

对于专利申请中出现的泄露国家秘密的行为，其犯罪构成和定罪量刑，应适用《刑法》关于“泄露国家秘密罪”的所有规定。

四、商业秘密侵权的刑事责任

商业秘密，是指不为公众所知悉、具有商业价值并经权利人采取相应保密措施的技术信息和经营信息，是人类智力活动成果的一种。法律对于商业秘密的保护，是通过制止他人以反不正当的手段窃取商业秘密的方式来进行的。世界各国的立法实践中，一般都将商业秘密的保护放在反不正当竞争法中。我国于 1993 年制定的《反不正当竞争法》第 10 条规定了对商业秘密的保护，该法于 2017 年 11 月 4 日第十二届全国人民代表大会常务委员会第三十次会议修订时，将有关商业秘密保护的条款调整为第 9 条，在具体内容上也有所修订。《反不正当竞争法》本身没有明确规定侵犯商业秘密的行为应追究刑事责任，而是统一通过该法第 31 条规定“违反本法规定，构成犯罪的，依法追究刑事责任”。这样，《反不正当竞争法》与《刑法》建立关联，共同为追究侵犯商业秘密行为的刑事责任提供法律依据。现行《刑法》第 219 条关于侵犯商业秘密罪的规定是以 1993 年《反不正当竞争法》第 10 条关于商业秘密的保护内容为基础进行规定的，其内容主要由三部分构成：①界定了什么是商业秘密；②界定了什么是侵犯商业秘密的行为；③界定了侵犯商业秘密罪的罚则。

（一）商业秘密的界定

根据修订后的《反不正当竞争法》规定，商业秘密是指不为公众所知悉、具有商业价值并经权利人采取相应保密措施的技术信息和经营信息。从上述规定中可知，商业秘密包括技术信息和经营信息。这些信息具有相对的保密性（不为公众所知悉），具有商业价值，并具有相应的保密措施。上述三个要件缺一不可，否则不管相关信息多么具有经济价值，也不能获得作为商业秘密的法律保护。《反不正当竞争法》修订对商业秘密的构成要件在表述上有所变化，主要是将原来规定的“能为权利人带来经济利益、具有实用性”改为“具有商业价值”，总体来说，修订后的表达更加明确，避免了“能为权利人带来经济利益”与“实用性”之间在语义上的重叠和歧义。

（二）侵犯商业秘密行为的界定

修订后的《反不正当竞争法》明确规定了侵犯商业秘密的四种情况，包括：①以盗窃、贿赂、欺诈、胁迫或者其他不正当手段获取权利人的商业秘密；②披露、使用或者允许他人使用以前项手段获取的权利人的商业秘密；③违反约定或者违反权利人有关保守商业秘密的要求，披露、使用或者允许他人使用其所掌握的商业秘密；④第三人明知或者应知商业秘密权利人的员工、前员工或者其他单位、个人实施前款所列违法行为，仍获取、披露、使用或者允许他人使用该商业秘密的，视为侵犯商业秘密。

与原来的规定相比，有两处作了修改。第一处是在上述①中，将原来的具体明确的“利诱”改为“贿赂”“欺诈”。从法律效果来说，法律条文在修改前后没有实质变化，但是在法律语言上显得更加规范。第二处修改是针对视为侵犯商业秘密的情形。原来的规定是“第三人明知或者应当知道前款所列违法行为，获取、使用或者披露他人的商业秘密，视为侵犯商业秘密”。从法律效果上来说，修订后的条款所规定的内容，并没有超出修订前条款的内容。虽然修订后的条款列明第三人应明知的是“商业秘密权利人的员工、前员工或者其他单位、个人实施前款所列违法行为”，但事实上这些违法行为就是任何人实施的违法行为，“商业秘密权利人的员工、前员工或者其他单位、个人”的表达已经涵盖了所有可能侵权主体。修订后的条款还增加了一项第三人侵权使用的情形，即“允许他人使用该商业秘密的”，从实际来说，“允许他人使用”是“使用”的一种形式。因此，在法律含义上，视为侵犯商业秘密的情形，修改前后，无实质性变化。

（三）侵犯商业秘密罪的构成

从刑法学的角度来说，犯罪构成要件应包括主体、客体、主观方面和客观方面四项。侵犯商业秘密罪的主体是一般犯罪主体，必须达到法定的刑事责任年龄、具有刑事责任能力的自然人，以及单位。犯罪的主观方面，是指犯罪主体只有在故意或者存在重大过失的情况下，才有可能承担刑事责任。客体就是犯罪行为侵犯了法律所保护的社会主义市场经济秩序。客观方面就是指犯罪行为人实施了刑法所规定的违法犯罪行为。对于侵犯商业秘密犯罪而言，除了符合上述四个要件外，还应有两个前提条件。第一个前提条件是被控侵犯的相关信息必须符合作为商业秘密的条件，如果相关信息无法满足秘密性、具有商业价值以及具采取保密措施就不能构成侵犯商业秘密罪；第二个前提是被控犯罪行为人必须实施了《反不正当竞争法》第 9 条规定的侵犯商业秘密的四种行为。也就是说，只有在被控侵权人对明确属于商业秘密的相关信息实施《反不正当竞争法》所确定的四项侵权行为的前提上，相关行为才有可能构成侵犯商业秘密犯罪。

事实上，实践中真正属于商业秘密的信息，远没有想象中的多。首先，对相关信息是否属于商业秘密的判断，必须以被控侵权行为发生时为准。如果在被控侵权行为实施的时候，企业没有对相关信息采取合理保密措施的，那么就没有权利追究其他人侵犯了他的商业秘密。其次，企业的商业秘密还必须与员工在工作过程中形成的技艺作区别，不能将属于员工的技艺，列为企业的商业秘密。最后，在追究第三人侵犯商业秘密法律责任的时候，还必须合理看待竞业禁止协议的法律效力。竞业禁止协议的目的是保守商业秘密，但不能用这样的协议来限制劳动者根据自己的才能和技艺进行自由流通、自由择业。如果员工在使用和利用其工作技能、经验和知识时，没有违反保密协议，也没有采取窃取等不正当行为获得商业秘密，那就属于合法行为，应当受到法律的保护。

《刑法》追究商业秘密犯罪行为的法律责任，与《反不正当竞争法》追究侵犯商业秘密的民事责任不同，还存在相关行为造成的损失是否达到一定程度的限制。根据《刑法》规定，只有给商业秘密的权利人造成重大损失的，或者造成特别严重后果的，才追究刑事责任。如何判断“重大损失”和“特别严重后果”，法释〔2004〕19号第7条规定作了解释。该司法解释规定，给商业秘密的权利人造成损失数额在50万元以上的，属于“给商业秘密的权利人造成重大损失”，给商业秘密的权利人造成损失数额在250万元以上的，属“造成特别严重后果”。另外，最高人民检察院、公安部在2010年颁布的《关于公安机关管辖的刑事案件立案追诉标准的规定(二)》第73条明确了追究侵犯商业秘密刑事责任的立案标准。根据规定，涉嫌下列情节之一的，应予立案追诉：①给商业秘密权利人造成损失数额在50万元以上的；②因侵犯商业秘密违法所得在50万元以上的；③致使商业秘密权利人破产的；④其他给商业秘密权利人造成重大损失的情形。

(四)《刑法》与《反不正当竞争法》的相互协调

虽然《刑法》第219条前两个部分所依据的《反不正当竞争法》的相关条款已经进行了修改，考虑到相关法律对同一行为的界定应保持一致，对《刑法》也应进行修订。但是由于我国《刑法》没有直接援引《反不正当竞争法》相关条款，而是对商业秘密以及相关侵犯行为直接以文字的方式进行了规定，因此在《刑法》第219条修改之前，仍应根据该条款的具体规定追究侵犯商业秘密罪的法律责任。从上文对《反不正当竞争法》修改前后的商业秘密及其侵犯行为规定的比较可以看出，对商业秘密保护的修改主要是从语言表达的角度进行的，在法律实施效果上应没有实质性变化。但是，从严谨的角度看，应尽快对《刑法》相关条款进行修改，保持文字表达的一致性。因为，侵犯商业秘密行为刑事责任的追究是以侵犯商业秘密民事责任的存在为前提的。也就是说，不管是《反不正当竞争法》对商业秘密及其侵权行为的界定，还是《刑法》对商业秘密及其侵犯行为的界定，均应在同一意义上进行。当然，侵犯商业秘密罪的构成还需要以相关侵害行为造成特定程度的损害为条件。

（五）追究刑事责任的原因分析

虽然从本质上来说，对所有类型的知识产权所提供的保护，都隐含反不正当竞争的意思，但商业秘密的保护更明显地强调反不正当竞争的特性。这一点，从《反不正当竞争法》对侵犯商业秘密行为的界定就可以看出。部分版权侵权行为和商标假冒行为，其社会危害性达到一定程度的，可以追究刑事责任。追究侵犯商业秘密行为的刑事责任，与追究盗版行为和假冒行为刑事责任的内在逻辑，实际上是相同的，但强调追究责任的重点又有所不同。这种法律责任设置的主要目的是维护社会公共利益，而不仅仅是维护知识产权权利人的合法权益。追究盗版行为和假冒行为刑事责任，强调的是相关侵权行为构成了盗版或者假冒行为，侵害了权利人的权利，而追究侵犯商业秘密行为的刑事责任，强调的是行为人采用了盗窃、贿赂、欺诈、胁迫或者其他不正当手段获得、披露或者使用相关商业秘密。之所以存在这样的差别，与商业秘密本身的特点有关。首先，与专利、商标和版权所承载的信息处于公有领域的状态不同，被认为是商业秘密的信息必须处于相对秘密的状态。对于秘密状态下的商业信息和技术信息，只有行为人被证明采取了《反不正当竞争法》所列举的不正当手段获得的相关信息，才有可能被追究刑事责任。不能证明这一点的，就无法认定相关行为人侵犯了商业秘密。其次，与一个发明只能授予一件专利的原则不同，实践中可能存在多个不同的权利主体对相同的商业秘密分别拥有各自的权利的现象。既然实践中存有多个主体拥有相同商业秘密的可能性，只有证明行为人是通过不正当手段获取、披露或使用相关商业秘密的，才能认定其行为构成侵犯他人持有的商业秘密。最后，盗版和假冒行为的量刑均以行为人的违法经营额作为量刑标准，而侵犯商业秘密罪的量刑以行为人侵犯商业秘密后遭受的实际损失作为定罪量刑标准。根据法释〔2004〕19号，只有侵犯商业秘密的行为，给商业秘密的权利人造成损失数额在50万元以上的，才有可能追究刑事责任。对于盗版和假冒行为，只要非法经营数额在5万元以上或者违法所得数额在3万元以上，均有可能追究刑事责任。所以，侵犯商业秘密罪的量刑标准更加严格，实践中能够构成侵犯商业秘密罪的行为也是非常少的。

五、植物新品种保护的刑事责任

我国《植物新品种保护条例》主要对假冒授权品种以及县级以上人民政府农业、林业行政部门以及有关部门的工作人员滥用职权、玩忽职守、徇私舞弊、索贿受贿的行为，规定要追究刑事责任。关于滥用职权、玩忽职守、徇私舞弊、索贿受贿的行为，如何追究刑事责任，根据《刑法》相关规定即可。在《种子法》（2015年）修订过程中，为遏制品种权侵权严重的发展态势，不少人提出应对品种权侵权行为追究刑事责任，虽然《种子法》没有规定相关条款，最近农业部拟启动《植物新品种保护条例》的修订，又有不少声音要求对严重的品种权侵权行为追究刑事责任。实践中，通常会出现品种权侵权与生产销售假种子行为的竞合，为了更好地厘清植物新品种保护领域的犯罪问题，下文将对上述三种违法行为的刑事责任问题予以讨论。

（一）品种权侵权行为不应追究刑事责任

从本质上来说，植物新品种和专利技术都属于发明创造。因此，品种权侵权行为不适宜追究刑事责任的理由和专利权侵权行为不追究刑事责任的理由是很近似的。首先，品种权在法律上是一种推定有效的权利。品种权的授权，虽然基于育种者对植物品种的创新，但必须经过农业部植物新品种保护办公室的审查，包括对植物品种的新颖性审查，以及对品种所具有的特异性、一致性和稳定性的测试与审查。审查人员对上述植物新品种授权要件的审查，有可能因主观或者客观的原因，无法真正做到审查结果的完全正确。同时，申请人也可能因主观或客观的因素，无法保证所提交申请资料的真实性。因此，从这一意义上来说，任何一项植物新品种权皆有可能在后续的品种权无效程序中被否定。其次，品种权侵权行为具有严格的界定，根据我国《种子法》的规定，主要是未经许可生产、销售授权品种的繁殖材料，或者未经许可为商业目的将该授权品种的繁殖材料重复使用于生产另一品种的繁殖材料的行为。从上述定义可以看出，品种权侵权行为本身不涉及品种的假冒问题，只是侵犯了品种权人的财产权利。因侵权行为对品种权人造成的损害，可以通过损害赔偿加以填补。如果法律上贸然规定对品种权侵权行为追究刑事责任，势必会导致民事案件刑事化的倾向，因此可能增加不少冤假错案。

《国际植物新品种保护联盟公约》（以下简称“UPOV 公约”）和 TRIPS 是与植物新品种保护有关的最为重要的国际条约。UPOV 公约没有要求成员为品种权侵权提供刑事救济，TRIPS 也仅要求各成员必须对以商业规模蓄意假冒商标或剽窃著作权的行为追究刑事责任，对于其他类型的知识产权案件适用何种法律责任由各成员决定。通过对美国、欧盟在内的 11 个国家或地区的品种权侵权法律责任的考察，发现美国、欧盟、荷兰、英国、加拿大、印度和中国台湾地区主要通过以禁令与损害赔偿为主要内容的民事责任追究品种权侵权责任。日本和澳大利亚明确对品种权侵权行为除了追究民事责任外，还应追究刑事责任。德国和巴西将不正确使用品种名称的行为纳入品种权侵权的范围，然后在此基础上规定品种权侵权应承担相应的民事责任和刑事责任。除了德国和巴西之外的其他 9 个国家和地区都明确规定应对不正确使用品种名称的行为追究刑事责任。因此，整体来说，大部分国家和地区没有超越 UPOV 公约和 TRIPS 的规定，没有在国内法中为品种权侵权行为设置刑事责任。中国在考虑是否为品种权侵权行为设置刑事责任的问题时，应该深入了解其他国家，尤其是品种权保护走在中国之前的这些国家，追究或不追究品种权侵权刑事责任的原因和理由，慎重对待品种权侵权责任入刑的问题。

（二）生产销售假种子的刑事责任

近年来，实践中普遍存在一种品种套牌销售的问题，这也是很多人认为需要对品种权侵权行为追究刑事责任的理由。所谓的品种套牌销售，实际上是品种权侵权和假冒品种的竞合行为。举例来说，A 品种为品种权人甲拥有的授权品种，乙未经许可以 B 品种名称生产销售 A 品种的行为，乙的行为构成品种套牌销售。在这种情况下，被控侵权人应同时承担品种权侵权和生产销售假种子的法律责任，即应承担相应行政责任或刑事责任的同时，还应向权利人承担损害赔偿责任。但必须强调的是，被控侵权人之所以要承担刑事责任，不是由于其实施了品种权侵权行为，而是由于其生产销售了假种子（用 B 品种名称生产销售 A 品种的种子）。下面就讨论一下生产销售假种子行为的刑事责任问题。

实践中，生产销售假种子的行为，除了会与品种权侵权行为出现竞合外，还有可能与假冒他人授权品种或者以非授权品种冒充授权品种的情形。比如，行为人甲以 B 授权品种的名称销售 A 品种的繁殖材料，如果 B 品种为他人拥有的真实存在的授权品种名称，则甲的行为构成假冒他人授权品种；如果 B 品种为无中生有的授权品种名称，则甲的行为构成冒充授权品种。当然还会出现，行为人甲以自己拥有的 B 授权品种的名称销售 A 品种的繁殖材料，此时，其行为亦构成假冒授权品种。行为人甲的上述三种行为，不会构成品种权侵权，但是构成《种子法》中销售假种子的行为，同时与假冒他人授权品种或者冒充授权品种的行为竞合。当然，如果行为人甲以品种 B（非授权品种）生产销售品种 A（非授权品种)，同样构成生产销售假种子的行为。因为，根据《种子法》(2004 年) 第 46 条规定，以非种子冒充种子或者以此种品种种子冒充他种品种种子的，以及种子种类、品种、产地与标签标注的内容不符的种子，均为假种子。销售假种子的行为，情节严重的，可追究刑事责任。

根据《刑法》第 147 条规定，销售明知是假的或者失去使用效能的种子，或者生产者、销售者以不合格的种子冒充合格的农种子，使生产遭受较大损失的，处 3 年以下有期徒刑或者拘役，并处或者单处销售金额 50%以上 2 倍以下罚金；使生产遭受重大损失的，处 3 年以上 7 年以下有期徒刑，并处销售金额 50%以上 2 倍以下罚金；使生产遭受特别重大损失的，处 7 年以上有期徒刑或者无期徒刑，并处销售金额 50%以上 2 倍以下罚金或者没收财产。实践中，只有使生产遭受较大损失的，才构成本罪。如果没有使生产遭受较大损失的，就不构成本罪。但是，根据《刑法》第 149 条第 1 款规定，如果销售假冒种子的行为，没有对生产造成较大损失的数额，但销售金额在 5 万元以上的，将根据《刑法》第 140 条销售伪劣产品罪追究行为人的刑事责任。《刑法》第 149 条第 2 款还同时规定，如果销售假冒种子，构成销售假冒种子罪，同时又构成销售伪劣产品罪的，依照处罚较重的规定定罪处罚。从《刑法》上述规定内容可以看出，相关违法行为需要追究刑事责任的前提是，该违法行为必须严重损害社会公共利益或者国家对相关社会关系的管理。也正是基于此种考虑，《刑法》要求只有那些使生产遭受较大损失的销售假种子的行为，才能追究刑事责任。

(三) 假冒授权品种的刑事责任

假冒授权品种的，尽管现行《条例》没有进行更细的区分，但也应包括假冒他人授权品种和冒充授权品种两种行为。假冒他人授权品种，或者冒充授权品种的，在实践中也可能与品种权侵权或者生产销售假种子的行为产生竞合，但就单纯的假冒授权品种来说，根据现行《种子法》第 73 条第 6 款规定，假冒授权品种的，由县级以上人民政府农业、林业主管部门责令停止假冒行为，没收违法所得和种子；货值金额不足5万元的，并处1万元以上25万元以下罚款；货值金额5万元以上的，并处货值金额5倍以上10倍以下罚款。尽管现行《种子法》第91条规定，违反本法规定，构成犯罪的，依法追究刑事责任，但目前《刑法》及其相关的司法解释尚未对假冒授权品种行为规定相应的刑事责任，因此可以认为，中国目前仅为假冒授权品种的行为设置了责令停止侵权、没收和罚款的行政法律责任，没有设置刑事责任。《种子法》所规定的假冒授权品种的法律责任，与《植物新品种保护条例》第40条的“假冒授权品种的，情节严重，构成犯罪的，依法追究刑事责任”规定相比，在刑事责任的问题方面态度更加明确，就是没有设置刑事责任。

六、结束语

追究刑事责任是法律通常所能提供的最严厉的救济方式，在知识产权保护领域同样发挥着不可或缺的威慑作用。但由于知识产权保护本身所具有的特点，知识产权领域刑事保护所能发挥的作用在很多情况下是受到限制的。首先，从知识产权人合法利益维护的角度来说，知识产权人更希望得到充分的民事赔偿，因此追究刑事责任通常不是其最佳的选择。其次，知识产权是一种法律推定有效的权利，其有可能在后续的无效程序中被宣告无效。因此，法律明确对知识产权侵权行为追究刑事责任规定以较为严格的条件，确保相应的刑事责任不会被滥用。最后，刑事保护作为最严厉的法律责任，只有在相关违法行为严重损害社会公共利益的情况下，才可能予以适用。正是基于上述考虑，刑事保护注定不会成为知识产权保护的主要手段。在追究知识产权侵权行为的刑事法律责任时，法院应对相关行为进行严格的审查，谨慎地适用，确保不会造成冤假错案，并应防止当事人将追究刑事责任作为获得民事赔偿的威慑手段予以滥用。

从日本经验看我国知识产权专业化审判改革

许　波*

摘　要： 自2008年《国家知识产权战略纲要》实施以来，我国知识产权司法保护取得了长足进步。近年来，随着北京、上海、广州三地知识产权法院以及成都、南京等15个知识产权法庭陆续成立后，我国知识产权专业化审判的大格局已经初步形成。为进一步解决裁判尺度不一、专门化审判辐射范围不够等问题，需要从推动建设知识产权强国和世界科技强国的战略高度，研究建立国家层面的知识产权案件上诉审理机制。日本与中国同属东方文明和制定法国家，历史上长期相互影响，在加强知识产权保护方面也有很多相似之处，并通过确立知识产权立国战略、优化知识产权审判体系、发挥判例积极作用等方式，有效实现了知识产权专业化审判和裁判标准统一，值得研究和借鉴。我国应该进一步调整和优化知识产权审判体系，尽快建立全国性的知识产权上诉法院，并在此基础上完善知识产权诉讼制度改革，充分发挥知识产权司法保护的主导作用，促进专业化审判和裁判标准统一。

关键词： 知识产权国家战略；知识产权审判体系；知识产权上诉法院；判例

---

* 作者简介：北京知识产权法院法官。

2017年11月20日，第十九届中央全面深化改革领导小组（以下简称“深改组”）第一次会议审议通过了《关于加强知识产权审判领域改革创新若干问题的意见》（以下简称《知产审判改革意见》），强调要加强知识产权审判领域改革创新，充分发挥知识产权司法保护主导作用，树立保护知识产权就是保护创新的理念，完善知识产权诉讼制度，加强知识产权法院体系建设，加强知识产权审判队伍建设，不断提高知识产权审判质量效率，优化科技创新法治环境。在党的十九大胜利召开后的第一次深改组会议上，就将知识产权审判领域改革与农村、扶贫、教育、环境、医疗等重大基础性工作共同研究和决议，充分体现了党中央对知识产权审判工作的高度重视和殷切期望。

2018年2月，《知产审判改革意见》经中共中央办公厅、国务院办公厅联合印发，这是党中央出台的第一个专门面向知识产权审判的里程碑式的纲领性文件，从总体要求、完善知识产权诉讼制度、加强知识产权法院体系建设、加强知识产权审判队伍建设和加强组织领导五个方面，对我国下一阶段的知识产权审判工作进行了顶层设计和具体部署。

一、我国知识产权专业化审判的成效和挑战

党的十九大报告指出，我国经济已由高速增长阶段转向高质量发展阶段，正处在转变发展方式、优化经济结构、转换增长动力的攻关期，建设现代化经济体系是跨越关口的迫切要求和我国发展的战略目标。为此，要加快创新型国家建设，因为创新是引领发展的第一动力，是建设现代化经济体系的战略支撑。在加快建设创新型国家的过程中，需要强化对知识产权的保护，而司法保护以其终局性、权威性和有效性在整个知识产权保护体系中发挥着主导作用。

国家对知识产权审判工作的重视在国务院2008年发布的《国家知识产权战略纲要》中就已得到了体现。其中提出，要完善知识产

权审判体制，优化审判资源配置，研究设置统一受理知识产权民事、行政和刑事案件的专门知识产权法庭，研究适当集中专利等技术性较强案件的审理管辖权问题，探索建立知识产权上诉法院。

2014年6月6日，中央全面深化改革领导小组第三次会议审议通过《关于设立知识产权法院的方案》，将设立知识产权法院作为我国司法体制改革的基础性、制度性措施。随着北京、上海、广州知识产权法院的陆续设立和运行，我国知识产权保护工作进入了一个全新的发展阶段。2017年8月29日，最高人民法院院长周强在向全国人大常委会报告知识产权法院三年工作情况时指出，北京、上海、广州知识产权法院初步探索出了中国特色知识产权专门化审判道路，充分展示了我国知识产权司法保护的新形象，赢得了人民群众和国际社会的积极评价，知识产权法院的重要作用逐步显现。

在肯定成绩的同时，周强也指出，知识产权法院工作还面临着一些突出问题和实际困难，例如知识产权二审案件的审理法院不统一，容易导致法律适用冲突，影响司法公信力，知识产权法院体系建设和裁判尺度统一有待进一步加强；知识产权专门化审判的辐射范围不够，难以有效满足创新活跃地区对于专门化审判的司法需求等。周强建议，要完善知识产权法院工作体制，从推动建设知识产权强国和世界科技强国的战略高度，研究建立国家层面知识产权案件上诉审理机制；适时增设知识产权法院，进一步健全符合知识产权司法保护规律的专门化审判体系，更好地满足科技创新对知识产权专门化审判的司法需求。

值得关注的是，在推进北京、上海、广州知识产权法院建设的同时，最高人民法院还充分考虑了相关区域经济发展水平和知识产权的司法保护需求，自2017年1月起至今，已先后在成都、南京、苏州、武汉、合肥、杭州、宁波、济南、福州、青岛、深圳、西安、天津、长沙、郑州设立了15个知识产权法庭或知识产权审判庭，跨行政区划管辖专利等技术类案件，并实行知识产权民事、行政、刑事“三合一”审判，极大丰富了我国知识产权专业化审判体系的内涵，形成了中国特色。

截至目前，除少数地区外，我国知识产权专业化审判的大格局已初步形成。结合《知产审判改革意见》精神、《国家知识产权战略纲要》部署和最高人民法院工作报告，一个国家层面的知识产权上诉法院将是推动我国下一阶段知识产权审判领域改革创新的重要抓手。“建设一个什么样的知识产权上诉法院”以及“怎样建设知识产权上诉法院”，已经成为我国知识产权审判工作的新课题和新挑战。

二、日本加强知识产权专业化审判的做法

鉴于知识产权尤其是专利对国家竞争力和经济社会发展的重大推动作用，世界主要国家近些年来都不断改革知识产权审判体系，统一裁判尺度，提升专业化审理水平。例如，英国在位于伦敦的高等法院大法官分庭之下设置专利法庭，负责审理全国范围包括专利在内的技术类案件，以及不服英国专利局决定而提起的行政诉讼；美国在华盛顿设立专门的联邦巡回上诉法院，负责审理不服美国专利商标局决定而提起的行政诉讼，以及不服各联邦地区法院专利纠纷判决而提起的二审诉讼；德国在慕尼黑设立专门的联邦专利法院，负责审理不服德国专利商标局决定和德国植物新品种局决定的案件、宣告德国专利和德国境内欧洲专利无效的案件、专利强制许可案件等；日本在东京高等法院内设立知识产权高等法院，负责审理不服日本特许厅决定而提起的行政诉讼，以及相关知识产权民事纠纷的二审诉讼。

可以看出，上述国家都以推进知识产权尤其是专利案件专业化审判为共同目标，但在具体做法上又有所差异。考虑到英国和美国为判例法国家，在司法理念和诉讼制度上与我国存在较大差异，而德国虽然为制定法国家，但由于采取了联邦制政体且联邦专利法院并不管辖专利等技术类案件的民事纠纷，由各州根据地

域管辖分别审理，故对上述国家的相关做法本文不予展开，但这并不意味着英国、美国、德国的做法和经验不具有参考意义。日本与中国同属东方文明和制定法国家，历史上交流频繁且互相影响，作为后发国家也都有提升国家竞争力、发挥国际影响的强烈愿望，且日本在移植、吸收外来法律制度并使其本土化方面堪称典范，故本文简要介绍日本近年来加强知识产权保护的相关做法。

（一）确立知识产权立国战略

2002年，日本制定了世界上首个成文的《知识产权战略大纲》，并据此在同年12月4日颁布了《知识产权基本法》，明确了知识财产和知识产权的范围，具体规定了国家、地方政府、大学和经营者的责任义务，并在内阁设立知识产权战略本部，由内阁总理大臣（即日本首相）担任部长，所有国务大臣为其成员，共同协调各部门推进实施知识产权立国战略。该国家战略实施后，日本在知识产权领域的立法和修法活动非常频繁。据相关学者统计，自战略实施以来至2014年，日本已制定或修改相关法律共50部，[1] 正努力实现《知识产权战略大纲》提出的“提升国际竞争力，使经济、社会整体充满活力”的目标。

（二）优化知识产权审判体系

根据知识产权立国战略和《知识产权战略大纲》的指引，日本于2003年修订了《民事诉讼法》，于2004年6月18日颁布了《知识产权高等法院设置法》，对日本知识产权审判体系进行了重新调整和优化。

2005年4月1日，根据《知识产权高等法院设置法》，日本在东京高等法院内设立了知识产权高等法院。尽管该院仅是作为东京高等法院的一个支部设立，但在司法管理上接受最高法院监督，院长和法官均由最高法院任命，在人事、财务和审判上具有一定

---

[1] 日本知识产权法［M］. 杨和义，译. 北京：北京大学出版社，2014：540.

的独立性。而在案件管辖方面，知识产权高等法院承继了之前东京高等法院对知识产权案件的管辖权，即专属管辖不服日本特许厅所作行政决定❶而提起的一审行政诉讼，以及相关知识产权民事纠纷的二审诉讼和东京高等法院其他所涉主要争议与知识产权有关的民事和行政案件。对于知识产权高等法院就上述案件作出的裁判，当事人可以根据相关诉讼法规定，上告❷到最高法院。

需要特别说明的是，上述知识产权高等法院审理的二审民事纠纷又可分为涉及专利权、实用新型权、集成电路布图设计权、计算机软件著作权的技术类案件，以及涉及外观设计权、商标权、著作权（计算机软件著作权除外）、出版权、邻接权、不正当竞争等的非技术类案件。对于技术类案件，根据2003年修订后的《民事诉讼法》，日本废止了过去多个地方法院均享有管辖权的做法，改由东京地方法院专属管辖东京、名古屋、仙台、札幌四个高等法院辖区内的一审案件，由大阪地方法院专属管辖大阪、广岛、福冈、高松四个高等法院辖区内的一审案件。当事人对东京地方法院和大阪地方法院一审裁判不服的，统一上诉到东京高等法院。❸ 显然，在承继东京高等法院管辖权之后，知识产权高等法院实际上就成为了所有技术类案件在日本唯一的上诉法院。此外，为了提升技术类案件的审理质效，日本还在知识产权高等法院、东京地方法院和大阪地方法院设立了调查官制度和专家委员制度。❹ 而对非技术类案件，知识产权高等法院则仅负责审理不服东

---

❶ 包括日本特许厅对专利、实用新型、外观设计、商标作出的授权和确权决定。

❷ 在日本，上告的对象主要是高等法院的判决，故主要是向最高法院提起。但在地方法院、家事法院和简易法院作出的判决涉嫌违反宪法时，当事人也可以直接向最高法院提起“越级上告”。

❸ 闫文军．日本知识产权审判情况概要［J］．电子知识产权，2005（3）：56.

❹ 郃中林．境外知识产权专门法院制度对我国的启示与借鉴［J］．法律适用，2010（11）：85.

京地方法院一审裁判而提起的上诉案件。[1]

除知识产权高等法院专属管辖的案件外，其他知识产权一审案件则根据地域管辖原则，由各个地方法院分别管辖，并由地方法院所对应的高等法院负责二审，最终由最高法院三审终审。

（三）发挥判例的积极作用

虽然是制定法国家，但判例在日本诉讼制度中也发挥着重要作用，这与日本法律的近代化历程密切相关。1868 年，明治维新开启了日本法律近代化的进程。明治天皇在其施政纲领《五条誓文》中明确提出要“求知识于世界”，为此日本政府选派大量留学生赴英、美、法、德等西方国家学习，并带回了西方法律制度与文化。德国法对日本产生了深刻影响，日本的法院组织以及民事诉讼程序也根据德国模式以制定法加以调整。[2] 但与此同时，明治时期专门教授英国法的英吉利法律学校等又为日本培育了判例观念和传统，“二战”后美国托管的历史又使日本进一步受到美国法的熏陶，从而使属于制定法国家的日本也形成了浓厚的判例文化。

上述外国法因素互相叠加综合，反映在诉讼制度上表现为，日本构建起了金字塔型的四级法院体系，即最高法院、高等法院、地方法院和家事法院、简易法院，并对案件实行三审终审制。当事人不服一审裁判的，可以向上一级法院提起上诉；不服二审裁判的，可以再向二审法院的上一级法院提起上告。但对于上告审程序，日本规定了较高的提起门槛。尽管如此，无论是民事诉讼法还是刑事诉讼法，都规定下级法院如果作出与最高法院判例相反的裁判，或者（在最高法院没有判例时）作出与大审院[3]或者高

---

[1] 对于东京、名古屋、仙台、札幌四个高等法院辖区内的非技术类知识产权案件，当事人可以选择在该四个高等法院辖区内的地方法院提起诉讼，也可选择向东京地方法院提起诉讼。

[2] 茨威格特，克茨．比较法总论［M］．潘汉典，米健，高鸿钧，等，译．北京：法律出版社，2003：517.

[3] 日本大审院成立于明治初期，是现今日本最高法院的前身。

等法院判例相反的裁判，当事人可以提起上告，即违反判例构成当事人提起上告的绝对理由。❶ 在三审终审制和上告审程序的共同作用下，尽管日本不是判例法国家，但最高法院的判例仍然足以实质性地影响到一审法院，并使审查下级法院裁判是否违反判例成为最高法院的一项重要职能，为最高法院统一裁判标准提供了诉讼法保障，并因此而赋予了判例“事实上的拘束力”。同时，《日本法院法》第 10 条第 3 项还对变更最高法院判例的情形规定了严格的程序，即“关于宪法及其他法令适用的解释、意见与以前的最高法院的审判不同时”，必须由最高法院全部 15 名法官组成的大法庭进行审查并作出判断。❷ 这就保证了最高法院判例一经作出，即具备了很强的稳定性，即便之后因为经济社会发展而需要变更，也会非常慎重。实际情况也表明，最高法院判例发生变更的情形至今仍非常罕见。

最后，可以“等同理论”在日本专利侵权诉讼中的运用为例，对上述内容举实例说明。1998 年之前，由于缺乏立法规定和最高法院判例，对于能否在专利侵权案件中适用以及如何适用等同理论，日本学界存在不同观点，各地法院也出现了不同裁判。1998 年，最高法院就“无限滑动用滚珠栓槽轴承”案作出终审判决，在日本首次认可了等同理论，并明确了适用时的五要件标准。自此，该判决就成为日本各级法院适用等同理论时应当遵从的在先判例。无论是负责专利案件一审的东京地方法院或大阪地方法院，还是负责二审的知识产权高等法院，如果违反了该最高法院判例，当事人最终都可上告到最高法院。如前所述，最高法院对其判例的变更既严格又罕见，因而在绝大多数情况下，下级法院作出的违反该最高法院判例的裁判都将被撤销。这就保证了即便是在高度集中的专业化审判体系下，最高法院仍然能够通过其判例，有

---

❶ 除违反判例外，违反宪法以及存在对诉讼程序的重大违反也构成上告理由。

❷ 后藤武秀. 判例在日本法律近代化中的作用 [J]. 比较法研究，1997 (1)：75.

效地约束下级法院裁判。

三、中日相关做法的比较与评价

之所以要关注日本加强知识产权保护的做法，是因为在很多方面，中国与日本非常相似：中国同样将知识产权上升到国家战略层面，制定了《知产审判改革意见》和《国家知识产权战略纲要》，提出创新驱动发展战略和国家知识产权战略，强调保护知识产权就是保护创新；同样在由国家最高领导人担任组长的深改组会议上，专门研究部署知识产权保护和知识产权审判领域改革创新的工作；同样不断优化知识产权审判体系，通过设立专门的知识产权法院，以及设置跨行政区划管辖并开展“三合一”审判的知识产权法庭或审判庭，实现管辖适度集中、区域大量覆盖的专业化审判体系；同样重视典型案例在促进裁判标准统一方面的积极促进作用，最高人民法院根据十八届四中全会提出的“加强和规范司法解释和案例指导，统一法律适用标准”要求，积极发布知识产权指导性案例，设立最高人民法院知识产权案例指导研究（北京）基地，探索建立中国特色知识产权案例指导制度。

但相比于日本，我国知识产权审判体系的调整优化和整体布局尚未完成，还缺乏一个能够有效推动专利等技术类案件审理、为科技创新保驾护航的全国性专业法院。而且，我国现行的诉讼制度也不同于日本，二审终审制以及较高的再审门槛和较低的再审比例，导致最高人民法院即便想通过审理案件来确保裁判标准统一，也困难重重且可能收效甚微。案例指导制度虽然有助于裁判标准统一，但现有制度在指导性案例供给、效力、运用等方面还存在着现实短板，且缺乏必要的诉讼制度和配套机制保障，其运行实效至少在现阶段尚难言满意。

因此，适应于新时代司法需求且符合我国国情的知识产权专业化审判体系目前仅仅是雏形初具，还亟待顶层设计后画下点睛之笔。而且，法院体系的建成也不是终点，完善知识产权诉讼制度更应成为今后我国知识产权审判工作中的一项长期任务。如何在共性基础上发现特性，如何在现行制度下寻求突破，如何体现知识产权司法保护的主导作用，如何促进专业化审判和裁判标准统一，如何在时机成熟时推动修法或专门立法，都是值得深入研究的新课题。我国虽然不可能照搬日本模式，比如在东京高等法院内部设置知识产权高等法院的做法就未必适合中国国情，但“他山之石，可以攻玉”，日本的相关做法和经验仍然为我们提供了一种思路和参考。

传统知识保护与标准化体系建设

中国社会科学院法学研究所　课题组*

摘　要：借助标准化手段，建立有关传统知识的分类、术语、通用要求、标识符等标准化体系，有利于加强传统知识的管理，并逐步与具体知识产权立法相结合，对创新传统知识的管理方法，加强传统知识的保护，有效促进传统知识的合理开发利用都将具有重要的促进作用。

关键词：传统知识；知识产权；标准化；传统知识标准体系

一、引言

传统知识具有重要的文化价值、经济价值和科学价值，是发展中国家在知识产权领域可以在国际舞台谋求话语权的重要筹码。虽然当代全球文化受经济一体化的影响呈现融合的势头，但其发展的目标应是多元化而非一元化，一元化的结局必然表现为僵化和无创新。人们在质疑保护传统知识及传统文化表达必要性的时候，常会延引自然界的优胜劣汰法则：文化或传统也是随着人类

---

* 本文系国家知识产权局“传统知识标准体系研究”课题报告论证部分。完成时间：2016年7月；课题组成员：管育鹰、张鹏、沙元冲、江月、张天宇；主要执笔人：管育鹰、张鹏。

生产生活生长或消亡的，应顺其自然而不是动用公共资源去保护。只有那些拥有自己特殊“基因”的本土文化才具有无可取代的价值，在世界文化发展中占一席之地。换句话说，越是民族的，就越是世界的；人们更愿意接触有独特风格和文化底蕴的产品。同时，传统知识及传统文化表达的保护并不仅是保持民族传统特色的问题，它还能为我们带来相应的经济利益。作为文明古国，我国拥有璀璨的传统文化和丰富的遗传资源，但由于缺乏系统完备的法律规定与高效便捷的执法机制，传统知识的保护往往停留在纸面上，在某些领域甚至为空白。也正因为如此，发达国家对我国传统知识无偿或低成本攫取与开发，并获得高额利润的事例并不鲜见。更有甚者，他们利用对我国传统知识开发所得的成果获取知识产权，反过来制约和排斥我国对于自身传统知识正当的开发和利用行为，威胁我国的文化安全和经济安全。

在全球化和商品化的社会里，一切有独特价值并为人所需的文化知识信息都可以成为市场交易的标的；我国丰富的传统知识及传统文化表达的潜在经济价值应当被充分地认识并挖掘出来。这一思路不仅应在国际竞争的层面上得到考虑，在目前的国内社会发展态势下也不失为解决经济发展不平衡、贫富差距的对策之一，因为那些传统知识及传统文化表达的权利人往往是不发达地区的少数民族或土著居民。从市场经济意识不可避免地入侵以来，不发达地区的少数民族或土著居民在经济竞争中一直处于劣势，其生活环境根本无法和发达地区的资讯、设备、人才等便利条件相比；但正因为此，他们保留了相对独特、丰富的传统。发展经济应当扬长避短，在“知识经济”时代，这种深受冲击、濒临消失的传统知识所具有的独特经济价值应得到更广泛的认识。

鉴于此，需要从不同角度加强对传统知识的保护。借助标准化手段，建立有关传统知识的分类、术语、通用要求、标识符等标准化体系，有利于加强传统知识的管理，并逐步与具体知识产权立法相结合，对创新传统知识的管理方法、加强传统知识的保护、有效促进传统知识的合理开发利用都将具有重要的促进作用。

标准体系建设是传统知识标准化工作的核心，对于促进传统知识标准化发展具有十分重要的战略意义。但是目前存在的主要问题是标准体系总体框架尚不明晰，体系结构不完善、通用标准不突出，不能满足标准体系建设的要求。从国家层面看，虽然已经制定了一批产品的国家标准，在标准中也原则规定了相应的技术或生产工艺等限制性要求，但明显不能满足生产过程的要求，缺少相关基础标准及生产过程的通用标准。如名词术语、通用的各类技术规范、加工技术标准等，难以有效指导下级标准体系的建立。从地方层面看，虽然大部分产品都已经制定相关标准，但大多数还没有针对地理标志产品所体现的传统知识特点，整合完善标准体系、推广应用，标准缺失现象仍较为严重。从企业层面看，多数企业不能根据国家、地方相关标准建立相应的企业标准体系，已不能适应当前地理标准产品产业发展的需要。

制定传统知识标准体系是传统知识标准体系构建的顶层设计，是建立科学、先进传统知识标准体系的关键环节，也是传统知识标准化的一项重要基础性工作；可以规范传统知识标准体系架构和标准分类编码方法，在其标准明细表中收录传统知识及其相关领域内现有、正在制定和应予制定标准的基本信息，包括标准体系表编号、标准号、标准名称、宜定级别和实施日期等。随着科学技术和传统知识标准化的发展而不断更新和充实，这项工作将为传统知识标准化发展规划、传统知识标准制修订以及标准研究和推广应用等提供有益的决策依据和指导，从而更好地发挥传统知识标准化在促进传统知识挖掘整理、规范行业管理、提高现代化水平、增强国际竞争力等方面的引领和支撑作用。

为此，中国社会科学院法学研究所接受国家知识产权局的委托，承担了“传统知识标准体系研究”项目。接受委托后，课题组按照合同规定的计划进度认真执行研究任务，进行资料收集汇总、拟定研究内容及重点、组织研讨和调研，并充分重视开题和中期评审中各方专家的建议，在多方征求意见和分析讨论的基础上撰写和修改研究报告。在课题组的努力下，研究报告的质量得到明显提高，形成了最终研究成果——“传统知识标准体系研究”的课题研究报告。本文为该研究报告的论述部分，具体建议部分因篇幅所限在此略去。

传统知识（Traditional Knowledge，TK）的概念有广义和狭义之分。广义的传统知识是指“基于传统之上的文学、艺术或者科学作品、表演、发明、科学发现、设计、商标、名称和符号、未被透露的信息以及所有其他在工业、科学、文学或艺术领域，由智力活动基于传统而产生的创作和创新”；“基于传统”是指代代相传的知识体系、创作、创新及文化表达被认为是属于特定的人群或地区、自发地演化而来、并不断根据环境的变化而变化[1]。世界知识产权组织（WIPO）将传统知识作如下的分类：①农业知识；②科学知识；③技术知识；④生态知识；⑤医药知识（药物和治疗方法）；⑥生物多样性相关知识；⑦民间文学艺术表达，如音乐、歌曲、舞蹈、手工艺品、设计、故事、艺术品；⑧文字或语言要素，如名称、地理标记、符号；⑨可移动的文化财产。狭义的传统知识是指民间文学艺术表达和生物遗传资源本身之外的内容。21世纪以来，为便于各国探讨相关保护制度并尽可能达成共识，WIPO成立了“知识产权和传统知识、遗传资源及民间文艺政府间委员会”（IGC）；因此，狭义的传统知识专指与传统文化表达（Traditional Cultural Expressions，TCEs，即民间文学艺术表达）、遗传资源（Generic Resource，GR）并列的概念。

本文采用广义的传统知识概念；但是，广义的传统知识，其外延体系非常庞杂，几乎涵盖所有领域中人类活动产生的知识和

---

[1] “World Intellectual Property Organization（WIPO）Draft Report on Fact-finding Missions on Intellectual Property and Traditional Knowledge（1998—1999）”，Chapter 5 “Terminology”，July 3，2000.

信息，本文不可能将传统知识的所有内容都纳入讨论范围，特别是抽象的、不是产业实施具体操作对象而属于思想文化范畴的纯理论知识部分，比如纯理论性的传统医学和农业知识学说和属于文化精神范畴的民间文艺作品等。换句话说，本文仅针对将传统知识应用于相关产业的部分，即能够量化、细化、标准化并成为知识管理对象的具有操作性的技术流程，或具有某种稳定特性和质量的有形传统产品。为便于分析研究，本文将此类可管理的传统知识分为四类：①传统医药知识（药物和治疗、养生方法）；②传统农业知识（农业、生态技术）；③传统技艺（传统产品制作、加工等技术）；④传统文化表达（民间艺术活动流程等）。

二、国内外关于传统知识保护的讨论与实践概述

（一）相关讨论概述

在全球化与现代化的浪潮中，对信息的掌握和控制日益成为决定一个国家经济发展实力和潜力的指标，人们越来越认识到传统知识所包含的似乎无穷尽的信息里蕴藏着巨大的商机；发展中国家为保护自己的利益，一直在争取使国际社会承认其传统知识的价值。传统知识的保护在超越知识产权的更广阔的国际论坛中都存在讨论，比如在联合国经济及社会理事会（ECOSOC）的国际论坛上，成员国从人权的角度探讨原住民的基本权利，并于2008年通过了《联合国原住民权利宣言》[1]，其中多处提及尊重和保护原住民的传统文化和医药等传统知识，特别是第31条，详细描述了原住民基本权利中对应知识产权客体的所有传统资源类别和形式。由于前面提到的传统知识体系非常庞杂，本文不欲过多从人权或原住民基本权利方面讨论，而仅介绍国际上对传统知识

---

[1] 原文“United Nations Declaration on the Rights of Indigenous Peoples”，参见联合国网址（2017年7月访问）：http：//www. un. org/esa/socdev/unpfii/documents/DRIPS_en. pdf.

保护与知识产权关系的相关讨论。

20世纪90年代经济全球化加速以来，联合国环境规划署(UNEP)、联合国贸发会议（UNCTAD)、世界贸易组织（WTO）以及联合国教科文组织（UNESCO）和WIPO都思考过知识产权与传统知识的关系问题。其中，1992年的《生物多样性公约》(CBD）明确了遗传资源获取的知情同意与惠益分享（ABS）原则，2010年通过的CBD之《名古屋议定书》为进一步推动落实ABS，规定遗传资源的利用国须设立至少一处以上监管机构；世界粮农组织（FAO）1994年开始讨论“农民权”的概念并于2001年通过《粮食和农业植物遗传资源国际条约》(FAO-ITPGR)，对农业粮食遗传资源与知识产权保护问题采取CBD的模式；UNCTAD与国际贸易与可持续发展中心（ICTSD）的“知识产权保护与可持续发展项目”之政策研究指南指出，传统知识与民俗的保护是各国（尤其是发展中国家）制定各自知识产权政策时应当考虑的问题；[1] WTO于2001年11月发布的《多哈部长宣言》中列举了一系列谈判的议题和应当优先考虑的问题，其中就包括TRIPS与CBD、传统知识和民间文艺保护的关系。不过，这些国际论坛上关于传统知识与知识产权的讨论，除了CBD明确提出ABS及初步措施外，其他的都仅是点到为止。值得关注的是UNESCO和WIPO自20世纪70年代起开始的关于建立传统知识法律保护国际保护框架的讨论。1976年WIPO和UNESCO共同为发展中国家修订著作权法提供了《突尼斯著作权示范法》，规定了对民间文艺的保护；1982年联合通过了《关于保护民间文学艺术表达形式以防止非法利用和其他有害行为的国家法律示范法》。进入21世纪以来，WIPO和UNESCO在这一领域作了分工：前者关注传统知识与知识产权有关的问题，后者则着重讨论人类非物质文化遗产的

---

[1] UNCTAD-ICTSD有关传统知识保护讨论的文件，参见：http://www.iprsonline.org/resources/tk.htm.

保护措施。WIPO于2000年成立了“知识产权和传统知识、遗传资源及民间文艺政府间委员会”（IGC），定期召开成员国大会讨论传统知识保护的示范法，至今已经举行了34届会议，但在具体保护制度的实质性条款方面仍难以达成共识。

从以上相关国际讨论看，就广义的传统知识而言，其与知识产权制度的关系之所以成为关注点，主要是因其中蕴含着无形并可无限复制的信息、具有丰富的商业化价值；而知识产权制度的本质，乃是调整人们之间就特定的无形信息之复制利用而产生的利益关系。因此，如何设计与现行知识产权制度紧密相关的传统知识保护制度，比如赋权性的积极保护、阻止不当利用的防御性保护，以及相配套的管理措施等，都是研究者需要面对的问题。国际上讨论传统知识保护的学者很多，发达国家的学者多数是从人权、原住民基本权利保护、文化和生物多样性保护等角度进行探讨的，当然也有个别学者讨论了传统知识与知识产权的关系，比如德国马普所学者西尔克·冯·莱温斯基（Silke von Lewinski）[1]；从知识产权或财产权角度探讨的主要是发展中国家的学者，如印度和东南亚、非洲、南美地区的一些学者，但这些学者及其代表的国家在国际论坛上往往没有实质性的影响力和话语权。

国际上关于传统知识保护的讨论也延伸到我国学界，郑成思教授将传统知识与知识产权的关系类比为创新的“源”与“流”，这一观点被进一步表述为：“传统知识财产处于现行知识产权体系的保护之外，它实际上归属于国际社会正在讨论的一个更为宽泛的权利系统——传统资源权：按照传统资源权的主张，任何人对于特定群体所拥有的知识、发明和实践及其土地和领土上保存的生物资源的进一步使用和开发，应当通过协商达成公平的利益分享。如果说现行知识产权制度是对智力创新的激励，那么传统资

[1] 莱万斯基．原住民遗产与知识产权：遗传资源传统知识和民间文学［M］．廖冰冰，刘硕，卢璐，译．北京：中国民主法制出版社，2011.

源权就是对于创新源泉的涵养。”❶ 之后更多的研究者介绍、主张在我国针对不同类别的传统知识建立不同形式的、类似知识产权的特殊权利保护制度。❷ 这些研究成果对我国政策和法律起到一定影响，比如2008颁布实施的《国家知识产权战略纲要》确定了加快对传统资源保护制度的研究之目标，2008年年底修正的《专利法》即采纳了关于遗传资源保护的建议。但是，由于此议题在国际间的争议和分歧仍然较大，特别是各国对传统知识的保护如何与知识产权制度的实质性法律条款相结合的问题一直没有达成共识，导致相关立法的长期延拓和司法实践中的困惑；比如，即使在2011年《非物质文化遗产法》通过之后，由于相关条款缺失，在实践中非物质文化遗产利用中的相关民事争议仍旧难以寻找法律依据合理解决，导致学界质疑现代商业繁荣与传统文化保护之间有失去平衡之虞。❸

纵观国内外关于传统知识保护方式的讨论，争议的核心焦点在于是否建立一种主动性保护模式：即赋予传统知识持有人专有权或承认其财产性权益，建立一种传统资源商业性利用中的惠益分享机制、支持和鼓励传统资源的原生态和活态发展，为人类文化科技的传承保留和积蓄取之不竭的灵感源泉。发达国家和国内一部分人坚决反对这种通过法律赋予传统族群类似知识产权的专有权的制度设计，认为这是对创新的阻碍；即使对遗传资源这一获取涉及国家主权的有形物，发达国家虽然愿意遵守国家主权和知情同意原则，但对于合法获取的遗传资源所包含的无形基因信

---

❶ 郑成思. 知识产权：应用法学与基本理论［M］. 北京：人民出版社，2005：403.

❷ 严永和. 论传统知识的知识产权保护［M］. 北京：法律出版社，2006；管育鹰. 知识产权视野中的民间文艺保护［M］. 北京：法律出版社，2006；张小勇. 遗传资源的获取和惠益分享与知识产权［M］. 北京：知识产权出版社，2007；张耕. 民间文学艺术的知识产权保护研究［M］. 北京：法律出版社，2007；黄玉烨. 民间文学艺术的法律保护［M］. 北京：知识产权出版社，2008.

❸ 韦之. 署名权是什么：也谈“安顺地戏”案［J］. 中国版权，2011（6）.

息是否可以自由利用，显然持鲜明的肯定态度。目前看来，由于涉及争议太多，传统知识的主动性保护模式短期内难以在国际论坛上得以协调和推进；比如前面所说的 WIPO - IGC 的讨论，历经十多年，至今连最基本的概念——传统知识的范围，成员国之间都难以达成共识。[1]

（二）相关实践概述

虽然世界主要发展中国家和不发达国家都积极倡导传统知识国际保护制度，但由于传统知识的保护涉及了人文、历史、地域、民族、政治、经济等诸多问题，相关利益方的各种关系十分复杂，这些国家的国内立法机关和相关部门要设计具体的保护、运用、管理等制度时往往无从下手。尽管如此，基于对自身丰富传统资源的重视和制止他人不当利用的迫切需求，以印度、巴西为代表的发展中国家在积极参与国际谈判、呼吁建立传统资源专有权主动性保护模式的同时，均采取获取遗传资源事先许可、建立传统知识数据库、排除传统知识可专利性等防御性保护模式，阻止他人不当获取和利用。在北美和大洋洲相对发达的国家和地区，人们早已承认当地原住民有权寻求商业标识和制止仿冒的法律对自己生产的传统知识相关产品予以保护；欧盟各国在以地理标志保护葡萄酒、奶酪等传统农牧业产品方面也具有相对成熟的经验。换句话说，运用现行知识产权制度在一定程度上可以从防御性角度加强对传统知识的保护，对此在世界范围内已有共识；特别是，各国际公约均承认的地理标志制度已经部分在发挥这种对传统知识进行防御性保护的作用。

可见，传统知识持有人对其拥有的传统知识，即使不能通过

[1] 在 2016 年年底的 IGC 第 32 届会议上，美国代表团提出一份文件，列举一系列基于传统知识但不宜保护的产品，包括爆米花、巧克力、咖啡、干酪、茶、橡胶、口香糖、抗生素、针管、麻醉药以及冲浪和足球等，建议其他成员国也提出类似清单以进一步明确传统知识保护范围。参见 WIPO/GRTKF/IC/32/10。

法律赋予专有权而加以利用，至少可以通过“保真”的方式，即公开自己所传承的传统知识的内容并设定某种认定其“正宗”的标准和方式，将其他人未得到自己认可和不符合自己所设定标准的所谓“传统知识”排除在“正宗”的门槛之外，使其无法利用传统知识的声誉等无形财富获取不当利益。在历史悠久、幅员辽阔、民族和地区传统交错的我国，关于传统知识保护的议题长期局限于必要性、紧迫性、保护模式等理论性论述，在有操作性的制度层面还缺乏突破性的尝试。另外，发达国家对我国传统知识的挖掘和利用日益重视，如果我们一味耗费时间讨论而难以达成赋权式积极保护制度的共识，则可能导致在我国拥有优势的传统资源的维护、管理和运用方面落后。

但是，由于我国的地理标志制度尚不完善，要对传统知识进行全方位的保护，还需要建立各个方面的配套措施和制度。特别是各个部门在对我国各个方面的传统知识进行“摸家底”、建立数据库的同时，由相关部门有计划地对传统知识进行分类并建立相应的标准化管理措施，指导相关部门、协会对传统知识运用行为进行规范，也不失为传统知识保护的一项有建设性意义的做法。借助标准化手段，建立有关传统知识的分类、术语、通用要求、标识符等标准化体系，有利于加强传统知识的管理，并逐步与地理标志、集体或证明商标等具体知识产权制度的实施相结合，对创新传统知识的管理方法、加强传统知识的保护、有效促进传统知识的合理开发利用都将具有重要的促进作用。标准化、专业化、品牌化是世界产业发展的重要标志。针对我国现有传统知识具体情况制定不同等级的标准，可以加强对传统知识利用相关产业的管理，提升品牌形象和知名度，这也是利用传统知识制造的产品和服务拓展市场、走向世界的前提；唯有如此，我国丰富的传统资源才能得到充分利用，相关产品和服务才能走向规范化、职业化、品牌化发展的轨道。

课题组认为，赋予传统知识的财产性权利，目的在于建立一种传统资源商业性利用中的惠益分享机制，以支持和鼓励传统资源保有者维持该传统资源的原生态和活态发展，为人类文化科技的传承保留和积蓄取之不竭的灵感源泉。正如郑成思说的，中国人在知识创新方面，并不比任何人差。我们其实可以不必考虑如何去要求降低国际上现有的知识产权高端的保护制度（因为实际上也不可能降下来）。我们应当做的是一方面，利用知识产权制度业已形成的高保护，推动国民在高新技术与文化产品领域搞创造与创作这个“流”；另一方面，积极促成新的知识产权制度来保护我们目前可能处于优势的传统知识及生物多样化这个“源”。这样，才更有利于加快我们向“知识经济”发展的进程[1]。但是，如上所述，国内外关于传统知识保护制度如何建立的讨论和已有的尝试已经持续了相当长的时间，但由于各国的分歧太大，可以预计在以后相当长的时期内也不容易达成共识。但是，传统知识的保护对于像我国这样具有丰富传统资源的发展中大国来说是重要的，在这一领域我们不必等待相关国际协议达成之后才随之设立国内相关制度，而是应当在借鉴类似国家经验的同时，积极探索可行的传统知识保护方式，尤其是充分运用和创新现有制度、不至招致过多争议的保护方式。对本国的传统知识进行全面收集梳理并有效管理、防止传统知识失真和他人不当利用即是其中一个值得尝试的。

三、知识管理和标准化基本概念

（一）知识管理

随着知识经济的发展，知识成为经济增长和社会发展的重要战略资源，知识管理随之成为全球各行各业瞩目的课题。目前，知识管理并无通行一致的定义。国外有学者指出，“知识管理是指对组织知识财产方面的开发和发展，目的在于强化组织目标。需

---

[1] 郑成思．传统知识与两类知识产权的保护［J］．知识产权，2002（4）．

要管理的知识包括显性的记录知识和隐性的主观知识。管理包括对知识的识别、共享和创造以及有关的过程，这需要知识库的创立和维护系统，以培养并促进知识共享和组织学习”。[1] 我国有学者认为：“知识管理是指一个组织整体上对知识的获取、存储、学习、共享、创新的管理过程，目的是提高组织中知识工作者的生产力，提高知识的应变能力和反应速度，创新商业模式，增强核心竞争力。”[2] 可见，知识管理即对知识及其创造过程和应用进行规划和管理的活动。

作为零散的、隐性的知识，传统知识的财产价值长期被忽视，因此在信息时代更迫切需要统筹管理。正如研究者指出的，传统知识多以隐性方式存在，不利于保存、传播和利用，对传统知识不系统的收集造成了新的知识孤岛，对于传统知识拥有者的重视程度远远不够；因此，有必要对传统知识进行知识管理，即将知识管理的概念用于传统知识的研究、保存与保护，目标是通过促进内部和内外交流，加强传统知识持有者保护自身利益、推动自身发展的意识，提高整个传统族群适应新环境的能力和在市场中的竞争力，以实现可持续发展。[3]

（二）标准化及其作用

标准化是指在经济、技术、科学和管理等社会实践中，对重复性的事物和概念，通过制定、发布和实施标准达到统一，以获得最佳秩序和社会效益。标准化是社会化大生产的产物，是生产力发展的必然结果。随着科学技术的进步、专业化生产的发展、产品产量的增加和质量要求的提高，以及产销之间、社会各行业之间联系的密切，为了保证产品的质量和各种工作的质量，就必

---

[1] ROWLEY J. What is Knowledge Management? [J]. Library Management, 1999, 20 (8): 416-419. 转引自：徐兆英. 论知识管理的内容、特征及其对管理科学的贡献 [J]. 东北师大学报（哲学社会科学版），2004 (6).

[2] 王德禄. 知识管理的 IT 实现 [M]. 北京：电子工业出版社，2003.

[3] 吴京晶. 传统知识的知识管理 [J]. 图书情报工作动态，2004 (2).

须制定和贯彻统一的、明确的标准，从而引起标准化概念和范畴的进一步扩展和深化，使之渗透到社会各个方面。制定标准的目的包括给生产者和消费者传达安全、质量、性能等信息，标准的作用包括作为组织生产和交货、验收的技术依据，提高产品和服务的质量，提高社会效益；同时，标准化还是产品和服务在国内市场获得推广和走向国际市场的必备条件，标准化还有利于技术的创新和运用。[1] 根据《中华人民共和国标准化法》的规定，我国标准分为国家标准、行业标准、地方标准和企业标准四级，这四级的划分是按标准统一的范围或适用范围、审批发布的权限来分的。其他划分方法还包括从属性上分为强制性标准和推荐性标准，从性质上分为技术标准、管理标准、工作标准，从标准化的对象和作用分为基础标准、产品标准、方法标准、安全标准、卫生标准、环保标准等。可见，标准化是有助于提高管理效率的，因此从理论上说，标准化可以作为知识管理的有效手段。

但是，首先必须指出，严格来说，传统知识整体而言是难以标准化的，因为标准化是以科学、技术和实验的综合成果为依据的，而传统知识的标准化目前通过现代科技的术语和数据指标来表示是有局限性的。比如，现行的标准化活动中，计量单位、术语符号表示、产品及其生产方法、产品特性的定义和选择、试验和测量方法、产品质量和特性的规格、人身安全和产品安全等指标，均是按现代科技的语境制定的。尽管如此，传统知识的管理中仍然存在标准化的需求，也已经取得了一部分经验，比如农业现代化过程中已经标准化的农产品[2]、地理标志管理中的质量标

---

[1] 相关内容参见：陈楚俊．标准化与质量、市场、效益［M］．北京：冶金工业出版社，1994.

[2] 农产品现有标准主要是食用农产品的有机、无公害、绿色食品等，参见：袁以星．农业标准化与农产品认证［M］．上海：上海科学技术出版社，2003.

准[1]、中药材相关标准等；近年来，我国各地还陆续出台了传统特色产品、服务的标准，比如扬州市质量监督局发布的最新的扬州炒饭标准，甘肃省建立了兰州牛肉拉面制作专项职业能力考核鉴定程序保证兰州牛肉拉面的制作标准[2]，引起了社会各界的关注，当然也不乏争议。

课题组认为，传统知识标准化可以根据不同情况设立效力不等的标准。在传统医药、农业、传统食品等领域，凡是涉及人身健康和安全的，其标准化需求更强、标准化的实践意义更重大，最好通过强制性的国家标准；在其他很多传统知识领域，比如传统食品无关安全的一些制作规程和材质配料等要求、特别是传统文化表达的技艺和特征等方面，标准化的意义在于配合地理标志和传统知识持有人的特有称谓、标识等，这些标准并非强制性的，但采用相关标准可以保障相关产品和服务的来源正宗、禁止外来竞争者的假冒或仿制。

四、传统知识管理及标准化的国际经验

（一）传统知识数据库建设

尽管国际上对如何利用知识产权制度保护传统知识讨论已久，有些国家和地区也尝试在知识产权法律框架中增加积极的传统知识保护制度。但与此同时，这些国家也发现：越是将传统知识分别用版权法、商标法和专利法等进行保护，传统群体和其利益代表机构就越感到这些现有的知识产权法律制度难以实现他们真正希望的对传统知识的全面保护。对此，有许多发展中国家在尝试

---

[1] 参见国家质量监督检验检疫总局、国家标准化管理委员会发布的GB/T 17924－2008《地理标志产品标准通用要求》。

[2] 卢吉平，牛彦君. 兰州牛肉拉面进入“标准”时代［N］. 甘肃日报，2012－04－02；崔佳明. 扬州炒饭新标准出台 由官方发布具一定强制性［N/OL］. 中国新闻网，2015－10－22.［2016－08－31］. http：//www.chinanews.com/cul/2015/10－22/7584496.shtml.

开拓新的以特殊权利保护传统知识的方法，这其中的第一步就是建立自己的传统知识数据库，也就是将传统知识文献化。既然传统知识在自然状态下大部分是以无形的形式存在的，需要在不同国家由权威机构进行收集和分类，那么希望获取传统知识的人应该支付费用也是理所当然的。由于这种设想将传统知识作为数据库整体加以保护，不仅涵盖了现有知识产权制度无法包含的内容，而且兼顾了不同形式的传统知识之间的内在联系，因而获得了许多发展中国家的支持。

比如在印度，21 世纪之初即启动了一个创立传统知识数据库的项目，即将以大约 35000 种印度草药为对象的配方以数字化格式记录相关信息并存入数据库，以利其他国家的专利审批部门、特别是美国和日本参考。❶ 这类数据库既可以便利专利审查，也可以避免生物剽窃。不过，目前这种建立传统知识数据库的尝试还主要限于传统医药及遗传资源的有关知识，而对传统文化表达、传统特色产品及其制作方式等知识还未及涉猎。在政府和民间组织的推动下，村一级社区生物多样性记录的准备工作已经在一些省内进行，还有一些传统部落的生物多样性知识进行收集归档工作已取得成果，还有的地方对建立当地部落对于他们的生物资源的确定主权的模式进行了尝试……所有的做法都是为建立 CBD 倡导的知情同意、惠益分享制度（ABS）打基础。❷

巴西十分重视传统知识的保存和维护。除了支持各种国家图书馆、档案馆、博物馆等公共文化机构均有对民间文艺表达有形载体的收藏和保护外，还允许这些机构以各种数字化方式文献化保存并传播；同时，还有许多半官方和民间的协会、研究机构等

---

❶ 孙雷心．印度启动数字化数据库项目保护传统知识［J］．生物技术通报，2000（1）．

❷ 蓝寿荣，谢英姿．若干国家传统医药知识保护的实践及其启示［J］．中国软科学，2005（7）．

社会组织都开展巴西传统知识的文献化和传播项目。[1] 不过，在生物遗传资源方面，巴西主要是通过立法明确事先获取和惠益分享的主动性保护方式；巴西2001年8月23日的《临时法案》（Provisional Act），对为科学研究、技术发展或生物遗产勘测之目的而获取巴西境内的基因遗产、为保持生物多样性和保持巴西生物遗产的完整和使用而获取与生物遗产相关的传统知识、公平且合理地分享使用基因资源和传统知识所产生的利益，以及保护和使用生物多样性的技术之获得和转移等问题予以了详细规定。该法案在巴西环境部成立了“生物遗产管理理事会”（The Genetic Heritage Management Council），负责相关事项并制定配套的实施细则。

（二）有关国家传统知识的标准化尝试

如上所述，亚非拉地区关于健康的传统知识长期运用通常是口头流传的、缺乏书面文献，也没有机构性的教育流程。因此，传统知识的文献化成为建立保护和管理制度的第一步。但是，文献化并不能保证传统知识的拥有者一定能分享利益；而且，鉴于文献化的知识更易被视为现有技术部分的组成部分，在缺乏巴西那样的明确ABS法律明文规定的情况下，传统知识数据库的信息被他人利用不但不能保证传统知识持有人获得相应利益，而且存在着传统知识更容易被他人获取并滥用，从而损害传统知识声誉的可能性。因此，如何有效管理已经以文献化等方式公开的传统知识，避免外人随意获取利用甚至损害传统知识持有人的合法权益，成为建立和维系传统知识资源库之国家机构或其委托的部门应当考虑的问题。

尽管印度、中国对传统药物使用存在着大量的配方，也存在与之相关的传统知识，但这些知识通常没有以现代科学的方式加

---

[1] Documenting and Disseminating Traditional Knowledge and Cultural Expressions in Brazil [EB/OL]. [2016 - 07 - 31]. http://www.wipo.int/export/sites/www/tk/en/resources/pdf/arantes_report_vol1.pdf.

以表述。比如印度的阿育吠陀、悉达、尤那尼、顺势疗法、自然疗法等长期使用且有可靠疗效，为保证疗效和药效的一致性，传统上这些配方对药物的采集，比如季节、成熟度、产地、存储、采集后的处理、成品性状等均有要求，有的还描述了药物的安全性和有效性，生理上的感知和反应也常常被用于测试药物；但是，随着印度传统医学药的发展，特别是国际化进程的需要（绝大多数国家和地区的药典都要求从宏观、微观方面评价含植物药物的药品并描述其化学成分性状，以便控制其质量和标准），传统医药需要进一步研究以便使人们认识其科学性。

这方面，注重传统知识数据库建设的印度之经验更有借鉴意义。根据设立在钦奈的印度知识中心关于印度和斯里兰卡传统知识系统管理和应用情况的报告，对传统知识、特别是印度传统药物和疗法存在着标准化需求，相关部门和组织也在探索和开展传统知识标准化工作。比如，针对长期存在的无正式流程的传统接生术，印度"国家家庭健康研究所"设立了专门的培训项目，对那些在家施行接生的人员（Dai）进行培训，一些非政府组织则制定了相关标准并开设课程传授；在此基础和经验上，印度负责管理"传统医药和顺势疗法"和"阿育吠陀自然疗法"系统的大学、研究机构均积极参与了制定传统接生术的标准进行管理的进程，设立协会统一能力和规程标准以提高分散印度各地各行其是的60万左右Dai施行接生术的一致性。另外，关于流传到世界各地的印度养生学，由于西方医学所采用的术语、科学评价、透明度、推理和临床试验等均难以适应传统医学的需要，需要对基于印度养生学采用传统的阿育吠陀自然疗法的药物和医师设立标准。另外，阿育吠陀是多年实验和测试所获得的核心知识，只有理解其基本原理才能施行诊断、治疗和制备相关药物；已经流传世界用于镇痛的瑜伽，也存在同样的问题。由于很多研究（尤其是国外）由未经阿育吠陀知识培训、受到西方医学训练的科学家和对抗疗法的医生进行，这一现象引起了印度的忧虑，怎样加深理解制定出能确保传统疗法和药物安全、有效和质量的标准成为印度各界关注的问题[1]。为此，印度国内外大量的研究机构投入了资金和人力。2014 年 11 月印度将原先的负责传统医药与公民健康的部门更名为“传统医药管理部”（简称 AYUSH 部，AYUSH 即阿育吠陀、瑜伽及自然疗法、尤那尼、悉达、顺势疗法的简称），主管运行 AYUSH 系统，加强各项制度的完善和实施，包括标准化工作，目前该部已发布多项与传统知识相关的标准[2]，涉及传统医药安全性、疗效、质量等方面。从目前看，印度对传统药物的标准化有全面展开的趋势，研究和采用层析法等各种化学、生物技术对传统药物进行鉴别、界定、显现，并确定数量和质量等标准以控制其性状和特征[3]。

农业传统知识运用在国民经济中占比重高的发展中国家，农产品生产销售出口中地理标志制度发挥着重要作用。其中，与地理标志相关的标准制定和管理也是国家知识产权管理制度的一项内容。比如，在摩尔多瓦，关于各类产品的标准由分管的政府部门（农业部负责农产品食品，区域发展和建设部负责建筑材料等产品，文化部负责手工艺品，卫生部负责药用矿物质水、植物、药茶、制药，环保部负责原矿材料）组织制定后报送摩尔多瓦知识产权局，由其负责发布和实施管理[4]。

尽管传统知识保护议题主要是发展中国家在关注，但在对传统产品和传统文化资产保存及其市场化中的保真有管理意识的发达国家，国家相关部门或行业团体对传统知识的管理经验也同样

---

[1] BALASUBRAMANIAN A V，DEVI T D N. Traditional Knowledge Systems of India and Sri Lanka [EB/OL]. http：//www. ciks. org/directors. htm.

[2] 参见印度 AYUSH 部的网站信息：http：//ayush. gov. in.

[3] PATRA K C，PARETA S K，HARWANSH R K，et al. Traditional Approaches towards Standardization of Herbal Medicines - A Review [J]. Journal of Pharmaceutical Science and Technology，2010，11（2）：372 - 379.

[4] APOSTOL O. 地理标志：摩尔多瓦经验 [M] // “一带一路知识产权高级别会议”会议资料. 北京.

具有一定参考意义，典型的比如法国等欧洲国家的地理标志制度对葡萄酒、奶酪等传统产品结合地理标志制度的运用制定了相应的标准[1]。

值得注意的是，国外传统知识管理的对象主要是传统医药知识和有地理标志的农产品，在其他类型、特别是传统手工业和传统文化表达方面的管理缺乏足够的可借鉴经验。

（三）现有的与我国传统知识相关的国际标准

与传统知识相关的国际标准需要由相应的国际组织来制定，从目前来看，虽然一些国际组织以国际公约或者条约的形式明确了对传统知识的保护，但是在与传统知识相关的国际标准制定方面，相应组织的缺失使得相关国际标准的制定发展缓慢，很多问题亟待解决。

本文将传统知识分为传统医药知识、传统农业知识、传统技艺（传统产品制作、加工等技术）、传统文化表达（民间艺术表现特征、活动流程等）这四个领域，目前已制定的相关国际标准集中在传统医药知识领域，且数量较少，而在传统文化表达相关知识、传统技艺知识和传统农业知识领域均没有相应国际标准。

从目前收集的资料来看，与传统医药知识相关的国际标准主要来自于国际标准化组织（ISO）下的中医药标准化技术委员会（TC249）和健康信息学技术委员会（TC215）、世界卫生组织（WHO）、世界中医药学会联合会（WFCMS）以及世界针灸学会联合会（WFAS）。现有的与传统医药知识相关的国际标准如下。

1. ISO 国际标准

国际标准化组织（ISO）是世界上最大的非政府性标准化国际组织，下设有2700多个技术委员会（TC）、分技术委员会（SC）和工作组（WG），ISO 国际标准中与传统医药知识相关的国际标准主要由中医药标准化技术委员会（TC249）和健康信息学技术委

[1] 王笑冰．法国对地理标志的法律保护［J］．电子知识产权，2006（4）．

员会（TC215）负责制定。截至2017年6月，两个委员会已经发布了10个相关国际标准，还处于制定中的相关国际标准有47个。已经发布的10个相关国际标准具体如下：《一次性使用无菌针灸针》《人参种子种苗第1部分：亚洲人参国际标准》《中医药——艾灸具》《中医药——煎药机》《中医药——中药材重金属限量》《中药编码系统——第一部分：中药编码规则》《中医药信息标准体系框架与分类》《健康信息——中国传统医学语言系统语义网络架构》《临床发现和传统医学的结构范畴——第1部分：传统的中国、日本和韩国医学》《中医药文献元数据》。

2. WHO标准

世界卫生组织（WHO）是联合国下属的专门机构，它对于传统医药知识相关国际标准的制定起步较早，早在1993年就已经制定了《针灸命名标准》，其后又制定了《传统医学名词术语国际标准》和《药用植物种植和采集规范（GACP）指南》等国际标准，但是它不是标准制定的专门机构，所制定的标准较少。

3. WFCMS标准

世界中医药学会联合会（WFCMS）是总部设在中国的国际性学术组织，下设的标准化建设委员会负责相关国际标准的制定。该学会自2007年以来制定了10个与传统医药知识相关的国际标准，具体如下：《伦理审查体系评估标准 SCM 0011-2013》《世界中医学专业核心课程 SCM 0010-2012》《世界中医（含针灸）诊所设置与服务标准 SCM0004-2010》《世界中医学本科（CMD前）教育标准 SCM0003-2009》《国际中医医师专业技术职称分级标准 SCM0008-2011》《中医基本名词术语中意对照国际标准 SCM 0009-2012》《中医基本名词术语中葡对照国际标准 SCM0007-2010》《中医名词术语中西对照国际标准 SCM0006-2010》《中医基本名词术语中法对照国际标准 SCM0005-2010》《中医基本名词术语中英对照国际标准 SCM0002-2007》。

4. WFAS 标准

世界针灸学会联合会（WFAS）作为非政府性国际联合组织，在传统医药的针灸国际标准制定方面成绩显著，2013 年发布了 4 项国际组织标准，分别为《针灸针》《耳穴名称与定位》《艾灸操作规范》和《头针操作规范》。该学会的专门性，使得其针灸领域国际标准制定方面发展迅速。

虽然有以上四个国际组织进行了部分传统医药国际标准的制定，但是，就目前来看，传统医药国际标准制定最重要的组织是国际标准化组织/中医药标准化技术委员会（ISO/TC249），中医药标准化技术委员会（TC249）是由我国提案成立的技术委员会，成立于 2009 年 9 月，秘书处设在上海。为了实现传统医药国际标准的全面化与体系化，我国应充分利用这一主导优势，发挥我国传统医药发源地的理论与实践资源优势，进一步全面制定传统医药知识相关的国际标准，实现传统医药知识的全面化、体系化。同时对于与传统知识其他领域相关的国际标准也应该尽快组织相应专门机构，科学有效地制定相应国际标准，使得传统知识的国际标准化能够全面发展。

总之，从现有的与我国传统知识相关的国际标准的制定来看，虽然传统医药知识领域日益受到重视、发展迅速，但是也存在一些问题，比如与传统医药知识相关的国际标准数量少、不全面，未能形成体系化。而对于传统民间文艺与文化知识、传统技艺知识和传统农业知识领域，相关的国际标准缺失，需要我们投入更多的努力来制定相关国家、行业或地方标准，首先在国内建立起我国相关传统知识标准化体系，进而加强国际标准制定中的话语权。

五、我国传统知识管理的现状和问题

（一）传统知识数据库建设情况

我国有着五千年的历史文化，传统知识之丰富超过了世界上的任何一个国家。比如中医中药（包括少数民族各成一派的医药知识，如蒙、苗、藏等民族的独特医学)、武术气功、传统曲艺、故事传说、服装饰物、烹调手法、民居建筑等，难以一一列举。要保护和利用传统知识，第一步就是要“摸家底”，看看我国的传统资源中到底都蕴含了哪些宝藏。21世纪以来，在各界的努力和推动下，我国与遗传资源有关的传统知识数据库的建设取得了一定成效。比如，在我国生物多样性和少数民族文化十分丰富的云南省就成立了与传统知识相关的研究机构，其中，云南省林业科学院就建立了“乡土专家数据库”，从来自不同自然保护区的村一级拥有野生动植物利用、森林管理等传统知识的乡土专家里遴选优秀人才，并收集其掌握的传统知识。[1] 相比较而言，这种通过针对与遗传资源有关的传统知识的地毯式“摸家底”活动而建立的数据库更接近其他发展中国家的做法。在民间文艺数据库的建设方面，文化部门组织了10部全国性的“民间文艺集成志书”的编撰。[2]

在传统知识数据库建设方面，遗传资源方面正开始关注。近几年来，我国在环境保护部指导下成立了“中国生物多样性保护国家委员会”，统筹协调全国生物多样性保护工作，包括开展生物多样性调查、评估与监测，即生物资源保护与民族优秀传统知识探源活动；[3] 随着每年度计划的执行，相关结果将形成我国生物遗传资源的信息数据库。其中，为落实《国家知识产权战略纲要》《全国生物物种资源保护与利用规划纲要（2006—2020年）》中提出的“研究建立生物遗传资源获取与惠益共享制度”和中国生物多样性保护战略与行动计划（2011—2030年），促进我国地方社区

---

[1] 张劲峰，耿云芬，周鸿. 乡土知识及其传承与保护［J］. 北京林业大学学报（社科版），2007（2）.

[2] 文化部民族民间文艺发展中心网站关于“重大工程——中国民族民间文艺集成志书”的介绍，网址（2016年7月访问）：http：//www. cefla. org/.

[3] 中国生物多样性保护国家委员会网站，网址（2016年7月访问）：http：//cncbc. mep. gov. cn/.

特别是少数民族地方社区拥有的与生物多样性保护和生物遗传资源可持续利用相关传统知识的保护、传承、利用以及公平分享惠益，指导相关传统知识的分类、调查和编目，该委员会委托相关部门制定了《生物多样性相关传统知识分类、调查与编目技术规定（试行）》，为我国传统知识管理的下一步工作提供了有益参考。[1]

与其他传统知识的零散情况不同，我国在中医药方面拥有大量的典籍，收录的配方等信息相当于已经形成了一个内容丰富的数据库；从古代医学经典《黄帝内经》《难经》《伤寒杂病论》《神农本草经》，到《千金方》《本草纲目》等各种药典，都是记载着中医药精华的宝藏。作为中药生产、经营、使用、检验和监督管理部门共同遵循的国家对中药质量及检验方法所作的技术规定，《中国药典》的制定和定期更新，也不断地提高着中药标准。[2]

（二）我国传统知识管理现状及问题

我国对传统知识的管理状况有两个特点，其一是总体不理想，其二是发展不平衡。总体不理想包括很多方面，以中医药为例，一方面，与其他传统知识相比，国家对中医药保护要重视得多，也取得了明显的成效；另一方面，地方传统医药的保护和管理却仍不乐观，因持有者情况、保护意识、传承环境等十分复杂，难以梳理归类形成信息数据库进行有效管理，容易流失和被外人盗取；同时，传统族群的知识产权意识十分淡薄，对药方、疗法等没有严格保密措施。另外，传统知识商业化后的惠益分享不足，比如贵州省20世纪80～90年代进行苗药普查收集的大量秘方，价格从几万元到几十万元不等（不超过100万元），但之后开放利用

---

[1] 薛达元，杜玉欢．环境保护部发布《传统知识分类、调查与编目技术规定》[J]．中央民族大学学报（自然科学版），2014（4）．

[2] 周富荣，王宝琹．回顾《中国药典》中药标准发展提高与完善的历程[J]．中国药品标准，2016（1）．

申请专利药品获得的利润，基本上没有向来源地人民分享。[1]

发展不平衡主要是指在某些领域，我国对传统知识的管理已经有一定的经验，包括标准化管理等相关措施也相对成熟。比如质检部门对地理标志（2001 年之前为“原产地标志”）的管理，通常配套了相应的标准，即对产地、质量等有一定的规范。

在中医药领域，21 世纪以来我国已认识到中药标准化与知识产权保护相结合的必要性。改革开放以来，我国开展了一系列标准、规范的研究和制定工作，颁布了上百项中医药标准和规范，包括《中医病证分类与代码》《中医临床诊疗术语》《经穴部位》《耳穴名称和部位》等国家标准和《中医病证诊断疗效标准》等行业技术标准以及大量地方性标准和规范。“十一五”期间，按照国家标准化发展战略要求，国家中医药管理局制定了《中医药标准化发展规划（2006—2010 年）》，随后逐年推出一批相关标准和规范。这些标准和规范的颁布和实施，为促进中医药事业的发展起到了积极作用，也为中医药的标准化建设奠定了良好的基础。与此同时，我国实质性参与了中医药国际标准的制定，比如起草了《经穴名称》国际标准草案并由世界卫生组织（WHO）审议通过，体现了我国在针灸学术研究方面的国际领先水平，推动了针灸在世界范围内的普及推广；2009 年 3 月，中国向 ISO 提出成立中医药技术委员会的提案，得到韩国、日本、澳大利亚等十余国的积极响应，但围绕技术委员会的名称个别国家存在不同意见（暂定名“中医药”，简称 ISO/TC249），经过 6 年协调，2014 年 4 月，中国主导制定的两项 ISO 国际标准发布，ISO/TC249 正式冠名“中医药”。[2]

与其他发展中国家一样，我国在传统农业知识、传统技艺

---

[1] 李发耀，蒙祥忠．贵州民族医药惠益共享［M］//薛达元．遗传资源及相关传统知识获取与惠益分享案例研究．北京：中国环境出版社，2014：274 - 283．

[2] 吕爱平．标准化推动中医药发展［J］．中国战略新兴产业，2015（2）；中医药国际标准化的探索者与组织者：ISO/TC249 工作介绍［J］．上海中医药杂志，2015（6）．

(传统产品制作、加工等技术)、传统文化表达（民间艺术表现特征、活动流程等）方面尚无成熟的管理经验，这也是本课题研究开展的原由，即通过对我国传统知识的梳理和分类，选择进行标准化管理可行性相对高、运用传统知识的产品规范化管理后可明显提升传统产品品牌、质量、安全等附加值并形成对地方经济有重要意义产业的那一部分（通常是具有产业实施实用性的传统知识)，建立初步的标准化体系框架，为相关部门和产业的进一步决策和工作提供参考。

（三）传统知识保护和管理的国内标准化活动现状

1.《生物多样性相关传统知识分类、调查与编目技术规定(试行)》

2014年5月30日，环境保护部发布2014年第39号公告——关于发布《生物多样性相关传统 知识分类、调查与编目技术规定(试行)》(以下简称《技术规定》）的公告。《技术规定》的研究与制定，主要是为了履行《生物多样性公约》和《获取遗传资源和公正和公平分享其利用所产生惠益的名古屋议定书》，实施《中国生物多样性保护战略与行动计划（2011—2030年)》《国家知识产权战略纲要》和《全国生物物种资源保护与利用规划纲要(2006—2020年)》中提出的“研究建立生物遗传资源获取与惠益共享制度”，促进我国地方社区特别是少数民族地方社区拥有的与生物多样性保护和生物遗传资源可持续利用相关的传统知识的保护、传承、利用以及公平分享惠益，指导相关传统知识的分类、调查、编目和我国少数民族传统知识国家数字图书馆（TKGL）的建立。

《技术规定》使用了“生物多样性相关传统知识”这一术语，它与《名古屋议定书》中使用的“遗传资源相关传统知识”具有一致性，是指各族人民及地方社区在长期的传统生产生活实践中创造、传承和发展的，有利于生物多样性保护和生物资源可持续利用的知识、创新和做法，尤其是中国广大少数民族所创造的传统知识。《技术规定》中首次建立了生物多样性相关传统知识的分类体系，根据属性和用途，将生物多样性相关传统知识划分为5类30项。这5类分别如下。

（1）传统选育农业遗传资源的相关知识

指各族人民和地方社区在长期的农业（包括农业、林业、畜牧业、渔业和其他相关产业）生产中以传统方式培育、驯化和持续利用农作物、畜、禽、林木、花卉、水生生物、陆生野生动植物和微生物遗传资源所创造和积累的相关知识。

（2）传统医药相关知识

指各族人民和地方社区在与自然和疾病斗争的长期实践中以传统方式利用药用生物资源所创造、传承和累积的医药学知识、技术及创新。

（3）与生物资源可持续利用相关的传统技术及生产生活方式

指各族人民和地方社区在长期的生产生活实践中所创造的传统实用技术，以及基于这些技术而形成的传统生产与生活方式。这类传统技术及生产生活方式对于保护生物多样性和持续利用生物资源具有良好的实用效果。

（4）与生物多样性相关的传统文化

指各族人民和地方社区在长期生产生活中形成的有利于生物多样性保护和可持续利用的宗教信仰、传统节庆、习惯法等。

（5）传统生物地理标志产品相关知识

指各族人民和地方社区选育、生产、加工和销售当地特有或原产生物遗传资源的知识、技术和工艺，融合特有或原产生物遗传资源、传统工艺和民族文化于一体。

2.《中医药标准体系表》（征求意见稿）

国家中医药管理局政策法规与监督司为贯彻落实《国务院关于扶持和促进中医药事业发展的若干意见》和《中医药标准化中长期发展规划纲要（2011—2020年）》提出的“全面推进中医药标准体系建设”的重要任务，进一步强化对中医药标准制修订工作的指导和管理，主导编制了《中医药标准体系表》（征求意见稿）。由于中医药领域是我国传统知识最为丰富的领域，因此国家中医药管理局在中医药领域制定的标准化体系对于传统知识标准化体系的建立具有十分重要的参考意义。❶ 中医药标准化是中医药事业发展的重要技术支撑，是中医药科学管理的基石，是中医药法制建设的重要组成部分。随着中医药事业的不断发展，中医药标准化的重要性日益突出，近年来，国务院有关领导多次强调要重点抓好中医药标准化、规范化研究、抓紧制定一批国家标准和行业标准，以标准化带动现代化，中医药标准化工作取得了积极进展。❷ 标准体系表是标准化工作中的一项重要内容，是一定范围的标准体系内的标准按其内在联系排列起来的图标，用以表达标准体系的构思、设想、整体规划，是表达标准体系概念的模型。无论国际组织、国家、行业还是企业建立适用、先进、科学、合理的标准体系表都非常必要。中医药标准体系表是标准体系层次结构和标准之间关系的一种表达方式，是对当前中医药标准制修订工作进行系统的梳理，并在此基础上，明确未来工作重点和发展方向，系统规划和全面指导中医药标准的制修订工作，是中医药标准构成及内在联系的蓝图，用以指导和规划中医药标准化建设。❸

《中医药标准体系表》（征求意见稿）的制定主要依据以下国家标准与相关规范性文件：①GB/T 13016－2009《标准体系表编制原则和要求》；②GB/T 1.1－2009《标准化工作导则第 1 部分：标准的结构和编写》；③GB/T 20000.1－2002《标准化工作指南

❶ 常凯，王茂，马红敏，等．中医药标准体系表研究［J］．中医杂志，2014（2）：95－98．

❷ 黄江荣，杨帆，李晓东，等．中医药标准体系构建研究［J］．湖北中医药大学学报，2009（1）．

❸ 邓文萍，常凯，王茂，等．中医药标准体系表编制依据和方法［J］．医学信息学杂志，2011（11）：40－43．

第1部分：标准化和相关活动的通用词汇（ISO/IEC 指南 2：1996，MOD）》；④《国家中医药管理局中医药标准化项目管理暂行办法》；⑤《国家中医药管理局中医药标准制定管理办法》。

在内容上，根据中医药标准体系层次结构图，中医药标准体系的层级结构由基础标准、技术标准、管理标准和工作标准等四个大类和名词术语、中医技术、中医管理等34个中类目所构成。[1]确立中医药标准体系分类原则与编码说明按照标准化科学和分类学的基本技术要求，确立中医药标准的分类原则和方法，设计以中医技术标准为核心，包括基础标准、技术标准、管理标准和工作标准等类标准的中医药标准体系架构，完成中医药标准体系层次结构（分类类目）的设计。[2] 按照中医药标准分类类目确立的分类原则，明确标准的编码方法，对每一位的标识符进行限定和表述，确保编码的唯一性、合理性、可扩充性、简明性和适用性等。并编制中医药标准体系明细表确定了中医药标准体系的层次结构图，明确中医药标准分类体系，编制中医药标准明细表，表中收录了中医药行业现有的、正在制定和应予制定的中医药标准目录信息。

《中医药标准体系表》（征求意见稿）中涉及了中医医疗、保健、科研、教育、产业、文化等领域的标准化，也适用于指导中医药行业管理、出版及国际交流等标准化工作。其几乎涵盖了中医药行业所有领域。与传统知识相关的中医药标准体系是其中一部分，特别是少数民族传统医药知识在我国传统知识体系中具有突出重要的地位。[3] 我国是一个统一的多民族国家，除汉族以外，

---

[1] 潘万旗，邓素玲，杨英豪，等. 关于中医药标准化的思考［J］. 中医学报，2015（6）：795－797.

[2] 李海燕，于彤，崔蒙. 医药信息标准体系的总体框架研究［J］. 中医药现代化，2014（7）：1593－1596.

[3] 胡彬. 独立的中医药标准体系框架形成［J］. 中医药临床杂志，2013（12）：1151.

还有55个少数民族。中国各少数民族在各自历史发展过程中所形成的体现本民族文化特点的传统医药，是中国传统医药的重要组成部分。少数民族传统医药知识产权保护的研究对象，不仅包括已形成完善的少数民族传统医药知识系统，如蒙医药、藏医药，还包括通过各代口口相传尚未形成完整文字记载的少数民族传统医药知识。少数民族传统医药是传统医药的一个分支，它同传统医药一样是基于传统文化而产生的智力成果，因而具有传统性和传承性特征。同时，少数民族传统医药具有其自身特点，使其与汉族的中医药相区别，也为其知识产权保护活动增加了挑战性。在少数民族传统医药领域需要更加详尽的标准化体系予以指导和引领具体标准的制定。因此在《中医药标准体系表》（征求意见稿）所列附件的基础上选取出与传统医药相关的标准体系，并在此基础上建立统一的传统知识标准体系是十分必要的。这也是本标准体系区别于具体中医药行业领域的特点所在。

3.《地理标志产品标准通用要求》中地理标志产品所涉及标准化体系

地理标志是在长期的历史过程中逐渐形成的。一个国家或者地区，由自然因素和人文因素构成的特定地理环境，造就了特定产品独特的品质、质量和特征。这些产品在长期的市场流转中，其特定质量、声誉或者其他特征与该产品的原始性出产地被消费者紧密联系在一起。这样，这种地理名称具有了质量显示功能和商业标志作用，具有了财产利益和经济价值，由普通的地名符号演变为财产的载体。地理标志价值的形成，需要有关地理区域的生产者几十年上百年甚至更长时间的努力和拼搏，是历史积淀的产物。

地理标志中的人文因素往往与传统知识联系在一起，甚至某些地理标志人文因素就构成一种传统知识，而某些传统知识则构成地理标志人文因素。在地理标志人文因素中，特定产品的独特加工工艺是其中的重要组成部分。当地人长期以来逐渐探索出的加工工艺和操作规程，作为智力劳动的产物，是一种传统知识产品。如我国金华火腿的制作工艺和技术，从一定意义上说，就是一种传统知识。地理标志中的自然环境因素如水土、气候所孕育出的农产品等特定动植物、出产物，往往又体现了当地居民的传统知识，承载着当地居民的知识创造，从而与传统知识纠结在一起，成为传统知识的载体和产物。

因此说传统知识与地理标志的保护范围具有很大的重叠性。地理标志是一种集体权利，凡是在当地从事生产活动、符合有关产品说明要求的生产商均可以使用该地理标志。地理标志的持有人不具有授权他人使用地理标志的权利，任何人都不得将地理标志转让给地理区域以外的其他生产商。而传统知识也是一种由本土社区共同享有的集体性权利，该社区的任何成员都可以使用，但社区任何成员都不具有将传统知识进行转让或者将其许可给社区以外的人使用的权利。

实际上地理来源地的自然因素和人文因素往往就是通过本土社区的人们将传统知识和工艺融入了产品的制造过程中，地理标志可以使公众识别这些产品，从而更好地保护和促进持有传统知识之社区的经济利益。在国际上普遍存在利用地理标志保护传统知识的实践，例如法国、葡萄牙、匈牙利、摩尔多瓦、韩国、印尼、汤加、土耳其等。

地理标志仅保护产品标志，并不保护产品所体现的传统知识本身，也不能完全防止盗用传统知识的行为，且由于传统知识的范围十分广泛，地理标志的保护也不可能面面俱到。因此地理标志仅仅是一种辅助性的保护方法，不可能取代其他保护措施。但不论如何，地理标志对于传统知识保护的意义是不可低估的，它使人们可以将其长期的、集体的、祖传的知识转化成生计和收益。

我国地理标志产品标准体系目前存在的主要问题是标准体系总体框架尚不明晰，体系结构不完善、通用标准不突出，不能满足标准体系建设的要求[1]。从国家层面看，虽然已经制定了一批产品的国家标准，在标准中也原则规定了相应的种植（养殖）技术或生产工艺等限制性要求，但明显不能满足生产过程的要求，缺少相关基础标准及生产过程的通用标准。如名词术语、通用的各类种植（养殖）技术规范、加工技术标准等，难以有效指导下级标准体系的建立。从地方层面看，虽然大部分产品都已经制定相关标准，但大多数还没有针对地理标志产品所体现的传统知识的特点，整合完善标准体系、推广应用，标准缺失现象仍较为严重[2]。从企业层面看，多数企业不能根据国家、地方相关标准建立相应的企业标准体系，已不能适应当前地理标准产品产业发展的需要。[3]

4. 非物质文化遗产等与传统文化表达相关的标准化体系

根据联合国教科文组织 2003 年 10 月 17 日通过的《保护非物质文化遗产公约》中的定义，“非物质文化遗产”指被各群体、团体、有时为个人所视为其文化遗产的各种实践、表演、表现形式、知识体系和技能及其有关的工具、实物、工艺品和文化场所。各个群体和团体随着其所处环境、与自然界的相互关系和历史条件的变化不断使这种代代相传的非物质文化遗产得到创新，同时使他们自己具有一种认同感和历史感，从而促进了文化多样性和人类创造力。在本公约中，只考虑符合现有的国际人权文件，各群体、团体和个人之间相互尊重的需要和顺应可持续发展的非物质文化遗产。公约中的非物质文化遗产的范围主要包括：①口头传统，包括作为文化载体的语言；②传统表演艺术；③民俗活动、礼

---

[1] 侯月丽. 地理标志产品保护需标准化支撑［J］. 产品可靠性报告，2008（5）：42－43.

[2] 张雯. 标准化要成为地理标志产品保护的武器［J］. WTO 经济导刊，2007（6）：87.

[3] 谌蓓，刘国杰. 地理标志保护产品分类标准初探［J］. 中国标准化，2013（8）：90－93.

仪、节庆；④有关自然界和宇宙的民间传统知识和实践；⑤传统手工艺技能；⑥与上述表现形式相关的文化空间。

可见，非物质文化遗传在很大程度上与传统文化表达相关。由于各门类非物质文化遗产涉及广泛，相关活动尽管存在一些管理规范，但是并不存在对于这些分散于各门类非物质文化遗产之上的非物质文化遗产标准的标准化活动。举例来说，对于唐卡这一非物质文化遗产，西藏自治区已经牵头制定了《唐卡分类地方标准》。唐卡是吐蕃松赞干布时期兴起的一种新颖绘画艺术，即用彩缎装裱而成的卷轴画，是西藏优秀传统文化最具特色的艺术形式，也是中国民间艺术弥足珍贵的非物质文化遗产。该标准从唐卡材质和制作方法、内容和题材、风格和流派三个方面对西藏唐卡进行系统分类。“标准”对唐卡进行规范定义：唐卡（藏文音译），是一种绘制或刺绣在棉布、纸等材质上的卷轴画，是富有藏文化特色的画种。按材质和制作方法分类，该标准将唐卡分为绘制唐卡、堆绣唐卡、宝石唐卡三大类。其中宝石唐卡包括使用珍珠、珊瑚、绿松石等各种宝石制作的唐卡。但是对于唐卡这一艺术门类制定的标准，特别是其分类方法对于其他传统知识门类则很难统一适用，在制定其他非物质文化遗产所适用的标准时可能又会是另一种分类方法。因此与非物质文化遗产相关标准的标准化体系应当在借鉴非物质文化遗产的分类标准的基础上，制定自身的标准化体系。举例来说可以通过以下分类法：

传统知识—传统工艺或传统技艺知识—传统工艺（传统工艺是指采用天然材料制作，具有完整制作流程且中国特有的手工工艺技术，包括雕塑、陶瓷制作、刺绣织染、古建筑营造、金属锻造与加工、髹漆、古典家具制作、文房四宝制作、刻绘、传统印刷、编织扎制等传统工艺，是我国非物质文化遗产的重要组成部分）—唐卡—绘制唐卡、堆绣唐卡、宝石唐卡。

对于非物质文化遗产下的各种门类的统计以非物质文化遗产名录为准，其中国家级非物质文化遗产名录是经中华人民共和国国务院批准，由文化部确定并公布的非物质文化遗产名录。为使中国的非物质文化遗产保护工作规范化，国务院发布《关于加强文化遗产保护的通知》，并制定“国家 ＋ 省 ＋ 市 ＋ 县”共四级保护体系。中华人民共和国国务院先后批准分别于 2006 年、2008 年和 2011 年、2014 年命名了四批国家级非物质文化遗产名录：2006 年 5 月 20 日第一批国家级非物质文化遗产名录（共 518 项）；2008 年 6 月 14 日第二批国家级非物质文化遗产名录（共计 510 项）；2011 年 6 月 10 日第三批国家级非物质文化遗产名录（共计 191 项）；2014 年 7 月 16 日第四批国家级非物质文化遗产名录（共计 153 项）。通过对于非物质文化遗产名录下与传统知识相关的项目的整理，可以进一步细化标准化体系。

在国家标准层面，GB/T26363 - 2010《民族民俗文化旅游示范区认定》对非物质文化传承和文化保护的认定作了规范；GB/T25601 - 2010《中国文化遗产标志》对中国文化遗产的形式、内容、比例、文字书写格式、颜色和允许误差作了规范。

在行业标准层面，主要是针对一些文物保护、档案管理制定的标准，如 WW/T0025 - 2010《馆藏纸质文物保护修复方案编写规范》、WW/T0024 - 2010《文物保护工程文件归档整理规范》、WW/T0027 - 2010《馆藏纸质文物保护修复档案记录规范》、DA/T31 - 2005《纸质档案数字化技术规范》、DA/T47 - 2009《版式电子文件长期保存格式需求》等，未有针对非物质文化遗产保护的相关标准，亦未有针对非物质文化遗产图像、音频、文字等数字资源的相关标准，而这些标准已不能完全适应非物质文化遗产保护工作的需要，当务之急是要制定和补充相应的标准，以适应非物质文化遗产保护工作的需要。

在地方标准层面，部分省市对非物质文化遗产的保护工作非常重视，编制一些地方标准，如内蒙古出台了地方标准 DB15/T506《蒙古族服饰》，对蒙古族服饰这一宝贵的少数民族服饰通过标准化的手段，挖掘其核心元素，把 28 个部落的服饰设计原则、号型规则、制作工艺、服饰特点及效果图用标准形式固化下来，带动了少数民族服饰这一非物质文化遗产的良好传播和继承。又如，DB34/T1756－2012《非物质文化遗产保护顶谷大方制作技艺》，采取地方标准的形式把顶谷大方这一技艺进行规范，这也是保护非物质文化遗产的一种有效途径。又如，广东省潮汕地区(汕头、潮州、揭阳三市)，自2006年至今，获得国务院批准的国家非遗项目共有13项，获得省政府批准的省级非遗项目75项，潮剧、潮汕工夫茶、英歌舞等均被列入保护名录。有潮人的地方，就有潮汕工夫茶，在潮汕以外的地区，也有越来越多的非潮籍人士喜欢潮汕工夫茶茶艺带来的享受。究竟什么才是真正的潮汕工夫茶，它有哪些标准和依据呢？在汕头质监局的牵头下，由汕头茶文化学会负责起草制定《潮汕工夫茶》地方标准，标准对冲泡程式的规范制定，结合了国家茶艺操作标准，在传统八大冲泡程式的基础上，首次将“关公巡城”“韩信点兵”作为独立的冲泡环节，写入标准。这意味着众所周知的“关公巡城”“韩信点兵”，真正成为潮汕工夫茶的独有程式。2015年4月，由潮州市质监局牵头起草的《潮州工夫茶冲泡技术规程》联盟标准获广东省质监局批准发布，标准把潮汕工夫茶进一步细分为《潮州工夫茶艺》和《商务潮州工夫茶艺》两部分。其中，对茶壶把握手法、茶水比例、烹茶步骤、品饮方式等作出了相应的规范，对商务接待用潮州工夫茶艺也作了相应的规定。此外，工夫茶泡法也附录上，其中包括备器、生火等21道程序。《潮汕工夫茶》《潮州工夫茶冲泡技术规程》这两项标准的发布实施，对于潮汕工夫茶这一非遗保护项目起到了积极的作用，不但更好地传承和保护了这一非遗项目，潮汕地区不少地方还开设了潮味浓郁的工夫茶艺馆，严格依照标准要求，进行潮汕工夫茶茶艺表演，成为了一个极具地方特色的旅游项目。

六、建立我国传统知识标准化管理的建议

标准体系建设是传统知识标准化工作的核心，对于促进传统知识标准化发展具有十分重要的战略作用。本研究报告全面梳理了我国现有、正在制定的与传统知识相关的各级各类标准，这些标准的基本信息包括标准号、标准名称、制定级别和实施日期等；从该附录的内容看，我国目前存在的主要问题是传统知识标准体系总体框架尚不明晰、体系结构不完善、通用标准不突出、宜定级别不明确等问题，不能满足传统知识标准体系建设的要求。具体说，从国家层面看，虽然已经制定了一批产品的国家标准，在标准中也原则规定了相应的技术或生产工艺等限制性要求，但明显不能满足生产过程的要求，缺少相关基础标准及生产过程的通用标准，如名词术语、通用的各类技术规范、加工技术标准等，难以有效指导下级标准体系的建立。从地方层面看，虽然大部分产品都已经制定相关标准，但大多数还没有针对地理标志产品所体现的传统知识的特点，整合完善标准体系、推广应用，特别是能带动地方利用传统知识相关产业发展的标准缺失现象仍较为严重。从企业层面看，利用传统知识生产经营的市场主体往往是中小企业、甚至带有作坊性质，也难以形成有效的行业管理和指导；传统产业的经营者不能根据国家、地方相关标准建立相应的企业标准体系，更不能以自己掌握的传统知识推动相关标准的制定并促进当地相关产业发展的需要。

制定传统知识标准体系是传统知识标准体系构建的顶层设计，是建立科学、先进传统知识标准体系的关键环节，也是对传统知识进行标准化管理以防失真和被滥用的一项重要基础性工作。本报告拟定了传统知识标准体系框架（参见图 1），设计了相关的标准分类编码方法，并提出了应予制定的相关标准的基本信息，包括标准体系表编号、标准号、标准名称、宜定级别和建议实施日期等。传统知识标准体系框架是我国传统知识标准化管理的发展

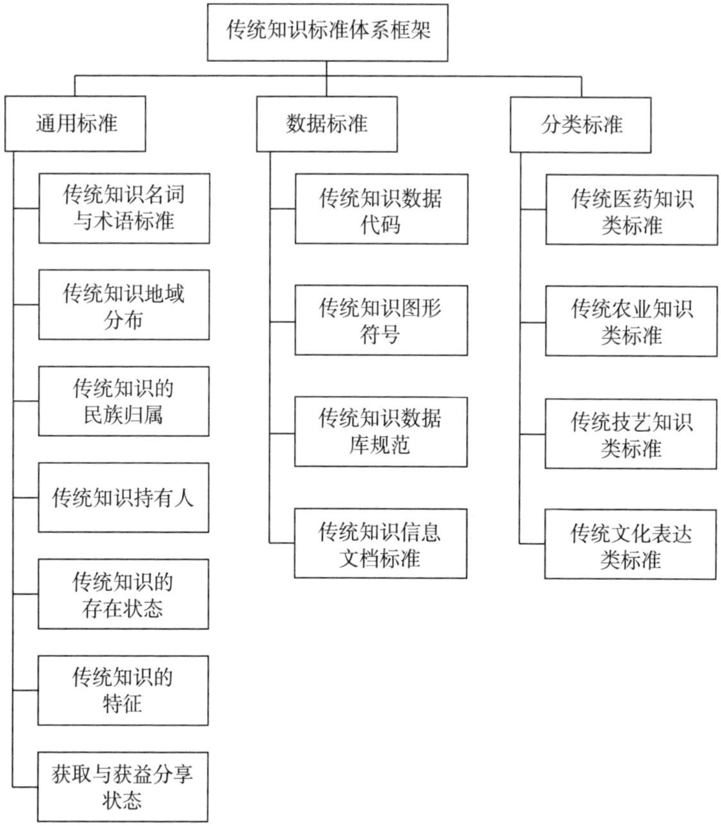

图 1　传统知识标准体系框架

规划蓝图，传统知识标准的制定和修订将为我国相关部门的标准研究和推广应用提供有益的决策依据和指导，从而更好地发挥传统知识标准化管理在促进传统知识挖掘整理、健全行业规范、提高企业的现代化管理水平、增强国家基于传统知识运用而获得国际竞争力等方面的引领和支撑作用。本报告仅针对将传统知识应用于相关产业的部分，即能够量化、细化、标准化并成为知识管理对象的具有操作性的技术流程，或具有某种稳定特性和质量的有形传统产品。为便于分析研究，本报告将此类可管理的传统知识分为四类：①传统医药知识(药物和治疗、养生方法)；②传统农业知识(农业、生态技术)；③传统技艺(传统产品制作、加工等技术)；④传统文化表达(民间艺术活动流程等)。基于此分类，本报告尝试为我国传统知识的管理拟定标准体系的基本框架，提出近期需制定或明确各项信息内容的标准，以供相关单位开展下一步工作参考。

北京市海淀区人民法院有关网络商标侵权案件的调研报告

李　颖　姜琨琨*

摘　要：近年来，随着网络技术的飞速发展及商业模式的不断更迭，与传统产业环境下形态迥异的涉网商标侵权新问题日渐凸显。从海淀法院近年来审理的该类案件可以看出，涉网商标侵权案件存在案件数量增速较快、调解难度日益增加、C2C及O2O模式中的仿冒行为占比较高、游戏及网络金融领域侵权问题凸显等特点。其中，APP应用名称的商标性使用、所属服务类别的判断及平台注意义务的界限等问题不同于传统的线下商标侵权案件。竞价排名案件中将他人商标作为搜索关键词是否构成商标性使用以及搜索引擎服务提供商提供服务的性质依然存在理论上的分歧，并在司法认定中存在不同做法。未来相当长一段时间内，该类案件的风险将集中于APP及微信公众号的仿冒行为、互联网金融平台的傍名牌现象、电商平台假冒商品泛滥等。法院亦需通过判决合理界定商标侵权边界、适度提高侵权判赔标准、更多采取诉讼禁令以及就侵权风险发出司法建议等方式，为互联网的繁荣发展提供更好的法律保障。

---

* 作者简介：课题组主持人：鲁为；课题组成员：鲁为、李颖、姜琨琨；执笔人：李颖、姜琨琨。

关键词：涉网商标侵权；App 应用名称；竞价排名；关键词；电商平台

为进一步加大知识产权保护力度，解决围绕电子商务、“互联网＋”而日益凸显的网络商标侵权问题，北京市海淀区人民法院（以下简称“海淀法院”）开展此次调研。本次调研立足海淀区国家高新技术产业示范区、核心区的区位优势，着眼“大众创业、万众创新”背景下创业者商标侵权风险的预防，在对辖区内 5 年来涉网络商标侵权案件进行梳理的基础上，通过数据统计、资料分析、调查走访、专题研讨会等方法，意图总结网络商标侵权现状、特点、原因、发展趋势及类型化问题，以统一司法尺度，为健全网络法制环境、推进互联网产业健康发展、进一步提升核心区经济软实力提供有力的司法保障。

一、涉网商标侵权案件审理情况综述

（一）收结案情况

据统计，2010 年 12 月 21 日至 2015 年 12 月 20 日 5 年[1]间，海淀法院新收商标侵权案件共计 670 件，其中涉网络商标侵权案件 121 件，占全部商标侵权案件的 18.1%。从数量上看，该类案件总量并不大，但呈现出逐年上涨的趋势，特别自 2015 年以来，受立案登记制及国家推进“互联网＋”战略的影响，该类案件数量增长明显。照此趋势，可以预见，在未来相当长的时期内，涉网商标侵权案件数量将继续保持持续增长的态势。

在新收的 121 件案件中，截至 2015 年 12 月 20 日，已审结的案件达 94 件。其中，以判决方式结案 41 件，判决率为 43.6%；撤诉 31 件，调解 15 件，调撤率 48.9%；其他方式（包括裁定驳

[1] 本次调研以海淀法院电子案件信息管理系统数据为采集样本，数据采集区间为 2010 年 12 月 21 日至 2015 年 12 月 20 日。

回起诉、移送等）结案7件（参见图1）。相较同期涉网著作权案件25.3％的判决率、69.2％的调撤率而言，涉网商标案件呈现判决率高、调撤率低的特点。

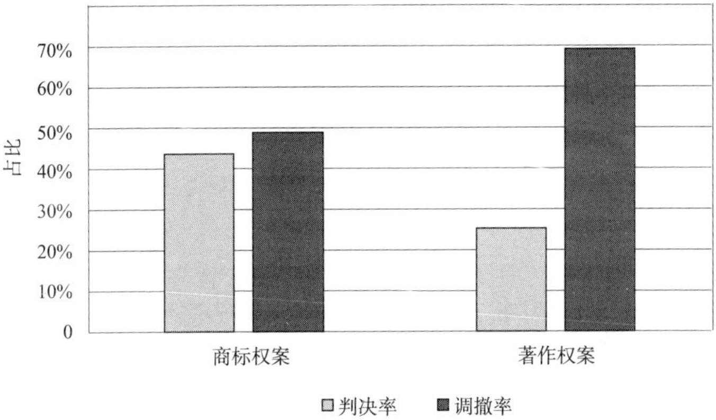

图1　涉网商标权案件及涉网著作权案件的判决率、调撤率比对情况

（二）案件类型

依据客体的不同，涉网商标侵权案件可分为：①网站及PC端软件产品使用他人商标❶引发的侵权案件；②以他人商标为关键词进行搜索引擎竞价排名❷引发的侵权案件；③APP应用名称引发的侵权案件；④电子商务平台中商家使用他人商标引发的侵权案件；⑤将他人商标作为手机游戏名称、游戏元素引发的侵权案件。五类商标侵权案件所占比重如图2所示。

---

❶　网站使用他人商标的表现方式各异，包括将他人商标作为网站名称、在网站标题及网页描述中使用他人商标进行宣传、将他人商标注册作为域名进行使用等行为。而PC端软件使用他人商标的行为主要表现为软件产品使用了与他人商标相同或近似的名称。

❷　搜索引擎竞价排名又称关键词推广，均为搜索引擎服务商推出的通过人为改变自然搜索结果排序而使对关键词出价更高的经营者排在搜索界面更靠前位置的商业模式，如目前百度加V推广、搜狗推广等。

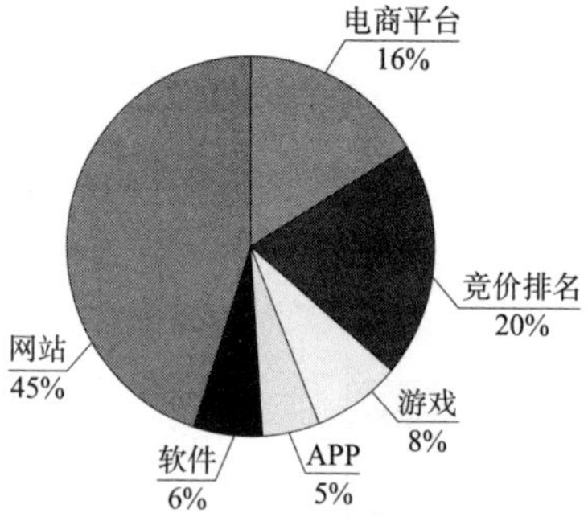

图 2　案件类型分布

在上述案件中，网站、搜索引擎竞价排名、电子商务平台商标侵权案件占全部涉网商标侵权案件的 81%，而涉及游戏、APP 软件等近年新出现的案件类型，数量则相对较少。后者由于涉及软件类别与注册商标是否属于相同或类似商品、服务的判断、网络作为必要的手段等因素的考量，案件审理结果往往事关相关软件、APP 的前期投入和已有商誉的积累，能否继续使用商标将直接影响产品的市场占有率与消费者的认知情况，加之个案中又经常存在商标抢注等问题，因此该类案件对法官的法律适用水平要求较高，审理结果亦备受各界关注。2014 年海淀法院审结的新浪拍客 APP 被诉商标侵权案[1]及 2015 年的滴滴打车 APP 被诉商标侵权案[2]即属此类情况。而同时期发生的“为为网”“陆金所”、合拍等商标侵权案件，则凸显打着知名商标旗号仿冒、傍名牌的乱象，折射出 APP 市场商标抢滩情况的严重性。2015 年海淀法院受理的小米公司诉华忠公司小米 e 贷[3]、珙利金融公司小米贷[4]侵犯商标权二案，更折射出互联网金融时代的商标乱象。

---

[1] （2014）海民初字第 14715 号民事判决书，二审生效。

[2] （2014）海民（知）初字第 21033 号民事判决书，一审生效。

[3] （2015）海民（知）初字第 36304 号案件，尚在一审审理中。

[4] （2015）海民（知）初字第 36605 号案件，尚在一审审理中。

（三）涉诉主体

统计发现，该类案件所涉被告，不仅包括百度、搜狗、淘宝、京东、新浪等知名企业，不少新兴互联网企业如小桔公司、优个网、买啦网、窝窝团、糯米网等亦在其中，有的甚至数次成为被告。值得注意的是，一些互联网企业日前开始“反客为主”，作为原告发起针对其他互联网企业的商标侵权诉讼。如腾讯公司就萌我爱等多家公司仿冒“英雄联盟”“天龙八部”等数款游戏向海淀法院提起了商标侵权诉讼，而外资游戏巨头威尔乌公司也就DOTA游戏的商标侵权问题提起了批量诉讼。此外，随着企业的发展壮大及国内外知名度的提升，以“小米”为宣传噱头的手机APP及P2P金融平台等商标侵权问题增多，小米公司也就此向法院提起了数个诉讼。

二、涉网商标侵权案件的突出特点及原因分析

（一）案件增长速度较快，商标资源争夺日益激烈

近年来，涉网商标侵权案件的数量正逐年递增，从目前来看，该类案件增长率已远超线下的传统商标侵权案件。其中，因网络域名引发的商标侵权纠纷时有发生[1]，而电子商务平台、搜索引擎关键词引发的商标侵权案件也不时出现，尤其目前，随着移动互联网的普及，APP应用名称与他人注册商标之间的争议也日益多发，这些均凸显出互联网企业之间商标资源争夺的日趋白热化。就此，我们认为，原因主要有5个方面。

（1）互联网空前繁荣的背后，隐藏着巨大的商标侵权风险

2014年以来，移动互联网迅猛发展，网络用户对手机APP的依赖程度逐渐加深，APP网络化生活已成为都市年轻人的生活常态。在“大众创新，万众创业”的号召下，很多创业者认为，移

---

[1] 如（2013）海民初字第7019号民事判决书，二审生效。

动互联网时代创业最好的选择就是做一款好的APP，而在商业营销过程中，一款APP能否站稳市场，关键一环就是给APP取一个闪亮、抓人、令人过目不忘的名字。而在一拥而上选取热门词汇命名的背景下，巧合重名、善意使用、恶意攀附等情况都可能发生。在关键词搜索、电子商务大发展的背后，激烈的市场竞争也导致意在争抢市场份额的商标侵权行为屡见不鲜。

（2）商标固有的指示和宣传功能恰好符合互联网企业抓取眼球、扩大宣传的需求

随着“互联网＋”行动的推进，更多企业将业务从线下发展到线上，依托互联网开展经营的商业模式不断增多。而商标固有的指示和宣传功能恰好符合企业抓取用户眼球、扩大产品宣传的需求，在商业利益的巨大驱动下，网络环境下通过域名注册、电商仿冒、攀附商标等进行不正当竞争的侵权行为大幅增加。

（3）新兴企业法律意识淡薄，缺少品牌意识，为赚快钱不惜商标侵权

创业门槛的降低、互联网造富效应的吸引，使得越来越多的人加入到创业洪流之中，但这些处于新兴、草创阶段的中小企业普遍缺乏商标意识，导致自己的商标保护处于“裸奔”状态，侵权风险加大。同时，一些创业者为追求短期效益，抓取用户眼球、搭便车、赚快钱，不惜采用攀附、模仿他人商标等非法手段开拓市场，并因此陷入商标侵权的泥沼而不自知。这种商标品牌和法律意识的缺乏，也是造成该类纠纷数量普遍增多的重要原因。

（4）抢注商标、待价而沽的情况增多，“商标围猎者”动作频频

很多域名、商标投资者为了获取巨额经济利益而非自己使用，盯着热门、常用、高频词汇注册了不少商标或者与知名商标相同的域名，待价而沽，伺机提起侵权之诉，意图以商标侵权来围猎、勒索缺少法律经验的互联网企业，造成经过使用具有一定知名度但尚未注册商标的APP应用名称，受到了更多要求撤销商标或起

诉侵权的威胁。[1]

(5) 商标侵权与否的界限不清晰，争议难以协商解决只能诉至法院

有的商标权利人秉持“符号的名教”[2]观点，误认为只要注册了商标，一旦他人的商品和服务上使用了与其相同的符号或标记就构成商标侵权，但事实并非如此，有些使用属于非商标意义上的使用，并不构成商标侵权。而有时，人们对商标近似或商品、服务类似的认定也会发生分歧，商标侵权与否的界限并不清晰，当事人难以自行协商解决而只能诉至法院，由此也导致网络商标侵权案件数量的增多。

（二）案件调解难度较大，通过判决确定权利边界的比例高

相较传统线下商标侵权案件，网络商标侵权案件的调解难度普遍较大，大部分案件需要以判决方式定纷止争，双方更希望通过刚性裁判而非柔性的调解来界定侵权与否的边界。之所以出现这种情况，原因主要有以下几点。

(1) 涉网案件总体法律问题较为复杂，当事人难以对结果稳定预期

如关键词竞价是否构成商标性使用、APP应用名称的服务类别如何判断、团购网站是否尽到注意义务并及时采取必要措施等问题较为专业，对于是否构成侵权、侵权责任如何承担发挥了重

---

[1] 如2015年“微信”商标异议复审一案广受社会关注。微信APP虽然坐拥11亿用户，但创博亚太（山东）公司在2010年11月率先在第38类计算机终端通信服务类别上注册了“微信”商标，该案一审法院以社会公共利益为由驳回了创博亚太（山东）公司的起诉，目前仍在二审审理中。2014年年底，“陌陌”在向美国证券交易委员会(SEC)递交IPO申请之际，杭州一家婚恋交友网站以其在第45类“社交陪伴、交友服务”上注册“陌陌”商标为由，将陌陌科技公司告上法庭。此外，以女性健康为主打的“西柚”APP也因接到他人主张商标侵权的律师函，而将应用名称改为了“美柚”。

[2] 李琛．名教与商标保护［J］．电子知识产权，2005（5）．

要影响，往往需要运用专业司法技术来明确双方权利和行为边界，而双方对此又缺乏笃定的预期，为追求各自利益最大化，互不妥协，宁愿等待判决也不愿通过调解解决问题。

（2）商标指示商品和服务来源，对商业利益及经营策略影响巨大

在网络环境下，商品、服务在全球范围内广泛流通。商标的权属认定、侵权构成、损害赔偿等问题，不仅涉及前期商业投入能否收回、市场占有份额的变化，更涉及双方商业策略的安排及市场和相关公众对双方商誉的是非评价。因此，在巨额商业利益的诱惑下，即便发生纠纷，双方亦不会轻易放弃业已占有的商标资源，而更倾向于厮杀到底、背水一战。

（3）网络侵权成本低、收益高，经济计算使得当事人愿意“以时间换市场”

网络商标侵权行为的隐蔽性强、成本低，被发现并被追究责任的比例较低，而与之相反，侵权收益却很高。且由于诉讼时间较长，较之调解后需立即停止侵权、赔偿损失而言，侵权者更希望通过时间上的拖延以获取更多的法外利益。这种情况在手机游戏、团购、APP 侵权等案件中表现得尤其突出[1]，较低的成本和高额的获利预期，使得侵权人不愿调解，更愿意经历一、二审而获取侵权红利。这更凸显了网络商标侵权案件中，诉前、诉中行为保全的重要性。

---

[1] 游戏产业目前在我国发展迅速，据 2015 年 7 月份中国音像与数字出版协会游戏出版工作委员会发布的《中国游戏产业报告》显示，2015 年上半年我国游戏市场的实际销售收入达 605.1 亿元，游戏用户达 4 亿。游戏的开发成本高，而山寨游戏成本则极低。据悉，研发团队开发一款游戏往往耗时费力，开发费用通常达千万，而山寨一款游戏的成本仅为开发成本的零头，得到的利润却可能是山寨成本的数倍之多。商标侵权行为多持续一天就意味着更多的收入，故涉及网络游戏的案件很少能调解。而对于团购中的商标侵权而言，具有时效性强、体量较大的特点，晚下线一天的收益就非常可观。

（三）仿冒行为表现多样，C2C、O2O商业模式中纠纷多发

与传统线下交易在商品或服务包装上使用商标不同，网络商标使用行为呈现多样化、类型化特点，在网站、PC端软件、搜索引擎、电子商务平台、手机APP、游戏中均有商标侵权案件的发生。近年来，涉及C2C[1]、O2O[2]商业模式的案件数量增加明显，具体表现为第三方销售平台中的商标使用行为，如在淘宝、窝窝团等团购网站、APP应用平台中的商标使用行为。而涉及B2C[3]、B2B[4]模式的商标侵权案件则相对较少。究其原因，一方面，网络商标使用形态与同一时期网络技术及网络产品的发展密不可分，某一新产品或服务的出现和上线运行，必然伴随着相应的商标使用行为，而某些商业模式本身的特点、参与主体、行为方式、信誉程度，决定了其商标侵权的风险相对较高，由此导致一定时期内该种商业模式中的商标侵权案件较为多发。另一方面，在C2C、O2O商业模式中，市场准入门槛较低，个人、小型企业多采用该种模式，而该类群体的商标意识、法律意识显然较差，商家众多而平台的注意义务有限，导致商标仿冒、销售假冒商标商品的纠纷多发。而在B2C、B2B模式下，商家准入的审核和日常监管则更为严格，商标侵权行为相比之下自然较少发生。

---

[1] C2C即个人与个人之间的电子商务模式，典型的如淘宝网、拍拍网、易趣网等，个人可以在其上开设店铺向其他个人消费者提供商品或服务。

[2] O2O模式指将线下的商务机会与互联网结合，让互联网成为线下交易的平台。早期的O2O模式如团购网站，与B2C、C2C不同，O2O模式更侧重于服务性消费，如餐饮、电影、美容、旅游等，而B2C及C2C则更侧重于购物。此外，O2O的消费者到现场获得服务，涉及客流；而后者则等货上门，涉及物流。

[3] B2C模式即“商对客”的电子商务模式，即企业直接面向消费者销售产品和服务的商业零售模式。这种形式的电子商务一般以网络零售业为主，主要借助于互联网开展在线销售活动。如京东商城、唯品会、苏宁易购、当当等即采用该种模式。

[4] B2B是指进行电子商务交易的供需双方都是商家（或公司），它们使用互联网的技术或各种商务网络平台，完成商务交易的过程。

（四）新类型案件不断出现，执法尺度亟待统一

随着“互联网＋”战略的提出，大批创业者纷纷加入竞争本就激烈的互联网行业中。商业模式的线上“新玩法”，使得APP名称、游戏侵权等新类型案件层出不穷，给法官提出了法律适用上的更多挑战。这类纠纷的妥善处理，要求法官不仅要遵循传统的商标侵权构成理论，还必须充分考虑“互联网＋”背景对传统商标分类制度的冲击，案件审理难度较大，司法裁判规则的确立对处理同类型案件也具有较强示范作用。而涉及搜索引擎竞价排名、电子商务平台商标侵权的案件，虽已争论多年，但学界和司法界对搜索引擎关键词推广服务的性质、初始混淆规则、间接侵权的认定标准等仍存在争议，导致实践中执法尺度不一的情况时有发生，亟待进一步研究和解决。

（五）牵涉领域广泛，游戏及网络金融领域侵权问题凸显

网络商标侵权案件所涉领域范围较广，不仅包括日常生活中的购物、娱乐、旅游、美食等领域，亦开始涉及理财、融资、信贷等金融领域。2015年以来，海淀法院受理了多起涉及网络游戏仿冒、侵犯商标权及不正当竞争的案件[1]，由此可以预测，游戏产业日后可能成为侵权案件的重灾区。而自2014年上海陆家嘴金融交易所被他人在苹果APP store中仿冒占坑引发商标纠纷以来，2015年海淀法院也受理两起涉及互联网金融理财的APP应用名称仿冒“小米”商标的案件。[2] 与生活类APP不同，金融类APP借助互联网互通互联、资金周转速度快、面向人群庞大等特点，短时间内可以迅速吸纳散户资金，一旦发生商标侵权仿冒，极易引发群体性纠纷和金融风险，必须加以重视。

---

[1] 如（2013）海民初字第27744号民事判决书所涉“口袋梦幻”游戏侵害著作权、商标权及不正当竞争纠纷，正在一审审理中的（2015）海民（知）初字第18558号威尔乌集团起诉中清龙图公司、莉莉丝公司“刀塔传奇”游戏侵犯商标权及不正当竞争案等。

[2] （2015）海民（知）初字第36304号、第36605号案件，尚在一审审理中。

（六）法定赔偿确定判赔数额比例较高，诉讼禁令适用率低

调研发现，在网络商标侵权案件中对被告侵权判赔数额的确定问题上，海淀法院有高达97%的案件，是通过法定赔偿方式酌定的，且判赔数额普遍不高，多数为5万元以上20万元以下，少量案件仅判赔几千元。在这些案件中，有个别案件，因商标权人申请进行了证据保全，法院调取到了侵权人的支付宝交易数据、淘宝销售信息，确定了高达数百万元的损害赔偿额。[1] 这充分显示了网络商标侵权案件中，法院在损害赔偿数额上的确定方面存在一定的困难，而正是因为原告的举证不能或怠于举证，才导致法院不得不大量适用法定赔偿方法，这也凸显了原告在特定情况下申请法院进行调查取证的必要性。调研发现，在此类案件中，申请法院颁布诉讼禁令裁定被告先行停止商标侵权行为的案件数量仅为2件，法院颁发禁令的仅为1件，原告消极申请禁令的态度以及法官对禁令颁布得过于审慎，加上判赔数额较低而难于弥补权利人损失或惩戒侵权人，也在客观上纵容了网络商标侵权的泛滥。

三、涉网商标侵权案件的突出法律问题

通过对涉网商标侵权案件的类型化研究和梳理，我们认为以下问题有待进一步研究和探讨：

（一）类型化侵权行为所涉法律问题

1. APP应用名称商标侵权问题

APP应用名称的商标侵权行为，主要表现为在相同或类似服务上使用与他人注册商标相同或近似的应用名称，并存在致使相

---

[1] 通过对海淀法院近5年来商标侵权案件判决的统计，我们发现仅有一起案件，法院因调取到了被告的支付宝交易数据，认为涉案侵权行为给被告带来的非法获利及给原告造成的经济损失应远超原告的索赔数额，全额支持原告的诉讼请求，判决被告赔偿经济损失及合理支出200万。参见（2010）海民初字第1438号民事判决书，二审维持原判。

关公众发生混淆的可能性。APP应用名称作为经营者意在区别商品或服务来源的标识，容易被不当利用而构成商标侵权。调研发现，目前此类案件所涉法律争议主要集中在以下几个方面。

（1）商标性使用问题

在APP应用名称被诉商标侵权案件中，经营者对应用名称的使用是否属于商标性使用问题，往往成为双方的争议焦点。应用名称并非自始、当然具有区分服务来源的作用，因其含义不同，往往存在有无显著性及显著性强弱的不同差异，故并非每个被控侵权的应用名称均能构成商标性使用。通常认为，对商标性使用的认定必须考虑该商标是否起到了区别商品、服务来源的作用。这方面的典型案例当属于新浪拍客APP被诉侵犯他人商标权的案件[1]。该案中，原告在第九类（包含计算机程序）商品上注册了“拍客”商标，被告将其作为应用名称用于新浪拍客APP中。一、二审法院均认为，被告使用“拍客”一词的意图并不在于区别服务来源，真正发挥区分服务来源作用的系名称中的“新浪”一词，“拍客”在此所发挥的作用仅在于描述该款APP的实际用途，指称该款APP的功能在于供用户随时随地记录生活内容并将其上传至网络空间与他人进行交流分享，故被告对“拍客”一词的使用仅属于描述意义上的使用，其使用方式亦不会造成混淆，不构成商标侵权。

（2）APP应用所属服务类别的判断

手机APP的开发过程集合了移动互联、网络通信、计算机程序开发等多种技术，尤其采用O2O经营模式的APP，其服务往往需要多方主体相互配合，才能实现客户终端的用户体验。由于完成用户体验所必不可少的一个环节就是网络计算机软件操作，因此与传统服务类别的区分不同，在判断APP应用提供服务的类别时，经常会发生技术开发、中间环节、最终服务各环节中服务类

[1] 参见（2014）海民初字第14715号民事判决书、（2015）京知民终字第00114号民事判决书。

别的交叉与重合。故对APP服务类别的判断，需要在传统服务类别判断规则的基础上有所突破，充分考虑APP提供服务的过程和特点。由于任何一款APP的外在载体均为计算机应用程序，且每款APP的运行均难以脱离网络、通信等技术服务，因此用户对两款APP进行区分的标准，并不在于该APP采用了何种开发技术，而在于其所提供的服务内容、服务对象、服务方式是否不同。故APP应用名称并非均会构成对他人在第9类商品上商标专用权的侵犯。因此，对APP服务类别的确定，应当以其提供的最终服务内容、服务目的、服务对象为判断依据，而不能将某项服务的使用者与提供者进行捆绑并混为一谈，同时必须考虑混淆的可能性。这里的典型案件是滴滴打车APP被诉商标侵权案[1]。该案原告先于被告在第35类、第38类上申请注册了“嘀嘀”“滴滴”文字商标，被告其后上线了名为“嘀嘀打车”的APP，而后更名为“滴滴打车”。法院在该案中明确了APP服务类别的判断规则，并提出在互联网环境下，因传统行业开始借助移动互联和通信工具等开发移动应用程序，故在划分商品和服务类别时，不应仅因其形式上使用了基于互联网和移动通信业务产生的应用程序，就机械地将其归为此类服务，而应从服务的整体进行综合性判断。该案体现了法官对“互联网+”背景下线上与线下服务的密切结合给传统商标分类制度带来的思考，具有很好的借鉴和示范意义。

(3) APP应用名称混淆可能性的判断

商标的本质是其区分功能，混淆可能性是判断是否构成商标侵权的落脚点。在判断对APP应用名称是否造成了混淆可能时，除需要考虑商标与APP名称的近似性、商品或服务类别的类似性外，还需要考虑注册商标的显著性程度，注册商标的显著性越高，造成混淆的可能性就越大，反之亦然。另外，被诉侵权人对应用名称的使用意图及使用情况，也是需要着重考虑的因素。如果被

---

[1] 参见（2014）海民（知）初字第21033号民事判决书，一审生效。

诉侵权人在他人注册商标之后，抢先将商标作为应用名称进行使用，或明知他人已经注册了商标而执意使用，则可推断被诉侵权人存有混淆的主观故意。而在前述“滴滴打车”被诉商标侵权一案中，被告虽然在原告商标申请之后、核准之前上线运行了“滴滴打车”，但经过使用已获得较高的知名度和公众认可。而原告并未在其核准注册的服务类别上使用涉案商标，反而在被告APP获得知名度后意图开展与其类似的车主通项目，故法院认定被告并不具备主观恶意，相关公众也不会发生混淆，不构成侵权。

（4）APP平台的商标侵权注意义务

应用商店中的APP名称侵犯他人商标权，应用商店在怎样的情况下承担间接侵权责任？2014年11月，平安集团旗下的互联网金融平台在美国起诉苹果公司侵犯商标权[1]，起因是苹果应用商店拒绝下架假冒陆金所的APP应用。我们认为，按照流程，新上线APP必须通过苹果应用商店的审核后才能发布。对于苹果应用商店是否构成帮助侵权，必须考虑其控制能力、是否对APP进行了编辑、整理和排名而当然“应知”、免责声明是否有效、收到投诉后是否及时下架处理等因素来综合判断，充分考虑利益均衡、合理预防原则。

2. 竞价排名关键词商标侵权问题

调研发现，有关竞价排名关键词商标侵权案件主要涉及以下几个问题。

（1）将他人商标作为搜索关键词是否属于商标性使用

① 理论分歧

正如前文所述，是否属于商标性使用是判断商标侵权的前提条件。对将他人商标作为搜索关键词进行竞价排名是否属于商标意义上的使用，理论界和实务界存在不同认识。其中，理论界的

---

[1] 苹果应用商店出现假冒APP陆金所起诉苹果公司［J］. 北京晨报，2014-11-13.

观点可总结为交流工具说[1]、混淆说[2]、指示说[3]及肯定说[4]四种学说，又可归纳为否定说和肯定说两种。否定说完全否定了该种行为构成商标性使用的可能，认为将他人商标作为关键词，目的仅在于传递思想、表达观点或将自身信息通过搜索引擎传递给消费者，并非用于指示商品或服务来源。肯定说分为完全肯定说和部分肯定说，完全肯定说认为搜索引擎关键词本身就是为了指示和定位某一特定信息，搜索某一商标的目的就是找寻其所标识的特定商品或服务，因此只要造成了相关公众的混淆，就构成商标性使用。而部分肯定说则将关键词的使用分为是否在网页标题、描述及链接中使用了关键词，并认为只有在标题和网页简介中显示了关键词的情况下，才能认定对关键词的使用构成商标性使用。

② 实践共识

在司法实践中，因多数案件属于侵权人在以他人商标为关键词进行竞价的同时，在链接网页的标题、描述中亦使用了原告商标，故法院多认定为商标性使用，但对这一问题的认识仍需把握两个方面：第一，对相关公众的理解。在搜索引擎竞价排名案件中，因对商标的使用尚处于关键词推广阶段，尚未发生商品的营销或流通，故此处的相关公众并非指该商标核定使用商品或服务类别所对应的全部消费者或与营销有关系的经营者，亦非普通意义上的网络用户，而应是以该关键词实施搜索行为的该部分网络用户。故对关键词的使用是否发挥了商标区别商品或服务来源的作用，应以该部分群体为判断主体。第二，相关公众对该关键词

---

[1] 邓宏光，易健雄．竞价排名的关键词何以侵害商标权：兼评我国竞价排名商标侵权案［J］．电子知识产权，2008（8）．

[2] 陈晓俊．商标竞价排名侵权认定的新思路：商标间接侵权原则的应用［J］．电子知识产权，2009（4）．

[3] 凌宗亮．仅将他人商标用作搜索关键词的行为性质分析［J］．中华商标，2015（9）．

[4] 刘姝琪．竞价排名中的商标使用行为［J］．中华商标，2014（7）．

的认知。对该关键词的使用是否构成商标性使用，取决于该关键词能否发挥区别商品或服务来源的作用，即使用关键词进行搜索的用户是否对该词有商标意义的认知。如网络用户对相关关键词进行搜索并非基于对该词属于商标的认知，而是将其作为其他含义进行搜索，则该关键词并未发挥商标作用，亦无从谈及商标性使用。

另一种情况则是仅以他人商标为搜索后台选定的关键词，在搜索页面标题、介绍中均不出现，当用户点击该关键词对应的链接时，页面直接跳转到与被诉侵权人有关网站的情况。此时原告选择主张不正当竞争的情形较多，但在商标侵权案件中法院倾向于认定为不构成商标性使用。[1] 有的判决中法院认为，只要设置的推广链接对其商品来源和相关信息作出了清楚而不引人误解的描述，就不会造成相关公众混淆，不构成商标侵权。司法实践中，由于该种行为仍然符合不正当竞争行为的构成要件，因此多通过《反不正当竞争法》去解决。

（2）搜索引擎服务提供商提供服务的性质

目前绝大多数判决认为，搜索引擎服务商提供的是基于搜索引擎技术的网络推广服务，本质上仍为信息检索服务。[2] 因竞价排名不仅涉及商标侵权纠纷，随着推广范围的扩张和竞价主体的增多，在被推广网站系钓鱼网站、挂马网站的情况下，亦有可能发生侵犯他人人身、财产权利的情况，故在近年的判决中，有法院

---

[1] 参见（2011）一中民初字第 9416 号民事判决书、（2013）高民终字第 1620 号民事判决书。法院认为，将相关文字设置为推广链接的关键词系在计算机系统内部操作，并未直接将该词作为商业标识向公众展示，不会使公众将其识别为区分商品来源的商标，不属于商标性使用。

[2] 在本次数据采集到的海淀法院所有涉竞价排名案件的判决书，全部认定了搜索引擎服务提供者仅提供了信息检索技术服务。

将搜索引擎服务商提供的服务定性为广告服务[1]，认为推广服务与纯粹基于信息定位服务的自然搜索服务存在区别。就此，我们认为，虽然参与竞价排名的网站链接确有介绍产品或服务的广告性质[2]，但这些广告并非由竞价排名服务的提供商所发布，搜索引擎网站也不直接提供超出链接外的其他任何信息，被链接的参与竞价排名的网站上才有完整的广告内容，它们才是真正的广告发布者，故仍应认为竞价排名服务提供商的行为是基于网络搜索引擎技术的信息搜索服务。

（3）搜索引擎服务提供商的责任

通说认为，在谷歌、百度、搜狗搜索引擎服务提供商并未直接向竞价者提供关键词的情况下，仅存在其是否构成间接侵权的问题。[3] 司法实践中，对搜索引擎服务商如何承担责任问题确立了以下规则：第一，搜索引擎服务商对他人参与竞价的关键词不负有事先、主动审查义务，仅对违反法律规定的敏感词汇进行事先

---

[1] 参见（2013）一中民终字第 9625 号民事判决书。但也有判决认为百度公司的行为属于提供信息检索服务的网络服务提供者，“百度公司系百度网（www.baidu.com）的经营者，用户通过百度网进行网络推广服务时，自行注册并选定关键词进行推广服务，用户自行决定被链接网站的排名顺序及展现方式。对于被链接的网站信息亦由用户自行调整和控制，这一调整和控制的行为不受百度公司监督，事实上百度公司也不可能对为数庞大的推广网站进行逐一排查。”参见（2014）一中民终字第 3208 号民事判决书。

[2] 有法院认为竞价排名本身构成商业广告，竞价排名帮助客户的网站扩大了被用户发现的潜在机会，也就等于扩大了客户的商品或服务的宣传力度。竞价排名是技术和商业共同作用的产物，已经不是单纯的搜索技术，因此不能以技术为由否定其广告的商业作用，参见：李自柱．搜索引擎服务商提供关键词竞价排名服务的侵权责任及法律基础［J］．电子知识产权，2011（1）．

[3] 有学者认为搜索引擎服务商应当援引技术中立原则而被豁免侵权。我们认为，技术中立原则并不适用于搜索引擎竞价排名的情况，因技术中立主要指向公众提供了主要用途为非侵权用途的商品，通常情况下，提供者无法控制他人是否利用该商品实施侵权行为。而搜索引擎竞价排名服务提供者在某些情况下显然能够判断或知晓他人是否利用搜索引擎竞价排名服务实施侵权行为，故不能援引技术中立原则对搜索引擎服务商的责任进行一概豁免。

过滤；第二，搜索引擎服务商需要自行提供证据证明已尽到必要的提示、告知义务，如网站中是否有必要的知识产权条款、是否有畅通的侵权通知机制等；第三，在接到权利人通知后需及时删除涉嫌侵权信息，避免损害结果进一步扩大；第四，对于将具有很高知名度的商标作为竞价排名的关键词，搜索引擎服务商需承担更高的注意义务，若其未进行必要过滤，可能推定其应当知道涉案关键词构成侵权；第五，搜索引擎服务商不应为他人参与竞价进行关键词推荐，如存在主动推荐关键词的行为，可能推定搜索引擎服务商对侵权行为"明知"或"应知"。

3. 电子商务平台的商标侵权问题分析

近年来，以淘宝、天猫、京东、苏宁易购、唯品会等为代表的电商平台迅速发展，而其中的商标侵权现象也屡见不鲜。围绕电商平台的商标侵权问题，主要有以下难点。

（1）电商平台的侵权责任形态

电商平台应承担的责任形态由其提供服务的性质决定。电商平台的服务包括四种类型：一为自营服务，即由电商自行向消费者提供线上的商品和服务，并以快递方式送达消费者，由消费者直接向电商支付费用。如苏宁易购、国美在线均提供自营商品的销售服务；二为联营服务，表现为平台根据与第三方的线上协议，从第三方销售商品中获得利益分成，如唯品会、天猫；三为仅提供在线销售平台，即电商本身不参与销售，仅为第三方提供销售信息的发布、支付、物流等服务，如淘宝；四为混合服务，如京东商城，目前除京东自营服务外，还开始提供联营等服务。依据电商平台提供服务性质的不同，其应承担的责任亦有所差异：

第一，直接侵权责任。提供自营、联营服务的电商应承担直接侵权责任。电商平台提供自营服务在被诉商标侵权时，在其无法证明销售商品有合法来源且主观无过错的情况下，应当承担直接侵权责任。联营服务多指电商与第三方商家之间存在合作销售、利润分成等合作关系。如在高坤诉京东叁佰陆拾度公司、京东贸易公司、中海云天公司侵犯商标权纠纷一案[1]中，京东贸易公司在提供配送、收款服务时，一并提供仓储服务并按照销售毛利一定比例向中海云天公司收取费用，而中海云天公司负责向京东贸易公司提供涉案婴儿服商品，双方就涉案商品的销售定期结算。法院据此认定二者存在合作关系，构成共同侵权。倘若平台仅提供代收货款、运输、仓储等服务而未参与商品销售，亦未从中获得利益分成，则不属于直接侵权。

第二，间接侵权责任。电商承担间接侵权责任包括帮助侵权的连带赔偿责任、就损害扩大部分应承担的连带赔偿责任。在电商仅提供在线销售信息平台、不参与实际销售及利润分成的情况下，也可能因存在过错而承担侵权责任。前者需考虑电商是否“明知”或“应知”第三方商家利用其网络服务实施侵权行为而未采取合理措施，后者则要考虑在权利人发送有效通知后，电商是否及时采取删除、屏蔽等措施，否则需就损害扩大部分与第三方商家承担连带责任。

（2）电商平台间接侵权的主观过错判断

电商平台对平台经营者的资质应当进行必要的事先审查，但对其并未参与销售、分成的商品是否存在商标侵权行为并不负有事先的主动审查义务。但当有确切证据能够证明电商平台存在应知或明知他人利用其平台实施侵权行为时，其仍要承担责任。调研认为，电商平台的“明知”或“应知”应包括如下方面：①电商平台基于自身应具备的管理信息条件、经营能力及技术可能性，未采取任何预防侵权措施及相应合理措施；②被控侵权交易信息位于网站、栏目首页或网站页面明显可见位置；③电商平台通过人工或者自动方式对被控侵权交易信息采取了编辑、选择、整理、排名、推荐或修改等；④权利人的通知足以使电商平台知道被控侵权交易信息或交易行为通过其网络服务进行传播或者实施；

---

[1] 参见（2012）朝民初字第20257号民事判决书。

⑤电商平台针对相同网络卖家的重复侵权行为或同一侵权信息并未采取相应合理措施；⑥被控侵权交易信息中存在明确表明未经商标权利人许可的网络卖家自认；⑦以明显不合理价格出售或提供知名商品、服务；⑧电商平台从被控侵权交易信息的网络传播或交易行为中直接获得经济利益；⑨电商平台知道被控侵权交易信息或交易行为侵害他人注册商标专用权的其他因素。如在呷哺呷哺公司诉窝窝团公司、石家庄呷哺公司侵犯商标权一案中，法院认为窝窝团公司作为团购网站，注意义务应限制在合理范围内，其对石家庄呷哺公司的经营资质、商品等进行了一定审核，并在收到起诉书后及时下线，已尽合理注意义务，不承担赔偿责任。[1]

（二）网络商标使用之免责免赔情形

如前文所述，并非所有的商标使用都要承担商标侵权损害赔偿责任。司法实践中，常见的网络商标使用免责、免赔情形主要有以下几种。

（1）在先使用

《商标法》第59条第3款规定了商标在先使用的问题[2]，即如使用人能够证明其在商标注册权利人之前已使用了商标，且该使用已具有一定影响，可豁免商标侵权责任。一般认为，使用人需要符合以下四方面要件：①使用时间必须在权利人申请注册商标之前，而非商标核准注册之日。②构成商标意义上的使用。即该使用必须面向社会公众，与具体商品或服务相结合，起到区分商品或服务来源的作用。③具有一定影响力。即相关商标具有一定的持续使用时间、区域、销售量或广告宣传等，从而使一定范围内的公众知晓该商标，进而对商品来源加以区分。④附加适当标识。即

---

[1] 参见（2013）海民初字第11362号民事判决书，二审维持原判。

[2] 《商标法》第59条第3款规定："商标注册人申请商标注册前，他人已经在同一种商品或类似商品上先于注册商标人使用与注册商标相同或近似并有一定影响力的商标，注册商标专用权人无权禁止该使用人在原使用范围内继续使用该商标，但可要求其附加适当区别标识。"

便使用人使用他人注册商标，符合在先使用并具有一定影响力的法律要件而被豁免侵权，但基于防止混淆的立法目的，在权利人要求的情况下，使用人仍负有附加区分标识以防止混淆的法律义务。典型案例如海淀法院审理的李育武等诉欧莱雅公司、百度公司侵犯商标权案。该案中，原告抢注了契尔氏商标，欧莱雅公司在百度推广中使用契尔氏作为关键词，法院考虑到互联网互联互通的情况和欧莱雅公司在台、港以及大陆网上对契尔氏商标的使用情况，认定欧莱雅公司的使用属于在先使用，不会引起相关公众的混淆，并据此驳回了原告的诉讼请求。[1]

（2）正当使用

《商标法》第59条[2]规定了商标的正当使用。正当使用需满足客观上属于描述性使用、主观上具有善意使用意图，且使用行为未超过合理限度的要件。具体而言：①描述性使用。即注册商标应当为商品的通用名称、图形、型号，或者用以描述商品的质量、主要原料、功能等特点或为地名。②善意使用。使用人的使用意图须为善意，若使用人虽意在描述其商品或服务特征，但存在明显搭便车、傍名牌、意图使公众对商品来源产生混淆的故意，则不构成正当使用。③使用方式合理。即使用人对商标的使用不能超过合理限度。是否具备合理性，可以从商标使用的具体方式上判断，如是否与自有商标一同使用，以将自有商标作为区别来源的标识；在使用地名时，是否明确标注了来源产地，而非以较大字号突出显示地名，以造成与他人的地名商标相混淆等。当然，网络商标使用方式的合理性问题，还需要考虑网络用户的消费习惯，以此判断是否存在混淆的可能性。如东阿阿胶公司曾起诉姿美堂公司

---

[1] 参见（2013）海民初字第21683号民事判决书，（2014）一中民终字第03262号民事判决书。

[2] 《商标法》第59条第1款规定："注册商标中含有的本商品的通用名称、图形、型号，或者直接表示商品的质量、主要原料、功能、用途、重量、数量及其他特点，或者含有的地名，注册商标专用权人无权禁止他人正当使用。"

在京东商城销售商品时使用“东阿阿胶”字样进行宣传侵犯了其商标权，一、二审法院均认为姿美堂公司在网站标题中对东阿阿胶文字的使用系对商标中描述性信息的正当使用，亦不会造成混淆，不构成商标侵权。❶

（3）此前3年未实际使用

为防止权利人注册商标后弃之不用导致商标资源长期闲置，《商标法》规定了连续3年停止使用撤销制度，同时亦增加了3年内未使用商标不予赔偿的制度。❷ 自《商标法》修订以来，该条已成为被控侵权人经常使用的抗辩理由之一。对此，我们认为，对该条规定的理解需把握以下几个要点：①被控侵权人需提出未使用的抗辩。②“此前3年”指权利人提起诉讼前的3年内，起算点是自权利人向法院提起诉讼之日起向前推算3年。③在法院要求权利人提供证据的情况下，权利人需向法院提交其在此前3年内实际使用的证据，该实际使用行为需要满足公开、真实、合法使用的条件。④造成其他损失。在权利人无法证明3年内实际使用的情况下，如其无法证明被控侵权人的行为给其造成了其他经济损失，被控侵权人则无须进行赔偿。⑤仅限于对赔偿责任的豁免，被控侵权人无须赔偿权利人经济损失，但仍需承担停止侵权的责任。

四、涉网络商标侵权案件的风险预测与应对建议

时下，互联网经济的飞速发展及商业模式的加速转变，在给企业带来更多发展机遇的同时，也激发了更多的商标侵权行为。在“互联网＋”的背景下，互联网技术与传统经济的日益结合、商业模式的推陈出新，导致网络环境下的商标纷争已不再是简单

❶ 参见（2014）海民（知）初字第26212号民事判决书，二审维持原判。

❷ 《商标法》第64条第1款规定：“注册商标专用权人请求赔偿，被控侵权人以注册商标专用权人未使用注册商标提出抗辩的，人民法院可以要求注册商标专用权人提供此前3年内实际使用该注册商的证据。注册商标专用权人不能证明此前3年内实际使用过该注册商标，也不能证明因侵权行为受到其他损失的，被控侵权人不承担赔偿责任。”

的个案中的利益冲突，其背后隐藏着更深层次的商业逻辑与法律逻辑的碰撞。结合对本次调研中所涉案例的分析及对互联网发展趋势的把握，我们试对未来网络商标侵权案件可能的发展趋势、法律风险进行预测，以供广大互联网公司及创业者参考，并尝试提出法院的应对策略。

（一）APP应用和微信公众号的假冒问题及其应对

随着各种服务类APP应用及微信公众号的普及，这两类产品面临着被仿冒的极大风险。而目前两类产品的准入门槛较低、无须实质审核即可上线运行，而不少APP、微信公众号上标注的经营者仅为拼音人名或英文简称，准确性、指向性很差。一般而言，对APP和微信公众号经营者的确定有两种途径：产品中标注的经营者信息及平台中登记备案的信息。在目前产品标注信息模糊、平台对经营者信息审核备案不严的情况下，一旦发生侵权，法院首先面临的是经营者难以确定的问题。本文建议从以下方面加强监管及处置：①设置APP及商业类微信公众号的登记备案制度；②平台要严格审核准入制度，事先审核经营者身份证件、工商材料等，只有用户上传的身份证明与相关政府机关的数据库核对一致的情况下，相关APP、公众号才可上线运行；③对有商标侵权嫌疑的APP及公众号及时作出下线、通知担保或反担保等处理。

（二）互联网金融平台的傍名牌问题及其应对

随着互联网金融的飞速发展，越来越多的金融平台对O2O运营模式青睐有加。[1] 互联网金融产品的优势在于充分运用网络的融资便捷性，具有较高的投资回报率，但网贷征信体系的先天不足及信用认证的不完善所引发的产品信用风险不容忽视。而网络金

[1] 如2015年，中融民信除了在其旗下互联网金融P2P平台民信贷中采用O2O模式之外，还构建了互联网金融O2O模式的第二大业务——民信金融超市。该种模式使用P2P线上完成筹资，通过互联网获客优势引入投资人流量，线下完成借款人的开发以及信用审核。

融产品一旦搭上知名商标的便车，容易造成社会公众对服务来源的混淆或误认并基于对名牌的信任参与到融资之中，进而引发大范围的金融风险。因此我们建议对金融产品的上线，平台应具有更高的审核注意义务，不仅要严格进行开发者、运营者资质的审核，更要对金融 APP 应用名称是否存在傍名牌的侵权可能性承担更大的注意义务，在接到通知后及时采取必要措施，同时，相关金融主管部门必须切实加大对此类 APP 的监管力度。

（三）C2C 模式下电子商务平台假冒商品泛滥问题及其应对

C2C 模式下的电子商务平台上充斥假冒商标商品的情况一直屡禁不止，在大部分案件中，电子商务平台都未被判决承担赔偿责任，但也有平台曾因审查不严而受到惩处。[1] 不容忽视的是，有时平台对于恶意的商标侵权投诉难以有效识别，容易产生误伤合法经营者的情况。我们认为，虽然法院可在司法层面就个案来认定平台的过错及侵权责任，但仅靠个案诉讼的方式确实难以解决电商平台假冒商标泛滥的问题，C2C 模式的特点导致电商平台确实存在操作层面的极大困难。因此，本文建议尝试通过技术手段来促进问题的解决，如采取价格过滤机制、大数据分析诚信记录等方式来加强对商标侵权行为监控的准确性、及时性。虽然价格过滤机制的设立存在价格设定区间不好确定的困难和错杀的可能性，大数据分析诚信记录方式亦可能产生一定误判，但毕竟相关技术手段的探索和完善需要一个过程，而技术手段可能成为预防、制止商标侵权的有效方法和发展方向。同时，建议引入正品保险制度，即由电商平台与保险公司合作，引导商户参与投保，在商户被投诉或因售假被投诉后，保险公司相应提高商户投保金额，以经济手段增强不诚信商户的经营成本。

---

[1] 参见（2010）浦民三（知）初字第 426 号民事判决书、（2011）沪一中民五（知）终字第 40 号民事判决书。

（四）网络商标侵权判赔数额、诉讼禁令问题及其应对

前面我们提到，绝大多数网络商标侵权案件都是法官通过法定赔偿方式来酌定判赔数额的，且判赔数额不高，无法有效保护商标权人的利益。而这种现象的发生根源在于原告的举证不能，因此权利人必须增强举证意识、提高举证能力，在必要时申请法院调查取证。而法院对于原告提出的合乎条件的证据保全申请，应及时作出保全措施或履行调查取证职责。另外，通过法院颁发诉讼禁令的方式，可有效减少侵权人恶意拖延诉讼的现象，破坏其“以时间换市场”的策略，更好地保护商标权人。今后，法院需要在调查取证、证据保全、提高侵权判赔标准、颁发行为禁令方面迈出更大的步伐，以切实加强知识产权保护力度。

五、结语

互联网的发展带动了网络产品和商业模式的革新，也带来了网络环境下企业对知识产权的争夺和抢占。商标作为凝聚经营者商誉的重要知识产权资源，在互联网环境下更是成为企业竞争和防御的有力武器。如何在现有网络环境下树立商标品牌、防止商标侵权、减少商标纠纷，将是未来国内互联网企业竞争的不二法则。在“万众创业、大众创新”的背景下，无论是创业者还是司法者，都需要认识到商标侵权的法律风险——对权利人造成的损害，对消费者利益造成的损伤，对竞争秩序造成的破坏，更给创业者的投资埋下了巨大隐患。因此，广大互联网企业、创业者必须树立商标法律意识，健全商标战略，采取多种措施预防和避免网络商标侵权的发生。而作为司法者，法院亦需要通过判决合理界定商标侵权边界、适度提高侵权判赔标准、更多采取诉讼禁令以及就侵权风险发出司法建议等方式，在尊重、理解商业逻辑的同时，以法律逻辑规范商业逻辑，从而促进有序竞争，为互联网的繁荣发展提供更好的法律保障。